UNEVEN CENTURIES

Economic Development of Turkey since 1820

失衡的世纪

1820年
以来土耳其的发展

[土] 谢夫凯特·帕慕克 著
Şevket Pamuk

安晶璐 译

中信出版集团 | 北京

图书在版编目（CIP）数据

失衡的世纪：1820 年以来土耳其的发展 /（土）谢夫凯特·帕慕克著；安晶璐译 . -- 北京：中信出版社，2023.5

书名原文：Uneven Centuries：Economic Development of Turkey since 1820

ISBN 978-7-5217-5381-3

Ⅰ.①失… Ⅱ.①谢… ②安… Ⅲ.①经济史－土耳其 Ⅳ.①F137.49

中国国家版本馆 CIP 数据核字（2023）第 033659 号

失衡的世纪——1820 年以来土耳其的发展
著者： ［土］谢夫凯特·帕慕克
译者： 安晶璐
出版发行：中信出版集团股份有限公司
（北京市朝阳区东三环北路 27 号嘉铭中心 邮编 100020）
承印者： 宝蕾元仁浩（天津）印刷有限公司

开本：787mm×1092mm 1/16 印张：24.75 字数：300 千字
版次：2023 年 5 月第 1 版 印次：2023 年 5 月第 1 次印刷
京权图字：01-2020-6637 书号：ISBN 978-7-5217-5381-3
定价：79.00 元

目　录

"新发展译丛"序

编译出版"新发展译丛"的一个重要背景是，在经历了从20世纪70年代末以来三十多年的高速发展之后，中国经济出现了明显的减速现象。这一现象引起了国内外对中国是否会落入"中等收入陷阱"的广泛关注。此前，人们普遍认为，通过改革开放，重新恢复市场机制的作用，利用后发优势并实施出口导向战略是中国取得巨大经济成就的主要原因。随着后发优势的逐步缩小，以及长期实施出口导向战略带来的各种问题，中国经济要维持进一步的发展，就需要谋求发展道路的转变。

然而，中国下一阶段应该选择何种发展道路？这本身就充满争议。争议一方面来自对中国经济成功制度原因的解释。譬如，有学者认为，中国经济的发展得益于既有的考核与晋升机制为地方官员提供了恰当的激励，概而言之，"为晋升而竞争增长绩效、因竞争而产生经济效率"。而怀疑该假说的学者则会指出两个具有挑战性的事实：其一是中国存在广泛妨碍增长的地方官员腐败现象，即晋升机制未必产生为增长而竞争的激励；其二是地方政府的许多投资项目存在无效率现象，即晋升机制产生的竞争也未必会带来有利于增长的经济效率。因此，后者并不认为，中国的经济增长可以归因于所谓的"有为政府"——因为经验意义上，中国的官员既未必肯为经济增长而"有为"，他们的"有为"更不必然有利于经济增长。过去的经济增长更多的是在特定条件下，地方官员的某些"有为"为企业家发挥创业创新才能创造了必要条件，这一结果不过是一种巧合。上述争议告诉我们，没有充分证据证明，存在一种能够持续引领中国经济发展的以强势政府为特征的所谓"中国模式"。

另一方面，争议也来自能够推动经济发展的相关政策设计的理论分歧，无论是政府是否要实施产业政策及实施何种产业政策，还是政府应该如何规制信息技术创新催生的互联网平台公司，等等。主张更多政府干预的学者自然会举出各种因信息或市场势力问题导致的市场失灵为自己辩护；而反对者同样有理由强调既不存在一个天然以社会福利最大化为目标的"仁慈政府"，也不存在一个比市场参与者信息更充分的"完全理性政府"。本质上，这些争论依然属于"如何理解政府和市场关系"的经典话题，依然属于所谓的"温加斯特悖论"（Weingast's Dilemma）——有效的市场经济离不开一个强大的政府，而强大的政府往往又是问题本身。也许，合乎"中庸"的阐述是，依法提供公共服务的政府本身是有效市场体制的组成部分，而让政府政策的制定与实施服从法治的制度安排同样重要。正因为此，早在 21 世纪初，拉詹和津加莱斯（R. Rajan and G. Zingales，2004）才会把市场经济体制比喻为一架"精巧而容易失效的机器"。要找出市场有效运行的条件，这无疑是无止境的理论探索。

这些争议对于未来的中国经济发展无疑是一件好事。它提醒我们，无论是学理上还是政策实践中，经济发展都来之不易。对于学者和政策制定者而言，更加可取的做法是，一方面，跟踪全世界最新的理论进展，为更好地理解人类社会的经济发展现象找到恰当的分析框架，从而为本国经济发展的政策设计提供坚实的理论基础；另一方面，从全球各个国家的发展实践中汲取养分，理解它们可资借鉴的经验和必须避免的教训。随着中国经济发展进入新阶段，这两方面工作的价值不是被削弱了，反而变得愈发突出。因此，从国际上出版的学术著作中拣选有利于我们进行理论学习和实践借鉴的部分"他山之石"编译出版"新发展译丛"，便是一项有意义的学术活动。

上海汇智经济学与管理学发展基金会是一家注册在上海的学术公益基金会。近年来，它以资助一系列学术活动推进经济学与管理学在中国的发展，为形成这方面的学术共同体而孜孜以求。它愿意资助"新发展译丛"的出版，自然是"为学术而公益"精神的又一体现。

"新发展译丛"的编译出版工作是开放的，我们欢迎更多的学者加入进来。

黄少卿

张永璟

2019 年 1 月 27 日

序 言

　　18 世纪下半叶发源于英国的工业革命对西欧乃至整个世界都产生了深远影响。自 1820 年以来，随着资本主义工业化的推进，全球范围内的现代经济发展并不平衡。本书旨在从全球比较的视角，以绝对和相对两个标准探究过去两个世纪土耳其的经济增长和人类发展状况，并评估造成该结果的直接原因与深层原因。

　　本书以多种方式呈现了近几十年来经济史研究中的一些主要趋势。不久之前，经济史学家几乎只注重发达国家的过往，例如西欧国家、北美国家和日本。然而近些年来，他们越发重视发展中国家的经济史。这些经济史研究会为人们理解发展中国家当前的状况提供重要参考。在研究过程中，量化经济史已经被扩展至发展中国家，长期经济序列数据（尤其是 GDP 和人均 GDP 序列数据）以及医疗与教育的序列数据也被构建起来。近些年来，我个人也参与了土耳其乃至更广泛的中东地区的序列数据构建工作，在我用比较框架研究土耳其过去两个世纪发展状况的过程中，这些数据发挥了关键作用。虽说相比于发达国家的序列数据，关于发展中国家的现有序列数据的误差可能更大，但是没有这些数据，我们便无法准确评估土耳其的发展。此外，近些年来，经济学和经济史文献对经济发展的直接原因和深层原因做了重要的区分。直接原因主要涉及投资、技术累积投入、技术水平和生产率，深层原因则与更广泛的环境息息相关，其中包括社会、政治和制度等因素。书中也会着重强调这一区别，并试图在发展中经济体的背景下研究和评估这些深层原因。

土耳其的案例能够为我们研究发展中国家整体的经济发展史提供重要参考，是基于以下几个原因。土耳其是较大的发展中国家之一，在过去两个世纪里，今土耳其境内的经济规模一直位居世界前 20 大经济体和前 8 大发展中经济体之列，其人口和 GDP 总量均占世界人口和全球 GDP 的大约 1%。与此同时，土耳其的长期经济表现一直与全球以及发展中国家的平均水平相近。因此，与经济表现突出抑或欠佳的国家相比，土耳其这一更具代表性的案例能为我们了解一众发展中国家的发展轨迹提供更多参考。然而，与更成功的发展中国家相比，土耳其的长期经济发展历程尚未被详细研究过。在任何语种的文献中，都还没有关于土耳其过去两个世纪经济发展史的详细论述。

土耳其的一大特点在于，除一战后其部分领土被短暂侵占之外，未曾有过被殖民统治的历史。在一战结束前，今土耳其是庞大的多民族奥斯曼帝国的一部分，土耳其是承接奥斯曼帝国瓦解而兴起的国家之一。因此，土耳其的制度和经济状况并未被外部强权带来的大规模制度变革所主导。恰恰相反，土耳其真正的制度变革是在内部发生的，由政府和精英引领。当然，土耳其在过去两个世纪的制度和经济状况依然受到外部力量的一定影响。

土耳其从古至今都没有大量矿产和石油资源。在 19 世纪至大萧条期间，土耳其的经济和出口贸易主要依赖农业生产。伴随着二战结束以来快速发展的城市化进程，农业在 GDP 和总就业人数中的比重逐渐减少，而工业（尤其是服务业）的比重日益增大。近几十年，制造业在出口中的比重超过 90%。土耳其政府在过去两个世纪里尝试过多种经济政策。实际上，在接下来我要定义并详细研究的四个历史阶段中，土耳其政府采取的经济政策与当时世界上推进经济发展的常见战略都是高度一致的。因此，土耳其自工业革命以来的经济发展史不仅能帮助我们了解发展中国家经济增长和人类发展的模式，而且有助于研究这种发展模式形成的直接原因及深层原因。

书中将以图表的方式展示众多量化证据和跨期发展趋势。为便于进行跨期和跨国比较，书中关于人口、人均收入、城市化率、对外贸易的量化数据，以及有关的文字分析，都是指当今土耳其的疆域范围，除非另有说明。

在本书写作过程中，我受益于诸多真知灼见与鼎力支持，在这里对他们致以特别感谢。首先要感谢我在土耳其海峡大学和伦敦政治经济学院的研究生们，在过去十年中我与他们分享了本书中的诸多思想。妮可·波普（Nicole Pope）以精湛的专业水平将本书的早期版本由土耳其文译为英文。在我拓展并修改这些文字的同时，我的好友和同事阅读了部分或全部内容，并就特定议题与我深入讨论，提出了许多宝贵建议。在这里，我要特别感谢以下各位的深刻洞见：达龙·阿西莫格鲁（Daron Acemoğlu）、罗伯特·艾伦（Robert Allen）、耶西姆·阿拉特（Yeşim Arat）、斯蒂夫·布罗德伯利（Steve Broadberry）、伊尔马兹·艾斯默（Yilmaz Esmer）、毕诗努·古普塔（Bishnu Gupta）、尤拉斯·卡拉科（Ulaş Karakoç）、齐万科·卡拉曼（Kivanç Karaman）、卡格拉·凯德尔（Çağlar Keyder）、马德斌（Debin Ma）、纳迪尔·奥斯贝克（Nadir Özbek）、帕特里克·奥布莱恩（Patrick O'Brien）、丹尼·罗德里克（Dani Rodrik）、加菲尔·托布拉克（Zafer Toprak）以及穆拉特·尤瑟（Murat Üçer）。

在加州理工大学举办的一场学术会议中，菲利普·霍夫曼（Philip Hoffman）、简-劳伦特·罗森塔尔（Jean-Laurent Rosenthal）、麦汀·科斯乔（Metin Coşgel）、罗萨特·卡萨巴（Reşat Kasaba）、保罗·罗德（Paul Rhode）为本书的初稿提供了详尽且实用的建议。在成书晚期，我有幸在纽约大学阿布扎比分校和牛津大学的学术研讨会上展示了部分书稿，并在讨论中受益匪浅。两位匿名审稿人阅读了书稿的不同版本，并提出了详尽且中肯的建议。在成书过程中能与编辑乔·杰克逊（Joe Jackson）和莱斯利·格朗德费斯特（Leslie Grundfest）以及普林斯顿大学出版社的团队合作，令我荣幸至极。

在这里我要特别感谢丛书主编乔尔·莫克尔（Joel Mokyr），他向我提供了多方指导和坦诚的意见，并在本书的整个写作过程中给予我莫大的支持。最后我要感谢亚希姆（Yeşim）和泽内普（Zeynep）自始至终的建议与支持，因为有你们相伴，此书才得以问世。

第一章 导论

　　世界上大部分国家在过去两个世纪都实现了人均收入的巨幅增长和人类发展的巨大进步。在经济增长和人类发展这两方面，土耳其的整体表现略高于发展中国家以及全球的平均水平。本书致力于首次在全球比较框架下分析土耳其的发展成就，并探究土耳其的经济表现与全球平均水平持续接近的原因。

　　近数十年来的经济学和经济史文献一直在强调经济增长的直接原因，即生产投入、土地、劳动力、资本等经济变量，以及由物质和人力资本投资、技术进步带来的生产率提升，而这些原因只能为土耳其的经济发展提供部分解释。我们还需要研究土耳其经济发展的深层原因，尤其是影响投入和生产率增长的社会、政治及历史原因。近些年来，不断扩充的研究文献再三重申，要了解这些深层原因，我们需要研究成文和不成文的社会制度以及制度的执行，因为它们影响着投资和创新的激励。

　　土耳其作为发展中国家有两个特点：其一是未曾遭受过殖民统治，其二是在过去两个世纪中经历了由本国现代化精英发起的自上而下的制度变革。奥斯曼政府于1839年制定了详尽的改革方案。一战后建立的新民族国家继续在法律、行政、教育和其他领域进行世俗化的现代化改革。二战后，土耳其的政治体系面临着更多的合作与竞争，并且开始向赋予普通百姓更多话语权和公民权的多党制过渡。在过去的两个世纪中，土耳其的正式经济制度和经济政策同样经历巨变。在我将要定义的四个阶段中，土耳其政府采用的经济制度及政策均与全球发展中国家普遍采取的经济制度及政策是一致的。

并非所有的正式制度改革都支持和促进了经济增长与发展。事实上，一些改革旨在维护某些特定团体的利益，而不是为了实现全民经济的繁荣。即便如此，许多旨在提高人均收入和促进人类发展的制度变革确实达到了预期的目标。这些正式的政治和经济制度变革如何使土耳其的经济增长与人类发展达到全球平均水平？又为何没能使土耳其实现更高的经济增长和人类发展速率？要回答此类问题并不容易，我们现有的知识水平并不足以得出精准的结论。尽管如此，我还是要在全球比较的框架下探究其中的原因。

本章是对全书的概览。首先，我将以绝对和相对两个标准来分别评判土耳其的经济增长和人类发展的进程。接着，我将着重从投资、累积投入、技术发展和生产率等方面来讨论土耳其经济增长的直接原因。土耳其经济发展的深层原因与更广泛的环境息息相关，其中包括社会环境、政治环境以及制度。其次，我将概述近期论述制度在长期经济发展中作用的文献，我会就此论题表达个人观点，并阐述制度以何种方式、在哪些方面影响了土耳其的经济发展。

1820 年以来的经济增长与人类发展状况

数千年来，全球的人均产量和收入水平都处于维持基本生存的状态。即便一个社会能够提升人均收入水平，也无法长期维持这种进步。然而，这一模式在过去两个世纪中经历了巨变。工业革命促进了技术发展，国民收入中用于物质资本和人力资本投资的比重开始上升。经济增长，即人均产出与人均收入的持续增长，已经成为决定国家贫富水平的基本要素。

世界大部分国家如今的平均收入已经远超 1820 年的水平。例如，作为工业革命的发源地，英国在 2010 年的人均收入大约是 1820 年的 12 倍。然而在过去两个世纪中，不同国家和地区的经济发展速度各不相同。较早出现工业革命的西欧和北美国家在 20 世纪中叶之前的发展速度更快。相比之下，现今大部分发展中国家在二战前的人均收入增长比较有限，此后才逐渐开启工业革命。二战结束后，意大利、日本和韩国等少数国家的快速经济发展缩小了它们与高收入国家之间的差距。另外，中国和印度这两个世界上人口最多的国家，乃至更广泛的东亚和南亚地区的经济发展步伐在过去三十多年明显加快。即便如此，率先开始工业化的国家与发展中国家之间当前的鸿沟并不亚于 1950 年。换言之，在 19 世纪开启工业革命的发达国家与后来开启工业革命的发展中国家之间，现今的差距要比两个世纪之前大得多。

经济增长或人均收入的增长不是评估经济表现的唯一标准。经济学家和社会学家认为，对长期经济表现做出评估时，除了评估产出和收入，还需要考虑生活质量、收入分配、医疗水平、教育水平、环境条件的变化等因素。近些年来，除了人均收入或人均 GDP 之外，人类发展指数（human development index）也已经成为衡量经济体发展的最常用指标，此项指标赋予医疗、教育和人均 GDP 同等的权重。

在过去两个世纪中，世界医疗水平的改善呈现不均衡的态势，与人均 GDP 的状况大致相同。作为衡量医疗水平的最基本指标，平均预期寿命在 19 世纪的西欧和西方旁支国家最早开始上升，而世界其他国家同时期的平均预期寿命增长却十分缓慢。然而，随着二战后人均 GDP 的提高，发展中国家的平均预期寿命也开始迅速攀升。实际上，全球平均预期寿命自 1950 年就出现趋同的端倪，大部分发展中国家的平均预期寿命开始趋近发达国家的水平。

作为人类发展指数的另一要素，教育的基本指标更加难以测算，但在过去两个世纪中，全球的人均 GDP 状况和成年人受教育水平是大致相关的。相比于世界其他地区，二战前西欧和北美的成人受教育水平增长更快。此后，早期工业化国家与发展中国家之间至少在受教育水平方面的差距并没有被弥合，这与人均 GDP 的变化趋势相同，但不同于平均预期寿命的变化趋势。

本书将首次展示土耳其自 1820 年以来的 GDP 序列数据。这些序列数据是评估土耳其绝对和相对经济表现的重要依据。我在后续章节还将详细论述，在过去两个世纪中，土耳其的人均 GDP 增长了大约 15 倍，经济增长速率趋近于全球平均水平。土耳其的经济增长始于 19 世纪，人均收入在 1950 年之前增长了一倍多。然而，土耳其在此期间的长期人均收入增长率始终低于 1%（见图 1.1）。虽然土耳其在 1820—1950 年的经济表现优于发展中国家的平均水平，但是与发达国家之间的差距在不断扩大。导致这种状况的最根本原因在于，当西欧和北美国家快速工业化时，土耳其与大部分发展中国家仍处于农耕时代。土耳其在 20 世纪 30 年代实现了迅猛的工业化和经济发展，但是这股发展势头在二战期间和战后被逆转。1820—1950 年，土耳其的人均收入由西欧和美国人均收入的 60% 跌至 26%（见图 1.2）。

与大部分发展中国家一样，自二战结束以来，土耳其的长期经济增长率已经大幅提升。随着城市化和工业化的不断推进，土耳其人均收入的年增长率超过 3%，人均收入在 1950—2015 年增长了 6 倍多。总的来说，1950—1980 年，土耳其的人均收入由西欧和美国人均收入的 26% 增长到 31%，而后在 2015 年增至 45%。

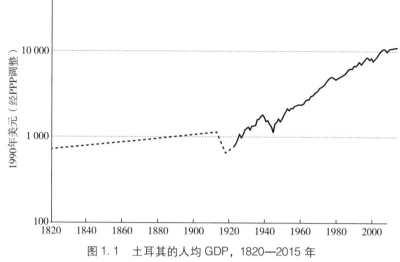

图1.1 土耳其的人均GDP，1820—2015年

资料来源：1950年之前土耳其的数据来自 Pamuk（2006）；Maddison（2007，第375—386页）；Bolt and Van Zanden（2014）；也可参见第二章中的讨论和引用的资料。

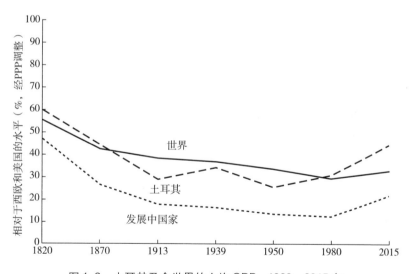

图1.2 土耳其及全世界的人均GDP，1820—2015年

资料来源：1950年之前土耳其的数据来自 Pamuk（2006）；Maddison（2007，第375—386页）；Bolt and Van Zanden（2014）；也可参见第二章中的讨论和引用的资料。

1950—1980 年，土耳其的人均收入增长率略高于亚洲、南美洲和非洲发展中国家的平均水平。土耳其自 1980 年以来的增长率仍然高于南美洲和非洲国家的平均水平。然而，中国和印度这两个发展中大国，乃至整个东亚、东南亚和南亚在近几十年中的经济增长率已经远远超过了土耳其。

与四个跟土耳其人口情况相似的南欧和中东国家比较，能够为我们研究土耳其的长期发展轨迹提供更多参考。早在 19 世纪初，意大利和西班牙的人均 GDP 水平便高于土耳其。意大利和西班牙自 19 世纪开始步入工业化发展轨道，两国在 19 世纪和两次世界大战间歇期取得了比土耳其更高的增长率，但两国的工业化程度仍低于发达国家。自二战结束以来，意大利和西班牙均实现了很高的经济增长率，因此两国远比土耳其更加趋近于发达国家的水平。埃及和伊朗在 19 世纪早期的人均 GDP 略低于土耳其，而在整个 19 世纪，两国的经济增长率都更低。埃及在两次世界大战间歇期的人均 GDP 水平没有变化，在 1950 年之前与发达国家间的差距不断拉大。自二战结束至 2015 年，埃及与土耳其之间的人均 GDP 差距不断扩大。相比之下，得益于石油厚利的伊朗在 1950 年的人均GDP 提升至与土耳其同等的水平。自二战结束至 2015 年，伊朗与土耳其之间的人均 GDP 差距不断扩大。凭借着石油贸易的巨大利润，伊朗的人均 GDP 在 20 世纪 70 年代之前一直高于或接近于土耳其，但之后便落后了。

意大利和西班牙等南欧国家、日本和韩国等东亚国家，还有中国香港和中国台湾等经济体创造了"经济奇迹"，这些经济体自二战结束以来显著缩小了与发达经济体之间的差距。在迎头追赶和不断趋同的过程中，这些经济体的年度人均收入增长率至少在二三十年间都保持在 5% 以上。土耳其经济增长的表现远比不上这些更加成功的范例。在过去两个世纪中，土耳其的人均 GDP 增长率从未达到过 5%。土耳其的发展自 19 世纪至 1950 年一直远远落后于发达国家，1950 年之后的追赶也十分有限。总之，土耳其在过去两个世纪中的长期经济表现仅略好于发展中国家的平均水平，并接近全球的平均水平。

土耳其自 1820 年以来的医疗与教育发展状况与人均 GDP 的状况相关但有所不同。土耳其在 19 世纪的医疗与教育进步缓慢，但是在一战尤其是二战后加速发展。1820—1950 年，土耳其的平均预期寿命由 26～27 岁缓慢上升至 44 岁。虽然该数值略高于发展中国家的平均水平，但土耳其的平均预期寿命与发达国家的差距在此期间急剧扩大。随着经济增长率的提高，土耳其的平均预期寿命在二战后也开始大幅上升，几乎每两年增加一岁，即从 1950 年至 2015 年共计增加了 30 多岁。总的来说，二战结束后，土耳其以及发展中国家整体与发达国家之间的平均预期寿命差距明显缩小。

在教育方面，土耳其也呈现 19 世纪缓慢发展、20 世纪（尤其是二战后）迅猛进步的类似模式。尽管土耳其在 19 世纪推行了教育改革，但是由于土耳其的预算限制加上穆斯林不容易接纳新办学校，因此学校建设和师资并没有普及到大多数人口所在的乡村地区。19 世纪土耳其的成人识字率增长缓慢，在一战前夕仅略高于 10%。在战间期，虽然整体识字率有所增长，但是教育工作很大程度上仍然限制在城市范围内，并没有普及到大多数人口所在的乡村地区。土耳其在 1950 年的整体识字率约为 33%，在 1980 年上升至 68%，2015 年达到了 94%。女性的识字率提升较为缓慢。

大部分发展中国家没有关于早期识字率的数据，为了进行国际比较，我们需要使用另一项基本指标。19 世纪，土耳其 15 岁以上成人的平均受教育年限不足 1 年，到 1950 年这一数据小幅上升至 1.2 年。成人平均受教育年限目前已达到 7 年以上。从其他地区采集的数据显示，在过去两个世纪的大部分时间里，土耳其不仅落后于全球平均水平，更是落后于同等人均 GDP 水平的其他国家。普遍且持续存在的性别不平等现象是导致土耳其在教育方面表现欠佳的重要原因。土耳其在医疗与教育方面的低排名还归因于严重的地域不平等现象，在大多库尔德人所在的东南地区，医疗条件、教育水平和人均收入都处于较低水平。

直接原因与深层原因

长期以来，经济学家聚焦于经济增长的直接原因，即物质资本和人力资本投资、技术进步和组织效率提升带来的生产率提高。然而近些年来，经济学家将注意力从直接原因转向深层原因。深层原因是指那些影响并带动这些投资，同时又能决定其生产率高低的社会、政治和经济因素。学者们越发注意到，投资率和生产率增速并不是外生的，而是由经济因素与非经济因素共同决定的，这个发现有助于寻找更深层次的决定因素。近些年积累的证据表明，全球人均收入的部分差异可以由长期历史因素来解释，这些因素包括自然资源禀赋、地理位置、文化、教育以及政治制度，这些因素相互作用，影响经济增长，并最终形成盘根错节、纷繁复杂的历史进程。因此，将各种因素相互分离、考察单一因素产生的影响是非常困难的。

近数十年来，不断更新的各类文献重申了如下观点：在推动经济发展的过程中，由成文和不成文规则组成的制度以及制度的执行会起到重要作用。根据这些文献，只有当社会制度和规则及其执行促进了经济活动时，才会出现更复杂先进的组织形式和创新，以提高生产率。支持生产和投资的法律条文及其执行、法律面前的平等公正、经济向更多领域开放，都会影响新的合作关系的形成，而且能鼓励社会不同行业中的个体发挥各自的才能，参与经济活动。

虽然对制度或规则及其执行的研究尚处在早期阶段，但是相比于物质资本和人力资本积累率和研发活动本身来说，制度愈发被视为影响经济发展及国别长期人均 GDP 差异的更基本要素。近来的研究表明，社会制度更健全的国家，物质资本和人力资本积累率更高、技术更先进，对现有物质资本和人力资本的使用效率和生产率也更高。换言之，社会制度的优劣之分也可被视为国别人力资本形成率和全要素生产率差距的主要原因。

社会制度包括成文（或正式）规则和自上而下制定的法律，这些制度通过执行合同、保护产权、监督各方当事人恪守承诺的方式促进经济交流。然而，并非所有的正式制度都源于国家。家庭、亲缘关系和族群纽带、宗教网络、庇护关系网、联盟、商业合伙关系、同业行会以及基金会等，都属于最初规模有限、自下而上发展起来的非正式制度，意在保障稳定的经济生活，促进不同个体和群体间的合作。久而久之，这些非正式制度或多或少地变成由政府执行。越来越多的研究文献强调政治制度的关键作用。政治权力和利益分配以及精英群体间联盟的形成，都会影响国家对政治及经济制度的选择。

制度不仅限于政府强制执行的正式规则。许多非正式制度是自我执行或由非国家行为主体执行的。这些私人制度一般在社群中自下而上建立起来，并且根植于社会关系网，它们通常不独立发挥影响，而是与其他正式与非正式制度相互作用或共同产生影响。事实上，非正式制度对正式制度的有效执行是不可或缺的。要想弄明白制度的作用，就得理解正式与非正式制度如何相互影响，以及如何给促进或阻碍经济增长的制度架构制造压力。从长期来看，为鼓励更多个体和更复杂的机构参与经济交易、合作共赢、组建伙伴关系，一些（但并非所有）私人秩序或非正式制度需要被更普适、更正式的制度取代。

外部力量在社会制度的形成过程中也起到了重要作用。由外来势力创建正式制度的殖民地（或正式殖民地）就是正式制度直接受制于外部力量的典型案例。在过去两个世纪中，国际规则，如自由贸易、金本位制，以及在二战后形成的布雷顿森林体系的规则和组织也发挥了同样重要的作用。近来，以市场化、贸易开放和私有化为基本原则的"华盛顿共识"也对正式经济制度和经济政策产生了影响。这些原则通常由世界强国或国际组织执行。

学术文献逐渐达成的一个共识是政府在经济发展中的作用不仅限于保障国家安全、保护产权和执行合约，而且在制度的形成、执行和长期发展与演变过程中也扮演重要角色。纵观历史，在政府的建立和政策制定过程中，彼此竞争的精英之间的关系以及精英群体与政府之间的关系是十分重要的。精英之间即使不能达成共识也能相互谅解，以及驾驭并制约不同精英团体的权力和能力，一直是国家建立和政策制定的关键要素。当现行制度或新制度导致的利益分配状况与当下社会的权力分配状况不一致时，精英会通过组织动员、协商谈判、向其他人和政府施压的方式来形成正式与非正式制度。换言之，正式制度的执行与法治普及的程度，通常取决于不同群体（及群体中的精英）与政府之间的关系和谅解程度。

英国和欧洲后起的工业化国家在现代早期和 19 世纪的经验表明，政府在经济发展中扮演的重要角色不仅体现为保障国家安全、执行法律与合同，还体现在大力支持市场运作、发展长途贸易，以及很多时候还要保护国内生产以应对海外竞争等方面。对于当今的发展中国家，19 世纪时它们政府的能力有限，在当时的经济发展过程中发挥了有限的作用。自20世纪30年代，特别是在二战后，经济中的国家干预主义快速普及，一些发展中经济体的政府，尤其是东亚发展中经济体的政府，在工业化进程中发挥了关键作用。然而，这些案例并不意味着国家干预主义总是能取得促进经济发展和推进工业化的成效。复制东亚经济体工业化举措的尝试表明，由于新制度与其他现行制度、社会结构以及权力分配结构之间的相互作用，即便采取同样的正式制度和经济政策，复制的实际效果也可能天壤之别。

虽然越来越多的新文献提供了有关制度影响长期发展的理论框架和经验证据，但它们具有明显的局限性。首先，经济制度如何形成以及它们在各国之间各不相同的原因并没有得到很好的解释。这些文献至今还没有详细探究经济制度对经济和政治结果的影响机制。近期的文献也没有充分考察制度的长期变化。因此，我们需要更加重视不同机构与不同群体在制度变革过程中发挥的作用。换言之，虽然越来越多的证据表明制度委实重要，但是我们依旧需要更多地了解制度如何形成、运作、延续以及变化。

总体来看，这些新文献尝试阐明经济行为与结果如何受到制度环境的影响。制度与经济变化、技术、政治、社会结构、权力分配、信念、意识形态以及社会预期之间的作用是双向的。制度影响着这些因素，也反过来受它们影响。类似地，制度塑造了不同行为主体的行为和关系，也反过来由这些行为主体塑造。因此制度会影响行为，但并不是造成行为结果的唯一原因。如果我们认为制度在经济发展过程中是独立演进的，就更容易剥离制度对经济发展的影响；但实际上，如果其他因素也左右着制度的演进，剥离制度产生的影响便不那么容易了。如果制度是内生的，并且受经济变化和其他因素的影响，那么分析制度的作用将变得更加复杂，而且将经济的增长单单归因于制度也不够有说服力。然而，承认制度受其他因素的影响并不意味着制度无足轻重，或者制度对经济表现的影响有限。

土耳其在经济增长和人类发展方面的表现与发展中国家和世界平均水平相近。我将在本书中阐明的观点是，单靠物质资本与人力资本投资和生产率增长等直接原因并不能对这一状况做出令人满意的解释。为了更好地理解土耳其的发展历程，我们必须进一步分析深层原因，其中土耳其的制度和政策及它们的演变是最为关键的部分。我将论证，虽然制度并非唯一重要的因素，但是为了评估土耳其在过去两个世纪中的经济发展和人类发展状况，理解制度的作用至关重要。在接下来的概述中，我将说明土耳其经济增长的直接原因与深层原因。

1820 年以来土耳其经济发展的直接原因

西欧国家与世界其他国家在 19 世纪经济差距日益拉大，其中一个基本的直接原因是采用新技术的速率不同。工业革命带来的蒸汽机和后来的其他新技术首先传入了西欧和北美地区。随着这些新技术的普及，工业生产率与交通运输效率开始快速提高，农业生产率也有一定的提高。然而，土耳其以及大部分发展中国家在 19 世纪的工业化程度依旧有限，蒸汽机和其他新技术的引入过程迟缓，而且主要应用于交通运输行业。

1820—1914 年，今土耳其境内的总人口由大约 1 000 万增长至约 1 700 万。近半数的人口增长要归因于人口的迁移。同一时期，由于海路运输和铁路建设的进步，在土耳其缓慢的人均 GDP 增长中，很大一部分是通过国内和出口市场的农产品扩张实现的。由于这些变化，农村家庭得以更专业化地开展农业生产，并且通过增加劳动时间和耕作更多农田的方式为市场生产更多经济作物。然而，农业技术的变革一直比较迟缓。农业机械化一直局限于小范围的出口导向型生产。在19世纪的大部分时间里，总投资在土耳其GDP中的占比只有5%~6%，在一战前的几十年中这一比重至多为8%。1880年后，致力于修建铁路、建设对外贸易基础设施和城市公用事业的欧洲公司在土耳其固定资产投资中的占比高达三分之一。投资低迷、新技术普及迟缓、农业生产率提升缓慢以及贸易程度偏低，都是导致一战前土耳其经济低增长的直接原因。政府支出有所增长，但仍处在较低水平，加上新技术的普及迟缓，阻碍了卫生和教育领域的进步（见图1.3）。

在一战期间及战后，土耳其的总人口减少了20%。希腊人、亚美尼亚人和穆斯林人口的大幅减少产生了长期的经济、政治与社会后果。随着奥斯曼帝国在一战后的瓦解与新民族国家的建立，

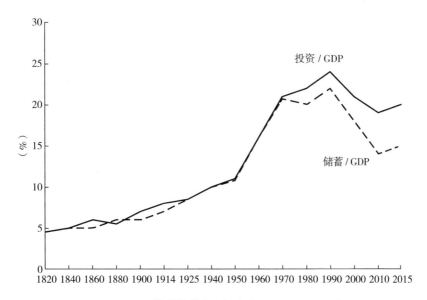

图1.3 土耳其的储蓄率和投资率，1820—2015年

资料来源：1913年之前的数据为作者的估计，1923年以来的官方数据来自土耳其统计研究所（2014）和土耳其发展部（2017）。

土耳其在 1929 年获得了制定关税的权力。为应对经济大萧条和农产品价格下跌，土耳其的经济战略发生了重大转变。土耳其将工业化视为带动经济增长的新动力，因此贸易保护主义成为关键的经济政策。20 世纪 30 年代，制造业和城市经济获得了大量投资，占 GDP 比重平均约为 10% 的资金几乎全部来自国内储蓄（见图 1.3）。新技术逐渐在城市经济中普及，然而，继续占近 80% 就业人口的农业转向内向型，直到二战结束后几乎一直处于封闭状态。

1950—1980 年，土耳其的总人口由约 2 100 万增长至 4 400 万，而后在 2015 年达到 7 900 万。19 世纪土耳其的城市化进展缓慢，劳动力由农村向城市的转移在二战后才开始逐渐加速。随着部分农业劳动力开始迁移至城镇地区，并从事利用先进技术的工业和服务业，土耳其的平均劳动生产率开始更快提升。有估算表明，土耳其自 1950 年以来的劳动生产率提高和人均收入增长中，有三分之一以上要归因于劳动力从低生产率的农业向较高生产率的城市经济转移。农业就业人口在总就业人口中的占比从 1950 年的 75%~80% 降至 1980 年的 50%，到 2015 年进一步降至 22%；相应地，城市经济中的就业人口占比由 1950 年的 20%~25% 攀升至近 80%。城市经济占 GDP 的比重也从 1950 年的 58% 增至 1980 年的 75%，到 2015 年增至近 92%。制造业以平均每年超过 8% 的速率发展，而制造业就业人口在全部劳动力中的比重在 1950—1980 年间急剧增加。然而，自 1980 年以来，制造业的发展速率下降至平均每年 5%，制造业就业人数占土耳其总就业人数的比重处于停滞状态，但与此同时，服务业在总就业人数和 GDP 中的比重在持续上升（见图 1.4）。

更高的国民收入提高了储蓄率，对更高技术的投资率也随之上升。从 20 世纪 50 年代早期至 70 年代，投资在 GDP 中的比重由 11% 上升至 22%（见图 1.3）。投资资金大部分来自国内储蓄。

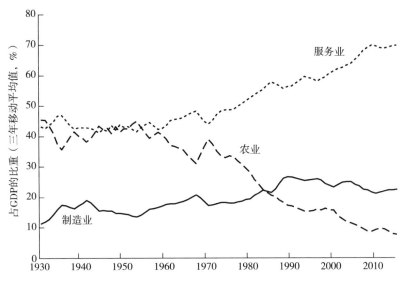

图 1.4　土耳其不同行业占 GDP 比重的变化，1930—2015 年

资料来源：基于土耳其统计研究所（2004）的国民收入核算数据。

与一战前不同的是，在战间期以及二战后几十年里，流入土耳其的外国直接投资（FDI）一直十分有限。自 1980 年以来，总投资在 GDP 中的比重没有进一步提升，一直处于平均 21% 的水平。随着储蓄率在 1998 年后开始下降，外国资本贡献的投资比重逐渐上升，并且主要集中在中短期投资。与海外资本流入相关的经常账户赤字和增长 - 停滞循环已经成为经济不稳定的根源所在。虽然国内政治及其对宏观经济稳定的影响造成了平均增长率的中期波动，但是 1950—1980 年和 1980—2015 年这两个阶段的人均 GDP 依旧以每年近 3% 的平均速率增长。

　　农业和城市经济生产率提高的另一个潜在原因是对现有资源更有效的利用，也就是全要素生产率的提高。然而，与同时期大多数发展中国家类似，土耳其自二战爆发以来的全要素生产率提高仍然有限，年均约 1%。此外，土耳其全要素生产率的提高基本上可归因于上文提到的城市化以及劳动力由农业部门向城市经济的转移。换言之，GDP增长中只有一小部分是通过对现有资源的更高效利用实现的，其余大部分来源于投入的积累，特别是物质资本和相对较少的人力资本。事实上，虽然土耳其自二战以来的物质资本形成率已经和相似人均收入水平的其他国家相近，但是土耳其的人力资本形成率还比较落后。女性群体、库尔德人、乡村人口的受教育程度和技能水平甚至更加落后。

大体而言，除了20世纪30年代的急速增长，土耳其在1820—1950年的投资率一直比较低迷，人均GDP的增长率也持续低于1%。自1950年以来，投资率有所上升，人均GDP的年均增长率超过3%。1950年以来的更高增长率同样归因于劳动力与其他资源从农业部门向制造业和服务业的转移。土耳其此时的投资率和增长率已经接近发展中国家和全球的长期平均水平。这些直接原因可以帮助我们从绝对和相对两个标准来理解土耳其的生产率提高和经济增长。然而，这些直接原因没有解答以下三个问题：为什么自1950年以来土耳其没能取得更高的物质资本与人力资本投资率？为什么土耳其技术创新的投资处于落后状态？为什么全要素生产率的增长率持续走低？为了回答这些问题，我们必须研究土耳其经济增长和发展的深层原因。

1820年以来土耳其经济发展的深层原因

对土耳其的制度及其在长期经济发展中的作用的研究尚处在早期阶段，但是大量证据已经存在，本书旨在强调新制度在每个阶段促进一定经济增长的同时，也为后来的经济增长和发展制造了障碍。为了弄清楚制度在土耳其经济发展中的作用，我们必须先理解正式和非正式制度如何相互作用，以及如何对促进或阻碍经济发展的制度架构施加压力。我们还需要分析正式和非正式制度如何与经济发展及社会结构相互作用。

虽然制度变革得到了民众的支持和精英群体的响应，但是土耳其在过去两个世纪中经历的正式制度变革，尤其是早期的政治变革，都是自上而下的。在 19 世纪前的奥斯曼帝国时期，地主、商人、制造商以及货币兑换商（money changers）等经济精英都享有地方权力和自治权，但是他们在中央政府没有代表人。19 世纪，被称为坦齐马特（Tanzimat，意为重建秩序，又称行政改革）的改革方案同样得到了精英群体的支持（包括地方权贵），但这个方案是由奥斯曼帝国中央政府一手策划和启动的。这些改革向所有奥斯曼人（穆斯林和非穆斯林）承诺"人人享有基本权利，法律面前人人平等"。坦齐马特还承诺加强财产权利，并终止将革职官员的财产充公的古老传统。同一时期，奥斯曼帝国中央政府尝试建立一套现代化的官僚体系和全新的教育体系，并对法律体系和税收系统进行改革。土耳其的政治制度也有所变化。第一部宪法以及 1876 年启动的由选举议员和委任议员组成的议会只维持了一年，但在 1908 年青年土耳其革命后又得以恢复。

奥斯曼帝国在一战结束后瓦解，土耳其以新民族国家的面貌崛起，并且继续推行自上而下的制度变革。新共和国在一个世纪之前发起的行政、司法、教育世俗化的基础上推行了激进的现代化改革。1926 年，土耳其借鉴了瑞士《民法典》和意大利《刑法典》，完全切断了国家与伊斯兰法之间的联系。公共教育体系与宗教完全分离，宗教学校也在 1924 年被全部关闭。公立学校、一些行政部门和专业领域更多地向城市中接纳共和国新世俗主义的中产阶级女性开放。然而，多元化议会推行后没几年，安卡拉政府便在 1925 年之后变得越加威权主义，在议会中肃清异己，建立了一党专制的政治体系。

二战后，随着向多党制和常规选举过渡，土耳其的政治体系有了更强的参与性。随着城市化兴起，更开放、更具竞争性的政治体系赋予城乡百姓更多的话语权和权力。但是与此同时，20世纪末之前发生的一系列军事政变确保了军队牢牢控制着政治体系，捍卫世俗主义，并严格限制包括库尔德少数民族权利在内的政治自由。

土耳其的正式经济制度和经济政策在过去两个世纪里发生了广泛的变化。在我要定义的四个阶段里，土耳其政府在每个阶段采纳的正式经济制度和经济政策都受到了国际或全球规则的影响，如自由贸易、布雷顿森林体系、"华盛顿共识"，这些规则都是由主要的世界强国或近年来是由国际机构执行的。事实上，接下来我将阐明，在每一个阶段，土耳其政府采取的经济制度和经济政策与同时期全球其他发展中国家普遍采取的制度和政策是一致的。

为获得欧洲各国对改革的支持，奥斯曼政府在19世纪同意实行"自由放任"政策，并保持对外贸和外资的开放。这一时期的经济制度基本上经由中央政府与欧洲国家的谈判形成。19世纪的这种开放经济模式在一战期间和战后终止。国家干预主义、贸易保护主义和大力发展国民经济成了指导经济政策的新原则。有了新的政治制度和新任领导班子，这个新的民族国家在战间期竭力在新的领土范围内建设其国民经济。为应对大萧条，土耳其政府采取了贸易保护主义和政府主导工业化的发展战略。

二战后土耳其继续推行贸易保护主义和内向型政策。但随着政治体系向多党制转型，私人部门在二战后的几十年中逐渐主导了土耳其经济。1980年以后，土耳其摒弃了工业化时代的内向型经济政策和制度，转而奉行"华盛顿共识"，尤其重视市场、贸易、金融自由化和私有化。1994年土耳其与欧盟签署的《关税同盟协定》促进了制造业出口的发展。

自 1820 年以来，在实现人均收入大幅增长和医疗与教育显著进步的过程中，正式政治及经济制度的广泛变革发挥了重要作用。然而，正式制度变革产生的影响只是一部分。为了理解制度的作用，本书将探讨正式与非正式制度相互影响的方式，以及它们与经济变革、社会结构、权力分配和社会预期相互影响的方式，还有新出现的制度结构是促进还是抑制了经济增长。

新的正式制度在 19 世纪和 20 世纪上半叶缓慢扩散。那些起源于不同社群并扎根于非正式社会关系网的私人制度在城乡地区与正式制度持续并存，并时常作为后者的替代。随着二战之后城市化的推进、经济增长、医疗和教育进步，土耳其政府在财政、行政、司法方面的能力都有所提升。然而，这些进步并不意味着非正式制度已经不复存在。相反，地方势力、庇护关系和宗教关系网以及许多其他非正式制度自 1950 年以来在城市地区进一步发展壮大，在与正式制度相互作用的同时衍生新的制度。

我将论证，土耳其自 19 世纪以来的正式制度未能完全取代非正式制度，而是与之并存，这一状况是由多种重要的原因共同导致的。第一，许多改革的成本十分高昂，需要高效的执行力。然而，政府的财政、行政和司法能力都十分有限，特别是在早期阶段。农村地区被隔绝于政府自上而下的世俗化改革之外。第二，新的正式制度不是模块化结构，而是常常与其他制度相互作用。其他正式与非正式制度的存在对新正式制度的运行往往是必不可少的。其中至少有一些制度是在价值观、信念、社会规范、群体利益以及权力分配的影响下形成的。政治制度和法律制度能够迅速变化，有时甚至能在一夜之间完成，但价值观、信念、社会规范以及相关制度的改变相对缓慢。第三，正式制度的制定和实施一直是自上而下的，并未受到普通民众的充分接纳和认可。在许多情况下，权势集团试图阻挠变革，因为他们认为新制度会伤及自身的利益。在早期阶段，反对派还来自那些操控并从伊斯兰－奥斯曼制度中获利的群体。反对派将正式与非正式制度用作利益分配冲突中的战略资源，并试图损毁新制度。

我将以各个领域的例子说明新制度如何与非正式制度相互作用，这些例子包括：农村地区的教育普及、保障城市新移民住房和为其提供公共服务的种种努力、私人部门的组建、私人部门与政府之间的关系，以及更普遍的国家干预主义在经济发展中的作用。这些例子说明了非正式制度在国家经济中的重要作用，以及新的正式制度在与非正式制度、社会结构以及权力分配相互影响的过程中发挥着不同的作用。

分裂

前文强调了正式与非正式制度，以及制度与经济结果之间的双向交互作用，并指明了制度与社会结构之间双向交互作用的重要性。制度通过间接影响经济结果、直接影响各主体的行为以及各主体间的关系来塑造社会结构。例如，在增强不同社会群体解决集体行动问题和追求共同利益的能力上，正式与非正式制度都发挥了重要作用。因此正式与非正式制度既能增强也能削弱不同社会群体的凝聚力和能力。由利益相左、相互之间既合作又分裂的许多群体组成的社会结构，也会反过来影响制度的形成。基于信任、合作、其他规则（或以上因素的缺失）而形成的正式与非正式制度将影响各社会群体应对分歧的方式，这些分歧可能得到解决，也可能被激化。当分歧未得到妥善处理时，随之而来的后果通常是政治和经济动荡，这会对经济发展产生重大影响。

自 19 世纪以来，土耳其城乡地区阶级分裂的严重程度虽然随时间推移而变化，但一直是不可忽视的问题。不同社会群体之间及精英之间的身份分裂更是不容小觑。有一些分裂可以追溯到 19 世纪世俗化改革的初期。20 世纪，库尔德民族主义的兴起恶化了分裂的局面。事实上，穆斯林与非穆斯林、世俗派穆斯林与保守派穆斯林、逊尼派和其他派别的穆斯林、库尔德人与土耳其人之间身份分裂的严重程度有时比阶级分裂更加重要。身份分裂常基于文化背景，但是这种分裂通常夹杂着不同群体及其精英们的经济利益。统治者、政客以及其他精英时常利用伊斯兰教夸大现有的分裂程度，以此获得民众的支持。

在过去两个世纪里，土耳其政府与精英群体及其他不同的社会群体的结构，以及这些群体之间的联合、联盟、分裂发生了相当大的变化。在每一个阶段，各社会群体之间的关系、联盟和分裂都受到国际制度、经济模式以及全球经济体系所容许的政策的影响。身份分裂导致不同精英群体难以结盟与联合。政府能力和政府执行正式制度的能力也深受分裂的危害。与精英群体（包括政府精英）至少达成谅解、控制不同精英群体的权力和能力、处理各种集体行动问题，成为政府在宏观和微观层面上成功实施新政策的关键。如果现行制度或新制度的利益分配与社会既有的权力分配不一致，精英群体就有可能以组织动员、谈判交涉、向其他人和政府施压的方式，恢复过去的正式与非正式制度。在这些冲突中，相互对立的精英群体通常会利用非正式制度，其中包括基于身份的关系网络与庇护关系。

彼此竞争的精英群体之间、穆斯林与非穆斯林之间、私人精英与政府精英之间、世俗派精英与保守派精英之间、土耳其人与库尔德人之间的种种分裂不仅损耗了政府的实力，而且使维护政局稳定更为艰难。政治秩序，即社会不同群体对基本权利、应对冲突的机制，以及政府制定和维护规则的行动所达成的谅解和共识，是实现政治和经济发展的必要条件。政治不确定性和不稳定性加剧会改变国民的预期和信念，导致政治和经济活动的参与者采取非常不同的行动。二战后几十年中频发的军事政变以及近期滑向威权主义的现象都表明，土耳其的政治体系无法有效地控制这些分裂。

反复发生的政局动荡对土耳其的短期和长期经济发展都造成了不利影响。在二战结束后的多党派时代，政局动荡时期往往会滋生更多宏观经济问题，并导致经济增速下滑。更重要的是，精英群体之间持续不断的分裂、对非正式关系网的利用，以及国家干预主义带来的复杂后果，都使土耳其更难将不同背景的人的资源和技能整合起来，也难以利用先进技术发展更复杂的组织。许多个人和公司因此不再投资于教育、技能提升和技术创新，不再追求长期的附加值和生产率提高，而选择利用资源与政府交好，获得政府支持的权宜之计。

全书概览

接下来的两章是对导言的扩展。第二章将详细论述土耳其自1820年以来的经济增长和人类发展状况，第三章将研究19世纪前的制度在经济发展与奥斯曼制度演化过程中的作用。在本书的余下章节，我会分四个阶段来探究土耳其自工业革命以来在经济增长和人类发展方面的表现。在每一个阶段，土耳其政府都采取了发展中国家普遍推行的经济模式。

1. 在19世纪奥斯曼帝国的开放经济条件下，农业生产日益走向专业化。

2. 在两次世界大战和包括大萧条在内的艰难时期，土耳其从帝国体制转向民族国家，成为内向型经济体。

3. 二战后的几十年中，私人部门主导了进口替代工业化。

4. 自 1980 年以来，土耳其奉行"华盛顿共识"，并再次将经济向国际贸易和国际投资开放。

我将用三章探讨土耳其在 19 世纪的发展状况，再各用两章阐述之后的每个阶段。我会论述每一个阶段的经济政策演变，以及政治发展与制度变革。我会以绝对与相对两个标准来论证和评估土耳其在经济增长和人类发展方面的表现，并分析土耳其经济增长和人类发展的直接原因与深层原因。

第二章　1820 年以来的经济增长与人类发展

直到 18 世纪末，全球人均收入增长一直比较有限，而且无论何时何地都无法长期维持。经济增长，即人均产出（或人均收入）的持续增长，出现在工业革命前几个世纪的西欧，并在 19 世纪开始扩展至全球。到 20 世纪下半叶，世界大部分地区和国家已经实现了人均产出和人均收入的显著增长，经济增长成为决定国家贫富水平的最基本要素（Kuznets，1966，第 69—110 页）。举例来说，早在 1820 年英国的人均收入（或人均购买力）就已经是印度当今人均收入的大约一半。自那时至今，英国的人均收入已经增长了 12 倍（Maddison，2007，第 359—386 页）。土耳其 1820 年的人均收入比非洲地区当今人均收入的一半还低。1820—2015 年，土耳其的人均收入增长了大约 15 倍。换言之，即便考虑到一些不能忽视的测算问题（后续将对此展开讨论），我们也可以说，土耳其当今的人均购买力比两个世纪前增长了 15 倍。这个长期趋势是本章和全书的焦点所在。

经济学家们对二战结束以来的现代经济增长状况做了大量研究。越来越多的文献强调，技术进步带来的生产率提高，以及人均物质资本的增加和教育水平的提高，是促进经济增长的最关键因素。当今许多国家已经拥有并大量使用先进技术含量越来越高的工具。此外，劳动力的受教育程度也远高于 1820 年。长期以来的生产率提升和收入增长无疑与这些发展密不可分。简言之，技术变化，以及人力资本与物质资本的更高投资率如今被视为工业革命以来经济增长的主要直接原因。自二战结束至今，随着投资的大幅增长和技术变化的步伐加快，经济增长的现象扩展至全球，发展中国家的人均产出和人均收入也开始稳步提升。二战后开始的城市化进程也推动了经济增长率的提高。随着人口从农业部门向城市经济转移，投资与产出的增长更迅速地延伸到了城市行业，尤其是工业（Kuznets，1966，第 86—159 页；Abramovitz，1986，第 385—406 页）。

近来越来越多的文献认为，制度在推动经济发展的过程中发挥了重要作用。此类文献认为，由技术进步、物质资本与人力资本增长带来的生产率提高是导致经济增长的直接原因，而影响生产投入和生产率增长速率的社会、政治和经济环境，或者被定义为成文和不成文的社会规则制度，是经济发展和国家间长期人均GDP 差异更根本的决定要素。下一章将探讨制度与制度变革在长期经济增长中的作用。

经济增长（或人均收入增长）并非衡量经济表现的唯一指标。对长期经济表现的任何评估，都需要考虑生活质量、收入分配、医疗水平、教育水平、不断变化的环境状况，以及产出和收入等因素。例如，如果收入增长的分配不均衡，或者国民健康日益恶化，那么即使人均收入在增长，社会福利也可能下降。一味地注重生产率的提升必然会导致对环境问题的忽视，包括气候变暖。因此，近年来越来越多的政客、经济学家和社会学家都不再单单着眼于人均收入增长，而是强调要开发多维度的衡量指标。致力于研究这些问题的经济学家认为，除了产出和收入，用于评估长期经济发展的新指标还必须涵盖医疗、教育、生活水平、环境、就业以及政治参与等维度（Stiglitz、Sen and Fitoussi，2010）。

但是，定义并采用一项能体现上述维度且被广为接受的指标并非易事。在找到更合适的新指标之前，我们不得不用其他可用指标来多维度地评估长期经济发展。最近几十年来，除了人均收入，人类发展指数也是衡量经济发展的最常用指标。人类发展指数赋予医疗、教育和人均收入同等的权重，但并不涵盖其他维度。我将在本章和其余各章中探讨土耳其过去两个世纪的经济增长和人类发展趋势。

我用以 1990 年美元计价并经购买力平价（PPP）调整的人均GDP 表示一国的人均收入。与早期采用的现行汇率法相比，这一调整有助于缩小高收入国家与低收入国家之间的人均收入差距。因为以美元计价，低收入国家的一般价格水平通常较低，而美元购买力较高。经购买力平价调整是更广泛接受的计算方法，因为这样的计算结果可以更切实地反映不同国家之间平均生活水平的差异。例如，若使用现行汇率比较，则 2015 年土耳其与美国的人均收入比约为 1∶5。由于 2015 年土耳其以美元为计价单位的一般价格水平约是美国价格水平的三分之二，经购买力平价调整后的计算结果表明，2015 年土耳其与美国的人均收入比约为 1∶3。经济学家普遍认为，后者更切实地反映了两国生活水平的差异。①

有许多重要的论据可用于反对使用人均 GDP 来衡量长期生活水平的变化。其中有观点认为，人均 GDP 往往低估了长期生活水平的提升，在解读研究结果时需要考虑这一点。首先，许多国家每周或每年的工作时长在逐渐减少。换言之，人均 GDP 没有考虑不断增多的闲暇时间的价值。其次，人均 GDP 忽略了一点，即随着就业人口由农场和工厂向办公室转移，工作带来的体能挑战和不适感在大大降低。同理，有了水电供应和两个世纪前尚不存在

---

① Maddison（2003）；Maddison（2007，第 375—386 页）；Deaton and Heston（2010，第 1—35 页）。

的多种家用电器，如今洗衣洗澡之类的居家活动变得更加容易。再次，由于消费结构随着时间推移发生了巨大变化，在比较长期生活水平的变化时存在着技术和观念难题。举例来说，一百年前消费必需品中没有电力、冰箱和电脑等商品，因此难以判定哪些商品的价格应被纳入相关指数。技术变革和规模经济导致新产品的价格在早些年就已大幅下跌，但是官方数据通常在新产品可供出售的许多年后才开始纳入统计。最后，现行价格指数存在"质量偏差"。许多商品和服务的质量都在逐步提升，比如家用电器的能效在逐步提高，以及伴随着室内管道、电力、中央空调系统的出现，住房质量在不断提高，但是官方数据并没有考虑这些进步。[1]

将购买力平价调整后的人均收入用于国际比较的做法也遭到质疑，在解读研究结果时也需要多加注意。第一，有观点提出，购买力平价调整的计算方法不足以展现高收入国家与低收入国家之间产品质量的差异。还有观点认为，如果充分考虑长期以来的质量改善和当前的差异，那么我们需要上调现有的长期经济增长率的估计值以及当今高低收入国家间人均 GDP 差异的估计值。第二，不同国家间，尤其是发达国家与发展中国家间的相对价格可能存在很大差别。因此，对不同国家间人均 GDP 差异的评估某种程度上取决于购买力平价的计算使用了哪些国家的价格。这一指标计算问题导致国际比较的结果在一定程度上更不准确。

1820 年以来的全球经济增长

现代经济增长进程吸引了经济学家和经济史学家的更多注意，在后者中，著名的有安格斯·麦迪森（Angus Maddison）等学者，

---

[1]　Nordhaus（1997，第 29—70 页）；Gordon（2016，第 1—19 页，第 329—565 页）。

他们一直致力于为全球所有地区和国家构建长期 GDP 和人均 GDP 的序列数据，尤其是自工业革命以来的序列数据。为了更好地评估人均收入和生活水平的长期趋势，这些研究提供了各国以 1990 年美元计价并经购买力平价调整的人均 GDP 序列数据。虽然各国都有 1950 年之后的年度数据，但是在二战后的早期阶段，许多发展中国家只有某些基准年份的估计数据，例如 1820 年、1870 年、1913 年、1950 年和 1973 年，而这些年份被认为是世界经济的重要拐点（Maddison，2003，2007）。安格斯·麦迪森逝世后，一批学者发起了"麦迪森项目"以跟进序列数据、更新研究方法（Bolt and Van Zanden，2014，第 627—651 页）。本书选择使用相同的基准年，但是我选用 1980 年（而非 1973 年）作为最近一个时期的起始年，因为从土耳其采用的经济模式和经济政策的角度看，这样更合理。

表 2.1 归纳了世界不同国家和地区 1820 年以来的人均收入增长状况。从中可以看到，大部分国家和地区在 19 世纪开始经济增长，并在 20 世纪出现加速，但是全球不同国家和地区在过去两个世纪中的经济增长率和人均 GDP 的累计增长是极不平衡的。西欧国家的城市化率在工业革命前夕就已经高于世界其他国家，其 1820 年的人均收入已经达到基本生存水平的近 3 倍，而同时期全球其他国家和地区的人均收入仍处于基本生存水平的 1 ~ 2 倍之间。发源于英国的工业革命首先普及到西欧和北美的部分国家。从 19 世纪至 1950 年，新技术的普及、工业化以及生产率提高相对缓慢，但发展中国家的工业化普及和生产率提高都更为有限。发展中国家继续从事农业生产，在 1950 年之前一直固守着农产品生产商和出口商的角色。如此一来，西欧国家和美国的人均收入与亚洲、拉丁美洲、非洲的发展中国家的人均收入比从 1820 年的 2：1 激增至 1913 年的 5：1，到 1950 年扩大至 5：1 以上。

表 2.1　1820—2015 年世界不同国家和地区的人均 GDP

	人均 GDP			年增长率（%）		
	1820	1950	2015	1820—1950	1950—2015	1820—2015
西欧	1 200	4 570	22 000	1.0	2.6	1.5
美国	1 250	9 550	30 800	1.6	2.0	1.7
发达国家	1 200	5 550	24 900	1.3	2.4	1.6
东欧（俄罗斯除外）	750	2 100	8 600	0.9	2.4	1.3
意大利	1 120	3 500	19 500	0.9	2.7	1.5
西班牙	1 000	2 200	16 800	0.6	3.2	1.5
亚洲	580	720	7 100	0.2	3.7	1.3
日本	670	1 920	22 350	0.8	4.2	1.9
中国	600	530	9 500	−0.2	4.9	1.3
印度	530	620	3 800	0.1	3.0	1.0
非洲	480	890	2 050	0.6	1.2	0.8
埃及	600	1 050	4 450	0.4	2.3	1.0
伊朗	550	1 720	6 500	0.9	2.1	1.3
南美洲	690	2 500	7 150	1.0	1.8	1.2
发展中国家	570	850	6 100	0.3	3.1	1.2
全世界	**670**	**2 100**	**8 100**	**0.9**	**2.3**	**1.3**
土耳其	**720**	**1 600**	**11 200**	**0.7**	**2.8**	**1.3**

注：人均 GDP 以 1990 年美元计价并经购买力平价调整，具体参见正文。

资料来源：Maddison（2007，第 375—386 页）；Bolt and Van Zanden（2014）；土耳其 1950 年以前的数据来自 Pamuk（2006）。

不过，自二战结束以来，随着城市化、投资率、工业化的进步，新技术向发展中国家的普及速度也逐渐加快。以西欧和美国为一方、以发展中国家为另一方的人均收入差距略微缩小至不到 5∶1。换言之，虽然这一差距到 1913 年甚至 1950 年有显著扩大的趋势，但是就发展中国家整体而言，1950 年以来的人均收入已略微趋同于发达国家的水平。1820—2010 年，发展中国家的人均收入增长了近 8 倍。据估计，在此期间，西欧的人均 GDP（或人均收入）增长了 18 倍，美国增长了 23 倍，日本则增长了 33 倍。相比之下，亚洲（日本除外）和南美洲的人均收入增长了 10 倍，而非洲地区仅增长了 4 倍。

自工业革命兴起以来，全球经济增长不平衡状况的原因是新技术使用与普及的不平衡。由于亚洲、拉丁美洲、非洲的发展中国家在 20 世纪中叶之前的城市化和工业化进程有限，这些国家与欧洲和北美的早期工业化国家之间的收入差距在 1820—1950 年迅速扩大。1950 年以后，随着工业化在发展中国家的普及，发达国家与发展中国家整体之间的差距略有缩小。与此同时，1950 年尤其是 1980 年之后，随着快速工业化国家与其他国家的差距扩大，发展中国家内部的分化愈发加剧。虽然非洲的人均收入增长落后，拉丁美洲的人均收入增长低于发展中国家的平均水平，但是东亚和东南亚的增长水平相当高，实现了人均收入的可观增长。19 世纪中东地区整体上与发展中国家的平均水平相近，但是到了 20 世纪，尤其是 20 世纪 70 年代以来，中东的中小型石油出口国和其他中东国家之间的差距显著扩大。

自二战结束以来，意大利、西班牙、爱尔兰等部分欧洲国家，以及日本、韩国和中国台湾等东亚经济体实现了人均产出和人均收入的快速增长，并且成功地弥合了与高收入国家之间的绝大部分差距。然而，除了这些"经济奇迹"，从全球的总体趋势看，高收入经济体与发展中经济体在 19 世纪拉开的人均收入差距在过去 60 年（或 100 年）中并未缩小。表 2.1 还显示，虽然大多数经济体以及全球整体的人均收入都增长了许多倍，但与两个世纪前相比，不同国家和地区之间当前的人均收入分布更不平衡。最高收入国家和最低收入国家之间的人均收入比在 1820 年至多为 3∶1，现在却高达约 60：1（Maddison，2007，第 375—386 页；Prichett，1997，第 3—17 页）。

　　类似地，近几十年来尽管几个快速增长的发展中国家成绩斐然，但发达国家与发展中国家整体之间的人均收入差距还是没有太大变化。发达国家从二战结束至 20 世纪 70 年代实现了快速增长，此后开始放缓。此外，自二战结束以来，发达国家之间的人均 GDP 差距也有所减小。但发展中国家之间的人均 GDP 增长率和人均收入差距在最近几十年不断拉大。虽然一些国家（尤其是中印两个大国）自 1980 年以来高速增长，但其他许多发展中国家在 21 世纪第二个十年的人均 GDP 实际上比半个世纪前更低。一些快速增长的发展中国家缩小了它们与发达国家之间的差距，但是其他许多发展中国家与发达国家之间现今的差距实际上比 1950 年时大得多。因此，有关全球收入分配的研究结果表明，如今不同国家间的收入不平等远大于国家内部的收入不平等。过去的情况则与之相反，两个世纪前，国家内部的收入不平等比国家间的收入不平等大得多。

　　近几十年来，关于各国内部收入分配演变的研究取得了更多成果。现有研究表明，发达国家内部的收入差距从 19 世纪直到一战期间都有所扩大，但是从 20 世纪 20 年代至 70 年代有所降低。发展中国家早期阶段的内部收入分配数据非常少。最近的研究表明，自 20 世纪 70 年代以来，许多发达国家内部的收入分配越发不平等。尽管发展中国家的收入数据存在较大的不确定性，但有证据表明，中国和印度以及许多其他发展中国家的收入分配不平等同样在加剧。[1] 此外，近年来出现了不考虑国别的评估全球收入分

---

① Piketty（2014，第 321—330 页）；Bourguignon（2015，第 47—73 页）；Milanovich（2016，第 46—117 页）。

配变化的新研究。这些研究表明，自 19 世纪初至 20 世纪 70 年代，全球收入分配变得越发不平等。研究还表明，虽然大多数国家内部的收入分配越来越不平等，但近几十年来，全球整体的个人收入分配变得更加平等。中国和印度这两大发展中国家的平均收入显著增加是导致这一趋势的主要原因。[①]

土耳其的人均 GDP 序列数据

本书首次展示了 1820 年以来土耳其的人均 GDP 序列数据。该序列数据是用来评估土耳其在过去两个世纪中绝对和相对经济表现的重要证据。尽管我们可以获得 1923 年以来土耳其的人均 GDP 序列数据和一战前几年的少量估计数据，但是没有 19 世纪的人均 GDP 估计数据。近些年来，我利用当前可获得的 1913 年之前的人均 GDP 估计值进行倒推，并将这些估计值与 19 世纪前的数据相结合，测算出了土耳其在 19 世纪各个基准年的人均 GDP 数据。

麦迪森（2007）、联合国、世界银行的序列数据收录了土耳其在 20 世纪以 1990 年美元计价并经购买力平价调整的人均 GDP 序列数据。我们需要对土耳其在 1923 年前的人均 GDP 估计值进行倒推。为此，我与一位同事首次将被土耳其统计研究所采用、由唐瑟·布鲁特（Tuncer Bulutay）、叶哈雅·特泽尔（Yahya S. Tezel）、努里·耶尔德勒姆（Nuri Yıldırım）三人编制的 1923—1948 年的人均 GDP 序列数据，与瓦达特·埃尔德姆（Vedat Eldem）参考奥斯

---

① Bourguignon and Morrisson（2002，第 727—744 页）；Van Zanden et al.（2014b，第 279—297 页）；Milanovich（2005/2016，第 46—117 页）；Deaton（2013，第 218—263 页）。

曼帝国晚期的人口、农业、工业、外贸、价格序列数据得出的国民收入测算值相结合。我们由此得出，土耳其的人均收入（或人均 GDP）在一战期间大幅下降，尽管在 20 世纪 20 年代快速回升，但是直到 1929 年才恢复到 1913 年的水平。随后我再次通过参考日薪、人均税收、人均外贸额序列数据的方式，用 1913 年的人均 GDP 估计值推算了 1870 年和 1820 年基准年的人均 GDP。[①]

对于 1948 年以后的时期，我仍采用土耳其统计研究所生成的序列数据。历年来，土耳其统计研究所对官方序列数据做了许多修正。最近一次是在 2008 年，土耳其统计研究所根据欧盟标准，用当时的市场价格以及 1998 年基准年的市场价格编制了全新的 GDP 序列数据。因此，国民收入计算中首次纳入了一些未曾出现在官方序列数据中的经济活动。农业、工业和服务业数据被一并上调，GDP 的估计值比早先序列数据中给出的估计值高出 30% 左右（TurkStat，2008）。国际机构也接受了这些新的序列数据，并将 1998 年以来的序列数据用于国际比较。

新的序列数据给 1998 年之前的估计值带来了一些问题。一种解决办法是效仿土耳其国家规划组织与发展部，用更早的年序列数据，将新序列数据倒推至 1923 年。但是，该方法既不实用，也不切合实际，尤其是对于更早期的数据，因为这意味着不仅要将土耳其近年的收入上调约 30%，还要对 1950 年和 1929 年的数据做同样的调整，这样做会明显改变土耳其在这些早期基准年中的国际排名。举例来说，按照这种方法，土耳其在 1950 年的人均收入水平将与西班牙的水平相当。然而，根据我对 1950 年及之前

---

① Maddison（2007，第 375—386 页）；Bolt and Van Zanden（2014）；Eldem（1970，第 275—309 页）；Bulutay、Tezel and Yıldırım（1974）；Özel and Pamuk（1998）；Pamuk（2006）。

年份的一系列比较，这是不可能的。实际上，经购买力平价调整的麦迪森序列数据更准确地反映了土耳其在 1950 年及之前的国际排名。[①]

利用早期的年增长率序列数据将新的序列数据倒推至 1923年，这背后的假设是，在历史估计数据中缺失但涵盖在新估计数据中的经济活动与包含在以往估计数据中的经济活动有相同的增长率。但更实际的假设是，这些刚被纳入国民收入统计的经济活动在近年的增长率明显更高。这个问题并非土耳其独有。在其他一些国家，修订国民收入序列数据也会导致更高的估计值。学者们根据以部门为基础的研究和比较，反向推导出这些新的序列数据。综合其他国家和地区使用的统计方法，我认为，将新旧序列数据结合的最佳方案是，采纳过去对某一年份的人均 GDP 估计值（如 1950 年），并逐年上调 1950—1998 年的 GDP 和人均 GDP估计值。如果新旧序列数据以这种方式相结合，那么 1950—1998 年的 GDP 增长率需要每年上调约 0.5%。表 2.1 列出了我用这一方法对 1980 年基准年的人均 GDP 进行修订后的估计值。然而，在后续章节讨论行业增长率和总体增长率时，我选择了使用官方增长率序列数据。然而，土耳其统计研究所于 2016 年末宣布再次修订国民账户。新的序列数据使用 2009 年的市场价格，并将 1998 年以来的 GDP 序列数据再度上调 20%。新修订的国民收入账户对土耳其近年来的经济持相当乐观的态度。由于最新一轮修订使用的方法尚未得到充分的解释和评估，我没有在第十一章和第十二章的序列数据和分析中使用新修订的数据。我仍旧使用麦迪森序列数据和麦迪森项目的第一版本，比较分析土耳其 1950 年以来的经济增长。2018 年的修订版序列数据不仅误导性地描述了土耳其的经济增长率，还会误导对土耳其与其他国家的

---

① Maddison（2007，第 375—386 页）；Bolt and Van Zanden（2014）。

比较分析。[①]

土耳其早期阶段的人均 GDP 序列数据的误差幅度明显更高，尤其是 19 世纪。然而，近年来土耳其官方国民收入账户的频繁修订表明，我们应当谨慎看待国民收入账户和近几十年来以及自二战以来的人均 GDP 序列数据，不要将它们视为最终结论。对于未经推敲就接受和使用土耳其最新修订的官方序列数据的国际数据库，我们也要谨慎对待。

1820 年以来土耳其的经济增长史

图 1.1 和表 2.1 中的土耳其人均 GDP 序列数据表明，以 1990 年美元计价并经购买力平价调整的土耳其人均 GDP 从 1820 年的 720 美元上升至 1950 年的 1 600 美元，2010 年达到 10 500 美元。换言之，1820—2015 年，土耳其的人均收入提升了约 15 倍。在同一时期，土耳其的人口增长了 7 倍多，从 1820 年的 940 万人增至 2015 年的 7 900 万人。因此，1820—2015 年，经购买力平价调整的土耳其 GDP 增长了超过 105（15×7）倍。

在这两个世纪中，土耳其奉行了非常不同的经济模式和经济政策。我将在本书其余章节中分四个阶段对此进行讨论。受自由贸易条约的影响，土耳其经济在 1820 年到一战爆发的一个世纪中保持开放，农业是经济增长的源泉。1913—1950 年，这个阶段爆发了两次世界大战和大萧条，在工业化的基础上国家干预主义政策（尤其是贸易保护主义）带来了一定的经济增长，但这些好处与两次世界大战的不利影响相比相形见绌。在二战后的几十年中，国内市场导向的工业化仍然是经济增长和人均 GDP 增长的基本来

---

① Maddison（2007，第 375—386 页）；Bolt and Van Zanden（2014）；Bolt et al.（2018）。

源。1980 年以后，土耳其再次推行市场导向型政策，制造业出口成了经济增长的主要来源。

图 1.1 和表 2.1 还表明，土耳其在 1950 年之后的人均 GDP 长期增长率显著提升。实际上，大部分发展中国家和发展中国家整体的表现亦是如此。此前土耳其人均 GDP 的年均增长率远低于 1%，1820—1950 年约为 0.7%，但是这一数值在 1950—2010 年猛增至 3.2%。换言之，1950 年之前，土耳其需历时 100 多年才能使人均收入翻一番，但是在 1950 年之后，人均收入翻一番大约需要 22 年。显然，人均收入提升也体现在 1950 年前后两个时期迥异的生活水平的增速上。[1]

土耳其和大多数发展中国家在 1950 年前后两个时期的增长率差异较大，这可归因于新技术的采用速度和生产率提高的普及程度不同。城市化、工业化、资本形成率的急剧上升是新技术普及的直接原因。就土耳其和其他许多发展中国家而言，农业的生产率增速和收入增长率仍旧很低。但是，自 1950 年以来，从农村到城市的高迁移率使农村地区的生产率及人均收入增长率紧跟城市地区的步伐。与之相反，如表 2.1 所示，发达国家在 1950 年前后两个时期的长期经济增长率并没有太大变化。

过去两个世纪，由于世界上大多数地区的人均收入都在增长，因此我们需要用比较的眼光仔细探究土耳其的经济增长史。图 1.2 展现了土耳其、全世界、发展中国家（亚洲、非洲和南美洲）的人均 GDP 相对于西欧和美国人均 GDP 的百分比的长期趋势。图 1.2 和表 2.1 显示，虽然土耳其在 19 世纪的人均收入有所提升，但由于发达国家快速实现了工业化，导致土耳其与发达国家的差距明显拉大。1820—1913 年土耳其的人均收入从西欧和美国人均

---

[1] 我将在后续章节提供每个时期的经济增长率数据。

收入的60%下降为29%。在二战期间及战后再次下跌之前，土耳其的人均GDP在战间期有所提高，并在1939年上升至西欧和美国人均GDP的36%，而后在1950年又回落到26%。相比之下，土耳其经济自二战结束以来有一些提升。1950—2015年土耳其的人均收入增长了6倍多，年均增长率已略高于发达国家的平均水平。因此，1950—1980年土耳其的人均收入从西欧和美国人均收入的26%上升到31%，在2015年达到45%。

表2.1、图1.2和图2.1还显示，在19世纪至1980年间，土耳其的人均收入增长率略高于亚洲、南美洲和非洲发展中国家经人口加权的平均水平，但是自1980年以来便落后于该平均值。在19世纪到1950年间，土耳其的增长率低于南美洲国家的平均水平，但高于世界上其他地区的发展中国家。自1950年以来，土耳其的长期增长率一直高于南美洲、非洲和中东的平均水平，而这些国家的增长率都低于发展中国家整体经人口加权的平均增长率。在1980年以后的时间里，东亚和东南亚，尤其是中国和印度两个大国的增长率明显更高，这提升了发展中国家整体的平均水平。因此，自1980年以来，发展中国家经人口加权的增长率已经超过了土耳其。然而自二战结束以来，土耳其的人均收入和人均收入的长期增长率一直高于巴基斯坦、菲律宾和印度尼西亚等亚洲其他大国。

与人口数量相似的两个南欧国家和两个中东国家进行比较，能为我们研究土耳其的长期发展轨迹提供更多参考（见图2.2）。早在19世纪，意大利和西班牙的人均GDP水平就比土耳其更高。两国在19世纪开始推行工业化，并在19世纪和战间期实现了比土耳其更高的增长率。然而，直到1950年，意大利、西班牙与美国和西欧发达国家之间的差距仍在继续扩大，主要原因是意大利和西班牙的工业化程度低于发达国家，土耳其亦是如此。意大

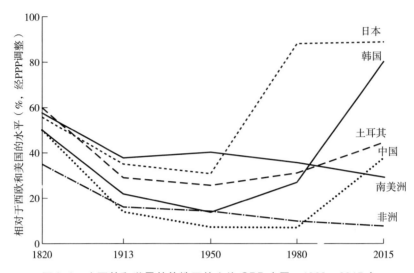

图2.1　土耳其和世界其他地区的人均 GDP 水平，1820—2015 年

资料来源：Maddison（2007，第 375—386 页）；Bolt and Van Zanden（2014）；土耳其 1950 年以前的数据来自 Pamuk（2006）。

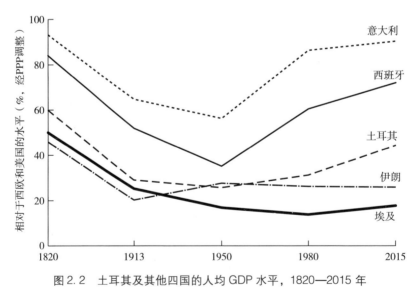

图2.2　土耳其及其他四国的人均 GDP 水平，1820—2015 年

资料来源：Maddison（2007，第 375—386 页）；Bolt and Van Zanden（2014）；土耳其 1950 年以前的数据来自 Pamuk（2006）。

利和西班牙在二战后的几十年里实现了很高的经济增长率，并大幅趋近于发达国家的经济水平。虽然土耳其的经济发展轨迹自二战结束以来同样朝这个方向迈进，但是土耳其向发达国家趋同的程度不及意大利和西班牙。

与土耳其相比，埃及和伊朗在 19 世纪初期的人均 GDP 水平较低，在 19 世纪中期的经济增长率也较低。因此，埃及和伊朗在 1913 年的人均 GDP 比土耳其更低，两国与发达国家的差距也更大。在战间期，埃及的人均 GDP 水平没有变化，埃及与发达国家的差距直到 1950 年都在进一步拉大。相比之下，得益于石油的丰厚利润，伊朗在 1950 年将人均 GDP 提升至与土耳其同等的水平。自二战结束到 2015 年，埃及的人均 GDP 增长率与发达国家的水平相同。因此，埃及与土耳其的人均 GDP 差距进一步扩大。自二战结束以来，伊朗的人均 GDP 增长率略高于发达国家的水平。在石油收入的支持下，伊朗的人均 GDP 在 20 世纪 70 年代之前一直高于或接近于土耳其，但之后便落后了（见图 2.2）。

自二战结束以来，意大利与西班牙等少数南欧国家，以及日本、韩国、中国香港和中国台湾等少数东亚经济体都创造了经济奇迹，并显著缩小了与发达国家的差距。在迎头追赶和不断趋同的过程中，这些经济体的人均收入年增长率至少在二三十年时间里都保持在 5% 以上。从以上概述的经济增长史中可以明显看到，土耳其的经济增长表现远比不上这些更成功的范例。在过去两个世纪的任何时期，土耳其的人均 GDP 增长率都从未达到过 5%。在 19 世纪至 1950 年，土耳其与发达国家的差距显著扩大，此后的经济追赶也相当有限。简言之，土耳其在过去两个世纪的长期增长表现略高于发展中国家的平均水平，且与世界平均水平相近。

1820 年以来土耳其的人类发展状况

近几十年来，除人均收入之外，人类发展指数是普遍使用的评估经济发展的指标。人类发展指数赋予医疗、教育和人均收入同等的权重。联合国每年收集并发布各地区的人类发展指数，以此作为衡量各地区经济表现的另一指标。人类发展指数的起源可以追溯到阿马蒂亚·森（Amartya Sen）等人的研究。与之前的其他经济学家一样，森区分了经济增长与经济发展，他认为收入增长只是经济发展的手段而非最终目的。森强调，经济发展的最终目的应该是增加个体与社会整体的选择机会，使他们能够更自由地生活、根据个人意愿发挥其才能。因此，这种新方法将人类发展定义为自由、国民的能力提升和选择增多、国民能够过上更加长寿、健康和充实的生活；人类发展指数旨在通过考察人们能做什么来衡量经济福利。出于这个原因，人类发展指数在人均收入之外增加了医疗、教育方面的指标（Sen，2001；Srinivasan，1994，第238—243页）。

联合国的年度人类发展指数使用了医疗和教育的基本指标，因为并非所有国家都有更复杂指标的数据。举例来说，医疗状况目前用预期寿命衡量。知识和教育水平则用15岁以上人口的识字率和平均在校受教育时间（以年为单位）这两项指标衡量。由于许多国家的识字率已接近100%，人类发展指数的计算方法在2010年有所调整，25岁以上人口的加权平均受教育年限和新生儿的预期受教育年限成了衡量教育水平的指标。与教育有关的指标不包含有关教育质量和技能的数据，这的确是一大缺陷，但是许多国家一直很难采集到这类数据。

近几十年来，身高是经济史学家常用来衡量人类发展的另一项指标。当国民身高偏矮时，通常表明他们在童年或青春期缺乏营养，这可能是因为他们没有摄入足够的食物，也可能是因为他们生活在一个即使病不致死，却会导致发育永久迟缓的不良环境中。因此，人们越发意识到，身高变化是衡量粮食供应和疾病环境变化的良好指标。近几十年来，有大量研究试图描绘人类近百年甚至上千年来身高变化的趋势。然而，世界上人均收入和食物供给水平相近的地区的平均身高却存在巨大差异。各地的饮食差异，以及身高随食物供给和疾病环境的改善而经历多代人的缓慢调整，意味着不宜将身高用于人类发展的国际比较。此外，就土耳其而言，过去两个世纪的国民身高数据非常有限。①

接下来，我将回顾1820年以来全世界以及土耳其的人类发展总体趋势。由于人类发展指数是一个包含人均收入、医疗和教育指标在内的综合数据，因此我们难以通过指数本身来理解人类发展的不同层面。为了更具体地进行国际比较，我将侧重于研究医疗和教育这两项基本指标，而不是指数本身。

以年数表示的出生时预期寿命可以说是衡量人类发展和生活水平的最重要指标。出生时预期寿命可以根据给定年份中不同年龄组的死亡率推算而得。在生命初期，与特定年龄相关的死亡率通常很高，到了青少年时期才会迅速下降，而后会或多或少地稳步上升。在过去两个世纪里，全球出生时预期寿命的增加极不平衡。与人均GDP的模式相似，出生时预期寿命在19世纪两极分化，西欧和西方旁支国家的出生时预期寿命逐渐上升，与此同时，世界其他国家的出生时预期寿命上升却非常缓慢。然而，自20世纪下半叶起，发展中国家的平均预期寿命（撒哈拉以南非洲地区除外）开始迅速上升。由于发展中国家婴幼儿死亡率下降的影响

① Fogel（2014，第1—65页）；Deaton（2013，第156—164页）；Baten and Blum（2014，第117—137页）。

大于发达国家成人死亡率下降的影响，所以全球的平均预期寿命自 20 世纪 60 年代以来开始趋同。

另一种不平衡模式与特定年龄死亡率的下降及其对提升预期寿命的贡献有关。直到近些年来，土耳其的成人死亡率才有所下降，但这对出生时预期寿命增加的贡献远不及婴幼儿死亡率下降的贡献。事实上，直到 20 世纪下半叶，发达国家所有年龄组的死亡率都很高，而发展中国家所有年龄组的死亡率直到最近甚至现在仍居高不下，其中半数或半数以上来自死于传染病的五岁以下儿童。高死亡率后来有所变化，主要是因为传染病导致的婴幼儿高死亡率逐渐转向慢性非传染病（例如心脑血管疾病和癌症等老年病）导致的低死亡率，这一转变发生在 20 世纪的发达国家，而后普及到现今的发展中国家（Fogel，2004，第 20—42 页；Deaton，2013，第 59—164 页）。

人口统计学家塞缪尔·普雷斯顿（Samuel Preston）首次在国际层面发现了人均 GDP 与出生时预期寿命间的正向关系。食物与营养供给的改善，国家提供卫生设施、医疗以及教育的能力提高，是形成第二种模式的关键因素。此外，由于知识积累和做事方式的改进，表示人均 GDP 与出生时预期寿命正相关的曲线一直呈上升趋势。但是，要估计各个因素对预期寿命的长期总增长的贡献份额并不容易，而且很显然，这些因素产生的影响因国家而异。[1]

与人均 GDP 的增长趋势相同，土耳其的出生时预期寿命和其他健康指标在 19 世纪改善缓慢，与发达国家的差距也越来越大。在战间期，特别是二战结束以来，土耳其的人口健康状况开始快速进步。与大多数发展中国家的情况相同，土耳其的出生时预期

---

[1] Preston（1975，第 231—248 页）；Riley（2001，第 1—31 页）；Deaton（2013，第 59—164 页）；Zijdeman and de Silva（2014，第 106—114 页）。

寿命迅速提高，并且自 1950 年以来出现了与发达国家趋同的势头。

我们手中只有一份关于一战前土耳其的出生时预期寿命的研究报告。据肖特（Shorter）和马库拉（Macura）估测，土耳其在一战前的出生时预期寿命为 32～33 岁。19 世纪的人口统计数据不足以详细估测早期基准年的预期寿命。不过，根据南欧和东欧国家类似的趋势，可以粗略估算土耳其 1820 年的出生时预期寿命为 26～27 岁（Zijdeman and de Silva，2014，第 106—114 页）。换言之，有限的证据表明，土耳其的出生时预期寿命缓慢增加，在一战前的一个世纪中总共增加了约 6 岁。下一节将指出，在考虑了移民大潮的作用后，土耳其的人口增长表明，其平均预期寿命在 19 世纪有所提升（见图 2.3）。

19 世纪中叶地中海东部的瘟疫消失是预期寿命逐渐提高的一大要因。主要港口的公共卫生措施如船舶检疫，对瘟疫消失发挥了一定的作用。营养的改善也促进了死亡率的下降和预期寿命的提升。在一战前的一个世纪中，土耳其的人均 GDP 增长了约

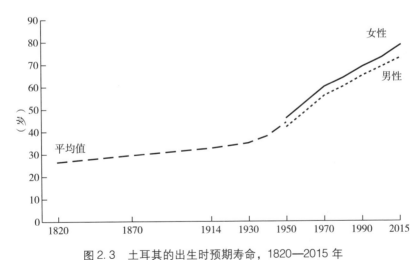

图 2.3　土耳其的出生时预期寿命，1820—2015 年

资料来源：19 世纪的数据来自作者的估计，以及 Shorter and Macura（1983）；20 世纪的数据来自 Zijdeman and de Silva（2014）。

60%，这意味着婴儿与成年人的卡路里摄入量有所提升，但是这种改善的分布并不平衡。更加以市场为导向的沿海地区和西部地区的营养改善情况优于内陆和东部地区。不过，由于人均农业产出在缓慢上升，所以超过土耳其四分之三人口所在的农村地区的粮食供给状况也稍有改善。因为缺乏相关数据，所以我们尚不清楚婴儿死亡率下降对 19 世纪预期寿命的有限增加产生了多大影响。通过提供公共卫生服务和其他措施，土耳其政府在 19 世纪预期寿命的提高过程中也发挥了一定的作用。

由于世界上大多数国家的医疗和人均收入在过去两个世纪中取得了重大进展，因此我们可以通过比较的方法来评价土耳其的表现。图 2.4 和图 2.5 中总结的数据表明，西欧和西方旁支国家的出生时预期寿命在 19 世纪有所提升，在一战前夕达到 45～55 岁。然而，现有证据表明，世界上各发展中地区在 19 世纪的出生时预期寿命并无明显提升（或提升非常缓慢）。作为当时的高收入国家，阿根廷的出生时预期寿命为 45 岁，日本在一战前夕的出生时预期寿命为 40 岁。亚洲、非洲和南美洲其他国家的出生时预期寿命仅为 25～32 岁。俄国在 1913 年的出生时预期寿命为 32 岁。这些数据表明，土耳其的出生时预期寿命与发展中国家的整体水平相近，在 19 世纪下半叶可能略高于平均水平（Zijdeman and de Silva，2014，第 106—114 页）。

土耳其在一战期间的出生时预期寿命骤降，大量军事伤亡、大量亚美尼亚人遭到屠戮或丧生、其他平民死亡率的激增等都表明，预期寿命必定降至不足 25 岁。土耳其的出生时预期寿命自 20 世纪 20 年代开始再次回升，在 30 年代中期达到 35 岁，1950 年则达到 44 岁（男性 42 岁，女性 46 岁）。在战间期，政府在医疗方面的作用开始增强。消除疟疾和结核病等成人传染病的举措、城市地区卫生设施建设、卫生保健措施的普遍改善以及技术进步

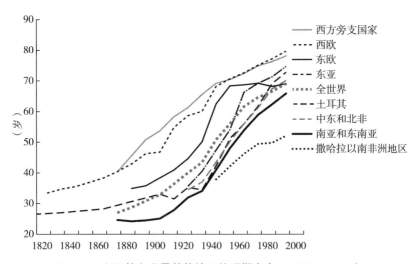

图 2.4　土耳其和世界其他地区的预期寿命，1820—2010 年

资料来源：19 世纪的数据来自作者的估计，以及 Shorter and Macura（1983）；20 世纪的土耳其数据和全球数据来自 Zijdeman and de Silva（2014）。

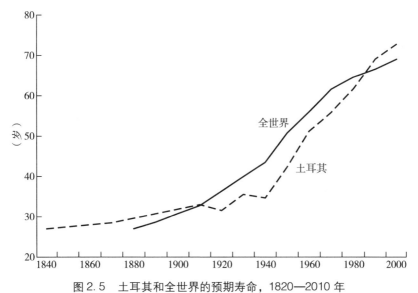

图 2.5　土耳其和全世界的预期寿命，1820—2010 年

资料来源：19 世纪的数据来自作者的估计，以及 Shorter and Macura（1983）；20 世纪的土耳其数据和全球数据来自 Zijdeman and de Silva（2014）。

（比如抗生素的发现）都使土耳其的死亡率有所下降。然而，这些改善和进步很大程度上局限在城市地区。国家医疗支出中只有一小部分拨给了绝大部分人口所在的农村地区。

与人均收入的趋势相同，土耳其自二战结束以来在健康方面实现了迄今最快的进步。1950—1980 年，土耳其的出生时预期寿命从 44 岁升至 59 岁（男性 57 岁，女性 61 岁），在 2015 年上升到 76 岁（男性 73 岁，女性 79 岁）（见图 2.3）。换言之，自二战结束以来，土耳其的出生时预期寿命几乎每两年就提升一岁。虽然其他年龄组的死亡率均有下降，但自 1950 年以来预期寿命的提高很大程度上归因于死于传染病的婴儿死亡率下降；1950—1980 年，死于传染病的婴儿人数由每千人超过 200 例下降至每千人 125 例，在 2015 年下降至每千人 12 例。概而言之，土耳其取得如此成绩与人均收入提升、政府资源逐渐增加、知识积累、做事方式的改进密不可分。但是，在二战后很长一段时间里，土耳其婴儿死亡率的下降仍旧十分缓慢。农村女性受教育程度低和不同地区社会和经济状况的严重不平等是导致婴儿死亡率居高不下的最主要原因。直到后来几十年中，土耳其的婴儿死亡率才下降至接近同等人均收入水平的国家。婴儿死亡率下降也推动了土耳其自二战以来生育率（或女性平均活产子女数）的降低。

在预期寿命迅速攀升和婴儿死亡率逐渐下降的过程中伴随着许多的不平等现象。在 20 世纪的大部分时间里，在获得医疗服务相对便利、受教育女性占比较大的城市地区，婴儿死亡率明显更低，预期寿命也更高。在婴儿死亡率和预期寿命方面，收入较高和较为发达的西部地区与东部地区（特别是库尔德地区）之间存在巨大的差异。自 20 世纪 50 年代以来，土耳其快速的城市化有效地促进了婴儿死亡率的降低，并且更大范围地推动了预期寿命的提升。城市化往往能弥合婴儿死亡率和出生时预期寿命的地区差距。

近几十年来，土耳其从一个主要由婴幼儿死于传染病所致的高死亡率国家，逐渐转向一个多由慢性非传染病（例如心脑血管疾病和癌症等老年病）所致的低死亡率社会。然而，由于婴幼儿死亡率的下降不再是导致预期寿命上升的主要原因，因此土耳其的预期寿命提高可能在未来几十年中有所减缓。成人死亡率的下降速度会更加缓慢，因此对提升预期寿命的影响将变得更小。

土耳其并非唯一一个自 1950 年以来实现出生时预期寿命迅速提升的国家。自 1950 年以来，发达国家的出生时预期寿命不断上升，尽管速度较慢，但是整体提升了 15～20 岁。发展中国家整体预期寿命的增长更为突出，在同期累计提升了 25～35 岁。撒哈拉以南非洲地区和俄罗斯是两个重要的例外，自 1950 年以来两地的出生时预期寿命增长不到 20 岁。换言之，自 1950 年以来，土耳其和发展中国家整体的预期寿命呈大致相同的增势。自 19 世纪末以来，土耳其的出生时预期寿命一直低于南欧的意大利和西班牙以及西欧的水平。而另一方面，土耳其自 20 世纪初的预期寿命一直高于南亚、东南亚、中东和非洲的水平，并与中国的水平相近（Zijdeman and de Silva，2014，第 106—114 页；见图 2.4）。

在这一背景下，考察人均 GDP 与预期寿命之间的相关性是有益的。普雷斯顿提出人均 GDP 与预期寿命之间存在因果关系，就土耳其而言，这一因果关系比较显著。此外，这一关系也符合土耳其的人均 GDP 和出生时预期寿命同世界平均水平的相对位置。在 19 世纪的大多数时间里，当土耳其的人均 GDP 高于世界平均水平时，其出生时预期寿命也高于世界平均水平。而在 1880—1980 年的一个世纪中，土耳其的人均 GDP 和出生时预期寿命一直低于世界平均水平。自 1980 年以来，土耳其的人均 GDP 和出生时预期寿命均有所上升，并持续高于世界平均水平（比较图 1.2 与图 2.5）。

土耳其在教育方面大致表现出 19 世纪进步迟缓，20 世纪（尤其是二战结束以来）快速改善的趋势。虽然土耳其在 19 世纪推行了教育改革，但是由于财政拮据，加之穆斯林不接纳新建的学校，因此学校建设和学校教育并未普及到大多数人口所在的农村地区。根据在校学生人数和其他资料来源，可以肯定的是，土耳其 15 岁以上人口的识字率在 19 世纪有所上升，并在一战前夕超过 10%。城市人口、非穆斯林和男性的识字率明显更高。在战间期，土耳其人口的整体识字率快速上升，但教育工作仍局限在城市地区，并未覆盖超过 80% 人口所在的农村地区。土耳其在 1950 年的全民识字率为 33%，在 1980 年上升至 68%，2010 年则达到 94%。女性识字率的进展更为缓慢。到了 1950 年，土耳其 15 岁以上女性的识字率仅为 19%，在 1980 年为 55%，在 2010 年上升至 89%（见图 2.6）。

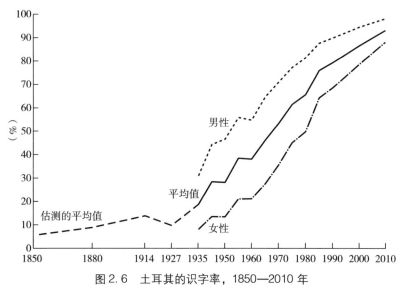

图 2.6　土耳其的识字率，1850—2010 年

资料来源：奥斯曼帝国时期的数据来自作者根据 Fortna（2011，第 20—21 页）的资料所做的估计；1927 年以后的数据来自土耳其统计研究所的官方序列数据。

由于不易采集到大多数发展中国家的早期识字率数据，为了国际比较，我们需要利用另一个基本指标，即 15 岁以上成人的平均受教育年限。尽管土耳其的教育改革可以追溯到 19 世纪，但这项指标在 19 世纪甚至战间期上升还是非常缓慢。土耳其在 1913 年的成人平均受教育年限不足 1 年，在 1950 年仅为 1.2 年。随着城市化和经济增长，土耳其的平均受教育年限在 1980 年上升至 4.2 年，在 2010 年增至 7 年（Van Leeuwen and Van Leeuwen-Li，2014，第 89—96 页；见图 2.7 与图 2.8）。

图 2.7 汇总的关于世界其他国家的数据表明，就教育这一基本指标而言，土耳其在过去两个世纪中落后于世界平均水平以及大多数发展中国家的平均水平。自 1820 年以来，土耳其成人的平均受教育年限低于南欧的西班牙和意大利、俄罗斯和东欧、中国以及拉丁美洲的水平，但是高于印度、东南亚、中东和撒哈拉以南

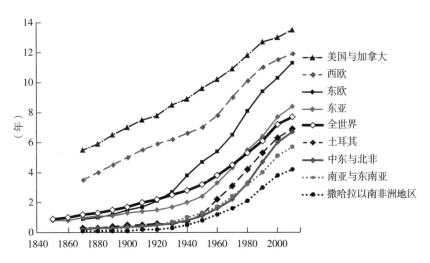

图 2.7　土耳其与世界其他地区的成人受教育年限，1850—2010 年

资料来源：1913 年以前的数据来自作者根据奥斯曼帝国的教育统计数据所做的估计；1923 年以后的土耳其数据及其他地区的数据来自 Van Leeuwen-Li（2014，第 89—96 页）。

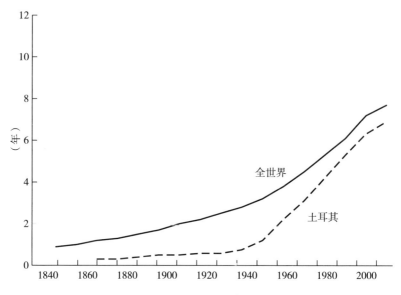

图2.8　土耳其和全世界的成人受教育年限，1850—2010 年

资料来源：1913 年前的数据来自作者根据奥斯曼帝国的教育统计数据所做的估计；1923 年以后的土耳其数据及其他地区的数据来自 Van Leeuwen-Li（2014，第 89—96 页）。

非洲的水平。换言之，土耳其在过去两个世纪的入学率一直低于世界平均水平，并且落后于同等人均 GDP 的其他国家（见图 2.8）。

长期性别不平等是导致教育水平不佳的重要原因。土耳其在 19 世纪至 20 世纪 80 年代的平均识字率和入学率不断上升，但教育方面的性别不平等仍旧十分严重。然而，近几十年来的性别不平等现象大幅减少，大多数发展中国家也出现了同样的趋势。1980—2010 年，小学女生人数从男生人数的 80% 提升到大致均等的水平。更值得注意的是，同时期的高中女生人数从男生人数的 32% 提升到 85%，大学毕业生中的女生人数从男生人数的 32% 提升至超过 90%。同一时期成年女性的平均受教育年限从男性平均受教育年限的 60% 提升至 85%。但是，正如我将在第十二章中论述的，近几十年来，学校教育的进步并没有带来女性劳动参与率的快速提升。

近几十年来出现了有关医疗与教育的更详细数据，从而有可能对人类发展指数进行国际比较。表2.2显示了联合国编制的人类发展指数中土耳其在1980年和2010年的国际排名。这些指数表明，土耳其在医疗和教育方面都有进步，但仍旧落后于同等人均GDP的其他国家。土耳其1980年的人均GDP在124个国家中排名第55位，但医疗水平在187个国家中排名第129位，教育水平在140个国家中排名第100位。在1980年的人类发展指数国际排名中，土耳其在107个国家中排名第64位，人均GDP、医疗和教育等因素均包含在内。在2010年的计算和排名中也出现了类似的情况。土耳其的人均GDP在187个国家中排名第70位，但医疗和教育在187个国家中的排名分别为第80位和第120位。在2010年的人类发展指数国际排名中，土耳其在187个国家中排名第94位。

就土耳其的人均收入水平看，之前的婴儿死亡率过高，骤降的婴儿死亡率提升了土耳其在1980—2010年的全球人类发展排名，这一成就还提升了土耳其在医疗方面的排名。然而，教育的排名无明显改善。男女不平等是教育排名落后的重要原因。尽管近几十年来女性在各级教育中的入学率显著提高至接近男性的水平，但成年人在受教育程度方面的性别不平等问题仍然十分严峻。

表2.2　土耳其人类发展指数的国际排名，1980—2010年

	1980	2010
人均 GDP	55/124	70 /187
医疗健康	129/187	80 /187
教育	100/140	120/187
人类发展指数	64/107	94/187

资料来源：数据来自 UNDP 的 *Human Development Reports*（1982，2012）。

地区的严重不平等，大部分库尔德人所在的东南部地区的医疗、教育和人均收入较低，是导致土耳其医疗和教育排名落后的另一个重要原因。

毫无疑问，严重的性别不平等和地区不平等曾导致土耳其在医疗和教育方面的平均水平下降。低于平均水平的医疗与教育水平又反过来影响土耳其的经济增长。这种不平等和低于人类发展平均水平的表现，致使土耳其更难转向以技能与知识为基础、以强大技术为组件的经济模式，因此给当前的经济发展造成了更大障碍。在后续章节讨论每个历史阶段的人类发展和不平等状况时，我会重新回到这些问题上来。

1820 年以来的土耳其人口

本节将展示从奥斯曼、土耳其和其他来源得到的证据，并首次以过去两个世纪的视角回顾今土耳其境内的人口状况。土耳其的总人口在过去两个世纪中增长了近 8 倍，略高于世界人口的增长速度，自 1820 年至一战前夕，土耳其人口从不足 1 000 万增至 1 650 万，2015 年的总人口达到了 7 900 万。在这两个世纪中，土耳其在世界人口中的比重上下浮动很小，保持在 1% 左右。2015 年土耳其在世界人口的比重略高于 1820 年的水平（见表 2.3）。

在 1820 年之前的三个世纪中，土耳其的人口增长速度或低于全球整体水平。世界人口以及亚欧大洲的人口在 1500—1820 年增长近一倍，而同时期的土耳其人口只增长了大约 50%，从不到 600 万增至 900 多万。相较于前几个世纪，土耳其的人口在 19 世纪开始更快速地增长，在 1820—1913 年，土耳其的人口从约 940 万增长至 1 650 万。在此期间，土耳其占世界人口的比重仍在 0.9% 左右。但是，由于土耳其人口在一战及战后减少了约 20%，因此

表2.3 土耳其在世界人口中的比重，1820—2015年

年份	土耳其人口数量	全球人口数量	土耳其所占比重
	百万	百万	%
1820	9.4	1 055	0.89
1880	13.0	1 400	0.93
1913	16.5	1 800	0.92
1927	13.9	2 000	0.70
1950	20.8	2 520	0.83
1980	44.4	4 435	1.00
2015	79.0	7 300	1.08

资料来源：1927年以后的数据来自土耳其统计研究所（2014），更早期的数据参见正文；世界人口数据则来自Livi-Bacci（2017）。

在20世纪20年代后期，土耳其在世界人口中的占比下降至0.7%，即过去两个世纪以来的最低点。土耳其人口在1950年增长至2 080万，在1980年增长至4 440万，而后在2015年增长至7 900万。自20世纪20年代以来，土耳其在世界人口中的比重缓慢提升，并在2015年达到了世界人口的1.08%。

19世纪的移民与人口增长

虽然19世纪奥斯曼帝国的多次人口普查都包含十分实用的信息，但由于多方面的局限性，我们无法从这些普查中获得关于土耳其19世纪人口状况的可靠序列数据。因此，我会首先估算土耳其在1914年的人口，再通过综合各种信息（包括奥斯曼人口普查）推算出土耳其在1820年的人口数量。我以肖特的研究为基础，估算土耳其1914年的人口约为1 650万，虽然其他人的估值高于或低于这个数字。[1] 之后我从移民入境人口、移居境外人口、

---

[1] Eldem（1970，第49—65页）；Shaw（1978，第325—338页）；Quataert（1994，第777—797页）；McCarthy（1983，2002）；Behar（1996，第21—66页）；Shorter and Macura（1983，第21—66页）；Shorter（1985）。

基于人口内部动态的增长这三方面来推算土耳其 1820 年的人口数量。在整个 19 世纪，穆斯林从克里米亚、高加索以及巴尔干和爱琴海岛等与帝国割裂或毗邻之地，迁徙到现今的土耳其、罗马尼亚、保加利亚、叙利亚、约旦和以色列等地。在大规模战争期间及战后，在 1856—1866 年、1877—1890 年和 1912—1913 年，这些穆斯林的流动性加剧，但是其他时期他们也在迁移。这些移民大部分来自农村地区，奥斯曼政府批给他们土地，并将他们安置在全国各地的农村地区（Karpat，1985a，第 60—77 页）。在一战前的几十年里，一些大多由希腊人和亚美尼亚人组成的人口向欧洲，尤其是美洲迁移。然而，相比于来自今土耳其境外的移民人数，迁出的希腊人和亚美尼亚人的数量仍然较少（Karpat，1985b）。

从 1914 年的人口估算转向 1820 年的人口估算时，存在高估移民流入的风险，这可能会低估 1820 年的总人口或者总人口的内部增长率。在权衡这些问题并考虑到奥斯曼人口普查的数据后，我估算出土耳其在 1820—1914 年的人口总流入量约为 400 万（Pamuk，1987，第 205—207 页）。这意味着土耳其超过半数的人口增长是一战前一个世纪移民流入的结果。考虑到移民人数的浮动，表 2.4 列出了对一些基准年总人口的追加估算。

由表 2.4 可知，土耳其 19 世纪人口的大幅增长与更早时期的情况形成了鲜明对比。土耳其的人口在 1820 年之前的三个世纪里增长了约 50%，但 1820 年到一战期间人口几乎翻了一倍。即便移民是导致人口增长的一个重要原因，它仍旧标志着 19 世纪土耳其人口的重大变化。流行病以及战争的减少、坦齐马特改革前后更稳定安全的政治局面，均促进了土耳其的经济复苏、收入提升和人口增长。尽管如此，直到 19 世纪土耳其仍然是一个人口相对稀少的国家。例如，土耳其在一战之前的人口密度明显低于欧洲大部分地区。

表2.4 土耳其的人口数量，1820—2015年

年份	总人口	年增长率
	百万	%
1820	9.4	—
1840	10.0	0.3
1860	10.8	0.4
1880	13.0	0.9
1900	14.8	0.7
1914	16.5	0.7
1927	13.9	−1.3
1940	17.8	1.9
1950	20.9	1.6
1960	27.8	2.9
1970	35.6	2.5
1980	44.4	2.2
1990	55.1	2.2
2000	64.3	1.6
2010	73.0	1.3
2015	79.0	1.5

注：上述估计包含了哈塔伊省（Hatay）战间期的人口和卡尔斯—阿尔达汉（Kars-Ardahan）地区的人口，该地区在19世纪晚期不属于奥斯曼帝国，但属于现在的土耳其。

资料来源：1927年及以后的数据来自土耳其统计研究所（2014），更早期的数据参见正文。

一战期间及战后的人口损失

据我估计，到1914年，今土耳其境内有20%~22%的人口（330万~360万人）属于非穆斯林（希腊人、亚美尼亚人、信仰基督教的其他民族和犹太人）。希腊人和亚美尼亚人分别有大约150万人，而其他族裔和宗教团体的规模则较小。大多数希腊人居住在安

纳托利亚西部和中部以及黑海东部，而亚美尼亚人则大部分居住在安纳托利亚东部，这两个群体大多从事农业劳动。然而，与穆斯林相比，19世纪居住在城市地区的希腊人和亚美尼亚人的比例更高。累计近30万犹太人居住在西部的城市地区。[1]

受战争和种族冲突的影响，土耳其的人口在1914—1925年经历剧变。在此期间，土耳其总人口锐减超过300万（占总人口的近20%）。人口损失总数中，在战争期间，特别是在一战期间，损失的穆斯林人口高达近150万人。非穆斯林人口的减损更甚。非穆斯林人口在总人口中的比重急剧下降，从1914年占总人口比重的20%~22%降至1927年第一次人口普查时的3%左右。由于这些剧变，与1914年的人口数量相比，土耳其在1925年的人口数量明显减少，在种族和宗教方面也更加趋于单一。

1914—1927年，今土耳其境内的亚美尼亚人口由大约150万减少至不足20万。这是因为在1915年政府下令将伊斯坦布尔的亚美尼亚人驱逐到叙利亚大沙漠后，屠杀和死亡事件接踵而至。远行中的很多人死于袭击、饥荒和恶疾。幸存者逃往东部的亚美尼亚或南部的叙利亚和黎巴嫩。1915年俄国占领安纳托利亚的大部分地区后，更多亚美尼亚人和穆斯林在冲突中丧生。1915年以后，许多丧亲的亚美尼亚儿童，特别是女童，留在了土耳其，并由库尔德人和土耳其人的家庭抚养。

在战争期间以及由帝国向民族国家转型期间，今土耳其境内的希腊裔人口也急剧下降。1913年，导致大批穆斯林移民土耳其的巴尔干战争爆发后，在奥斯曼政府的施压下，一些希腊人被迫离开色雷斯和安纳托利亚西部。在希腊占领军溃败、土耳其军队向港口城市伊兹密尔进发之后，更大批的希腊人于1922年及此后

---

[1]　Eldem（1970，第49—65页）；Behar（1996，第21—66页）；McCarthy（1983，2002）。

离开了土耳其。在 1923 年洛桑和平谈判期间，土耳其政府和希腊政府决定用土耳其的东正教希腊裔人口交换希腊的土耳其裔穆斯林，只有希腊色雷斯西部的穆斯林和伊斯坦布尔的东正教希腊人除外。作为谈判协议的部分内容，短期内就有 100 多万在土耳其的希腊人，包括早先离开的希腊人，移居至希腊，与此同时大约 40 万名穆斯林离开希腊到达土耳其（Arı，1995；McCarthy，2002；Yıldırım，2006，第 87—188 页）。

20 世纪的人口增长与城市化进程

土耳其人口在 20 世纪余下的时间里快速增长。在两次世界大战期间，土耳其的人口年增长率约为 1.9%。死亡率下降使土耳其在二战后的人口年增长率进一步上升，并在 20 世纪 50 年代和 60 年代初达到 2.9% 的峰值。然而，由于生育率急剧降低，人口增长率自此便持续走低。在 21 世纪头十年，土耳其人口的年增长率约为 1.3%。

在一战爆发前的一个世纪里，土耳其近一半的人口增长来自移民流入。自 20 世纪 20 年代以来，移民对人口增长的贡献越发有限。在 20 年代的人口交换后，来自巴尔干半岛，特别是保加利亚和南斯拉夫的穆斯林在此后的 100 年中预计达到 200 万左右（Kirişci，2008，第 175—198 页）。另一波大规模国际移民潮发生在不久前。受叙利亚内战影响，近 300 万叙利亚人在 2011—2015 年移居土耳其。虽然大多数叙利亚移民可能长期滞留在土耳其，但土耳其的官方人口统计数据尚未将他们算作永久居民。

1961—1973 年，约有 400 万人以工人或工人亲属的身份朝着另一个方向移民至德国和其他西欧国家。有些移民并没有手艺和技能（或受过良好教育）。他们中许多人来自农村。土耳其人口正在迅速增长，当时有大批人口从农村迁移到城市地区。因此，人口移居欧洲并没有给土耳其经济造成劳动力短缺问题。总的来说，这股移民潮使土耳其的城市化进程滞后了 10 年左右。在西欧国家因 1973 年的经济萧条而停止接收外来工人后，土耳其的移民出境人数便急剧下降了。①

城市化是土耳其自二战结束以来最关键的人口发展成果之一。在 19 世纪，城市化率，即居住在人口达到 1 万以上城镇的人口在国家人口中的比重，由近 18% 上升至一战前夕的 23%（见图 2.9）。一战期间及战后人口大量流失，包括城市人口比例高于平均水平的大部分亚美尼亚人和希腊人的流失，导致城市人口的比重急剧下降至 17% 左右，这样的状态一直持续到二战结束。二战后开始的城市移民浪潮延续至今。到 1950 年，大部分土耳其人口依旧生活在农村地区，城市化率不足 18%。据估计，1950—1980 年有近 1 000 万（大多在 30 岁以下的）男性、女性以及儿童，

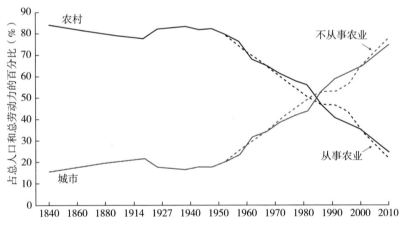

图 2.9　城市化与劳动力从农业部门转出，1840—2010 年

资料来源：1913 年之前的数据由作者根据 Karpat（1985a）和 Issawi（1980，第 34—35 页）概述的奥斯曼人口统计估计所得；1927 年以后的数据来自土耳其统计研究所（2014）的官方序列数据。

① Turkey Institute of Statistics（1995）；Hacettepe University Institute of Population Studies（2008，第 1—25 页）。

1980—2015 年另有 1 200 万到 1 500 万人口从农村迁到城市。因此，土耳其的城市人口增长约 15 倍。1950—1980 年，城市人口由不到 400 万增至 2 000 万，之后在 2015 年达到 6 000 多万。1980 年土耳其城市化率上升至约 45%，2015 年上升至近 80%。

地区间移民以及农村人口向城市迁移主要受经济因素的驱动。失地和失业是农村人口移居城市的主要原因。但是，即使不是为了自己而是为了子女考虑，农民也会被城市更高的收入、更优质的教育、更有保障的医疗服务所吸引。迁移方向主要是从黑海沿岸的东部及北部落后农业地区向西部较发达的城市、马尔马拉和爱琴海地区的城市，其次是向地中海沿岸的南部地区。1950—2015 年，土耳其东部、北部和中部四个移民输出地区的人口在总人口中的比重由 61% 减少至 54%，在 2015 年降至 41%。相比之下，1950—1980 年，西部和南部的马尔马拉、爱琴海和地中海地区等移民接收地的人口在总人口中的比重由 39% 增至 46%，在 2015 年达到 59%。强劲的移民浪潮并没有扭转不同地区间的人均收入差距，但确实避免了东部和东南部地区的经济水平进一步下滑（Kırdar and Saraçoglu，2008，第 545—566 页）。

二战结束后，农村人口向城市的快速迁移促使劳动力由生产率较低的农业涌向工业和服务业，这一重大转变推动了社会向经济快速发展的时代过渡。因此，1950—2015 年，农业人口在劳动力和总就业人口中的比重由 75%～80% 下降至大约 20%，同期农业在 GDP 中的比重从超过 40% 下降至不足 10%。

自二战结束以来，伴随着快速的城市化，土耳其人口模式由高出生率和高死亡率逐渐过渡到低出生率和低死亡率。虽然死亡率在战间期已经开始轻微下降，但直到二战后土耳其的人口结构才出现转型。随着医疗设施和新技术的普及、收入增长以及营养供给的改善，死亡率在 1950 年后开始下降。虽然出生率下降较晚才开始，但降幅同样可观。总和生育率，即每个妇女的平均活产婴儿数从 20 世纪 50 年代的 6 以上降至 80 年代的 4 以下，而后在 2010 年减至 2.1。与死亡率的情况类似，城乡之间、东西部之间的出生率与总和生育率存在明显差异，但这些差异自 1980 年以来在不断缩小。[①] 显然，土耳其虽然尚未完成人口结构转变，但告别了死亡率和生育率骤降的阶段。

人口年龄结构的变化是人口结构转变的一个重要结果。二战后，生育率居高不下，死亡率开始降低，青年人在总人口中的比重较高，并且持续上升。然而，由于出生率急剧下降，近几十年来青年人口的比重不断减少。年龄中位数从 1950 年的 20 岁上升至 1980 年的 31 岁。15~64 岁劳动年龄人口的比重一直在上升，而且会继续上升几十年，然后开始下降。随着近几十年来的人口老龄化，65 岁以上人口在总人口中的比重由 1980 年的 8.5% 上升至 2015 年的 11.6%，并预计在未来几十年会进一步加速上升（Behar，2006，第 17—31 页）。

---

① Shorter and Macura（1983，第 15—101 页）；Turkey Institute of Statistics（1995）；Hacettepe University Population Studies Institute（2008，第 26—35 页）。

第三章 奥斯曼帝国的制度与历史

奥斯曼帝国的制度与经济发展状况

我们该如何解释经济发展在不同历史背景下的长期差异？自20世纪80年代以来，不断更新的各类文献重申了制度在促进市场交易、贸易、工业化发展和经济增长方面发挥的重要作用。诺思、格雷夫、阿西莫格鲁、罗宾逊以及其他学者一直强调正式与非正式制度（或成文与不成文的社会制度）及制度执行的重要性，因为它们影响投资和创新的激励。他们的研究为制度发展、制度的长期结果及其与国家建设的关系提供了宝贵的经验和理论依据。[①]本章前半部分将回顾近期论述制度在长期经济发展中作用的文献，后半部分将探讨奥斯曼帝国在工业革命前几个世纪中的制度改革和经济发展。在我看来，虽然制度并非唯一的重要因素，但为了理解土耳其过去两个世纪的经济增长和人类发展状况，我们必须研究制度的作用。

经济学与经济史文献区分了导致经济增长的直接原因和深层原因。直接原因指的是投入品、土地、劳动力、资本和生产率增长的贡献。深层原因指的是影响投入品和生产率增长速率的社会、

---

① North（1981，1990）；Hall and Soskice（2001）；Greif（2006）；Acemoglu、Johnson and Robinson（2001，2005a）；Hillman（2013）。

政治、经济和历史原因。虽然对制度的研究尚处在早期阶段，但学界已逐渐达成的共识是相比于物质资本和人力资本的积累率及研发活动本身，包含政策在内的广义制度才是决定经济发展和国家之间人均 GDP 长期差异的更根本原因。

制度对人类发展的各个维度，如医疗与教育也很重要。虽然经济增长和经济发展有助于提高一个社会的医疗与教育水平，但人们也注意到，在人均收入水平相似的国家之间，医疗水平，特别是教育水平存在着明显的差距。由此产生了一个重要的问题：为什么一些国家对教育投入更多，并且更具创新力。最近的研究表明，社会制度更健全的国家不仅有更高的物质资本和人力资本积累率，而且可以开发出新技术，以及更有效地利用现有的物质资本和人力资本储备。换言之，制度差异现在被视为国家之间全要素生产率差距背后的主要原因。[①]

自上而下颁布的成文或正式规则又或者法律条文属于正式制度，它们以执行合约、保护产权以及监督各方当事人恪守承诺的方式促进经济交流。正式制度通常由政府执行。但是，影响经济发展的制度并不仅限于这些正式制度。家庭、亲属关系和族群纽带、宗教关系网、庇护关系网、团体联盟、商业合伙关系、同业行会以及基金会等，都属于自下而上发展起来且最初规模有限的非正式制度。这些制度意在保障稳定的经济生活，促进不同个体和群体间的合作。久而久之，这些非正式制度或多或少地变成由政府执行。此外，各种组织也受这些规则的约束，但是许多公司或政府官僚机构本身就是制度，因为它们有内部架构，并能够在其成员中引发特定的行为。

---

① Hall and Jones（1999，第 83—116 页）；Helpman（2004，第 111—142 页）；Platteau（2000，第 xv—xx 页）。

不断发展的研究文献强调政治制度发挥的关键作用。实际上政治权力和利益的分配以及精英之间联盟的形成，都会影响各国对政治和经济制度的选择。支持精英的经济制度和政治制度往往是为了保障某些精英获得特权与资源，与此同时却将其他群体排除在外。精英影响制度的能力取决于他们解决对立群体之间的利益冲突以及开展合作的能力；然而，正如精英或精英联盟利用权力影响制度的形成一样，制度一旦形成，也会反过来帮助精英们维持权力。由此产生的政治均衡可能会长期存续。

制度不限于政府执行的正式制度，还有许多非正式制度是自我执行或者由非国家行为人执行的。这些由私人设立的制度一般在社群中自下而上建立起来，并且根植于社会关系网，它们通常不独立运作，而是通过与其他正式和非正式制度相互交织而共同作用。事实上，正式制度的运作通常离不开非正式制度，非正式制度通过各种方式与其他正式和非正式制度相互作用。有些非正式制度能替代正式制度，而另一些则与正式制度相互补充。例如，当个体、团体或组织选择遵循或利用非正式制度而不是正式制度时，或者当政府不能或不愿意提供或执行正式制度时，非正式制度便可以与正式制度并存。因此，由价值观、偏好以及利益冲突和权力关系形成的非正式规则和规范会影响正式与非正式制度，而且反过来受到正式与非正式制度和经济结果的影响。

正式与非正式制度相互作用的方式，以及它们适应经济发展带来的各种机会的方式将发生变化。举例来说，由于法治和政府执法的局限性，并不是所有行为规范都能产生相同的市场结果。有关合作、信任、诚实、公平、互惠、职业道德、分配以及其他行为的规范始终是确保良好市场结果的必要因素。因此，正式与非正式制度之间的密切相关性和互补性，使得新产生的正式制度不一定会最终取代非正式制度（Platteau，2000，第 241—324 页；Roland，2004）。

一些制度（特别是正式制度）的变化十分迅速，但另一些制度，特别是非正式制度的变化速度通常比较缓慢。政治制度和法律条文可以很快改变，在革命时期甚至一夜之间就会发生变化。相反，虽然某些社会规范和价值观变化迅速，但一般来说，社会规范、价值观和相关制度的变化比较缓慢。法律体系通常比社会规范的变化速度更快，但法律体系的效力和法律的执行不仅取决于政府能力，还取决于不同行为人对律法的接受程度以及预期。一部法律可以在一夜之间改变，但法律体系很少像政治制度（比如选举规则）那样迅速变化。法律体系的效力和法律的执行取决于它们在社会中的接受度与合法性，以及不同行为人的预期。因此，法律体系与社会规范十分相似，只不过其中的奖惩体系是成文法规，而且可以比社会规范更快地变化（Roland，2004，第 116—117 页）。

在提高不同社会群体解决集体行动问题和追求共同利益的能力方面，正式与非正式制度也发挥着关键作用。不同群体的利益对制度的形成至关重要。制度允许不同社会群体追求各自利益的范围和方式，是哪些利益在何种程度上影响制度形成的关键所在。然而，有关合作、组织以及冲突解决的非正式制度通常自下而上产生，并受价值观、信念和规范的影响，它们对社会行为人有效维护自身利益也是不可或缺的。因此，正式与非正式制度既能促进也能妨碍不同社会行为人的凝聚力和力量。

要理解制度变革及制度在经济结果中发挥的作用，就必须弄明白通常以集中方式或通过政治程序制定并执行的正式制度，如何与通常以非协调的方式或自下而上出现的非正式制度相互作用。这种相互作用不是单向的：正式制度对非正式制度施加因果压力，而非正式制度也会影响正式制度的运行。正式与非正式制度的互动与适应方式通常会决定新制度的产生，以及新制度将促进或抑制经济增长。正式与非正式制度之间的这种复杂互动也表明，没有放之四海而皆准的制度，能够推进经济增长的一系列制度会因社会而异。[①]

有大量证据表明，非正式制度已经并将持续对经济增长和人类发展做出重要贡献。然而，许多非正式制度通常植根于具有明确界限的社交关系网中。这些界限既限制了制度涵盖的地域、社会和政治范围，通常又主要为特权群体的私人利益服务。要使经济交往突破小团体关系网的限制，需要产生经济交易、合作关系以及涉及更多数量的个体、汇集大规模资源和技能的更复杂组织的伙伴关系，许多私人秩序和非正式制度需要被更普适和更正式的制度取代（North，1990，第107—140页；Greif，2006，第153—301页）。

换言之，一个社会的现行制度不一定能有效地促进经济发展。制度可能给经济增长带来不同的影响。有些制度也许能鼓励人力资本和物质资本的积累及创新，而另一些制度可能意在为少数利益团体谋取特权。事实上，制度往往是为了限制机会而非增加机会。例如，有人认为，现代早期的经济制度，如行会和商人垄断组织，并不是其规则和权利适用于每一位社会成员的普适制度。这些制度的目标未必是追求经济"蛋糕"的最大化，而是使强势的利益团体从中获取更多好处（Ogilvie，2011，第414—434页）。

制度经济学家和经济史学家也意识到，制度确实会发生变化，

[①] Platteau（1994，2000）；Roland（2004）；Kingston and Caballero（2009，第151—180页）。

但不会即刻或轻易改变。最近的研究提供了大量证据，表明一些制度可能深深植根于一个社会的历史中，并长期存续。制度持续存在的一个原因也许在于，社会不愿改变长期以来的信念、规范或价值观。另一个重要原因是制度服务于手握政治权力的社会团体的利益。这些利益可能会增强利益团体阻碍采纳新制度的能力（Acemoglu，2003，第620—652页）。

外部力量在社会制度的形成过程中也起到重要作用。在早些时期，制度通过贸易和其他往来的方式从一个社会向另一个社会传播并在当地调适。还有许多从其他社会借鉴而来的制度没能留存下来。由外来势力决定社会制度的殖民地或正式殖民地就是正式制度直接受制于外部力量的典型案例。然而，即使在正式殖民地，正式制度也时常会在国内与国际习惯和力量的相互作用下产生并演变。国际规则在过去两个世纪中的影响同样值得深究，比如自由贸易、金本位制、二战后形成的布雷顿森林体系的规则和组织，以及近来的"华盛顿共识"（强调依靠市场、贸易自由化以及私有化）。这些规则通常由世界强国或国际组织执行实施，并与一个国家的正式经济制度（包括政策）相互作用且对它们产生巨大影响。遗憾的是，近期关于制度的文献并未充分考察外部或全球力量在社会制度形成中的作用。

虽然不断扩充的新文献为制度影响长期经济发展的论点提供了理论框架和经验证据，但这些论点有明显的局限性。首先，经济制度如何形成以及制度在各国为何不同还没有得到很好的解释。这些文献至今还没有详细探究经济制度对经济和政治结果的影响机制。类似地，近期的文献也没有充分考察制度的长期变化。因此，我们需要更加重视不同机构与群体在制度变迁过程中发挥的作用。换言之，虽然越来越多的证据表明制度委实重要，但是我们依旧需要对制度如何形成、运作、延续以及变化有更多的了解。[1]

文献的另一个重要局限在于，至少有一些制度可能是内生的，也就是说，制度与经济变化、技术、政治、社会结构、权力分配、信念、意识形态以及社会预期之间是相互作用的。制度影响着这些因素，也反过来受它们影响。如果我们认为制度演变独立于经济发展过程，那就更容易分离出制度对经济发展的影响；但实际上，如果其他因素也影响制度的演变，剥离制度产生的影响便不那么容易了。如果制度是内生的，并且受经济变化和其他因素的影响，那么将经济增长单单归因于制度就不够有说服力（Engerman and Sokoloff，2005，第639—666页）。在强调制度的作用时，不应该否认广泛的政治和社会力量的作用，如影响实际结果的社会阶层或团体和个体行为人的作用。恰恰相反，政治和社会因素体现了制度如何组织和调解这些努力，并在此过程中影响最终结果。承认制度的内生性并不意味着制度无足轻重或者它们对长期经济发展的影响有限。

制度的决定因素

我们还没有很好地理解经济制度是如何形成的，为什么它们会因国家而异。近来的制度经济学和经济史文献提出了制度形成的若干原因或决定要素。其中最重要的是：（1）地理或资源禀赋；（2）宗教和更一般的文化；（3）政治经济或利益。在制度的形成和演变过程中，这些因素通常相互作用。此外，这些决定因素的

---

[1] Banerjee and Iyer（2005，第1190—1213页）；Dell（2010，第1863—1903页）；Nunn（2009，第65—92页）。

重要程度因国家而异。接下来，我将简要讨论这些决定因素以及它们在奥斯曼－土耳其背景下发挥的作用，然后我会解释其中某些因素比其他因素更为重要的原因。

地理

在文献中，资源禀赋，更一般地说是地理位置以及地理环境是制度的一个重要决定因素。这一观点的代表人物恩格尔曼和索科洛夫认为，美洲初始气候条件的变化对政治制度演变，以及这些制度在多大程度上促进了持续经济增长有着深远的影响。精英之间的财富分配及其后续的政治参与度，是地理与制度发展的中介机制（Sokoloff and Engerman，2000，第217—232页）。在一些国家和社会中，地理和自然资源无疑在制度形成过程中发挥了重要作用，比如在它们的早期历史当中。对于从富饶的石油资源、贵重矿物或其他自然资源中赚取收入的国家，其经济和政治制度的形成也在一定程度上受到这些收入的影响。政治斗争围绕这些自然资源的分配而展开，这类斗争强有力地影响了政治和经济制度的形成。同理，一个国家是深居内陆还是靠近庞大而活跃的市场，对制度的形成与经济发展轨迹也会起到重要作用。

毋庸置疑，中东的经济制度同样受到地理条件或资源禀赋的影响。在这方面埃及是最重要的实例，作为奥斯曼帝国的重要行省，埃及的土地制度、财政制度和中央政府的作用很大程度上由灌溉农业的需求决定。有利的地理位置能对经济发展产生重大的促进作用，洲际贸易路线转向大西洋确实冲击了土耳其乃至整个中东。不过，彼时的土耳其就已经开始落后于欧洲的西北部。土耳其的制度固然受到了地理条件和资源禀赋的影响，但其资源禀赋与其他温带地区国家并无明显差异。石油或其他自然资源在土耳其经济发展中的作用并不显著。因此在本书中，我会将土耳其的地理位置、地理环境和资源禀赋视为土耳其制度形成过程中的重要因素，但绝非主导因素，这些也不是决定土耳其相对经济地位的主要原因。

宗教与文化

长期以来，宗教都被视为导致西欧与世界其他地区出现经济发展差异的主要原因。自近代早期以来，许多欧洲学者一直将伊斯兰教视为中东社会的核心以及中东地区经济停滞的主要原因。马克斯·韦伯对伊斯兰社会的分析强调了它们与西欧社会在宗教、法律以及政治体制等诸多领域的差异。韦伯忽略了欧洲内部和中东内部存在的显著差异，并以理想化的形式呈现了这两个地区的社会、制度和长期经济变化。铁木尔·库兰近来提出这样的观点，尽管伊斯兰法最初为中东社会提供了促进贸易和经济发展的有效机制，但它的一些特征，如均分继承法以及公司概念的缺乏，阻碍了更加复杂、更加灵活的非人格化组织形式的产生。到19世纪，中东地区已经过于落后，接受欧洲的法律和组织形式并将它们植入伊斯兰社会成了唯一的出路（Weber, 1978；Kuran, 2011）。

有许多例子表明，伊斯兰教在中东的制度形成过程中发挥了重要作用。但是，这些例子中的因果关系和宗教发挥的作用往往并不明确。此外，在影响长期经济发展的那些制度的形成过程中，伊斯兰教和伊斯兰法的作用也许并不像有人宣称的那般重要或有影响力。那些主张宗教是核心所在的人往往忽视了中东国家的社会结构和长期的权力架构。伊斯兰法在奥斯曼帝国中并不是固定不变、独立运行的。在中世纪伊斯兰国家和奥斯曼帝国的立法与执法过程中，社会尤其是中央政府占据了重要的地位，并发挥了突出的作用。对伊斯兰法的解读随着社会需求和权力关系的变化而变化。最近的研究表明，在现代早期的奥斯曼帝国，中央政府密切参与法律解释与日常的司法管理（Gerber，1994）。随着社会结构的变化，奥斯曼帝国的法律解释和日常司法管理也有所改变。例如，17—18世纪，地方权贵由于掌握了地方征税权，其一跃成为新的社会团体。城市权贵的崛起以及他们与中央政府之间的权力斗争，都反映在奥斯曼法律的解释和执行中，特别反映在各个行省对法律的解释和执行中。

大量证据表明，当社会出现需求或需要且权力关系允许时，伊斯兰社会往往会规避或修改那些阻碍改革（包括经济变革）的宗教规则。例如，下文将谈到，中世纪的伊斯兰社会以及后来的奥斯曼帝国采取各种方法规避利息禁令，并且允许信贷关系蓬勃发展。自15世纪起，奥斯曼帝国在此基础上进一步推广了这些做法，地方社群也自下而上地建立了名为"伊斯兰虔诚基金会"的新机构。当地许多清真寺和其他慈善事业的维护费用，以及城市中的一些服务项目费用都来自这些基金会的利息收入。许多伊斯兰虔诚基金会一直运行至19世纪。

奥斯曼帝国的军事组织、社会结构以及国家政府的需求在16—18世纪发生了重大变化，其征税制度和国家借款制度也随之经历剧变。本章稍后将讨论农业税，作为中央政府的主要收入来源，农业税根据蒂马尔（timar）制度征收，在16世纪末以前，该制度还在战争期间为军队提供骑兵和士兵。随着军事组织的变化以及维持大规模常备军的需求，奥斯曼帝国在18世纪转而推行包税制，由于对长期借款的需求不断增加，其又进一步转向终身包税制。在此期间，尽管伊斯兰教明令禁止利息，但是国内借款的制度发生了许多变化（Pamuk，2004）。换言之，当需求产生以及社会结构和权力关系允许时，一些制度变革确实发生了。如果伊斯兰法能够根据不断变化的环境进行调整，并且能够根据持续变化的需求以不同方式得到解释，那我们就很难宣称伊斯兰法是制度和经济发展的主要障碍（Gerber，1994；Çizakça，1996，第65—85页）。

为了回应关于伊斯兰教和伊斯兰法的相关论点，让·菲利普·普拉托（Jean-Philippe Platteau）近来着重指出，人们对伊斯兰教与政治经济结果之间关系的性质存在系统性误解。普拉托认为，政治和经济的不良后果不应完全归咎于伊斯兰教的特质。事实上，伊斯兰教往往受到政治的支配和利用。由于伊斯兰国家缺乏中央集权式的神权架构，加上社会对伊斯兰教和伊斯兰法的解释反复无常，所以伊斯兰国家的统治者能够对伊斯兰教的许多内容断章取义并加以操纵。统治者及其政敌经常设法用宗教习语来互相攻击，导致"蒙昧主义僵局"的风险（obscurantist dandlock，Platteau，2011，第243—260页；Platteau，2017）。

与普拉托的观点相似，贾雷德·鲁宾也认为，当宗教权威能使统治者获得正当性和拥护时，寻求政治支持和宗教正当性的统治者便会利用伊斯兰教（Rubin，2017，第27—72页）。倚仗宗教机构获得支持和正当性的统治者不大会采取威胁宗教机构的政策，而是倾向于推行抵制变革的法律和政策。因此，法律和政策并没有随着外部环境的变化而改变。鲁宾还指出，获得宗教正当性对奥斯曼帝国的统治者来说是至关重要的，在近代早期他们通常出于宗教精英的利益而不是经济精英的利益来制定政策，这并非由于统治者生性保守，而是因为这样做对他们自身有利。

鲁宾认为，奥斯曼帝国禁止使用印刷机的举动正是统治者寻求宗教机构支持和宗教正当性的重要体现。作为近代最重要的信息科技发明，活字印刷机于1450年在德国问世。苏丹巴耶塞特二世（Bayezid II）于1485年在奥斯曼帝国明令禁止使用活字印刷机，该禁令在1727年之前的两个多世纪中持续有效。该禁令适用于奥斯曼帝国用阿拉伯文字书写的印刷品，但非穆斯林群体用其他语言文字创作的内容则不受限制。换言之，奥斯曼帝国的政府并不反对使用印刷机，而是反对用它印刷阿拉伯文。奥斯曼帝国从前对印刷机的需求可能很低，但这不是印刷机被禁的主要原因。印刷机对宗教机构垄断宗教知识传播造成了威胁。事实上，奥斯曼帝国的苏丹希望从宗教精英那里获得政治正当性，后者认为印刷将导致他们失去对宗教知识传播的垄断地位，而宗教知识的传播基本上由宗教权威主导并以口述方式进行。宗教机构并不受其他文字印刷品的威胁。正如鲁宾认为的，如果没有印刷禁令，印刷作品确实会破坏宗教机构对智识生活的垄断，也可能会使商人和生产者在制定法律和政策方面拥有更多的话语权。[1]

文献中强调文化是制度的一个相关且更为普遍的决定因素，文化通常被视为经过长期历史积淀并被社会中的某个部分共享的信念、价值观与偏好。纵观历史，不同社会对工作、勤俭、高利贷、尊重私有财产、创造力、教育以及女性参与各种经济活动等议题表现出不同的态度。许多作者认为，这些信念、价值观和偏好，以及支持可靠信息传播和声誉机制的社会关系网，都影响制度的选择以及经济发展的具体路径。那些认为文化重要的学者强调，虽然经济发展会改变文化价值观，但这种改变非常缓慢。政治制度和法律可以迅速变化，但价值观、信念、社会规范和相关制度的改变则相对迟缓（Platteau，2000，第 241—338 页；Roland，2004，第 109—131 页）。

文化可能通过多种渠道影响经济发展。莫克尔认为，英国工业革命的产生乃至现代经济增长都应归因于近代欧洲的文化和制

---

[1]　Rubin（2017，第99—118 页）；也可参见 Coşgel、Miceli and Rubin（2012，第357—371 页）。

度。正是由启蒙运动引领的创造热潮，以及由此导致的信念、价值观和偏好的一系列剧变，才成就了欧洲技术创造力和创新的勃发（Mokyr，2009，2017）。近年来，越来越多的证据表明，以个人价值观、信念和偏好衡量的文化，例如对他人的信任、合作的意愿、宽容、某些制度性禁忌的信念、对权威的尊重、精英阶层、不同宗教群体、不同族裔之间解决冲突和达成妥协的能力或意愿都对长期经济发展产生了重要影响（Greif，1994，第912—950页；2006，第55—152页，第269—304页）。类似地，越来越多的证据表明，支持信息传播与声誉机制的社会网络及其与不平等权力关系的相互作用会影响经济制度，也是其影响长期经济发展的原因。

还有证据表明，低社会信任度会导致人们难以与关系生疏或自己所属群体之外的人开展经济交易或建立合作关系。因此，生意伙伴不容易在低信任度的社会中创办公司，这增加了交易成本。在对价值观的国际调查中，当代土耳其的特点是社会信任度低，公民参与度低，对权威的尊重度高，这项调查结果支持了文化重要论的观点。[①] 精英和大团体能够合作并化解冲突的能力，在土耳其的历史中至关重要，这一点至今未变。文化也可能影响政治制度和政治结果。有证据表明，文化可能经由政府机构的运作而产生影响。此外，文化价值观本身不一定影响制度，但可能通过与其他因素相互作用影响政治和经济制度。这种影响是双向的。换言之，制度反过来也会影响文化的形成。[②]

文化影响经济结果，认真研究文化不仅能加深我们对经济

---

① World Values Survey, www. worldvaluessurvey. org.

② Guiso、Sapienza and Zingales（2006）；Tabellini（2010，第677—716页）；Alesina and Giuliano（2015，第898—944页）。

现象的理解，而且能帮助我们更好地解释它们。但是，关于文化的作用，有待商榷的议题是从长期看，"一个社会的文化是否随着经济发展而变化"。换言之，文化与经济结果之间的因果关系可能是双向的。如果文化随着经济发展而变化，也就是说，如果文化受到经济环境的影响，那就无法将文化视为经济发展的长期根本性目标。事实上，有证据表明，随着经济发展，许多社会规范和价值观在一两代人中确实会发生变化。还有许多例子表明，有更深层次的因素在影响着文化和经济结果，或者说文化观念和偏好取决于其他方面的结果或变量。例如，作为文化变量的信任有明显的局限性，因为它不单纯是一个继承变量（inherit variable）。举例来说，文化可以使人们建立信任。换句话说，如果政府未能提供公共品，普遍的信任可能不堪一击，人们会更注重非正式制度。因此，在衡量文化的影响方面存在着严重的实证难题。

另一个针对宗教及文化作用论的批评意见指出，宗教和文化实际上可以与许多行为兼容，且文化对制度和经济表现的影响取决于一系列因素。根据这一观点，文化应被视为强化行为的资源集合体和约束行为的规则集合体。包括伊斯兰文化在内的每一类文化都包含不同的元素。人们不一定盲目坚守为他们制定的规则，而是可能在不同的情景下选择不同的元素。换言之，文化不该被视作刚性约束，文化可以在不同的条件下与各种行为和结果兼容。随着经济增长与发展，文化提供的可能性也增多了（Granovetter，1985，第481—510页；Di Maggio，1992，第27—57页）。例如多年来，文化一直被视为东亚和南亚经济停滞的根源。可是，随着这两个地区的经济表现发生巨变，在能够大幅改善经济表现的变革面前，从前看似经久不衰的制度实际上不堪一击。

利益冲突与政治经济体制

最近的制度经济学文献中坚持从社会矛盾或政治经济体制角度解释制度的学者认为，变革由支持变革的社会力量推动，同时也遭到因变革而受损的社会力量的反对。两者之间的力量平衡决定了变革的态势。由于不同群体和个体通常从不同的制度中获益，因此人们在制度选择方面普遍存在着冲突。这种冲突本身受到现有制度的影响，因为制度会帮助或阻碍不同群体解决集体行动问题，决定了政治制度的代表性和参与性。因此，制度变迁过程涉及不同群体之间的重大冲突，其最终结局将有利于掌握更大经济和政治权力的群体。所以，政治经济体制和政治制度被视为决定经济制度和制度变迁方向的关键因素。[1]

制度很大程度上反映了权力集团的利益和偏好，这一事实使得制度极具韧性和持久性，从而导致制度更难改变。制度是根据强势集团或其联盟的利益形成的，这一事实同样表明，制度演变与制度改革并不一定会促进经济发展。低效的制度可能为社会中强势的行为主体提供显著的分配优势。那些已经在这些制度形成中发挥重要作用的人可能会试图阻止制度变革，因为他们相信经济发展所需的制度改革将危害自身的利益。例如，在许多社会中，大地主和行会都反对制度改革和普及工业化以满足广大群众的需求。因此，只有经历漫长的斗争，促进经济发展的新制度才有可能出现。

在制度形成和阻碍新制度出现的过程中，信念、社会规范、文化以及各方利益可能发挥重要的作用。促进经济发展的制度可

---

[1] Acemoglu、Johnson and Robinson（2005b，第385—471页）；Rodrik、Subramanian and Trebbi（2004，第131—165页）；Ogilvie（2011，第414—434页）。

能导致文化和价值观随时间推移而产生适应性变化。但是，如果不同群体之间存在利益冲突，那么价值观和社会规范的演进也许并不总是能推动明显有益的制度产生。在利益冲突中，那些抵制制度变革的团体可能将正式与非正式制度作为战略资源，并力图摧毁新制度。换言之，虽然我们难以判断利益和文化哪一个是导致行为的最终原因，但许多看似由信念、社会规范、习俗和文化导致的模式和结果，实际上可能受到了利益和权力的推动（Knight，1992，第123—214页）。

国家

国家的特点及其在经济发展中应当发挥的作用是经济史研究和社会科学中最根本且最常被提及的问题之一。纵观历史，每当贸易扩展至本地边界之外，地方规范、社会结构和社群网络的局限性便开始显现。此时，经济发展需要用一般制度来取代特定制度，还需要在执行方面建立有比较优势的组织，在大多数情况下，该组织便是国家。近乎独占强制权使国家有着得天独厚的地位来充当公共法律和社会秩序的执行者，其中包括保护产权。不过，学界逐渐达成的共识是，国家在经济发展中的作用并不仅限于提供内部和外部的安全保障、保护产权和执行合约。在涉及制度和制度变革的利益冲突问题上，国家同样发挥着作为重要焦点（focal point）的关键作用。

纵观历史，在国家构建及其政策制定过程中，相互竞争的精英之间的关系及其与国家的关系是至关重要的。国家精英、官僚机构和军方也在这一过程中发挥了关键作用，因为他们会共谋利益，或者与其他精英联手谋求私利。与精英群体达成共识，并有效控制不同精英群体的各种权力和能力，是国家构建和政策制定的一个要点。近代的国家构建包含建立正式制度，以管理国家精英与新兴商业精英以及政治精英之间的关系，他们很少是铁板一块。在统治者与经济精英充满矛盾的关系中，对政治承诺、特权和资源的讨价还价变得尤其重要。谈判、讨价还价、征税制度以及处理各种集体行动问题是国家构建的几个关键过程。但是，如果国家和精英之间缺乏持久的制度安排，那么矛盾也许会升级，并严重威胁政局稳定和政治秩序。[①]

国家和各类精英之间的权力平衡以及合作联盟对宏观和微观制度的形成与保护都十分重要。当现行制度或新制度产生的利益分配与社会中的现有权力分配不一致时，各类精英会通过组织动员、讨价还价、向其他人乃至国家施压来恢复之前的正式与非正式制度。在这些冲突中，相互竞争的精英通常会利用非正式制度，包括基于身份的关系网络与庇护关系。换言之，正式制度的执行与法治普及，通常取决于精英与国家之间的关系，即便达不成共识也能达成谅解的程度。[②]

在执行现行法律并推动制度变革的过程中，国家的财政、法律和其他能力是关系国家效力的关键议题。精英与国家的关系，以及精英拥护或反对国家的程度影响着政策制定与国家能力。如果国家行动符合精英的利益，那么精英便愿意帮助提升国家能力。但是，国家的目标若与精英利益相左，精英群体内部会存在利益分歧，精英们增强国家能力的意愿就会变弱。羸弱的国家固然无用，但一个有能力保护财产的强大国家也有能力没收财产。道格

[①] Acemoglu et al. （2005b，第 546—579 页）；North、Wallis and Weingast （2009，第 1—76 页）。

[②] Olson （1965，第 5—65 页）；Granovetter （1985，第 481—510 页）；Knight （1992，第 123—214 页）。

拉斯·诺思等人强调统治者和精英之间的谈判和讨价还价在约束统治者权力方面的作用。强大的国家需要受到制约，国家能力需要直接为经济发展服务。即使国家不直接鼓励私人资本的积累，它也至少不会采取一些行动损害经济和私人部门各行为主体的利益（Hillman，2013，第 261—264 页）。

不过，另一些人对国家在近代早期的作用持不同看法。爱泼斯坦（S. R. Epstein）认为，在近代早期的经济体中，消除经济增长障碍的关键不在于约束强权者的掠夺倾向。恰恰相反，爱泼斯坦认为，正是由于获得经济权利的机会并不普遍，而是被用来选择性地维护特定企业群体的特权，如商人行会或贸易垄断者，才常常导致市场缺乏协调和一体化。四分五裂的管辖权，以及缺乏能普遍执行产权来对抗地方利益壁垒的中央政权，恶化了以特权为导向的市场。相反，管辖权集中化可以削弱过去的领主税赋，解决敌对的封建垄断和城市垄断之间的协调失败问题，统一法规与度量衡，以及提高统治者对政治压力的反应能力，从而实现市场一体化。换言之，如爱泼斯坦所言，限制近代早期竞争性市场崛起的缘由不是国家主权的泛滥，而是国家主权的受限。[①]

英国和后来的欧洲工业化国家在近代早期和 19 世纪的经验表明，政府在经济发展中发挥了重要作用，包括提供安全保障，执行法律和合约，而且通过支持长途贸易以及在多数情况下保护国内生产抵御海外竞争。虽然英国如今常被视为"自由放任"政策的鼻祖，但实际上英国政府在 18 世纪奉行主动干预的政策。英国政府通过一整套限制、特权和鼓励政策促进工业化进程（Chang，2002，第 13—68 页；O'Brien，2011，第 408—446 页）。19 世纪，

---

① Epstein（2000，第 147—174 页）；Besley and Persson（2010，2011）；Johnson and Koyama（2017）。

欧洲大陆各国普遍意识到，在英国工业化进程的影响之下，如果没有国家干预，包括关税保护和其他形式的政府支持，就不可能发展新工业。亚历山大·格申克龙的研究表明，与英国工业展开竞争超出了欧洲大陆企业家的能力范围，因此政府不仅要为私人部门创造合宜的环境，更需要积极参与金融市场的建设。具体制度因各国的历史及其相对落后的程度而异（Gerschenkron，1962，第5—71页）。

在19世纪的经济发展过程中，对发展中国家来说，国家的能力与作用都很有限。但是，20世纪30年代对许多发展中国家来说是一个重大转折点。由于大萧条的持续，许多发展中国家的政府以及一些精英意识到，以农业专业化为本的模式是行不通的，他们开始通过贸易保护主义和各种其他措施来支持工业化。在缺乏一致理论的情况下，发展中国家和发达国家都尝试采取各种干预主义政策来应对大萧条。迪亚斯·亚历杭德罗和安格斯·麦迪森的研究表明，与固守农产品出口战略的国家相比，那些在20世纪30年代转向更多国家干预与内向型经济政策的拉丁美洲、南欧以及亚洲的发展中国家表现更佳（Diaz Alejandro，1984；Maddison，1985，第13—44页）。在20世纪六七十年代，国家干预主义政策开始蔓延，许多发展中国家采取了名为进口替代工业化的一系列具体政策。新方案囊括支持国内工业免受进口竞争的保护主义政策、高估汇率政策、私人企业补贴政策、压制利率的金融市场干预政策，以及信贷优惠政策等。虽然消费品和中间产品抓住了国家保护国内市场带来的良机，但制造业的出口导向依旧薄弱（Hirschman，1968，第1—26页）。

在过去半个世纪中，中国台湾、韩国、中国香港等东亚发展中经济体在干预主义和工业化方面的经历与其他发展中国家大为不同。在这些强有力的实例中，除了保护境内工业和大力鼓励出口之外，政府还参与制定了各产业的战略目标，督促和协调工业投资决策，大力发展高技术产业并控制银行业。在这些经济体中，由政府机构的一个或几个试点单位牵头决策，为指定行业带来极高的投资率。虽然政府积极地与社会互动，但是在面对各种团体的短期利益时，政府会保持高度的自主权。在这些东亚经济体取得成功的过程中，促进公共与私人部门之间磋商和合作的正式与非正式制度起到了核心作用。这些制度支持下的政府政策既改变了私人部门的运行模式，又促进了新制度的产生，使得推进工业化发展的新制度越来越有力。因此，在工业化进程中创建的制度架构随着时间的推移而历久弥新，并且在后期继续发挥影响力（Amsden，1989；Wade，1990；Evans，1995）。

尽管其他国家采取了同样的正式制度和类似的支持出口导向型制造业的战略，但是以干预主义方式复制东亚经济体的成功并不容易。问题不单单在于国家能力的薄弱或负责执法的正规机构能力不强，更重要的是，东亚经济体中政府与私人部门的关系是特殊历史背景下的产物。国家与相互竞争的私人精英之间的权力架构是日本殖民统治的产物，这种权力架构不仅允许官僚机构拥有高度自主权和强大的能力，而且实现了国家与精英之间的密切合作，而在其他发展中国家并不存在这样的权力架构。如果没有强势且自治的国家和相对弱势的精英团体，东亚的国家干预主义便不会有如此长远的视野和高度的执行能力。东亚经济体的其他特点也不容小觑，包括要求实施增长战略的内部和外部压力。相比之下，在其他发展中国家，国家既无法驾驭精英的权力和能力，也无从化解各种集体行动问题。执行新制度和干预主义政策带来的利益分配与社会现有的权力分配不一致。此时权力集团和组织通常会选择发展不同于国家界定的但更切合自身利益的正式与非正式制度（Öniş，1991，第109—116页；Stiglitz and Lin，2013，第 1—13 页）。

这些历史案例表明，在 20 世纪发展中国家的工业化进程以及更早的西欧工业化进程中，国家干预主义政策与强大的国家发挥了重要作用。但是，这些先例并不意味着国家干预主义政策总能带来有利于经济发展和工业化的结果。正如一些国家试图复制东亚工业化经验的结果表明，即使它们采取与东亚经济体相同的正式制度和经济政策，但是由于新制度与现行制度、现有社会结构和权力分配相互影响，照搬制度产生的效果可能大不相同。

19 世纪之前的土耳其制度

与大多数国家类似，土耳其的制度在深远的历史长河中塑造而成，由多种原因所致，包括自然资源禀赋、地理特征、伊斯兰教与文化、社会结构和利益冲突等。国家以各种程度执行的正式制度、由私人关系网络自下而上形成的非正式制度，加之正式与非正式制度的相互作用，都深刻影响了奥斯曼帝国时期的政治和经济结果。我在本小节中将要论述的是，虽然地缘、文化和伊斯兰教确实对帝国核心区域的巴尔干和安纳托利亚的奥斯曼制度产生了影响，但 19 世纪之前决定制度以及制度变迁方向的最关键因素，是国家与各对立精英（包括政府精英）之间的社会结构和不断变化的权力平衡。由于奥斯曼帝国在此期间保持独立，因此外部因素对制度的影响仍然有限。

直到 15 世纪末，新兴的奥斯曼帝国的政治角逐都围绕着土耳其裔地方权贵和主要由征募而来的非穆斯林组成的中央行政机关之间的权力斗争展开。在 15 世纪下半叶，穆罕默德二世（Mehmed II）的集权运动大获成功，权力的制衡点由此向中央转移。以土地为立命之本的贵族阶级被打倒，国家将私有土地没收并交到中央政府手中（Imber，2002，第27—44页，第318—325页）。奥斯曼帝国的制度和国家的经济政策随后开始显示中央政府的优先性。巴克·特兹坎认为，在17世纪，由于苏丹亲兵（janissaries）*和乌理玛（ulema）**的势力与日俱增，苏丹和中央政府的权力开始受到制约（Tezcan，2010，第227—244页）。尽管如此，中央政府始终努力维系着传统秩序，以及自己在该秩序中的核心地位。只要经济精英、商人、主要工匠和放债人的活动有助于维持这种社会秩序，政府便会予以鼓励和支持，但并不希望他们快速发家致富（Genç，2000）。

此后几个世纪中，政府精英和其他各类精英团体，特别是地方精英之间的政治权力分配、合作、冲突和斗争继续影响着制度的形成。中央政府的一大要务是打压政治威胁，并有效地管控可能威胁中央政府的社会团体。在17—18世纪，大部分是穆斯林的城市权贵开始控制地方征税权，并在各行省扩大势力。此后中央政府被迫与他们谈判，力图阻止他们联合起来，并在必要时采用"分而治之"的策略（Barkey，1994，第229—242页）。就各类精英而言，包括在首都的精英，他们很少会作为一个集团联合行动。由于奥斯曼帝国幅员辽阔，加之不同族群和精英团体并不总是共同行动，因此地方精英之间的合作与协调也变得困难重重。即使地方权贵在18世纪处于权力的鼎盛时期，也绝无可能创建既能体现中央和地方之间的新平衡，又能保障政治稳定的正式政治制度。1808年为此目的特别签署的《联盟宪章》，又称为《奥斯曼大宪章》（Ottoman Magna Carta），未得到任何一方的支持，也从未被执行过（Yaycioglu，2016，第203—238页）。

---

* 苏丹亲兵是奥斯曼土耳其帝国的常备军队与苏丹侍卫的总称。——编者注

** 乌理玛是伊斯兰国家对有名望的学家和教法学家的统称。——编者注

国家与地方精英

　　近代早期的国家通过提供安全保障、颁布并执行法律来促进经济发展。为此国家需要具备一定的能力。国家鼓励或阻碍私人部门发展的程度同样至关重要。虽然奥斯曼中央政府在近代早期有足够的能力来左右许多制度变迁的方向，但它在支持经济发展方面的成效好坏参半。奥斯曼中央政府在 16 世纪相对强盛，有能力提供一定的安全保障、法律与秩序，以及修建交通和灌溉系统等基础设施，并为国内贸易路线保驾护航。但是，被称为阿扬（ayan）的地方权贵或城市权贵在 17—18 世纪的崛起大大削弱了中央政府在这些方面的能力。

　　日益强盛的地方权贵来自两个不同的群体：当地精英家族中的知名人士，以及经中央任命而后在当地扎根的官员。总之，地方权贵的崛起对土耳其的市场一体化和长途贸易发展都产生了重大影响。地方权贵起到了维护社群安全、维系城市生活以及保障贸易路线安全的重要作用。因此，他们促进了贸易的发展，尤其是在 18 世纪上半叶。[1] 在此期间，中央政府在协调与整合国内长途贸易方面的作用十分有限。地方权贵在制度形成过程中也扮演着重要的角色。在处理与其他精英的矛盾冲突以及与国家的关系时，地方权贵经常利用包括基于身份的关系网络和庇护关系在内的非正式制度。在 17—18 世纪，非正式制度开始替代或补充中央政府在国家安全、司法、执法和地方市场监管方面的职能。不过，尽管地方权贵势力大增，但是中央政府并没有失去对法律和司法机关的把控，并且继续反对农业用地的私有化。随着中央和地方

---

[1]　İnalcık（1980，第 283—337 页）；Hourani（1966，第 83—110 页）；Yaycioglu（2016，第 65—116 页）。

的矛盾在 19 世纪下半叶进一步升级，贸易（特别是国内贸易）或已出现衰退迹象。财政驱动下的内部和外部关税政策以及进出口禁令是导致土耳其在 19 世纪后期市场分割的直接原因。

随着中央政府在地方的势力开始削弱，其征税能力和财政收入也随之降低。地方权贵与中央的其他精英团体开始联手操纵征税流程，并将大部分税款中饱私囊。虽然战争压力迫使欧洲大部分国家大幅敛财，但奥斯曼帝国（还有波兰）的中央政府在 17—18 世纪的人均税收却没有实现任何增长。直至 18 世纪末，伊斯坦布尔国库的年人均税收还不及非熟练劳动力三天的收入。财政集权的困难部分归因于奥斯曼帝国广袤的领土和庞杂的地理多样性。辽阔的国土也导致地方精英不易协调行动，并且难以胁迫中央政府改变政治制度（Karaman and Pamuk，2010；Pamuk，2012；Coşgel，2015）。

不出所料，财政能力的衰退直接导致军事实力的下降。在 18 世纪下半叶和 19 世纪初期，奥斯曼帝国在与俄国和奥地利的交战中时常痛失领土。中央政府无力征税也对制度和经济产生了负面影响。当战乱频仍时，特别是从 18 世纪 60 年代到 19 世纪 30 年代，中央政府为获得额外收入而没收各地政府官员和权贵的资产的做法屡见不鲜。同样迫于财政压力，奥斯曼帝国还在国内和国外贸易中设立了地方垄断权，并将之挂牌出售。这些举措严重损害了贸易发展，导致经济进一步萎缩。因此，当工业革命在英国启动并随后风靡欧洲大陆时，奥斯曼帝国的中央政府却辗转于频繁的战争和严峻而又漫长的财政危机中。奥斯曼帝国的经济状况急剧恶化，与西欧形成巨大的反差。

国家与私人部门的关系

中世纪晚期和近代早期的国家都必须应对一系列相同的经济

问题。但是，它们的能力有限，在目标上必须做出选择。由于国家的财政能力衰退，对奥斯曼帝国来说，尤其需要选择优先目标。维持城市供给被视为保障政局稳定的必要条件，因此这是奥斯曼中央政府的首要经济任务（Genç，1989，第175—185页；İnalcık，1994，第179—217页）。中央政府希望确保稳定的物资供应，尤其是对首都和军队的物资供应。随着奥斯曼帝国在16世纪的领土扩张，长途贸易和对贸易路线的某种把控对实现以上目标变得越发重要。

对物资供应的重视使我们有必要区分进口和出口。进口贸易因有利于物资供应而备受支持。因此，奥斯曼帝国从不将贸易保护主义作为经济政策。举例来说，在17—18世纪，奥斯曼帝国并没有试图保护国内生产商免受来自印度纺织品的竞争。但是，出口贸易只有在满足国内经济的需要后才能获得批准。一旦有物资短缺的端倪，政府会毫不犹豫地限制出口商人的经济活动，并禁止必需品的出口，特别是食品及原材料的出口（İnalcık，1970，第207—218页）。

政府和商人之间的关系并不平等。一方面，对于那些在城市经济运作中不可或缺的商人的经济活动，政府容许甚至予以鼓励。当商人有机会从事较少受到政府干预的经济活动时，他们通常能飞黄腾达。但是，商人的经济活动偶尔会导致原材料价格上涨，这给行会系统以及更广泛的城市经济带来了压力。此外，当国家精英认为经济和制度变革将改变现有秩序，并可能使他们丧失政治权力时，他们便会反对这些变革。因此，中央政府常常将管控商人而不是保护商人视为主要任务。然而，控制商人要比管控行会困难得多。行会的位置固定，商人则是游走各地。毫无疑问，当局对金融家和货币兑换商的态度同样模棱两可（İnalcık，1969，第97—140页；Faroqhi，2009）。就商人而言，他们不可能取得足够强势的地位来吸引统治者的关注，也难以借用政府的物质和军事资源来帮助自己追逐商业利益。他们在最好的时期当然也不能宣称"我即国家"，但他们或许可以争取宣称"国家不反对我"（Udovitch，1988，第53—72页）。

给首都供应肉类食品的极端案例体现了奥斯曼政府为国内商人制定的政策。到16世纪下半叶，伊斯坦布尔再次跻身欧洲最大城市之列。国家力求把首都的食品价格控制在较低水平，为此中央政府时常利用限价政策。但是，当政府规定的肉价上限比市场价格低时，商人们拒绝再将牲畜陆运或海运至首都售卖。为了应对该状况，奥斯曼中央政府开始瞄准富商，并向他们下达为首都供应肉类食品的任务。被委以此任的商人最终往往损失惨重，财富锐减。他们自然竭力规避这项任务，很快这项任务被分派给从事非法活动或得罪过政府的商人。此事表明，虽然政府需要商人为城市，特别是首都供应物资，但在关键时刻，政府仍可以采取对商人十分不利的政策。然而，这些苛刻的措施在16世纪之后有所缓和，首都开始越发依靠市场来供应肉类食品，而且肉类食品的相对价格有上升的趋势（Greenwood，1988）。

奥斯曼的商人，特别是来自阿拉伯地区各行省的商人，早已能够在北非和南亚铺展贸易关系网络并从事大量商业活动。但是，他们无法控制与欧洲的大量贸易往来，这损害了他们的长远利益。虽然欧洲国家的政府常对作为臣民或公民的商人给予鼓励与支持，但奥斯曼政府并不将保护本国商人视为主要任务。此外，从12世纪起，大多数欧洲国家颁布了法律，禁止外籍人士（包括穆斯林）长期逗留、永久定居或参与商业活动。因此，从前活跃于欧洲贸易往来中的穆斯林商人开始落后于非穆斯林的奥斯曼商人，后者能够从他们与欧洲商人日益扩张的国际人脉和关系网中获利（Gilbar，2003，第1—36页）。奥斯曼最富有的商人群体是非穆斯林，且其中大多是希腊人和亚美尼亚人，这一事实导致他们的经济实力在 18—19 世纪更难转化为政治影响力。

虽然当局针对当地商人的政策十分模棱两可，但是与 12 世纪以来的其他中东国家的政府一样，奥斯曼政府乐于向欧洲商人提供商业和法律特权。政府主动提供这些特权并不是因为受到了更强大的欧洲国家的胁迫，而是因为通过提供特权，统治者们试图促进商品，特别是奢侈品在当地市场的流通，并通过贸易往来增加国家收入。政府的另一个动机是将特权作为施行外交政策的工具，以此在欧洲获得政治影响力与邦国友谊。欧洲商人居住在奥斯曼港口城市，在他们获得的特权中，最重要的是在帝国疆域内从事贸易活动、四处旅行、将商品转移到其他地区以及使用悬挂本国国旗船只的权利。这些特权在 18 世纪逐渐扩大，并且不再是单边行为。由于这些特权采用中世纪的拉丁文，所以一般归集在以中世纪拉丁文为标题的各个类别之下，统称为"外侨权利协定"（capitulation）。一些新的特权开始与奥斯曼帝国的主权相冲突，例如欧洲商人有权在奥斯曼帝国私设法庭，并将贸易纠纷呈交这些法庭。此外，欧洲商人缴纳的关税一直很低，一般情况下，外商缴纳的关税比本地商人还要少。[①]

这些举措在本地市场上将奥斯曼本地商人置于比欧洲商人更不利的地位，这也是奥斯曼帝国的大部分长途贸易、沿海和长途航运转移到欧洲商人手中的一个重要原因。早在 19 世纪，奥斯曼政府就在地中海主要贸易中心设立领事馆，以改善奥斯曼商人与欧洲人的竞争状况，但奥斯曼商人无法与彼时更强大的欧洲商人竞争，而且奥斯曼商人也没有类似于"外侨权利协定"给予欧洲

[①] İnalcık（1971）；Boogert（2005）；Kuran（2011，第 209—227 页）；Agir（2013，第 571—598 页）；Artunç（2015，第 720—748 页）。

商人的那种特权体系。由于奥斯曼商人仍然不够强大，所以他们很难为政府的贸易政策带来更多的影响和贡献，也很难改变商业或经济制度。相比之下，欧洲国家和欧洲商人的经济和政治权力与日俱增，他们开始影响奥斯曼帝国制度变革的方向。

制度变革

奥斯曼帝国在近代早期历经了许多制度变革。本节将简要探讨，在与近代早期的土地制度、私人融资、税收征集和国家举债等自下而上形成的非正式制度相互作用的过程中，正式制度发生的演变，以此来论证这一时期地理因素和伊斯兰教的影响较小，这些变化更多是由国家与各类精英特别是各行省中崛起的城市权贵之间的权力分配、政治斗争、协商谈判、讨价还价推动的（Pamuk，2004，第225—247页）。

土地制度

奥斯曼帝国在领土扩张的早期阶段，将从巴尔干比邻国家占领的土地视为国有土地。但是，安纳托利亚的伊斯兰自治区仍沿袭土地私有制。随着15世纪下半叶的中央集权运动，农业用地国有化在帝国核心地区的巴尔干和安纳托利亚成了基本模式。据估计，在16世纪上半叶，这些核心地区有多达四分之三或更多的农业用地为国家所有（Barkan，1953—1954，第251—329页）。

农户享有这些国有土地的世袭使用权。家庭农场因此成为安纳托利亚大多数农村地区的基本经济和财政单位（İnalcık，1994，第103—179页）。这些家庭农场通常依靠家中劳动力和一对耕牛劳作。奥斯曼帝国通过蒂马尔制度向农村人口征税，并在国有土地上供养了一支庞大的地方军队。根据这一体系，因战时的英勇表现而被国家雇佣军选中的，即西帕希（sipahis），生活在农村地区，向农业生产者征税，并在当地将税收用于训练预定数量的士兵、装备采购以及军队维护。然而，中央政府并未打算在所有已占领的疆域内推行蒂马尔制度。在许多较为偏远的地区，如安纳托利亚东部，奥斯曼政府虽然积极征税，但是对现有土地制度的整改十分有限，甚至完全未改变。这样做的最关键原因是想要避免经济动荡和可能发生的社会动乱。中央政府是否有财政、行政和经济资源在这些区域建立新制度则无从确认。

尽管奥斯曼中央政府在 17 世纪（尤其是 18 世纪）的权力有所衰减，城市权贵，即阿扬阶层在各行省兴起，但是除果园和葡萄园外，中央政府拒绝认同国有土地转变为私有财产。最重要的是，土地的耕种权可以由父亲传给儿子，但是无法在市场买卖。由中央政府操控的法律和司法体系在这场政治斗争中发挥了重要作用。伊斯兰法院的卷宗提供了一些近代土地买卖案件的详情，但买卖数量有限。反之，城市房地产、果园和葡萄园非常易于转手。城市权贵通过操控税收征收过程而获得经济权力。农业用地由农户耕种，随着时间推移，许多权贵开始加大对农地的控制力度。但是，关于地方权贵的法庭记录表明，在大多数情况下，私有土地通常只占其资产的一小部分。换言之，阿扬阶层无法将自己与日俱增的经济、行政以及政治权力转化为修改法律的话语权和对农业用地的所有权（Keyder and Tabak，1991，第 1—16 页；Coşgel，2011，第 158—177 页）。因此，在 19 世纪之前，关于土地使用权的正式制度并无太多变化。

土地项下的另一重要类别是伊斯兰慈善基金会（或虔诚基金会）。伊斯兰法允许拥有私人财产（包括私人所有的土地）的个人将部分或全部资产转为基金会模式，并将这部分收入无限期地用于指定的社会服务。在奥斯曼帝国时期，许多城市服务的资金是由慈善基金会提供的。慈善基金会的资产被认为是神圣的，受国家保护并免于充公，而充公通常导致这些资产直接流向政府雇员手中。私人所有权在向基金会捐赠时终止。接下来基金会的受托人委员会将以出租或其他方式管理这些地产，并将收入用于指定用途。受托人委员会对基金会地产的控制权通常会随时间的推移而消退，租户开始享有更大的自治权，并且支付更少的租金。尽管政府偶尔会征用，但大量农业用地和城市房地产仍然由基金会所有。不过，与国有土地相比，19 世纪之前基金会拥有的土地加上法律认可的私有土地仍然只占一小部分（İnalcık，1994，第103—153 页）。

私人融资

学者们常常认为，伊斯兰教中关于禁止利息的规定妨碍了信贷的发展，或者至少设置了难以逾越的障碍。同样，由于明显缺乏银行存款和贷款，许多评论家得出结论，认为伊斯兰社会基本上不存在金融机构和金融工具。虽然《古兰经》的一些段落和后来所有的伊斯兰宗教著作都严厉谴责高利贷和利息，但伊斯兰法早在中世纪就已经提供了若干种规避高利贷禁令的手段，这与欧洲在中世纪晚期的情况类似。各种主要以"双重销售"模式为基础的法律拟制（Legal Fiction），尽管得不到法学家的积极认同，但至少不会被宣布无效。贾雷德·鲁宾进一步指出，由于中东统治者一直仰赖宗教权威为其政权提供合法性，因此他们并不会完全取消对利息的禁令。但是，伊斯兰教对利息和高利贷的禁令以及正规银行机构的缺失，显然没能阻止中世纪中东信贷和贸易的扩张（Udovitch，1970；Rubin，2011，第1310—1339 页）。

伊斯兰教对利息和高利贷的禁令以及正规银行机构的缺失，同样没能抵挡奥斯曼社会的信贷扩张。已故学者罗纳德·詹宁斯利用伊斯兰法庭的记录表明，在 16 世纪，贷款人和借款人的庞杂商业圈在安纳托利亚及周边的开塞利、卡拉曼、阿马西亚和特拉布宗等城市蓬勃发展。在法院和乌理玛的同意和批准下，大部分借贷的资金规模较小，并且定期收取利息。在与法院往来的过程中，参与者认为没有必要为清除法律障碍而隐瞒利息或欺骗。借贷的年利率在 10% ~ 20%（Jennings，1973，第 168—216 页）。

伊斯兰虔诚基金会是伊斯坦布尔和安纳托利亚市中心的重要贷款方。虔诚基金会建立的明确宗旨就是借出现金资产，并利用利息收入来达成自身的目标。虔诚基金会是奥斯曼帝国自下而上设立的创新机构，在 15 世纪初开始得到奥斯曼法院的批准和认可。到 16 世纪末，虔诚基金会在安纳托利亚和巴尔干各行省风靡一时。然而，虔诚基金会极少向创业者借贷，他们主要提供消费信贷。尽管虔诚基金会崇尚实干主义，但是其内部依旧存在严重缺陷。它们收取的利息由原始创始人设定，因此无法有效应对后来变化多端的市场形势。更重要的是，虔诚基金会的资金主要限于原始捐赠，通过利润再投资和一些旁门小道增加资金。举例来说，在 18 世纪的布尔萨，虔诚基金会开始将手头的资金更多地分配给内部的行政人员，后者以更高的利息把这笔款借给伊斯坦布尔的大放贷人。而这些放贷人则集中资金为大项目融资，其中最主要的是长途贸易和包税制。随着中央政府的借贷需求在 19 世纪后期骤增，虔诚基金会也对日益增长的需求做出反应。金融家们开始聚拢众多小规模基金会的资金，以借给中央政府（Çizakça，1995，第 313—354 页；Mandaville，1979，第 289—308 页）。

尽管将有息贷款用于商业信贷并无难以跨越的障碍，但中世纪的伊斯兰社会和奥斯曼帝国都没有采取这种办法。相反，起初由私人企业开发出来的许多其他商业手段发挥了与有息贷款相同的功能，因此没有必要采用贷款的方式。各种形式的商业合伙关系、信贷协议、债务转让和信用证，这些方法都得到了宗教理念的认可。奥斯曼商人自古典时期以来便在伊斯兰社会广泛使用这些合伙关系。[①] 在几个世纪中，有一些新的创新涌现，例如，伊斯兰商业伙伴关系中出现了利润分享协议，即穆达拉巴（mudaraba）和分包制（putting-out）的组合。18 世纪，在名为"格迪克"（gedik）的行会体系下，伊斯坦布尔地区出现了生产性资产的新型私人所有权。因此，奥斯曼私人金融机构彰显了高度的实用主义精神和规避伊斯兰利息禁令的强烈意愿。但是，贷款机构和合伙形式的变化甚微。与虔诚基金会一样，奥斯曼商业伙伴关系的规模小、历时短。[②]

历史学家和社会学家研究了奥斯曼帝国时期伊斯兰私人融资形式变化甚微的原因。一种解释侧重于伊斯兰商业伙伴关系长期以来的小规模和单一化，并补充称，伊斯兰企业理念的缺乏抑制了本土商业公司的出现。换言之，银行业之所以未能出现，既归因于金融伙伴关系的小规模和单一化，也因为没有公司组织形式可供选择（Kuran，2011，第 63—77 页，第 117—166 页）。穆拉特·伊扎克萨也关注小企业或合伙企业的长期主导地位。但他认为，由于发展机会受限，这些企业没有成长壮大，因此对私人融资机构改革的需求较小（Çizakça，1996，第 65—85 页）。这两种解释的对比表明，制度与经济发展的因果关系不是单向的。正如制度影响经济发展的程度和方向一样，经济发展或停滞也影响制度和制度的演变。制度变革在这一区域较为有限的另一重要原因在于，经济精英无法影响政府精英，因此无从推动有利于私人部

---

① Udovitch（1970，第 170—217 页）；Çizakça（1996，第 65—76 页）。
② Çizakça（1995，第 313—354 页）；Gedikli（1998，第 85—120 页）；Agir（2018，第 133—156 页）。

门发展的制度变革。由于政府精英在奥斯曼社会和政治领域中保持着主导地位，因此各类社会团体，不论是地主还是商人、制造商和货币兑换商，在经济发展事务以及对中央政府政策制定方面的影响仍然有限。

征税与政府借贷

奥斯曼帝国横跨三大洲并在 19 世纪前仍能保持统一的一个重要原因是，在面临内外部威胁和危机时，帝国具有灵活、务实的特质和谈判的传统。奥斯曼帝国在早期就显现了这些特质。在征伐和开疆扩土时期，奥斯曼帝国并未拒绝借鉴他人的制度或向他人学习，在无从建立主权的地区，奥斯曼帝国则与当地精英进行协谈，以争取得到至少部分的支持。正如我在前文所述，虽然奥斯曼政府几个世纪以来严禁穆斯林使用印刷机的举动切断了他们在工业革命前探索最核心科技的良机，但是他们在 15—16 世纪一直密切关注并采用了最新的军事技术，到 17—18 世纪也是如此。[1]

这种灵活、务实的精神以及奥斯曼帝国在近代早期有选择的制度变革，体现在奥斯曼帝国征税制度和国内借贷制度的演变中。直到 16 世纪末，奥斯曼帝国的战时开支和军费开支大部分由地方税收资助，并通过蒂马尔制度回流至地方军队手中。然而，16 世纪军事技术的更新换代，以及中央政府维持更强大常备军的需求，导致中央政府征收农业税的压力有增无减。国家财政状况的恶化以及频繁的战事导致中央政府不得不进一步利用包税制度来达成在国内筹款的目的。17 世纪末，"马里卡内"（malikane）制度被引入，该制度赋予包税人终身收税权，以换取大量首付款及之后

---

[1] Barkey（1994，第 229—242 页）；Grant（1999，第 179—201 页）；Agoston（2003，第 15—31 页）。

的年度付款。与简单的包税制度相比，"马里卡内"制度体现了政府向长期借贷模式的重大转变（Özvar，2003，第29—92页）。

随着合同期限的延长和更大首付款的引入，马里卡内合同的长期融资变得日趋关键。奥斯曼政府直到19世纪中叶才选择在欧洲金融市场举债。因此，私人金融家在征税过程中的作用开始变得越发重要。整个18世纪，伊斯坦布尔有1 000～2 000人、各行省有5 000～10 000人，以及不计其数的承包商、代理人、金融家、会计师和管理者掌控着国家财政收入的关键份额。这个由伊斯坦布尔的精英和新崛起的地方精英构成的大联盟是奥斯曼帝国体制的一个半私有的、相互依存的组成部分。对于在首都和地方都有良好人脉关系的人来说，在政府税收中分一杯羹比投资农业、商业或制造业得到的回报更丰厚。中央政府没有能力掌控征税过程。首都和地方的各类精英也没能力或不愿意寻求其他解决方案。①

尽管如此，中央政府在18世纪仍继续尝试用其他方法征税和举债。战时不断增加的军费开支和财政压力再次成为制度变革的导火索。1768—1774年的战争彻底暴露了奥斯曼帝国军队与国家财政的疲弱，战后金融部门启动了一个与国内长期举债相关的新体系，即埃舍姆（esham）。在埃舍姆体系中，税源的年度收入被划分成大量股份，这些股份向大众售卖，购买者可终身持有，而包税人则继续征税。随着政府每年给埃舍姆持有人的付款与潜在税收收入之间的关联逐渐弱化，埃舍姆与同时期许多欧洲国家颇为流行的终身年金越发相似。为了确保禁止利息和高利贷的伊斯兰法不影响这个新工具，奥斯曼政府宣布，埃舍姆股份不是贷款，因为政府可以随时选择赎回。因此市场便欣然接纳了这个新工具（Genç，1995，第376—380页）。

---

① Salzman（1993，第393—423页）；Balla and Johnson（2009，第809—845页）。

奥斯曼帝国征税和举债制度的演进起初是由短期包税制转变为终身包税制，而后又变成以税收作为担保抵押的政府借款，最终演变为 19 世纪初的政府年金和债券，尽管伊斯兰法明令禁止利息，但此举体现了中央政府的务实精神，也彰显了政府为应对不断变化的情况而灵活变通的能力与意愿，虽然这个过程较为缓慢，并且相当滞后。中央政府不仅尝试推行了全新的财政和金融制度，而且终究接受了自身能力有限的事实，中央政府通过与首都和地方精英以及金融家结盟的方式来解战时的燃眉之急。但是，仅靠务实和灵活变通能取得的成效是十分有限的。奥斯曼中央政府和波兰政府在 18 世纪末的人均税收处于欧洲大陆的最低水平。低税收水平削弱了帝国的军事实力。在 18 世纪下半叶与俄国和奥地利的战争中，奥斯曼帝国时常痛失国土。到了 18 世纪末，奥斯曼帝国和波兰皆处于土崩瓦解的危险境地。[1]

地方征税

地方征税制度的变化很好地说明了在中央政府与各行省新兴城市权贵之间不断变化的权力平衡之下，奥斯曼财政制度在近代早期是如何演变的。直到 16 世纪，地方单独发布的法典都详细规定了当地居民的纳税义务。由于中央政府及其地方代表的权力日益变弱，地方税务登记制度越发落后。随着 17 世纪城市权贵的兴起，新的税收和征税方法应运而生。官员、税吏和包税人开始要求地方社群履行缴纳更多税收的义务，并要求社群领袖负责征税和税负分配，一次性征税制度的普及是最重要的变化（Yaycioglu，2016，第 117—133 页）。

由中央政府任命、充当中央政府与当地社区沟通桥梁的地方

---

① Pamuk（2000，第 77—87 页）；Karaman and Pamuk（2010，第 593—618 页）。

法院和法官在这一过程中发挥了重要作用。为确定应纳税款、监督所征收入顺利交付，地方法院将作为包税人的穆斯林权贵和社群领袖召集在一起。大多数权贵与放债人通力合作，以保证及时向中央政府缴纳税收，尤其是在战争等特殊时期。在对非穆斯林群体征收人头税时，一些地方社群与宗教社群的成员刚好重合，但许多其他社群的人员构成则五花八门。虽然每个社群的家庭都该按照个人收入和财富的比例纳税，但社群会通过谈判对此形成决议。因此，最终决定纳税金额的是社群和社群领导者，而不是中央政府。随后，一部分税款将用于包括市政服务在内的地方需求。其余税款由当地权贵掌管，他们将承诺的款额上缴中央政府，并保留剩余部分。政府无力提供或执行正式的征税制度，加上新一批地方精英的崛起，导致产生于社群内部并植根于非正式社会关系网的私人制度与正式制度共存并相互作用的新局面。

回顾这四组制度得出的一个显著结论是，在近代早期，公共财政制度的广泛变化同私人金融制度的有限变化形成了鲜明对比。首先，这一对比使我们难以用伊斯兰教或伊斯兰法的刻板严苛来诠释制度演变和长期经济发展模式。相反，我们需要从社会对不同制度变革的不同需求，或者政治经济角度，以及政府精英与私人部门精英之间的权力差异来解释这种反差。其次，虽然灵活变通加上实用主义使政府精英在近代之前大权在握，并保持了帝国的统一，但我们需要看到，这种实用主义和灵活变通很大程度上是用来保卫当时的传统秩序。由于会对中央官僚机构的主导地位构成威胁，制度变革会遭到最有力的抵制。因此，制度变革仍然是有选择性的，奥斯曼秩序的诸多核心制度，如土地国有化、城市行会和对私人资本积累的限制等制度在 19 世纪之前都没有改变。

工业革命前夕

关于近代早期欧洲和土耳其工资与人均收入的最新研究有助于我们了解工业革命前的发展轨迹。这些研究表明，16 世纪时，欧洲西北部的工资略高于土耳其的工资。在土耳其的城镇工资和人均收入波动不定时，西欧北部的城镇工资和人均收入则有所提升，这扩大了西欧与土耳其在 19 世纪之前的收入差距。相比之下，土耳其与欧洲大陆其他国家之间的差距则相对较小，在工业革命之前并未加剧。

在 16 世纪的南欧（意大利和西班牙）和西欧（英国和荷兰）主要城市，熟练与非熟练建筑工人的工资购买力比伊斯坦布尔的相应建筑工人高出约 50%。这些差距主要归因于农业部门的生产率差异，当时欧洲与土耳其的绝大部分人口都以农业为生。伊斯坦布尔和土耳其其他城市的工资在后来几个世纪中起伏不定，与此同时，英国和荷兰的城市工资则不断提升，最终造成西欧与土耳其的城市工资之比在工业革命前达到 2∶1，甚至更高。相比之下，南欧的工资水平则下降了，且土耳其与中欧、东欧及南欧的城镇工资直到 19 世纪依旧相近（见图 3.1）。

目前我们尚没有可用来估算土耳其在 1820 年之前的 GDP 的产出与税收数据。此外，土耳其人口序列数据也不可靠。在此情况下，我首先估算了六个欧洲国家的人均 GDP 变化与城市非熟练工人实际工资及城市化率变化的简单关系。接着，我再将这一关系应用于土耳其，利用伊斯坦布尔城市非熟练工人实际工资数据以及土耳其整体的城市化率估值，得出人均 GDP 的估计值。在 1500—1820 年的三个多世纪中，土耳其的人均收入大约在基本生存水平的 1.5 ~ 2 倍。同一时期的欧洲西北部国家，特别是英国

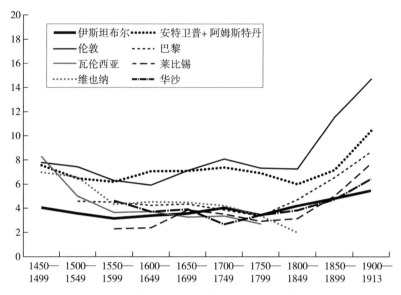

图3.1　伊斯坦布尔和其他欧洲城市非熟练
建筑工人的实际工资，1450—1913年

资料来源：Özmucur and Pamuk（2002），Allen（2001）。

和荷兰，人均收入共计提升了60%~80%，达到了基本生存水平的
3~4倍。关于南欧的西班牙和意大利以及欧洲其他国家的类似研
究表明，这些地区的人均收入并未出现强劲上升的趋势（Pamuk，
2009；Broadberry et al.，2015）。但在一战前的一个世纪中，土耳
其与整个欧洲大陆（特别是欧洲西北部国家）在工资和人均收入
方面的差距严重加剧。

　　本章的分析表明，虽然奥斯曼帝国在近代早期历经诸多制度
变革，但它与西欧经济的差距是不可否认的。为详细解释，本章
着重讨论了奥斯曼帝国的内部组织结构，中央政府与各式精英尤
其是城市精英之间的关系，以及社会和政治团体如何影响经济制
度。在中世纪晚期和近代早期，中东地区的政治制度、经济政策
以及政府行为往往反映了政府精英的利益与要务，掌权的政府精
英可能获得或未获得宗教精英的支持。经济精英、地主、商人、

制造商和货币兑换商在地方享有极大的影响力和自治权,但并没有人在中央政府代表他们的利益。他们对经济议题以及对中央政府政策的影响有限。因此,制度变革仍是选择性的,首先反映了政府以及政府精英的利益与要务。

在近代早期之前,西欧和中东在政府政策和制度环境方面的差异都比较有限。然而,随着大西洋贸易的兴起,欧洲西北部国家商人的经济实力和政治势力开始大幅提升。他们既能在本国引领重大的制度变革,又能劝导其政府大力捍卫和扩张他们在中东地区的商业利益。因此,16 世纪之后,中东地区的商人更难以与来自西欧国家的外商竞争。随着中东商人在自己的地盘上都对欧洲商人的实力望尘莫及,他们更无力影响政府贸易政策的制定和经济制度改革的方向。

直到 18 世纪末,许多传统秩序下的重要制度,如土地国有化、城市行会以及对私人资本积累的限制都没有改变。工业革命在欧洲开启时,中东当地的制造业活动丝毫不受影响,但中东地区无从发起自己的工业革命。自 19 世纪初,中东的经济政策和制度变革开始反映欧洲国家和企业与日俱增的势力。正如一位杰出的中东政治学家近来所观察到的,中东现今最主要的历史遗产便是商人与经济精英在经济实力和政治势力方面的悬殊。同过去一样,现代中东大部分地区的商人可以致富,但他们不要指望获得政治权力或影响力(Özbudun,1996,第 135—137 页)。与地理、资源禀赋、伊斯兰教或文化等任何单一因素相比,经济精英缺乏政治权力和改变经济制度的能力的事实,能够更好地解释西欧和奥斯曼帝国在工业革命之前不断加大的经济差距。

第四章 改革与赤字：应对 来自欧洲的挑战

工业革命在经济增长的扩张过程中发挥了关键作用，工业革命首先发生在西欧，后来在19世纪较为有限地扩散到世界其他国家。自18世纪末以来，工业革命使英国和西欧其他经济体先后成功地转型为工业制品的大规模生产基地。自18世纪以来，海外市场在英国棉纺织业的发展中发挥了重要作用。拿破仑战争结束后，英国和西欧其他国家将目光投向全世界，为本国的工业制品开拓市场，寻找低价食品和原材料。因此，欧洲工业制品和世界其他国家农产品之间的贸易空前扩张，直至一战爆发。海陆运输方面的技术变革（包括蒸汽船）加之欧洲乃至世界其他地区的铁路建设都促进了贸易的高速发展。[①]

欧洲工业化国家与世界其他地区间日益增进的经济关系不局限在贸易方面。西欧国家的资本输出变得越发重要，尤其是在19世纪下半叶。欧洲近40%的输出资本都贷给了非欧洲国家。为扩展国际贸易，欧洲金融家也大力投资世界其他地区的铁路和港口等基础设施。相比之下，在一战之前，直接投入世界其他地区的农业或工业等生产活动的欧洲资本十分有限。金银复本位制

---

① Findlay and O'Rourke（2007，第311—428页）；Broadberry and O'Rourke（2010，vol. 1）；Allen（2011）；Berend（2013）；Hobsbawm（1968）；Osterhammel（2014）。

和金本位制等货币制度的普及促进了国际贸易和国际投资的发展（Eichengreen，2008，第6—42页）。

对外贸易和海外投资的空前扩张导致外围国家形成了全新的专业分工和生产模式。虽然越来越多的农产品开始流向国内和国际市场，但是在与欧洲工业品日益激烈的竞争中，传统制造工艺开始走向没落。欧洲公司投建的铁路降低了通往内陆地区的运输成本，使得农耕地区及矿产资源丰富的地区离曼彻斯特、马赛和汉堡等欧洲港口更近一步，因此，铁路建设对这些地区融入全新的劳动分工体系发挥了重要作用。但是，工业化在世界各地的扩散程度相当不平衡。世界不同地区工业化进程的差异能够解释全球经济增长在一战前一个世纪中的大部分差异。[1]

因此，工业革命首先使西欧，其次在不那么大的程度上使世界其他地区的人均产出和人均收入持续增长。从拿破仑战争结束直至一战爆发的一个世纪中，西欧和北美的人均 GDP 年增长率平均高于1%，总增幅约为200%。南欧和东欧地区的经济随后开始增长，但是进展较慢。因此，西欧与欧洲大陆其他地区间的差距在这一个世纪中不断扩大。相较于西欧和北美地区，世界其他地区的人均收入增长十分缓慢，或停滞不前。于是，西欧与世界其他地区间的差距在一战前也明显加大（Maddison，2007，第375—386页）。

就奥斯曼帝国的社会和经济而言，19 世纪大大不同于早先的各个时期。尽管在17—18 世纪战争频发，但奥斯曼帝国社会和经济的传统结构大体上完好无损。然而，在 19 世纪 20 年代至一战的一个世纪中，奥斯曼帝国的社会和经济需要面对西欧日益壮大的军事、政治和经济实力。奥斯曼帝国的经济开始向发端于西欧的

---

[1] Kemp（1983，1993）；Williamson（2006，第 7—86 页）；Williamson（2011，第65—86 页）。

新秩序开放。

　　一方面要应对巴尔干地区势头强劲的地方权贵和独立运动的难题，另一方面还面临着西欧日益壮大的军事和经济实力，奥斯曼政府在 19 世纪前几十年中开始推行一系列改革。这些改革加上经济开放，迅速改写了奥斯曼帝国的政治和经济制度。因此，我们必须要在 19 世纪的变革中寻找现代土耳其的社会和经济根源。本章将考察奥斯曼帝国的改革以及为改革筹资所做的努力。下一章将探讨制度改革以及国内市场向外资外贸开放的经济后果。第六章将从绝对和相对的角度回顾土耳其在经济增长、收入分配和人类发展方面的表现。我还会在第六章探讨一战之前的一个世纪中制度与制度变革在经济发展中的作用。

奥斯曼的改革与集权

　　自 19 世纪初以来，奥斯曼政府就面临着国内外的重要变化。由于工业革命带来的技术进步，西欧在经济和军事领域都取得了长足的进步。奥斯曼帝国还不能预见西欧经济变化的深远意义，但拿破仑在 1798 年入侵埃及之举清晰地彰显了欧洲军事进步后的威力。奥斯曼帝国的另一个顾虑是俄国长期奉行的南向扩张政策。自 18 世纪 60 年代后期至 19 世纪 20 年代末期，奥斯曼与俄国时常交战，并多次落败。除了将大片领土割让给俄国以外，奥斯曼政府在 1774 年签署《凯纳甲湖条约》，被迫放弃了对黑海贸易和航运的垄断权，并接受了允许俄国捍卫在奥斯曼帝国境内的东正教群体之权益的原则。

　　在奥斯曼帝国内部，独立于中央政府的地方权贵和地方领主控制着许多地区的大片土地，并掌握了大部分征税权力。在 1808 年与奥斯曼政府签署《联盟宪章》后，地方权贵的势力达到巅峰。

一些地方权贵支持中央政府，同时也有许多人大力反对中央政府。只要奥斯曼中央政府无法提高税收，它就不可能增强在国内外的军事力量。18世纪时，安纳托利亚地区的外贸发展十分有限，但巴尔干地区与西欧之间的贸易稳步增长。贸易发展巩固了非穆斯林商人在巴尔干地区的地位，他们受到法国大革命思潮的启发，率先投入以脱离奥斯曼帝国为目标的民族主义运动。由于这些运动得到了西欧国家的背书，因此独立的斗争首先在塞尔维亚打响，随后在希腊，继而在罗马尼亚展开。

改革者苏丹塞利姆三世（sultan Selim III）曾试图组建一支名为新秩序（Nizam-cedid）的新军队以取代苏丹亲兵，但是在1808年反被新军队杀害。继任者苏丹马哈茂德二世（sultan Mahmud II）及其幕僚意识到奥斯曼帝国随时可能土崩瓦解。为了化解这一危机，马哈茂德二世及其幕僚努力加强中央政府应对国内外挑战的能力。他们知道，奥斯曼政府需要为此组建一支强大的军队，而且要牺牲各行省地方团体的利益来提高中央政府的税收收入。同样与伊斯坦布尔中央政府作斗争的埃及总督推行的改革，为马哈茂德二世树立了强大的榜样。

奥斯曼帝国埃及军队的军官穆罕默德·阿里（Muhammad Ali）帕夏*在逐出拿破仑和法国军队后独揽政权，宣布正式脱离伊斯坦布尔的统治，并且启动了以建立一个强有力的国家为目标的改革计划。通过推行一系列旨在提高税收效率的措施和在外贸领域实行国家垄断，穆罕默德·阿里最终改善了国家的财政状况。穆罕默德·阿里利用他筹集的财政资源建立了许多国有工业企业，更重要的是他由此建立了一支强大的陆军和海军。穆罕默德·阿里

---

*　帕夏（Pasha），奥斯曼帝国高级官吏和军事最高统帅的称谓，又译巴夏、帕沙。此称号一般放在人名后。——译者注

成功地顶住了欧洲国家施加的压力，尤其是商业利益因其贸易垄断而受损的英国；穆罕默德·阿里还沉重打击了奥斯曼帝国的军队，并在1833年胁迫伊斯坦布尔政府承认他的儿子在叙利亚的统治地位（Panza and Williamson，2015，第79—100页）。

在为期三十多年的统治中，马哈茂德二世在西方模式的启发下也采取了重大的改革措施。他在改革初期同样着眼于军队的扩张。1826年，马哈茂德二世解散了抵制西方军队管理方法的苏丹亲兵。在很短的时间内，锻造了一支经欧洲军官训练的75 000人的新军队。军校也陆续建立起来，以继续训练军队。为了加强中央政府的政治和经济实力，必须遏制地方权贵的势力，将中央政府的势力辐射至各行省。因此，马哈茂德二世自19世纪20年代末以来便专注于摧毁反对派的经济与财政基础。地方权贵的主要经济来源是以国家名义征收的税款。马哈茂德二世剥夺了权势家族的征税权，并将大部分权力转交给他们在当地的对手。他还没收了地方权贵在巴尔干和安纳托利亚控制的大片土地，并将这些土地分配给当地的农民。[①]

除了对抗各行省的权贵和苏丹亲兵，19世纪的奥斯曼中央集权运动还反对宗教统治，即乌理玛。苏丹亲兵被废后，早期积极反对改革的乌理玛失去了一个强大的盟友。为进一步遏制乌理玛的权力，中央政府开始管控伊斯兰慈善基金会的资产，其中大部分资产是地产和房产。1831年成立的新部门负责监督这些资产，并将其中至少部分收入上缴国库。

在苏丹塞利姆三世和马哈茂德二世发起自上而下的改革行动后，雷希德（Reşit）、阿里和福阿德（Fuat）三位帕夏以及官僚机构指导着19世纪中叶的奥斯曼改革工作。随着1839年坦齐马特改

---

① Zürcher（2004，第36—70页）；Davison（1963，第36—52页）；Hourani（1966）。

革的颁布，政府承诺所有奥斯曼居民无论信奉何种宗教在法律面前都享有同等的基本权利与平等的身份。坦齐马特不仅承诺维护所有公民的财产权，还正式废除了将失去公职官员的财产有时甚至包括地方权贵的财产充公的百年习俗。政府还承诺对包税制进行改革，并解决当时滥征税的问题。在平等权利方面，废除了向非穆斯林公民征收人头税的规定。然而，由于中央政府不想征召非穆斯林入伍，因此不久便开始征收名为"军品费"（bedelat-i askeriyye）的新税种（Zürcher，2004，第50—70页；İnalcık and Seyitdanlıoğlu，2006）。建设现代化军队所需的大量资金只有通过一个更加高效、良好运作的税收体系才能筹措，而只有一个更加现代化、更加高效的中央政府和地方官僚机构才能建立这样的税收体系。中央政府改革的主要目标是实现职能部门的合理化与专业化，其中包括一套基于欧洲模式的完备的政府部门体系。因此，起初在军事和中央政府领域实施的改革开始被拓展至税收领域和地方政府，而后又逐步扩展到教育、司法和通信等领域。[1]

坦齐马特法令还废除了佃农及农业工人对地主负有的强制劳动义务和其他义务。虽然强制劳动的做法在安纳托利亚鲜少发生，但在巴尔干地区频频出现。废除强制劳动给农民们带来了新的希望，他们期待政府还能废除其他一些税种。而当伊斯坦布尔当局清晰地表明并无此意时，农民和城市居民在19世纪四五十年代发起了多次反抗运动（İnalcık，1973，第97—128页；Uzun，2002，第1—38页）。

司法体系的重要调整多与非穆斯林群体的地位变化有关。奥斯曼帝国一直在苏丹法令与伊斯兰法并行的双重体系下运行。虽

---

[1] Davison（1963，第36—52页，第136—171页）；Berkes（1964，第89—200页）；Shaw（1971，第71—199页）；Zürcher（2004，第39—42页）；Findley（1980，第69—220页）；Puryear（1935）；Ortaylı（1983）。

然伊斯兰法在新时代未被废除，但其适用范围仅限于家庭法。新的商法典和海事法的引入沿袭了欧洲法律的路线。此外，奥斯曼政府还为涉及外籍人士的商业案件专门设立了混合型法庭。国家制度连同基督教自治区的制度都开始世俗化，其中最重要的是亚美尼亚人和希腊人的制度。

改革也导致了政治制度的变革，但这个过程如昙花一现。宪法于1876年颁布，议会也于同年设立，其中的议员一部分是选举产生的，一部分是任命的，但仅仅一年后这一切便被苏丹阿卜杜勒·哈米德二世（Abdulhamid II）叫停。权力由此回到王室手中。阿卜杜勒·哈米德二世深知，由于经济的对外开放加上农业商品化进程的失衡，许多穆斯林感觉自己落后于非穆斯林。为解决该问题，阿卜杜勒·哈米德二世试图利用伊斯兰教来获得对其国内外政策的政治支持。坦齐马特改革已经严重削弱了乌理玛的权力，因此阿卜杜勒·哈米德二世无意于获得乌理玛的支持。但他意识到了保守派穆斯林日益强烈的不满情绪，并且想要得到他们的拥护。阿卜杜勒·哈米德二世力图强化国家政权的伊斯兰教特质，并笼络遍及帝国各地的穆斯林农民和穆斯林地主精英。阿卜杜勒·哈米德二世还非常支持伊斯兰宗教秩序和宗教关系网。虽然他以保守和专制著称，但仍然推行了多方面的改革。在1908年青年土耳其革命之前，教育普及，尤其是面向穆斯林的教育普及，是阿卜杜勒·哈米德二世主导的改革的重要组成部分。他还尝试通过扩大教育体系招募地方权贵的儿子们，让他们成为新贵（Karpat，2001，第208—252页）。

但是，小学教育的推广以及更普遍的教育改革面临两大挑战：一是创建新的学校系统，设置涵盖实践科学和自然科学内容的全新教学课程；二是将公立学校教育推广到各行省和各乡村。对于第一个挑战，传统观念认为小学教育属于宗教事宜，应由伊斯兰慈善基金会管辖。奥斯曼政府对这些古兰经学校的改革并不成功。另一种方法是在 1872 年开始建立新的小学。在各行省，特别是在农村地区推广公立学校教育的难题直到帝国终结才得到解决（Somel，2001；Fortna，2010，第 15—26 页）。

不仅穆斯林社群的学校系统有所变革，各个非穆斯林社群，包括希腊人、亚美尼亚人和犹太人社群在 19 世纪也都发展了各自的现代化教育体系。每个非穆斯林社群的就学率、识字率以及新学校在各行省的普及率都比穆斯林群体更高。然而，这些非穆斯林社群的学校直到 19 世纪 90 年代才开始教授作为官方语言的土耳其语。此外，由欧美传教士管理并面向非穆斯林群体的学校也得到了扩张。美国传教士学校开始为很大一部分亚美尼亚人提供教育，特别是在亚美尼亚人口比例很高的安纳托利亚东部地区。

现代化的高等学府也开始培养前往各级政府机构和军队任职的毕业生。这些在军校和其他学府的学生会学习近代物理学、医学和生物学等科目，此举必然会激发学生的理性主义和实证主义思维。此外，各级农业学校开始向较为富裕的农民子女传授最新的栽培技术。但是，也有人质疑新的教育内容和教育成果。例如，有人认为新的公共教育体系在培养来自世袭阶层并效忠于行政部门的个体方面最为成功。新的教育体系还培育了许多具有进步主义世界观的毕业生，他们深信国家在社会的组织和转型过程中发挥着关键作用，这些毕业生在一战之后创建新民族国家的过程中发挥了举足轻重的作用（Somel，2001）。

将这些改革努力单单归因于外交压力是失之偏颇的。虽然改革的重要意图是为了在国际事务中获得欧洲尤其是英国的支持，但上述改革方案也是高层官员们的真实想法，他们相信推行欧洲模式的体制变革是拯救帝国的唯一办法。不同行省与不同时期的改革成效差距极大，主要原因在于主持改革工作的官员能力不同。

某些行省的行政官员无论走到哪里都有高效和诚实的声誉。这些官员负责的部门有时在公共服务方面取得了卓越的成果，他们改善了医疗和社会安全状况、完善了地方银行系统、为国家增加了税收收入。但以上所述均属于特例，而非常态（Zürcher，2004，第60—61页）。

总而言之，改革工作始终面临着贯穿19世纪的两大困境。首先，改革成本高昂但缺乏强大的财政支持和经济基础。政府的现有资源不足以完成这项任务，因此，财政问题一直是改革推行过程中的顽症。其次，这场改革并不是民意压力下的产物，而是苏丹及其高层幕属们的最终选择，他们深信只有效法欧洲的模式和制度才能救国。改革的设计与实施一直是自上而下的，并没有被广大群众完全接纳。事实上，改革经常遭到各行省和乡村地区保守派精英的抵制。

经济制度的变革

在宣布推行坦齐马特之前，奥斯曼帝国于1838年和英国签署了《巴尔塔利曼自由贸易条约》（Baltalimanı Free Trade Treaty），这是改革时期最重要的经济制度变革。随后奥斯曼帝国与法国和其他欧洲国家签署了含有类似条款的其他自由贸易条约。《巴尔塔利曼自由贸易条约》的签署改变了奥斯曼帝国在19世纪的关税制度。奥斯曼政府在1838年之前对进口和出口商品征收3%的关税。此外，本国和外国商人在奥斯曼帝国进行跨区产品运输时必须缴纳8%的内部关税。《巴尔塔利曼自由贸易条约》将出口关税提高至12%，将进口关税固定在5%。此外，虽然国内商人继续缴纳内部关税，但是外国商人却享受豁免待遇。外商，尤其是欧洲商人因此备受优待。该条约以降低关税并取消临时税收的方式降低了外贸发展的壁垒。不仅如此，奥斯曼政府还失去了一份非常重要的收入来源。事实表明，这一收入来源在金融危机时期尤为重要。在随后爆发的克里米亚战争中，奥斯曼政府无法再征收外贸关税，这些财政压力导致奥斯曼帝国更倾向于在欧洲金融市场举债。①

《巴尔塔利曼自由贸易条约》包含的另一项重要变革是取消贸易垄断制度，该制度允许国家授权某一个人以私人身份垄断某一区域的贸易。迫于财政压力，奥斯曼政府在 18 世纪末开始授予这项垄断权。此外，在某些原材料或食品供应不足时，政府可以禁止此类产品的出口。在战争时期，为了能获得额外收入，奥斯曼政府还对进口和出口商品征收特殊关税。《巴尔塔利曼自由贸易条约》签署后对外贸易垄断制度逐渐被废除，奥斯曼政府也放弃了征收临时关税和限制贸易的权利。

由于不能单方面终止条约，奥斯曼政府在 1838 年也放弃了日后实行独立外贸政策的机会。条约签署后，欧洲国家在暗中等待进一步降低关税的良机。在金融危机和 1860—1861 年的黎巴嫩政局动荡期间，奥斯曼政府同意将出口关税降至 1%，该条款在一战前持续有效。到了 19 世纪末期，当安纳托利亚和帝国其他地区开始出现使用新技术的中型制造企业和工厂时，奥斯曼帝国无法通过提高关税来保护这些产业。1861 年，奥斯曼政府向所有进口商品征收的从价税从 5% 提升至 8%，又在 1905 年和 1908 年分别提高到 11% 和 15%。工业化进程在一战之前推行缓慢的部分原因是关税水平过低。在 1922—1923 年洛桑和平谈判期间，欧洲国家要求土耳其市场保持开放，它们不愿意给予这个新民族国家制定外贸政策的权利。土耳其政府直到 1929 年才开始自行设定关税。

长期以来，奥斯曼政府签署这项条约的动机一直备受争议。

---

① Pamuk（1987，第 18—21 页）；Kurmuş（1983，第 411—417 页）。

后来推行坦齐马特的大维齐尔（Grand Vizier）*穆斯塔法·雷希德帕夏和其他高官是真的相信自由贸易有益，还是因为受到了英国政府的威逼？如果有人认为奥斯曼政府是在并不清楚条约的长期后果或者对此有过多期许的状态下才签署的，那就大错特错了。奥斯曼政府在19世纪30年代面临严峻的政治和军事危机，为了避免帝国走向瓦解，急需英国政府的支持。从许多方面看，签署自由贸易条约正是为了得到这种支持而付出的代价。

大英帝国从拿破仑战争中脱颖而出，在国际市场上的地位也无可匹敌。英国的工商业资本一直放眼于欧洲以外的市场。19世纪20年代至40年代，英国政府与包括南美国家和中国在内的多国签署了多份自由贸易条约，并尽可能与当地政府达成协议，在必要时则会采取以武力相威胁的炮舰外交。自19世纪20年代以来，大英帝国与奥斯曼帝国之间的贸易往来发展迅速。即便如此，英国商人还是对奥斯曼政府的干预主义行为以及在通商过程中设下的障碍深感不满，他们还希望为两国通商制定长期的法律框架（Hobsbawm，1968；Bailey，1940；Puryear，1969）。

作为埃及总督，穆罕默德·阿里帕夏的军事力量已经对奥斯曼帝国构成了严重威胁，英国在外交方面翘首以盼的一个机会由这位帕夏促成了。19世纪30年代早期，奥斯曼帝国惨遭穆罕默德·阿里的痛击，不仅有失去埃及和叙利亚的风险，还面临着安纳托利亚大片土地沦陷的可能。穆罕默德·阿里帕夏甚至有可能推翻伊斯坦布尔的奥斯曼王朝。地中海东部区域的政治局势很快升级为严峻的国际危机。奥斯曼帝国既要应付穆罕默德·阿里帕夏，又面临着俄国日渐强盛的势力，帝国领导层通过与英国建立

---

* 大维齐尔是奥斯曼帝国仅次于苏丹的最高级别大臣，相当于宰相，原则上只有苏丹才能解除此职务。——编者注

友好关系抓住了救命稻草。奥斯曼政府希望以开放经济作为交换，让英国捍卫奥斯曼帝国的领土完整。英国政府则希望打破穆罕默德·阿里对海外贸易的国家垄断和国有工业，因为此举损害了英国在埃及的利益。1838 年的条约废除了外贸垄断权，摧毁了穆罕默德·阿里发起反抗运动的财政基础，并将埃及的经济对外开放。条约还促进了一战之前奥斯曼帝国与西欧贸易的快速发展。[1]

19 世纪奥斯曼帝国中央政府的经济政策仍需考虑其他政治、军事和财政的优先目标。作为最初坦齐马特改革的一部分，奥斯曼政府从冻结城市市场的物价逐渐过渡到强调市场本身的运作。18 世纪末和 19 世纪初，冻结物价的做法屡见不鲜，并依靠政府干预来为城市地区供给物资。在后来的几十年中，奥斯曼政府还努力推动农业生产，并发展铁路、公路、港口和市政在内的基础设施。但是，奥斯曼政府有限的财政能力严重制约了这些领域的最终成果。

奥斯曼帝国与欧洲的贸易往来在 19 世纪初期之前一直很有限，奥斯曼的行会一直完好无损。由于需要这些行会向军队、王室和城市地区供给物资，因此奥斯曼政府对行会支持有加。随着 19 世纪对外贸易的迅速扩张，围绕行会展开的制造业和贸易活动逐渐败落，尤其是那些面临与进口商品竞争的行业。中央政府无法保护行会免受外来的竞争，但在政治上继续大力支持行会，特别是在首都地区。例如，在 19 世纪末，首都最强盛的行会是港口工人的行会，而不是任何制造业或贸易行会。在大多数行业中，行会都名存实亡，直至一战时被正式废除。[2]

穆罕默德·阿里帕夏在埃及发起的工业化运动以及他在与奥斯曼军队对抗中取得的成功，深刻影响了奥斯曼政府。作为 19 世

---

[1] Zürcher（2004，第 46—49 页）；Puryear（1969）；Owen（1981，第 57—76 页）。
[2] Quataert（1983，第 95—120 页；1994，第 890—898 页）。

纪三四十年代改革的一部分，奥斯曼政府从欧洲进口使用最新技术的机器，并建立了许多国有工厂，以满足陆军、海军和王室的需求。大多数工厂建立在伊斯坦布尔及其周边地区，其中最重要的是棉花和羊毛织造厂、红圆帽*厂、兵工厂、造船厂和化工厂。海瑞凯的丝绸织造厂和伊兹密尔的造纸厂同样是改革计划的一部分。高薪工程师、技术人员甚至普通劳工都来自欧洲，并在工厂指导生产线工作。但是，关税持续走低，奥斯曼帝国的商贸依旧面临来自进口商品的激烈竞争。虽然奥斯曼帝国为保护本国贸易免受进口商品的竞争而购买自产的商品，但其中许多工厂无法维持经营，很快它们便被迫停产。用一位欧洲评论员的话说，到了1850 年，仍旧使用进口欧洲机器生产纺织品、使用欧洲原材料并且雇用欧洲优秀工人的工厂已经寥寥无几（Clark，1974，第65—76 页；Owen，1981，第57—64 页）。

经济改革的另一内容是逐步取消帝国内部的贸易关税。在土耳其境内从事贸易需缴纳的关税会在海路港口和陆路海关口征收。在 18 世纪下半叶，随着中央政府的财政困难加剧，这些税收被不断上调，并在 19 世纪 30 年代末上调至最高水平。国内贸易的陆路关税自 19 世纪 40 年代起开始降低，而后在 1874 年被完全取消。而帝国内部的沿海贸易关税直到 20 世纪初才被取消（Quataert，1994，第798—842 页）。

中央政府的另一个当务之急是发展基础设施，最重要的是铁路、港口、公路，还有其他设施。政府虽然没有足够的经费修建铁路，但积极支持并时常补贴修建铁路的欧洲公司。港口、码头和海港设施、轮船、邮政服务，特别是电报服务等促进长途贸易和经济发展的设施在一定程度上使用了公共资金，而且绝大部分

---

* 红圆帽是一些伊斯兰国家男人戴的平顶有缨无檐帽。—— 译者注

由欧洲公司修建。新的运输与通信设施也增强了中央政府征税、征兵、维护法律和维持秩序的能力。

19世纪末，奥斯曼政府开始更直接地投入经济发展，并将农业现代化作为主导。1888年，由国家建立的农业银行主要是为市场导向的大中型农业生产商提供信贷。新的农业银行在帝国各地开设了许多分支行。奥斯曼帝国还开设了农业学校，向农产品生产商教授前沿技术，并介绍新的作物和种子。但是，由于预算约束，这些项目的影响一直不大（Quataert，1975，第210—227页）。

财政集权化

奥斯曼中央政府在17—18世纪时的征税能力十分有限。地方权贵和其他团体保留了大部分税收收入。奥斯曼帝国的年产出（或GDP中）仅有不到3%（甚至更少）的份额上缴至中央国库，其余的则由各类精英（包括地方权贵）占为己有。[①] 换言之，与其将早期频发的财政危机和周而复始的预算赤字归咎于经济疲软，不如在中央政府的无能上找原因。

中央政府能征集的税收不多，但19世纪的改革费用极为昂贵。要建立一支规模更大、装备更精良的军队和更庞大的官僚机构需要大量的资源。因此，集中国家的财政并增加政府收入是改革的重要内容。1808年签署的《联盟宪章》被视为中央政府与大多数地方权贵达成的协议。但在此后的几十年里，双方都没有履行该协定的意愿。中央政府想要削弱权贵的势力，打破他们对征税过程的掌控，以此增加税收，而不想与权贵谈判。因此，在19世纪余下的时间里，奥斯曼帝国同时推进了政治集权化与财政集权化。

在坦齐马特法令颁布后，中央政府继续致力于增加国家财政

---

① Karaman and Pamuk（2010，第598—618页）；Pamuk（2012，第317—331页）。

和削弱地方权贵的根基。它意识到，为了征收更多的税，政府需要收集更多关于收入来源的信息。因此，中央政府对农村和城市地区进行了详细的人口普查，以此来预估19世纪30年代的税收潜力。在推行坦齐马特后，政府于1840年宣布将以任命领薪税吏的方式来改革包税制度。但是，新制度很快就无法运作。新的领薪税吏对地方势力束手无策。政府被迫下台，新政府重启包税制，并同意与包税人及其他各团体共享税收。

尽管这一尝试以失败告终，但是在整个19世纪中央政府都在继续削弱地方团体的势力，尽力增加财政收入。军事、交通和通信（如铁路、轮船和电报）领域的技术进步逐渐使力量天平倾向了中央政府。包税制度仍然存在，但是在19世纪初到一战前夕，包税税吏由当地权势家族变为一般企业家（至少在今土耳其境内），他们保留的收入逐步减少。相比之下，中央政府的税收缓慢但稳定地增长。我的计算数据表明，经过大约一个世纪的集中化管理，中央政府的年税收在GDP中的占比从19世纪初的3%增长至一战前夕的大约12%（见图4.1）。作为中央政府最重要的收入来源，什一税的官方税率在19世纪（战争时期除外）一直保持在十分之一。因此，税收的大幅增长是通过稳步减少包税税吏的保留份额和主要向中小型制造商施压的方式实现的，而不是通过提高官方税率。面对国家越来越强烈的增收需求，不同地区的生产商反应各不相同。从农业商业化中获利的沿海地区更容易满足这些需求。但在另一方面，与主要出口港相距甚远的安纳托利亚东部地区，其收入几乎没有改善或停滞不前。中央政府和大部分库尔德包税人对亚美尼亚农业生产者的索取日益加剧，这只会让种族对抗更加紧张。[①]

---

① Shaw（1975，第421—459页）；Özbek（2012，第770—797页；2015，第37—91页）。

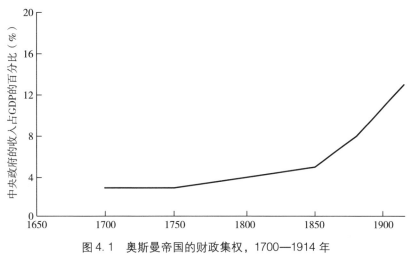

图 4.1　奥斯曼帝国的财政集权，1700—1914 年

资料来源：Pamuk（2012）。

预算赤字、货币和债务

尽管中央政府的收入显著提升，但是国家在 19 世纪的各项开支也在增长。改革的成本高昂，维护帝国统一所需的军费开支甚至更高。这样一来，财政困难以及减少预算赤字并为此融资的举措一直持续到一战时期。中央政府为预算赤字融资而采取的措施直接影响了货币体系、物价以及宏观经济稳定。为应对 18 世纪末和 19 世纪上半叶频繁爆发的战争，中央政府试图通过国内借贷、频繁货币贬值和减少货币含银量的方法来为赤字融资。这一策略在短期内带来了更多收入，特别是在战争期间，但它也导致了货币不稳定和高通胀。随着复本位制度的普及，货币贬值的方法在 19 世纪 40 年代终被淘汰。面对不断积累的预算赤字，奥斯曼政府很快开始在欧洲金融市场举债。20 年的快速外部举债最终导致奥斯曼政府在 19 世纪 70 年代的违约行为。奥斯曼国债管理处在随后的谈判中应运而生，奥斯曼政府被迫将部分收益让渡给

这个欧洲债权组织以偿还债务。因此，长期存在的财政问题和对外举债成了奥斯曼帝国经济疲软和在国际关系中处于弱势地位的根源所在。本章余下的内容将探讨奥斯曼政府为预算赤字融资而采用的不同方法，以及这些方法对货币制度与财政制度演变的影响。

货币贬值与货币改革

由于战争频发加之军费开支不断增加，奥斯曼的财政问题在18世纪60年代末至19世纪30年代变得尤为严重。为了弥合预算赤字，中央政府以高昂的利息从首都的"加拉塔银行家"（Galata banker）即大型高利贷商人那里举债，与此同时还试图让流通中的白银铸币频繁贬值来获取额外收入。奥斯曼帝国经历了自己历史上最高的贬值率和通胀率，在此期间，总体物价水平上涨了12～15倍。奥斯曼货币库鲁什或皮亚斯特对英镑的汇率也从1814年的23∶1跌至1839年的110∶1。[1] 到了19世纪30年代，通过贬值金属货币来获取额外收入的方法带来了极大的代价。频繁的贬值加上接踵而至的通货膨胀导致奥斯曼的社会和政治动荡。此外，货币贬值和通货膨胀也减少了奥斯曼政府的实际税收，汇率波动还限制了外贸发展。本国商人和欧洲商人都要求奥斯曼帝国的货币更稳定。

因此，奥斯曼帝国改革的一系列计划中包括了货币改革。奥斯曼帝国效法穆罕默德·阿里帕夏执政期间的埃及和其他多个国家，转向金银复本位制度，由此开始以全新的标准和固定价值来铸造金银币。1844年《货币改革法案》颁布后，一百个银制皮亚

---

[1] Cezar（1986，第235—280页）；Pamuk（2000，第193—200页）；Kazgan（1980，第115—130页）。

斯特等于一个金制里拉的价值。此后，奥斯曼政府不再将货币贬值作为创造更多财政收入的手段。奥斯曼帝国的货币本位及其与欧洲主要货币间的汇率在一战前一直未变（Issawi，1980，第329—331 页）。但金银复本位制的新政策和新铸币的流通并不意味着财政困境的终结。整个 19 世纪，奥斯曼政府都在疲于采取各种方法来应对周而复始的预算赤字问题。

19 世纪 30 年代末开始发行的名为"凯米"（kaime）的纸币是奥斯曼政府为了获得额外收入而采取的另一手段。眼看军费跃升且改革深化，许多政府部门在预算枯竭后都开始发行债券以继续维持开支。由于数量有限，凯米的发行直到 1852 年都是比较成功的。但是，在克里米亚战争期间政府开始大量发行凯米后，其市值从平价（即 100 单位凯米兑 1 里拉）迅速跌至 400 单位兑 1 里拉。因此，奥斯曼帝国史上第一次纸币改革在首次发行的 20 多年后被通货膨胀的巨浪淹没。在随之而来的大规模抗议后，奥斯曼政府于 1862 年用奥斯曼银行提供的短期信贷收回了市面上流通的凯米（Akyıldız，1996，第 25—89 页）。在 1877—1878 年奥斯曼帝国对俄国的战争中，同样发生了类似的纸币不可兑现事件。由于国家雇员的工资都以凯米支付，乡民们出售商品换得凯米，并且用凯米纳税，因此帝国上下都要使用新发行的纸币。但是，由于凯米的数量泛滥，其市值在两年时间里跌至 450 单位兑 1 里拉，战争结束不久后则退出流通。但是除了这两次小插曲之外，奥斯曼的物价总体比较稳定，从 1844 年货币贬值结束直至一战期间的通胀率也比较低。

国内借贷

在奥斯曼帝国时期，专门从事货币市场交易（包括高息贷款）的金融家被称为"萨拉夫"（sarraf）。在 17 世纪末期，伊斯坦布尔的诸多希腊萨拉夫和亚美尼亚萨拉夫成立了一个行会，并将他们的工作地点迁到金角湾另一端的加拉塔。萨拉夫在各行省也十分活跃，他们积极为贸易和税收提供资金。奥斯曼政府向来十分倚重萨拉夫，而且大力支持他们的活动。自18世纪60年代起，随着奥斯曼的财政状况不断恶化，萨拉夫的影响力和权力与日俱增。萨拉夫向奥斯曼政府发放的贷款不断增加，由于萨拉夫跟欧洲金融圈联系紧密，他们也开始在欧洲市场为奥斯曼帝国争取更多短期资金。因此，萨拉夫们从起初经营国内业务的传统放债人转型成为掌握国际人脉的大金融家。虽然他们在19世纪40年代才得以建立第一家银行，但是在此之前，首都的萨拉夫早就以"加拉塔银行家"的称号远近闻名。

加拉塔银行家的财力在19世纪中叶达到巅峰。与此同时，奥斯曼政府的预算赤字连同对债务的需求迅速增加。当奥斯曼政府在1854年开始直接从欧洲金融市场借款后，加拉塔银行家面临着更多来自欧洲银行及银行家的竞争，彼时的欧洲银行家开始在帝国首都及各个行省设立新的银行和分行。虽然加拉塔银行家不再享有无可匹敌的地位，但是他们并没有轻易放弃。他们与欧洲金融资本集团建立合作关系，开设新的银行并继续开展经济活动。在这个全新的阶段，奥斯曼政府继续通过加拉塔银行家来满足短期融资需求，并向欧洲金融市场出售长期债券。

长期存在的财政困难迫使奥斯曼政府寻找更有实力的欧洲机构。1863年，一家法国集团和奥斯曼银行的英国股东联合出资（各50%），合伙创建了奥斯曼帝国银行（Imperial Ottoman Bank）。一方面作为法英的私人银行，另一方面作为伊斯坦布尔的国家银行，这一双重角色是奥斯曼帝国银行的重要特征。伦敦和巴黎的董事会成员指导银行的日常工作。为了换取奥斯曼帝国银行的短期贷款以及帮助收回本国市面上的凯米，奥斯曼帝国将财政部最重要的业务，包括偿还外债都交给了奥斯曼帝国银行。此外，奥斯曼政府还授予奥斯曼帝国银行发行新黄金纸币的垄断权，这种纸币在一战前是限量发行的。奥斯曼帝国银行因此开始承担起中央银行的许多职能。[1]

1876 年，奥斯曼政府被迫拖欠长期外债，并在次年爆发与俄国的战争，奥斯曼帝国银行拒绝向奥斯曼政府提供新的贷款。为应对这一难题，奥斯曼政府再次向加拉塔银行家求助。在这段艰难的岁月里，大多数身为奥斯曼帝国公民的加拉塔银行家欣然施惠，采纳或利用一系列爱国主义口号，开始重新向交情最久的客户（即奥斯曼政府）放贷，这一客户曾在他们崛起的过程中发挥了重要作用。

国外借贷

预算赤字通常会在军事局势紧张或矛盾激化时上升。1844 年货币改革后，欧洲的金融家和各国代表开始建议奥斯曼政府以长期对外举债的方式来解决财政问题，但奥斯曼政府踌躇不前。克里米亚战争的爆发使奥斯曼政府的军事开支激增，因此奥斯曼帝国于 1854 年开始在伦敦、巴黎、维也纳和法兰克福等地出售长期债券。克里米亚战争期间的头两次债券发行由英国政府提供担保，但战后发行的债券则没有同样的担保。这些债券的偿还期通常为一百年，年票面利率为 4%。对国内和国际金融家来说，奥斯曼政府迁延不愈的财政难题及其愿意支付高利率的举动很快使得向奥斯曼政府发放贷款和代其发行新债券成为一本万利的业务。中介可以收取丰厚的佣金，其比例高达贷款金额的 10% 甚至 12%。欧

---

① Kazgan（1995）；Eldem（1999，第 29—126 页）；Clay（2000，第 1—229 页）；Al（2007）。

洲的银行和金融机构保留了部分债券，并将绝大部分债券在市场上出售。

我们最好分两个阶段来研究奥斯曼帝国在一战前从欧洲金融市场的长期借债。第一个阶段是从 1854 年首次发行长期债券到 1875—1876 年违约。第二个阶段始于 1881 年奥斯曼国债管理处成立之时。在第一阶段，奥斯曼政府在非常不利的条件下借入大量资金，而且支付的利息也明显高于同时期的其他国家。在扣除银行家的佣金之后，奥斯曼政府的实际收入通常还不到债务面值的一半。大部分借款用于支付当前的开销，其中包括军事支出。只有一小部分借款用于投资未来可能创收的基础设施（Kıray，1988）。

为了继续支付帝国的利息和本金，奥斯曼政府不得不在 19 世纪 60 年代后期发行新的债券。而债券的高利息以及向银行家支付的高佣金使这一过程易进难退（见图 4.2）。当 1873 年金融危机的余波开始席卷欧洲金融市场时，奥斯曼政府获得新资金变得困难

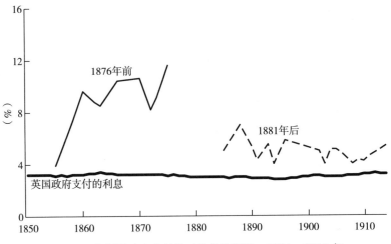

图 4.2 奥斯曼政府支付的对外借款利息，1854—1914 年

资料来源：Pamuk（1987，第 72—75 页）。

重重。奥斯曼帝国以外债为主的长期债务已接近 2 亿英镑，每年需要支付的本金和利息达到 1 100 万英镑。在此期间，奥斯曼国库的年收入约为 1 800 万英镑。换言之，奥斯曼政府必须拨出一半以上的年收入才能维持长期债务的偿付。1875 年秋，奥斯曼政府宣布将所有债务偿还额减半，并于次年停止偿还一切债务。奥斯曼帝国的违约并非个例。在 19 世纪 70 年代的危机下，拉丁美洲与中东约 20 个国家，包括埃及和突尼斯也被迫停止偿还一切债务。①

跛行本位制

在 19 世纪中叶之前，金银复本位制度运行良好，当时全球的供需状况也较为稳定。但是，1850 年在内华达发现了大量白银后，加上欧洲的其他发展，金银复本位制度面临的压力开始上升。自 19 世纪 70 年代起，越来越多的发达国家开始转向金本位制度（Eichengreen，2008，第 15—42 页）。蓬勃发展的城市经济、更大的交易量以及更大规模的交易使得黄金在较发达国家更具吸引力，然而收入较低且偏向农业生产的经济体则继续依赖白银，其次是纸币。除少数情况外，这些收入较低且偏向农业生产的国家最初并未实行金本位制度。

国际货币体系在 19 世纪 70 年代后期经历重大变革的同时，奥斯曼政府也在商谈巨额外债的重组。奥斯曼货币体系的未来是债务重组谈判的一个重要议题。为了使奥斯曼帝国的经济与欧洲主要经济体及货币紧密挂钩，同样重要的是，为了促进奥斯曼帝国未来的债务偿付，欧洲债权人和奥斯曼帝国银行一致要求奥斯曼政府转向金本位制度。作为 1881 年债务重组协议的一部分，奥斯曼政府同意废止金银复本位制度。白银和黄金之间的联系被切

---

① Owen（1981，第 100—121 页）；Pamuk（1987，第 56—62 页）。

断，奥斯曼货币单位只根据黄金价格来设定。虽然政府决定限制白银铸币的流通量，但白银铸币仍旧广泛应用于整个帝国的日常交易中。最终形成了名义上由黄金支持实际上由白银支撑的跛行本位制度。因此，这一制度实际上是在欧洲商人及债权人的利益与低收入农业经济现状之间的权宜之计（Pamuk，2000，第214—216页）。

如果奥斯曼政府像当时的一些发展中国家那样也在 19 世纪 80 年代以某种方式重返银本位制度，那么出口和进口产业的竞争力便会因为白银价值的下跌而大大提升。但是，奥斯曼政府也有大量以黄金计价的外债。随着白银相对于黄金的贬值，重返（或转向）银本位制度有可能导致奥斯曼政府的债务负担雪上加霜。重返银本位制度也可能不利于吸引外国直接投资。更一般地，不实行金本位制度会削弱奥斯曼帝国与欧洲在一战之前的贸易关系。

在一战之前的数十年里，奥斯曼帝国银行在新货币体系中发挥了重要的作用，该银行力图稳定奥斯曼里拉和欧洲货币之间的汇率，意在为国际贸易和资本流动创造稳定的环境。奥斯曼帝国银行还设法稳定金制里拉和银制库鲁士之间的兑换率。该银行在以黄金为支撑的银行券发行方面稳居垄断地位，并且缓慢地扩大供应量。这样谨慎的举措和比较稳定的货币环境使奥斯曼能在与欧洲的贸易往来和欧洲资本圈中左右逢源，更重要的是，这对当初向帝国投资的欧洲商人、债权人和公司很有利（Eldem，1999，第145—275页）。

奥斯曼国债管理处

在 1877—1878 年的对俄战争期间，奥斯曼政府与法国、英国、奥地利、德国以及其他债权国代表之间的谈判暂时搁置，到

1881 年 12 月最终达成协议。这份被称为《穆哈雷姆敕令》（Decree of Muharrem，按照签署时的伊斯兰教日历，也被称为《一月敕令》）的协议将奥斯曼帝国未偿债务的数额减半并调整了还款时间。作为交换，奥斯曼政府同意在国内设立一个充当债权人代表的新组织，该组织将接管和拓展奥斯曼帝国的部分收入来源，并将这些收入转交给欧洲债权人。食盐和烟草的垄断权、向渔民征收的税款、对酒精饮料的征税、从生丝中征收的什一税，以及如今位于保加利亚的东鲁米利亚省（Eastern Rumelia）东部缴纳的年度税款，都上缴至这个名为奥斯曼国债管理处的新机构。这些收入约占奥斯曼帝国总税收收入的三分之一。[①] 此外，奥斯曼政府还同意将烟草生产、采购和销售以及香烟生产的垄断权交给一家由欧洲斥资并于 1883 年成立的准国有企业，即雷吉公司（Regie Company）。该公司将部分年度利润交给国债管理处，以偿还债务。[②]

奥斯曼国债管理处由奥斯曼债券持有人的代表组成的董事会掌管。为了进一步扩展资源和更高效地征税，奥斯曼国债管理处发展成一个在帝国 20 座城市中拥有 5 000 余名员工的大机构。该机构的级层职位由近 200 位欧洲人担任，而雇员则是奥斯曼公民。扩大烟草、丝绸等农产品生产和出口，是奥斯曼国债管理处的工作重点，也是它掌握的税收来源。相比于奥斯曼政府的财政收入开发机构和征税机构，奥斯曼国债管理处更高效。通过树立榜样和培训年轻员工，奥斯曼国债管理处推动了奥斯曼和之后的土耳其财政机构的效率提升。

从奥斯曼国债管理处成立直到一战爆发的 33 年标志着奥斯曼

---

① Blaisdell（1929）；Parvus（1977）；Birdal（2010，第 63—180 页）；Tunçer（2015，第 53—78 页）；Keyder（1979，第 37—48 页）。

② Quataert（1983，第 13—40 页）；Birdal（2010，第 129—166 页）。

帝国对外借债的第二个阶段。对奥斯曼财政实施详细且严格的控制降低了奥斯曼债券隐含的风险。因此，奥斯曼政府能够再次以优惠条件和较低利率在欧洲金融市场进行长期借债（见图 4.2）。此外，因为该阶段初期的军事开支和预算赤字仍旧有限，所以奥斯曼政府新借债的需求有所下降。这样一来，在起初的 20 年里，奥斯曼政府支付的本金和利息远高于新发行的债券（Pamuk，1987，第 56—62 页；Akarlı，1976）。

然而，奥斯曼政府于 20 世纪初再次开始频繁大规模举借外债，1914 年，奥斯曼政府的未偿债务总额已达 1.6 亿英镑，约占帝国年度 GDP 的 75%。随着军费开支上涨和财政压力增大，奥斯曼政府被迫寻找新的贷款。此时的英国投资者对奥斯曼债券早已兴致索然。为了达成在欧洲金融市场销售新债券的目标，奥斯曼政府试图利用法德两国间的竞争谋得好处，但是奥斯曼政府每得到一笔新贷款，都不得不在政治和经济层面向欧洲国家和企业做出新的让步。

18 世纪末，奥斯曼政府能纳入伊斯坦布尔中央国库的税收仍然很少，不超过 GDP 的 3%。奥斯曼帝国不但无法与西边邻国的财政和军事实力相匹敌，而且面临着随时分裂的危险。通过集权化改革，奥斯曼政府通过减少征税中介的收入份额以及加重人民的税负，得以在一战前将总税收提高到 GDP 的 10% 以上。但是，此时改革的高昂成本和军费开支的攀升越发明显。因此，奥斯曼政府在整个 19 世纪倾尽全力去平衡预算，为赤字融资。政府处理预算的方式以及为赤字融资的方式直接影响了奥斯曼货币及金融机构。

从长远看，奥斯曼政府为持续存在的预算赤字付出了沉重的代价。在 19 世纪初，货币贬值是政府为赤字融资的首选方法，高通胀率是主要的经济和政治代价。在 19 世纪下半叶到一战前，奥斯曼政府将稳定币值与举借外债作为应对赤字的基本方法。货币更稳定无疑有助于发展外贸和吸引外资。这一系列举措也带来了经济的缓慢增长。然而，在一战前的数十年中将大部分收入让渡给欧洲债权人，外加政治上越发依赖外交关系，奥斯曼政府以上种种行为导致的长期代价同样不菲。更广泛地看，奥斯曼政府的改革与财政顽疾对一战爆发前一个世纪的经济变革模式产生了深远影响，我将在下一章详述这些内容。

第五章　对外贸和外资开放

在一战爆发前的一个世纪里土耳其经济受到两股相关的强大潮流的影响，这两股潮流就是奥斯曼政府的改革努力和更多地融入世界经济。这二者紧密相关，不仅因为奥斯曼政府认识到参与全球市场一体化能带来国内改革所需的更多税收，而且因为欧洲政府要求土耳其奉行自由贸易并向外资开放，以此作为支持奥斯曼政府改革的筹码。因此，随着国际贸易和国际投资的兴起，面向市场的生产在增加且农业专业化程度在提高，与此同时制造业在土耳其总产出中的比重却在下降。本章将首先讨论国际贸易的基本趋势以及欧洲在土耳其的直接投资，然后关注土耳其生产方式的变化、农业商业化的趋势以及手工制造活动衰落等问题。相比之下，土耳其在一战前的工业化进程和利用新技术的工业活动仍十分有限。

改革与经济开放

奥斯曼政府的改革行动对整个 19 世纪的经济产生了重要影响。为了应对国内和国外的威胁，使改革获得支持，奥斯曼政府频繁求助于西欧国家。周而复始的财政需求导致奥斯曼中央政府更加迫切地寻求外部支持。英国和欧洲其他各国在 19 世纪大部分时间里都将奥斯曼帝国的改革与稳定视为它们在地中海东部的重要政策内容。作为向奥斯曼帝国提供军事、政治及财政支持的回报，欧洲国家要求奥斯曼创建专业发展农业和商业的市场经济，该市场经济不仅要对外开放，而且要为欧洲各国的公司和公民提供特权。因此，土耳其的改革方案从一开始便向欧洲国家，尤其是英国做出了经济让步。

奥斯曼经济制度在 19 世纪的剧变是在奥斯曼政府、欧洲各国政府与欧洲资本市场的相互作用下促成的。随着奥斯曼经济向欧洲贸易与海外投资的进一步开放，欧洲各国政府和企业在奥斯曼帝国内部的影响力也在日益增大。改革与经济开放相互影响，导致 19 世纪末在奥斯曼帝国内部形成了相互竞争的欧洲各国政府以及欧洲资本的势力范围。奥斯曼中央政府一方面在军事和政治上越发强大，另一方面却失去了对经济的掌控，因此，原本为巩固中央政权而发起的改革计划造成了南辕北辙的后果。

大部分新制度都体现了奥斯曼改革自相矛盾的一面。1838 年与英国以及后来与其他欧洲国家签订的自由贸易条约是奥斯曼帝国在经济开放过程中最重要的转折点。我在第四章中多次强调，奥斯曼政府当时正面临严峻的政治和军事危机，为确保英国能够兑现对奥斯曼帝国领土完整的支持与承诺，其出于政治原因签署了自由贸易条约。在 1854 年克里米亚战争期间开始的外部借债，以及自 19 世纪 50 年代起为修建铁路而对欧洲企业做出的让步，都是奥斯曼政府在经济开放过程中的重要里程碑。1856 年颁布的《改革法令》允许外国直接投资，到了 1867 年，外国人获准在奥斯曼帝国拥有农业用地。欧洲公民和企业在奥斯曼帝国内部还享有经济和法律特权。早在 16 世纪，奥斯曼政府就出于自身利益考虑提供了这些特权，但是在 19 世纪这些特权被不断扩增。奥斯曼政府在每一个转折点都面临着严峻的军事、政治和财政困难，于是为了换取欧洲各政府的支持而同意实行这些制度改革。在经济开放的每一阶段，奥斯曼政府更看重的是从欧洲国家获取的短期政治支持以及财政帮助，而不是长期的经济后果。[①]

换言之，正是奥斯曼中央政府以及欧洲各政府和欧洲企业的关切塑造了与经济开放相关的制度变革。与其他国家在19世纪的经历不同，奥斯曼帝国的经济开放过程不是以地主、商人和欧洲企业彼此结盟的方式实现的，而是以中央政府与欧洲各政府和企业之间的讨价还价、相互施压和逐步妥协的方式达成的。地主、行会、商人和金融家等国内团体对奥斯曼经济开放的影响十分有限。

在奥斯曼帝国与世界经济逐渐连接的过程中，商人、大地主以及欧洲企业的权力大增，由此一来，经济开放对中央政府而言意味着失控的风险升高。然而，这些顾虑并没有妨碍中央政府继续与欧洲各国达成交易。由于中央政府在19世纪常常陷入军事、财政和政治困境，因此彼此竞争的欧洲国家和欧洲企业有了可乘之机。在大多数危机中，都会有某个欧洲国家向奥斯曼帝国提供政治、军事和财政支持；作为交换，该国会向奥斯曼中央政府索要经济让步，比如准许该国在帝国内启动一个大型投资项目。过不了多久，其他欧洲国家的公司也会如期而至，奥斯曼经济由此进一步对外开放。

然而，与国内利益集团更强大、更积极支持全球经济一体化的其他殖民地或国家相比，奥斯曼的经济开放进程更加缓慢。由于担心融入全球经济一体化将导致政权失控，所以奥斯曼中央政府并不情愿，它向欧洲公司和金融家的让步是有限的。下一章将简要对比奥斯曼与埃及在19世纪的经济开放过程。我将论证，若

---

① Owen（1981，第57—153页）；Issawi（1982，第1—43页）；Pamuk（1987，第1—17页）。

以出口占 GDP 比重以及外国直接投资占 GDP 比重来衡量，与政治权力从大地主手中逐渐移交至英国殖民政府手中的埃及相比，一战之前土耳其的经济开放程度更加有限。

对外贸易的扩张

奥斯曼政府在 19 世纪 30 年代面临着严峻的政治和军事危机，并且急需英国政府的支持。从许多方面看，签订《巴尔塔利曼自由贸易条约》正是为了获得这种政治支持而付出的代价。该条约还反映了英国与奥斯曼帝国在政治、经济和军事实力上的巨大差异，英国早已完成了工业革命，而彼时的安纳托利亚和伊斯坦布尔地区的纺织业及其他制造业活动还围绕传统行会运行，几乎全是中小型作坊。

18 世纪末与 19 世纪初，土耳其的出口额在总产出（或 GDP）中的比重非常小。与东欧部分国家，以及在东部与伊朗和印度的贸易占外贸总额的大部分。在早期阶段，帝国内部的贸易远比外部贸易更重要。不过，自拿破仑战争结束到一战的一个世纪里，这一局面发生了翻天覆地的变化。土耳其与西欧乃至后来中欧的工业化国家之间的外贸交易量迅速增长。奥斯曼帝国，尤其是安纳托利亚地区，已转变成一个出口大量农产品和原材料以换取进口工业品和某些食品的经济体。

估算 19 世纪时土耳其的外贸交易量并不容易。土耳其与欧洲的贸易总额在 18 世纪已经增长了一倍多。然而，在 1820 年至一战的一个世纪中，同一地区的外贸总额更迅速地增长，增幅超过 20倍。1820—1914 年，土耳其的出口总额占 GDP 的比重由大约 2%上升到 11% 以上（Pamuk，1987，第 18—54 页，第 148—171 页；见图 5.1）。

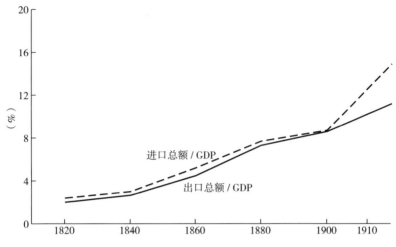

图 5.1　1820—1914 年土耳其的进出口额占 GDP 比重

资料来源：奥斯曼帝国时期的数据来自 Pamuk（1987，第 148—150 页），以及 Eldem（1970，第 302—306 页）；1923 年以后的官方贸易和国民收入序列数据来自土耳其经济研究所（2014）。

　　烟草、小麦、大麦、葡萄干、无花果、生丝、马海毛、榛子、鸦片、棉花和橄榄油等农产品是土耳其在 20 世纪初的主要出口商品。商品的多样性是土耳其出口的一大重要特色。实际上，在一战前的几十年中，单一商品在出口总额中的比重从未超过 12%。考虑到在此期间土耳其的农业产出在 GDP 中的比重超过 50%，以及农业生产主要面向国内市场等因素，这些数据表明，土耳其在一战前夕的农业总产出有近四分之一用于出口。这一比例在土耳其西部以及沿海地区还要高得多。在出口产品中占据重要地位的制造品则仅有手工编织的地毯和基里姆地毯。

　　在一战爆发之前的几十年中，土耳其超过半数的进口商品由工业制品组成，其中主要是棉纺织品，其次是毛纺织品。到了 20 世纪初，大多数土耳其人，不论是城里人还是乡下人，无论贫富，都购买进口棉纺织品，或者购买用进口棉线在本国生产的棉纺织品。食品在土耳其进口商品中同样地位显要，足足占了进口总量的三分之一。包括蔗糖、茶叶和咖啡在内的进口食品是本国无法生产的。不过，土耳其在20世纪初也进口了大量的小麦、面粉和大米等农产品。与安纳托利亚自产小麦的价格相比，从巴尔干国家或俄国海运进口的小麦，以及从马赛进口的面粉在伊斯坦布尔的售价更低。作为一个基本上以农业为主的经济体，土耳其国内运输系统的不完善是无法实现谷物自给自足的一大原因。同样值得注意的是，由于1838年签署的《巴尔塔利曼自由贸易条约》限制了保护主义关税，因此该条约也是土耳其进口大量谷物的重要原因。相比之下，许多欧洲国家在19世纪能够以关税为手段来保护本国谷物生产商免受海外竞争。

外国直接投资

自19世纪50年代起，奥斯曼的经济开放呈现新维度。欧洲公司开始在奥斯曼帝国境内兴办企业。那些有投资意向的欧洲公司对奥斯曼政府施压以获得必要的让步。在一战爆发前夕，约有7 500万英镑直接投资于这些企业。随着外资不断流入，外国公司的势力也与日俱增，这对奥斯曼帝国的法律建设与制度变革产生了相当大的影响。

排除奥斯曼帝国所欠的外债后，近三分之二的外国直接投资都投入了铁路公司，还有大量直接投资流向了贸易公司、银行系统、保险行业、通商港口以及供水和供电等公共设施。只有10%的外国直接投资投入了矿业、农业和工业。这种产业分布表明，19世纪在奥斯曼帝国和土耳其的大部分外国直接投资都直接或间接地被用于支持对外贸易，而不是国内生产（Pamuk，1987，第62—81页）。

欧洲公司承建的铁路设施大大推动了内陆地区向世界经济

开放，以及鼓励欧洲向内陆地区大力投资。奥斯曼政府希望从铁路建设中获取各种好处。其中最重要的是保障国内安全、确保中央政府的权力能够辐射并渗透到帝国各地，以及拥有战时运送士兵和装备的便捷交通条件。随着铁路的修建，奥斯曼中央政府希望能够更有效地征税，并且降低流向地方权势集团的税收比重。

更关键的是，通过降低肥沃荒地（如安纳托利亚中部）与国内主要市场和出口港（如伊斯坦布尔和伊兹密尔）之间的运输成本，铁路设施使更多闲置土地变为农业用地。更多的农业产出意味着更多的税收收入。中央政府给外资公司建设铁路的特许权，还承诺在必要情况下，每修建一公里都会向铁路公司额外支付一笔年费，名为"公里保障金"（kilometric guarantees），在大多数情况下，做出这类承诺无异于给奥斯曼的财政增加额外负担，因为铁路运量和财政收益都没有达到预期水平。

作为奥斯曼铁路的承建商和运营商，英国、法国、奥地利、比利时和德国的公司将铁路建设视作利润丰厚的投资良机，它们尤其看重奥斯曼帝国支付的"公里保障金"。铁路建设对欧洲国家在奥斯曼帝国境内形成其势力范围也发挥了重要作用。铺设铁路大幅降低了运输成本，带动出口导向型农业生产的增长，但是当地手艺人却面临着来自欧洲制成品的竞争。同一欧洲国家的不同企业随后来到当地进行投资。承建铁路的欧洲国家的商人和银行家拥有区域影响力，这使得来自其他欧洲国家的商人和投资人难以在同一地区竞争（Quataert，1994，第804—815页）。

在一战爆发之前的半个世纪中，土耳其的许多地区都存在这种现象。例如，在19世纪50年代末和60年代初，伊兹密尔－艾登以及后来修建的伊兹密尔－卡萨巴铁路都巩固了英国在安纳托利亚西部的资本势力。这些铁路建成后，安纳托利亚与英国之间的贸易迅速发展，英国公司还在矿业、工业及公共设施等其他领域进行投资。[①] 自 19 世纪 80 年代末，伊兹密尔至安卡拉、埃斯基谢希尔至科尼亚和巴格达铁路的建设最终将铁路网延伸至安纳托利亚东南部，此举为德国公司后来在安纳托利亚中部和南部的投资铺平了道路。铁路运输促进了土耳其与德国之间的贸易发展，因此德国认为安卡拉、科尼亚以及阿达纳等地能够满足自己对小麦和棉花的需求。正如安纳托利亚中部的库姆拉灌溉项目所示，德国大力投资于该地区的基础设施，并支持德国人在奥斯曼安家落户的计划。但是，德国在一战中的战败导致该计划以失败告终。[②]

回顾 19 世纪正规银行部门的出现，能帮助我们理解土耳其经济制度与经济结构的变化，以及在日益开放的经济中经济力量分布的变化。虽然被称为萨拉夫的私人金融家和放债人在帝国初期便已存在，但是正规银行直到 19 世纪 40 年代才出现。土耳其最早的银行由欧洲资本筹建，而后的银行则是由帝国的萨拉夫与英、法、奥三国联合建立，后者主要向奥斯曼政府提供短期贷款，满足帝国的其他财务需求。既作为英法的私人银行，又作为奥斯曼国家银行的奥斯曼帝国银行成立于 1863 年初。奥斯曼帝国银行不仅在向欧洲金融市场发行长期债券的间歇期给帝国政府提供短期贷款，而且很快承担了包括引入以黄金为支撑的纸币在内的许多中央银行职能（详见第四章；也可参见 Pamuk，2000，第 211—213 页）。

---

① Kurmuş（1974，第 76—122 页）；Kasaba（1988，第 87—112 页）；Baskıcı（2005，第 31—158 页）。

② Özyüksel（2011，第 109—136 页；2016，第 42—239 页）；Quataert（1977，第 139—159 页）。

1881 年以后，在向奥斯曼政府提供贷款方面，奥斯曼帝国银行（此时 80% 以上的股份由法国人拥有）起到了主导作用。该银行还在土耳其以及帝国其他地区大范围设立分支机构。此外，奥斯曼帝国银行大力支持并在某种程度上组织协调了法国资本集团的各项活动，不仅帮助奥斯曼发行债券，而且直接投资于铁路、港口、公用事业、采矿和保险等行业的多个项目。随着英国资本和金融集团在 1880 年后对奥斯曼帝国的兴趣变弱并缩减投资，由德意志银行牵头的德国集团成了法国利益集团的主要竞争对手。无论是大型还是小型银行，随着欧洲商业银行争先恐后地在奥斯曼帝国开设分支行，行业内很快展开了激烈的竞争。[①]

此外，大多由希腊人组成的国内利益集团在这一时期建立了几个地方银行，但是其中大多数并不在今土耳其境内。到了 1910 年，土耳其青年党政府推行的政策促进了国内资本以及土耳其裔穆斯林资产阶级的发展，因此由国内资本建立的银行数量显著增加。一战爆发之前，伊斯坦布尔的四家银行和安纳托利亚的两家银行都是在国内利益集团的倡导和资本支持下建立起来的（Toprak，1982，第 126—164 页）。不过，政府于 1888 年设立的农业银行才是 19 世纪最重要的内资银行，该银行将低息信贷扩展到大中型耕种者，以此来支持农业发展。农业银行设立了 400 多家分支行，比任何其他金融机构都多。虽然农业银行无法满足农业生产者的全部需求，但它提供了替代传统高息贷款的可选方案。作为帝国唯一的大型内资银行，农业银行是政府通过国内储蓄推动经济发展的重要一环（Quataert，1975，第 210—227 页）。

但是，要向现代化银行业转型是一个漫长的过程。新的外资银行与内资银行大多服务于较为商业化的地区，而且只能满足少

---

① Eldem（1999，第 145—304 页）；Pamuk（2000，第 221—222 页）；Thobie（1977）。

部分信贷需求。经济中其余部分的信贷需求，尤其是农村地区和商业化程度较低地区的信贷需求以及对小规模信贷的需求依然靠高利贷来满足。此外，尽管业务量有所下降，但伊斯兰虔诚基金会（奥斯曼时代改革前的制度遗产）仍在继续提供小规模信贷。

农业的商业化

在一战爆发前的一个世纪里，贸易出口的扩张、外国直接投资的增加以及政府推行的改革，都对农业发展产生了深远的影响，农业是土耳其近80%人口的主要经济来源。在一战爆发前的一个世纪中，土耳其的人口数量从不到940万增长至1 650万，总人口增长约75%（详见第二章）。现有证据表明，土耳其在19世纪的农业生产提升更快，人均农业产出大概以每年0.5%的速度增长（Pamuk，2008，第376—378页）。此外，农业总产量中流向城市市场和境外市场的比例逐渐上升，与早期相比，此时的农村人口更加积极地投身于市场关系。相比之下，技术、所有制模式和租佃关系的变化在19世纪比较缓慢且十分有限。

经历了漫长而艰难的战争期后，各行省的安全状况在19世纪上半叶显著改善，这是土耳其农业产出增长的根本原因。改革努力和集权化管理改善了农村地区的条件，帮助促进了农业生产，特别是面向市场的生产。农村人口开始缓慢地从远离公路和城市的穷乡僻壤迁移到山谷地区，在这里他们开始在更肥沃的土地上耕作。因此，更多可耕地变为农田，与此同时，建设农村与城市之间的交通网络也成为可能。正是在这种情况下，库库罗瓦和索克平原以及许多其他富饶谷地都在19世纪被开辟用于农业生产。此外，由于安纳托利亚地区人烟稀少，有富余的可开垦土地，因此19世纪大部分时间里，许多地区的耕地面积随着农村人口的增长而扩大。在75%的总人口增长中，近一半要归因于人口自然增长，其余部分则是来自脱离帝国的地区、克里米亚和高加索地区的净移民。[1]

19世纪的其他长期趋势也促进了农业生产的市场化进程。第一，农业产出的部分增长是面向城市市场的。由于总人口增长以及全国城市人口的比重日益上升，土耳其在19世纪的城市人口增长了超过一倍。第二，随着对外贸易的不断扩展，土耳其向欧洲市场的农产品输出稳步攀升。烟草、小麦、大麦、葡萄干、无花果、生丝、马海毛、鸦片、榛子、橄榄油及其他农产品占出口总量的90%以上。第三，工业革命后，农业和工业之间的贸易条件有所变化，而且在一战前的大部分时间里都有利于农业发展。铁路与轮船降低了大宗农产品的运输成本，促进了这一趋势的发展。铁路设施不仅使边远地区与城市市场及出口港之间的农产品运输更加便捷，而且开辟了更多内陆的土地为远方的市场进行生产。在这些趋势的支持下，农村人口开始投身于农业的专业化生产。许多农业生产商开始回购他们从前为满足自身需要而生产的非农产品，其中主要包括纱线和布料一类的纺织品，他们将更多时间投入农业生产。换言之，乡村里达到就业年龄者都开始大力投身于农业生产，尤其是市场导向型的农业生产。

19世纪时，出口在农业总产值中的比重稳步上升，并在一战前突破了20%。出口生产与面向城市市场的生产相结合，到了一战前夕，已有近一半的农业产出用于满足市场需求。在更加城市化并且以出口为导向的西部和沿海地区，这一比例更高，在内陆和东部地区则较低[2]（见图5.1）。

---

[1] Quataert（1994，第843—887页）；Pamuk（2008，第376—387页）。

[2] Pamuk（1987，第18—26页，第150—153页；2008，第375—388页）。

小生产者、国家和市场

虽然安纳托利亚的权贵们在 18 世纪的势力渐长，但大规模农业用地，特别是大型农场的数量仍旧有限。小作坊和家庭农场靠着家庭劳动力和一对公牛，每年能够耕作 4~6 公顷田地，这种生产模式在 19 世纪面向国内与出口市场的农业生产中占比相当大。大型农场依然存在，但大地主们宁愿将其田地化整为零后交给佃户家庭打理。全年雇用领薪工人的大型农场凤毛麟角。[①]

国家干预是中小型家庭农场在 19 世纪仍占主导地位的一个重要原因。马哈茂德二世一早就开始削弱地方权贵的经济基础和支持家庭农场发展，以此来巩固中央政权。为了更好地控制农村地区、获取更多的剩余农产品，中央政府试图瓦解地方权贵对国有土地的持有权。中央政府开始没收许多地方权贵控制的大片土地。更重要的是，中央政府试图剥夺地方权贵的征税权，该特权是他们最重要的经济来源。例如，为了打破卡拉奥斯马诺鲁（Karosmanoélu）家族对安纳托利亚西部的征税垄断，中央政府在 1813 年任命该家族之外的税吏来负责本地区的税收工作。除了安纳托利亚西部和黑海东部地区，即使在安纳托利亚的东部和东南部等中央政府权力渗透有限的地区，一些由库尔德部落首领控制的土地也被中央政府没收并分配给农民家庭。但是，这些措施的成果有限，大多数地区依然存在大地主。

与此形成对比的是，中小型生产者构成了奥斯曼帝国的财政基础。农产品的什一税和动物税是中央政府最重要的收入来源。

---

① Güran（1998）；Keyder and Tabak（1991，第 1—16 页）；Gerber（1987，第 43—66 页）。

帝国不同地区的税率各不相同，坦齐马特法令将各地的什一税率统一设定为总产值的10%。然而，在严峻的金融危机时期，国家会将什一税税率提高至12.5%，甚至15%。包税制的延续导致小生产者的税负越发沉重。包税人可以比较随意地决定每个生产者在交付收成时的税额。大地主受到了良好的保护，能够免受包税人的欺压，小生产者则往往缴纳高额的税款（Özbek，2015，第17—112页）。纵观19世纪，中央政府一边努力遏制地方权贵和大地主的势力，对他们因债务拖欠或其他原因而没收小生产者土地的行为加以限制，一边又加重中小型生产者的税负。

劳动力相对稀缺和土地相对充裕是中小型家庭农场持续在农业生产中充当中坚力量的另一个原因。一方面，虽然土耳其的总人口有所增长，但劳动力在19世纪的稀缺程度是有目共睹的。劳动力与可用土地之比不仅增强了小生产者相对于大地主的谈判力，而且促进了家庭农场的发展。没有耕牛的农户往往被迫沦为佃户。农村地区的薪酬，尤其是在收割期，是相当丰厚的。除了南部的库库罗瓦棉花种植区，雇用劳工的大型农场并不常见。另一方面是相对充裕的可耕地。当运输机会有所保障，且国内外需求都扩大时，随时有新的土地可用于耕种。耕地和农业产出的增加，以及农村人口的增长都表明，奥斯曼帝国有富余的土地，并且能相对容易地转化为农业用地。[1]

数百万穆斯林在19世纪向安纳托利亚和帝国其他地区的迁移，也大大支持了家庭农场在农业领域的发展。在一战爆发前的一个世纪中，总共约有400万移民从克里米亚和高加索以及脱离帝国的巴尔干半岛地区、波斯尼亚、塞尔维亚、保加利亚、希腊、马其

---

[1]　Pamuk（1987，第82—107页）；Kasaba（1988，第87—122页）；Baskıcı（2005，第121—158页）。

顿以及爱琴海群岛抵达土耳其（Karpat，1985a，第60—77页）。19世纪时，来自这些地区的人口流入量占今土耳其境内人口增长总量的近一半。尽管总人口有所增长，但土耳其在一战前仍属于人烟稀少的国家（详见第二章）。

奥斯曼政府试着将新移民安置在农村地区，以鼓励他们参与农业生产。1857年颁布的一项法令规定，在国有土地上安家落户，并在安纳托利亚投入农业生产的新移民可免税12年。由于大多数移民是在战争环境下被迫迁徙的，他们没能随身携带大量资金和财物。许多抵达土耳其的新移民选择定居在适宜农业耕作的地区。特别适合粮食生产的地区，如马尔马拉海、黑海和爱琴海海岸以南的布尔萨及巴莱凯西尔地区，以及在新建铁路附近的安纳托利亚中部的埃斯基谢希尔 – 安卡拉 – 科尼亚三角地带，都是移民定居人数较多的地方（Clay，1998，第1—32页）。

1858年颁布的《土地法典》（Land Code）是19世纪一项重要的农业制度变革，该法典承认农业用地私有制，并且解除了对农地买卖的限制。在此之前，大部分农田都是归国家所有的。农户对这些土地拥有使用权，但他们不能出售或转让这项权利。奥斯曼政府希望通过颁布这部法律来加强土地产权，促进农业生产，从而增加税收。政府在1867年提出了一项赋予外国人农地买卖权的修正案。该修正案颁布后，欧洲投资人和农场主开始大量购置土地，尤其是在安纳托利亚西部。但是，欧洲农场主很难留住工人。由于当地农民宁愿在自家土地上劳作，加上奥斯曼政府并不愿意为欧洲人排忧解难，所以大部分欧洲人最终卖掉了他们购置的土地。《土地法典》产生的影响因地区而异，取决于当地的社会结构和权力分配。在土地充裕、国家能够支持小型农场的地区，农户自留地比较常见。在大地主强势、土地稀缺又昂贵的地区，大型农场更加普遍。①

农业生产的区域差异

不同地区逐渐增大的差距是 19 世纪土耳其农业发展最重要的特征之一。有两个原因导致了这种差距。其一，尽管中小型农场在土耳其占有重要地位，但不同地区的气候和土壤条件、与大型国内和国外市场的距离、所有权和租佃模式以及生产要素构成等方面的差异十分明显。其二，一战前土耳其农业生产的商业化进程不平衡。出口导向型农业生产主要集中在安纳托利亚西部、马尔马拉、黑海东部和阿达纳等沿海城市地区。直到 19 世纪 90 年代铁路竣工后，安纳托利亚中部才开始面向国内和国外市场。相比之下，安纳托利亚东部和东南部地区基本与国内外市场隔绝。这些地区接收了少量来自克里米亚、高加索和巴尔干地区的移民。简要回顾这些区域差异有助于我们更好地了解土耳其在 19 世纪的农业发展状况和存续至 20 世纪的某些模式。

安纳托利亚西部的权贵是主要的包税人，也是大片土地的实际拥有者，因此他们在 18 世纪时手握政治和经济大权。但是，由于 19 世纪初政府推行了集权式改革，因此权贵的政治势力被削弱，而且失去了为政府征税的垄断权。起初由权贵掌控的一些土地被政府收回并分配给小生产者。在 19 世纪余下的时间里，安纳托利亚西部的大农场与中小型农场并存。由于土质状况和气候条件俱佳，且毗邻主要港口，因此安纳托利亚西部一直是 18 世纪主要的出口地区。随着出口贸易量激增，出口导向的趋势在 19 世纪更加强劲。烟草、葡萄干、无花果、棉花和橄榄油是西安纳托利亚的

---

① Gerber（1987，第 84—90 页，第 119—186 页）；Keyder and Tabak（1991，第 1—16 页）；İslamoğlu（2004）；Aytekin（2009，第 935—951 页）。

主要出口产品。位于港口城市的欧洲人、本土商人以及他们在当地的合作伙伴试图通过提供贷款和与生产商签订期货合同，以鼓励更多的生产商为市场供应农产品。[1]

自 1867 年奥斯曼政府向外国人赋予农业用地的产权后，英国投资人为了在伊兹密尔－艾登地区建立资本主义大农场而开始购置大片土地。但是，由于劳动力相对稀缺和土地相对丰裕，这些投资者很难雇到工人来维持农场运作。他们也无法吸引正在耕种自有土地的农户，或者让佃户离开自己的土地。因此，没过多久，英国的资本主义农场主便不得不打消这些念头，被迫回售这些土地（Kurmué，1974，第 76—122 页）。其他旨在鼓励欧洲人口定居安纳托利亚的计划也在 19 世纪以失败告终。在欧洲建立了殖民政府的国家，殖民政府在必要情况下可以通过征税或以武力破坏现有生产关系的方式在农村地区制造雇佣工人。但是，奥斯曼帝国维持了独立地位。帝国政府的财政状况严重依赖小生产者，尽管受到来自英国投资者和英国政府的压力，但奥斯曼政府既不愿意打压小生产者，也不愿意切断他们与自有土地的联系。

另外两个扩展农产品出口生产的地区是黑海东部的沿海地区和南部的库库罗瓦地区。作为黑海东部地区的主要出口商品，榛子和烟草主要由小生产者负责供应。自 19 世纪 30 年代起，尤其是在 19 世纪 60 年代土地资源枯竭后，棉花种植区库库罗瓦的肥田沃地便落入当地有权势的利益集团手中。随着棉花种植产业不断扩张，劳动力稀缺成为棘手的问题。意在增加税收的中央政府和大地主不仅支持游牧的土库曼人在平原地区定居，而且鼓励临时工前来务农。穿越安纳托利亚中部并向南延伸的巴格达铁路，以及从英国人手中购买的梅尔辛－塔尔苏斯铁路，都助长了该地区德

---

[1]　Kasaba（1988，第 87—112 页）；Baskıcı（2005，第 121—158 页）。

国资本的势力。通过向地主提供信贷、购买高质量种子，以及进口农用车辆和机器的方式，德国铁路公司在奥斯曼的市场导向型农业生产中发挥了重要作用。每年有近10万移民工人从哈尔普特、比特利斯以及摩苏尔等安纳托利亚东部的偏远地区前往平原的大农场采摘棉花。一战前夕，库库罗瓦一跃成为安纳托利亚地区农业商业化程度最高、劳动力和机械化最普及的农业产区。[①]

不过，在安纳托利亚中部地区，因为骆驼商队的运输费用高昂，所以为远方市场生产的马海毛和罂粟等商品的数量仍然有限。将埃斯基谢希尔、科尼亚、安卡拉、伊斯坦布尔以及伊兹密尔等地相连的安纳托利亚铁路在19世纪90年代建成后，土耳其为国内和国外市场生产的小麦和大麦产量迅速增加。向新移民家庭分配国有土地的举措进一步支持了该地区中小型生产者的发展。作为向德国特供谷物的种植区，安纳托利亚中部在20世纪初备受重视。德国资本控制下的安纳托利亚铁路公司以分发优质种子、为购买农具提供信贷，以及启动大型水利工程的方式促进了该地区农业生产的市场化发展（Baskici，2005，第121—214页）。

相比之下，由于与大型城市市场和出口港相距甚远，而且缺乏铁路和其他实惠的运输工具等原因，安纳托利亚东部和东南部农业生产的市场化发展较慢。除马海毛之外，该地区大多数市场导向的农业生产旨在满足当地城镇的需求。在以游牧的库尔德部落为主的东南部地区，中央政府从来没有实权。尽管政府在19世纪施行了集权式改革，但该地区的部落首领仍紧握政治、社会和经济大权。随着部落开始向定居农业转型，部落首领可以将大量土地登记在他们自己的名下。20世纪初的奥斯曼农业普查表明，继南部的库库罗瓦之后，安纳托利亚东南部成为土地分配最不平

---

① Kasaba（2009，第99—122页）；Toksöz（2010）；Toprak（2016，第199—207页）。

衡的地区（Güran，1998）。在安纳托利亚东部的其他区域，面向远方市场的农业生产仍旧有限，但面向当地市场生产的水果、蔬菜和谷物数量不断提升，尤其是在亚美尼亚人生活的农村地区。一战前的几十年里，由于种族冲突加剧，该地区的税收和土地所有权问题成为亚美尼亚人与占多数的库尔德穆斯林的矛盾焦点，亚美尼亚人承受的压力不断增加。

制造业的衰落

正如费尔南·布罗代尔和奥斯曼历史学家哈利勒·伊纳尔哲克强调的，由于在19世纪初之前，进口商品主要由为城市高收入群体供应的英国羊毛和印度棉纺织品组成，而且进口量也十分有限，因此奥斯曼的手工业和制造业基本安然如故。[①] 到了19世纪，土耳其从英国和其他欧洲国家进口的制成品数量迅速上升。在与工业革命的产品的竞争中，土耳其一些基于手工生产的行业经受住了考验，但是许多其他行业穷途末路。在农村和城市地区，纺织业是最重要的手工生产行业。随着工业革命后欧洲的生产率提升，土耳其的棉纺织品价格在19世纪上半叶降低了80%。价格下跌导致土耳其当地生产难以为继。伊斯坦布尔和沿海地区首先受到进口商品的影响，接着是内陆地区受到波及。铁路建设推动了进口棉纺织品向内地城市和农村地区的流通。

在一战前夕，进口货品满足了土耳其棉纺织品内需的80%。但最近的研究表明，当地生产商在此过程中一直负隅顽抗。虽然棉纱纺织业在19世纪下半叶已基本停产，但是当地织工利用更实

---

① Braudel（1979，第467—484页）；İnalcık（1992，第254—306页）。

惠耐用的进口纱线生产多种在当地盛行的纺织品，以此来维持生计。在 19 世纪的最后几十年，国际和国内贸易条件有利于制造业发展，也支持了当地织造行业的发展。在研究城市地区的手工业生产之前，我将在下文中首先讨论专供个人消费的农村纺织业生产活动。

农村制造业

在 19 世纪初，农村人口所需的大部分商品如衣服或农具，都是在乡村经济内部生产和消费的。农民通常会在当地市场售卖小部分他们自产的农业商品来换取一些制成品。在农业生产的淡季，农妇将动物的毛发和本地生产的棉花洗净并纺成纱线，许多农户随后用手织机将这些纱线做成布料以满足家中的需求。

由于超过 80% 的土耳其人口居住在农村地区，因此在 19 世纪上半叶，纺织生产活动大多在农村地区进行，而且产品用于本地消费（见图 5.2）。换言之，常被旁人谈及的以手工业为主的城市

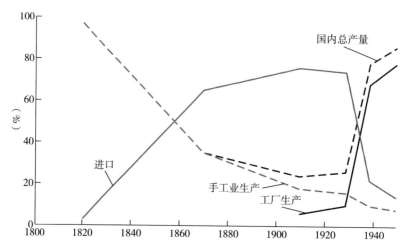

图 5.2　国内生产和进口在棉纺织品消费中的比重，1820—1950 年

资料来源：Pamuk and Williamson（2011）；Tekeli and İlkin（2004b）。

纺织品生产只是"冰山一角"。除了供应个人消费的生产之外，商家和工厂老板通过外加工制将农妇们组织动员起来，尤其是在手工业生产较发达的城镇周围。商家和工厂老板提供羊毛、棉花和其他原材料，并根据农妇在淡季时生产的纱线及布料数量来支付薪水。但随着面向市场的农业生产开始扩张，进口棉纱和布料逐渐占领了当地市场，由此农村当地的生产走向没落。农村与市场之间的联系越发紧密，农民开始将更多的时间投入市场导向型的农业生产，购买的进口产品在他们的纺织品需求中占据更大的比例。在19世纪的最后二十多年中，棉纺织生产在沿海地区基本消失，但在安纳托利亚腹地一定程度地幸存了下来。

棉纺织业的衰落与消亡并不意味着棉纺工艺也被摒弃。虽然工业革命大幅提高了棉纱的生产率，但编织环节的生产率提高较为有限。此外，在安纳托利亚和帝国的其他地区，当地的审美和品位也至关重要。英国兰开夏的棉布业没有生产多种符合当地审美观念的产品，而且各地的品位也不相同。因此，使用进口纱线的纺织品生产在安纳托利亚的农村持续了很长一段时间。贫农和中产会继续织制一些自己需用的棉衣。但是高收入人群则会在当地市场购买较多的纺织品。[1]

以出口为导向的农村地毯织造业的兴起是19世纪的另一重要进步。在19世纪的大部分时间里，为了收集并出口由农妇编织的地毯，本土商人和欧洲外商的足迹遍布了农村各地。随着欧美国家对地毯的需求不断增大，欧洲投资者开始组织大规模生产。1908年，投资者在长期以手工编制地毯而闻名的安纳托利亚西部的乌沙克开办了东方地毯制造商公司，这家企业不久便开始投入生产，为农妇提供机纺纱线和其他材料及设备，并且为农妇支付

---

[1]　Pamuk（1987，第108—129）；Pamuk and Williamson（2011，第159—184）。

计件工资，特别是在农业生产机会有限的农村地区。在一战前夕，有近 15 000 名女性效力于该公司，手工编织的地毯约占土耳其出口总额的 5%。[1]

城市手工业

19 世纪初，城市地区的纺织业和其他制造业围绕传统行会被组建起来，生产制造几乎完全在中小作坊中进行。这些产业并不繁盛，也没有更大规模的拓展。但由于早期纺织品的进口量仍然有限，因此除了价格不菲的羊毛织物、纸张和玻璃制品等特殊物件外，当地生产商能够满足大部分内需。不过，自 19 世纪 20 年代，沿海城市首先感受到了进口带来的影响。许多本土和欧洲的观察人士在 19 世纪中叶发现，在与大量涌入的进口产品的竞争中，手工纺织行业（包括纺纱和织造）正在走向衰败，这一现象在伊斯坦布尔、布尔萨、阿马西亚、迪亚巴克尔、阿勒颇和大马士革等地尤为明显。整个 19 世纪，小作坊主和行会工人对进口产品的竞争都怨声载道。[2]

但是，在 19 世纪最后的二十多年中，由于相对价格开始更加有利于当地的制成品，因此来自进口商品的压力也有所减弱。[3] 相对价格的变化增强了手工业在与进口产品竞争时的抗压能力，这一点尤其体现在与外贸联系较弱的地区，比如安纳托利亚的东部和东南部。通过选用符合当地品位以及叙利亚和埃及审美观的进口纱线和编织面料，再加上有效利用当地的廉价劳动力，这些中

---

① Quataert（1993a，第 134—160 页；1993b，第 225—270 页）。

② Issawi（1980，第 298—305 页；1982，第 150—154 页）；Quataer（1993a，第 49—104 页）；Toprak（2016，第 251—262 页）。

③ Pamuk and Williamson（2011，第 164—171 页）；Quataert（1993a，第 80—104 页）。

小型城市作坊得以在一战前复苏并幸存下来。

但是我们不该夸大土耳其手工业的抗压能力。在评估国内以手工业为主的纺织品生产趋势，以及国内手工业与进口产品竞争的表现时，我们应当注重纺织业的产出在国内消费总额中的比重，而不是产出的绝对水平。由于外来移民，特别是来自巴尔干半岛的移民人数突飞猛进，因此土耳其的总人口从 19 世纪 70 年代末到一战爆发前增加了约 40%。我们在图 5.2 中的数据计算表明，虽然以手工业为主的纺织品产出在这几十年出现绝对的增长，但它们在国内消费总额中的比重在持续下降，与此同时，进口纺织品的比重在不断上升。直到土耳其这个新民族国家在 1929 年有权提高关税，国内纺织品的产出在国内市场的比重才开始急剧增加。换言之，在棉纺织行业以及许多其他制造行业中，进口替代工业化最早始于 1929 年。[1]

大型工业企业

除了农村的家庭生产和以手工业为主的城市作坊两种形式外，19 世纪还出现了第三种制造业企业，它们使用工业革命时期研发的进口蒸汽机和其他机械，并雇用了劳工在车间和工厂生产纺织品及其他制成品。这些工业企业分两波出现，第一波在伊斯坦布尔地区，第二波在安纳托利亚西部和南部的部分地区。

作为最初改革的部分内容，奥斯曼政府于 19 世纪三四十年代建立了第一批工厂，这既是初始改革的一部分，本质上也是为了满足军队和国家的需求。但大部分企业由于存在各种问题和缺陷很快便停产了。当地企业家在 19 世纪 90 年代开始建立第二批利用

[1] Pamuk and Williamson（2011，第 159—184 页）；Tekeli and İlkin（2004b，第 409—464 页）。

引进技术的资本主义企业，但是由于自由贸易条约的桎梏，这些企业只能在运输成本高、本地原材料便宜、以廉价劳动力为主要优势的行业才能与进口产品相竞争。当时的新兴实业家势单力薄，并未从政府那里获得多少支持。[①]

生产棉花、羊毛、丝纱和布料的纺织厂是土耳其在一战前建立的最大工业企业。此外，土耳其还建立了食品厂、石油工厂和肥皂工厂，创办了生产水泥和砖块等建筑材料的企业。直到 1912 年巴尔干战争结束、成为希腊的领土，萨洛尼卡一直是奥斯曼帝国最主要的工业中心。例如，在棉纺织行业，奥斯曼帝国工厂总产出的一半以上都集中在萨洛尼卡地区。土耳其的工厂当时主要位于伊斯坦布尔，并在一定程度上延伸到了伊兹密尔和阿达纳地区。奥斯曼帝国的工业普查表明，在一战前夕，这三个地区的大型企业总共雇用了约 5 000 名工人。[②]

大多数制造厂的工人受雇于最多有 5 个人的小作坊。不过，还有许多工人在铁路、港口、船厂、矿山、电力、天然气、水务公司及烟草加工厂等大企业工作。越来越多的女性以微薄的收入在地毯编织作坊、生丝坊、烟草加工厂和卷烟厂做临时工或长工。1908 年革命爆发后，工人，特别是大企业的工人，开始在萨洛尼卡、伊斯坦布尔、伊兹密尔和阿达纳等地争取更高的薪水和更好的工作环境，他们组织罢工并以此实现了薪酬的大幅增长。奥斯曼议会在 1909 年投票，决定限制甚至完全禁止众多行业的罢工行为。此后，罢工活动显著减少，但并未完全停止。[③]

① Clark（1974，第 65—76 页）；Quataert（1992）；Panza（2014，第 146—169 页）。

② Panza（2014，第 146—169 页）；Karakoç、Pamuk and Panza（2017，第 145—149 页）；Ökçün（1970）。

③ Quataert（1983，第 71—146 页）；Karakışla（1995）；Ökçün（1982，第 1—134 页），Toprak（2016，第 13—264 页）。

在一战前的几十年中，工业企业在逐渐兴盛的趋势下产生了对保护主义政策的需求，当然在当时的自由贸易条约下政府无法满足这种诉求。坦齐马特改革时代的政府官员没有充分考虑自由贸易条约带来的长期经济后果，他们最关心的是确保英国能对帝国的领土完整给予政治和军事支持。政府决策者沿袭了应对经济问题的传统方法，中央政府的财政优先继续主导着他们对关税的态度。经过一个世纪的外贸发展以及出口导向型农业生产的扩张，20世纪初期的一些商人和大地主认为，由于奥斯曼帝国的农业具有相对优势，因此政府有限的资源以及私人投资应该用于农业和铁路、公路和港口等基础设施建设，以此促进农业生产以及对外贸易的发展。

但支持工业化并捍卫保护主义关税的论点也开始出现，尤其是1908年革命之后。在伊斯坦布尔和伊兹密尔出版的报纸和期刊上，越来越多的文章呼吁政府采取选择性关税，而且主张通过温和的保护主义政策来支持国内工业化发展。他们认为，正是因为采取了这些政策，美国以及德国、意大利等欧洲国家才实现了经济发展，因此实行工业化是摆脱欧洲对奥斯曼经济控制的唯一出路。

政府在1908年革命后采取了自由派的政治和经济立场，为的是在奥斯曼民族的概念下聚拢帝国内的各个民族，但这些立场在1912—1913年巴尔干战争溃败后被摒弃了。大权在握的联盟进步委员会领导层更加倾向于推行土耳其民族主义思想。随着土耳其民族主义思想愈发得势，联盟进步委员会领导层开始质疑现行的经济政策，并且支持在设置关税壁垒后建立国有企业、国有银行，以及穆斯林匠人和商人组织。1913年通过的《鼓励工业法（暂行）》是朝这个方向迈出的第一步。该法对国有工业提供补助、免税和其他形式的政府支持。除此特例外，支持开放经济的政策直到世界大战爆发前才终被废除（Toprak，1982，第168—181页）。

第六章　1820—1914 年的经济
发展与制度变革

经济增长

工业革命对经济增长的扩散，或者人均产出与收入的持续增长发挥了重要作用，这在 19 世纪首先发生在西欧，而后又在较低程度上影响世界其他地区。拿破仑战争结束后，国际贸易首先在西欧国家之间，而后在西欧与世界其他国家之间以前所未有的速度扩张。陆运及海运的技术革新进一步加快了贸易扩张的节奏。然而，世界各地的工业化普及程度在 19 世纪非常不均衡。世界不同地区工业化进程的差异有助于解释全球经济增长在一战前一个世纪中的大部分差异。[1]

虽然关于世界其他地区人均 GDP 估值的误差略大，但是多亏了安格斯·麦迪森以及众学者近数十年来的研究成果，我们现在能够合理地估算西欧和北美国家在 19 世纪的人均 GDP。[2] 在工业革命前的几个世纪中，人均 GDP 的增长十分有限，而且仅局限在欧洲西北部。举例来说，英国在 18 世纪的人均收入年增长率只有

---

[1] Findlay and O'Rourke（2007，第 311—428 页）；Kemp（1983，1993）；Allen（2011，第 27—130 页）；Williamson（2011，第 25—86 页）。

[2] Maddison（2007，第 375—386 页）；Bolt and Van Zanden（2014，第 627—651 页）。

大约 0.3%。在欧洲其他国家，人均收入增长更加迟缓，甚至没有增长。然而，工业化促使 19 世纪的人均收入显著增长。从拿破仑战争结束到一战前的一个世纪中，西欧和北美的人均收入年均增长率超过 1%，总增幅达到约 200%。北美的经济增长更为迅猛。南欧和东欧国家的经济增长始于 19 世纪后期。尽管一些国家在 19 世纪下半叶的年均增长率超过 1%，但西欧与欧洲其他地区的差距不断加剧，直至 1913 年（见表 6.1）。

与西欧和北美相比，世界其他地区的人均收入增长更加迟缓，甚至一成不变。因此，早期工业化国家与当今发展中国家之间的

表 6.1　世界和土耳其的人均 GDP，1820—1913 年

	人均 GDP		年增长率（%）
	1820	1913	
西欧	1 200	3 460	1.2
美国	1 250	5 300	1.6
工业化国家	1 200	3 960	1.3
东欧（俄国除外）	750	1 700	0.9
意大利	1 120	2 560	0.9
西班牙	1 000	2 060	0.8
亚洲	580	700	0.2
非洲	480	640	0.3
南美洲	690	1 500	0.8
埃及	600	950	0.5
伊朗	550	800	0.4
发展中国家	570	720	0.3
全世界	**670**	**1 500**	**0.9**
土耳其	**720**	**1 150**	**0.5**

注：人均 GDP 以 1990 年美元计并经 PPP 调整，详见第二章。

资料来源：Maddison（2007，第 375—386 页）；Bolt and Van Zanden（2014）；土耳其的数据来自 Pamuk（2006）。

差距在一战前显著拉大。虽然南美洲的大多数地区在工业化方面没有重大进展，但富饶的土地使南美洲在19世纪末与西欧和北美的人均收入增长率相近。因此，南美洲与工业化国家的差距较小。然而，亚洲和非洲人均收入的增长非常缓慢，甚至丝毫未增长。作为世界人口最多的国家，中国的人均收入在19世纪还有所下降。日本在亚洲独树一帜，在19世纪70年代经济的快速增长和发展使得日本与西欧和美国的差距没有进一步加剧。西欧及北美与世界其他地区在1820年的人均收入之比为2∶1。到一战前夕，西欧与南欧及东欧的人均收入之比上升为3∶1，西欧及北美与亚洲及非洲的平均收入之比已上升至5∶1，甚至6∶1（见表6.1和图6.1）。

土耳其经济在19世纪对外贸和外资开放，农业专业化程度也有所提升。虽然制造业活动的比重下降，但面向国内外市场的农

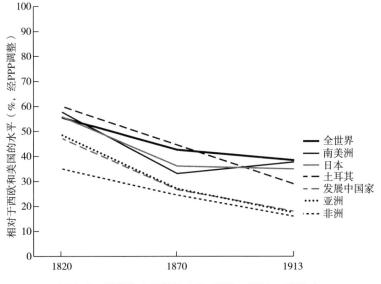

图6.1 世界和土耳其的人均GDP，1820—1913年

资料来源：Maddison（2007，第375—386页）；Bolt and Van Zanden（2014）；土耳其的数据来自Pamuk（2006）。

业生产在不断扩大，特别是沿海地区。农业专业化程度的提高是否伴随着人均收入的增长呢？瓦达特·埃尔德姆早在 1970 年就首次提出奥斯曼经济在 19 世纪实现了一些发展的观点。埃尔德姆使用中央政府在 1880 年至一战期间的人口和税收数据进行计算，得出了人均产出和人均收入的年增长率提升到接近 1% 的结论（Eldem，1970，第 275—309 页）。其他序列数据也同样表明，土耳其的人均收入在 19 世纪有所上升。比如，城市工资的数据就为土耳其收入和生活水平的提高提供了证据。伊斯坦布尔和安纳托利亚建筑工人的工资购买力在 19 世纪时增长超过 50%。但我近年来的测算表明，由于政府的征税能力显著提高，加上各行省税务中介的抽税份额稳步降低，因此中央政府税收的增长率并不是衡量 19 世纪基本经济活动增长率的恰当指标。将实际薪资的序列数据、外贸序列数据以及中央政府的税收数据等各种数据来源整合起来后，我测算出，1820—1913 年，土耳其的人均收入平均每年增长 0.5%，在一战前的累积增幅约为 60%。[1] 这些估值表明，土耳其在 19 世纪的人均 GDP 比发展中国家整体水平以及亚洲和非洲的水平更高，但是落后于拉丁美洲的水平（见表 6.1）。

与人口数量相似的两个南欧国家和两个中东国家进行比较，有助于我们进一步理解土耳其的长期发展轨迹。与土耳其相比，意大利和西班牙在 19 世纪初的人均 GDP 水平更高，而且整个 19 世纪的经济增长率也更高。意大利和西班牙在 1820 年左右的人均 GDP 比土耳其高出近 50%。与土耳其 0.5% 的增长率相比，意大利和西班牙近 1% 的增长率保持了一个世纪，土耳其与意大利、西

---

[1] Eldem（1970，第 275—309 页）；Okyar（1987，第 7—49 页）；Güran（2003）；Özmucur and Pamuk（2002，第 292—321 页）；Pamuk（2006，第 809—828 页）。

班牙在一战前夕的人均收入比达到约 1：2。土耳其与意大利及西班牙之间的一个重大差别在于，意大利与西班牙在 19 世纪下半叶开启了工业化，并实现了经济的快速发展，但是土耳其直到一战基本没有推动工业化发展。然而，与土耳其相似的是，意大利及西班牙与西欧及美国等发达国家之间的差距在不断加大，因为意大利和西班牙的工业化程度低于西欧和美国的水平。与土耳其相比，埃及和伊朗在 19 世纪早期的人均 GDP 略低。埃及和伊朗在 19 世纪没能实现工业化发展，而且经济增长率也较低。因此，埃及和伊朗在 1913 年的人均 GDP 水平低于土耳其，与发达国家之间的悬殊更大（见表 6.1 和图 6.2）。

接下来我要讨论土耳其人均收入增长的直接原因。由于土耳其在 19 世纪时的人口增长了近 75%，因此我首先要区分总产出

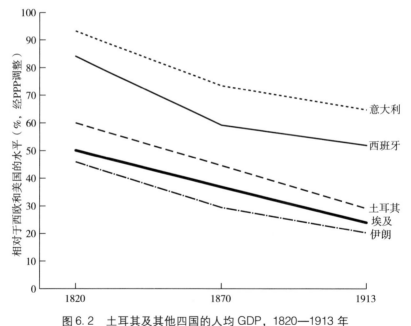

图 6.2　土耳其及其他四国的人均 GDP，1820—1913 年

资料来源：Maddison（2007，第 375—386 页）；Bolt and Van Zanden（2014）；土耳其的数据来自 Pamuk（2006）。

（或总增加值）与人均产出。在识别对经济增长有所贡献的行业时，应当注重一个行业的人均增加值，以及该行业在不断增加的经济中的比重是否有所提高，而不是关注该行业的总产出（或总增加值）。就这些标准而论，制造业显然不是人均 GDP 增长的来源。事实上，正如上一章强调的，由于土耳其面临着与进口贸易的竞争，所以许多以手工生产为主的行业，尤其是纺织业，都在 19 世纪走向衰败。在一战前夕，土耳其制造业的总增加值可能高过 1820 年的水平，若按人均值计算，则可能接近甚至仅略高于 1820 年的水平。然而，制造业在 1914 年土耳其 GDP 中的比重明显低于 1820 年的水平。从这个意义上讲，我们认为制造业对 19 世纪的土耳其经济增长并没有多少贡献。

在研究 19 世纪土耳其经济增长的直接原因时，我们必须重点关注农业部门，因为农业部门在经济中占很大比重。土耳其总人口中有 75% ~ 80% 从事农业，在一战前的几十年中，农业收入占 GDP 的 50% ~ 60%。在 19 世纪的大部分时间里，总投资在 GDP 中的比重不超过 5% ~ 6%，但在一战前的几十年中上升到了 8% ~ 9%（Eldem，1970，第 275—309 页；见表 6.2）。在 1880 年后的固定资产投资中，高达三分之一来自从事铁路建设、外贸基础设施、城市公用事业的欧洲公司。低投资率、缓慢的新技术普及，以及农业（其次是贸易）生产率的缓慢提高，是导致土耳其在一战前经济增长缓慢的主要直接原因。奥斯曼帝国在 19 世纪中叶至一战期间从欧洲资本市场借了大量资金，但只有一小部分投资于基础设施。不过，随着农业生产结构由粮食作物转向棉花、烟草、葡萄、无花果、榛子等经济作物，生产者可能需要投入更多的劳动力，但是人均收入（或家庭收入）以及单位土地的产值也在增长。

表6.2　1820—1913 年土耳其的经济与社会基本指标

	1820	1913
人口（百万）	9.4	16.5
城市化率（%）	17	23
出生时预期寿命（岁）	26~27?	32~33?
识字率（%）	低于 5	14?
农业劳动力比重（%）	75~80?	75~80?
农业在 GDP 中的比重（%）	?	50
出口/GDP（%）	2	11
进口/GDP（%）	2	14
投资/GDP（%）	5?	8
中央政府收入/ GDP（%）	4	13

注：城市化率为居住在人口超过 1 万的城镇的人口占总人口的比重。下同。
资料来源：Eldem（1970）；Pamuk（1987）。

在 19 世纪大多数时间里，贸易条件的有利变化是促进农业市场导向的一个重要趋势，随着进口制成品相对价格的下降，以及农产品相对价格的上涨，农村人口开始投入更多时间从事农业活动，而更少参与其他活动（Pamuk and Williamson，2011，第 159—184 页）。随着便宜的进口棉纱开始运抵最偏远的城镇和村庄，土耳其的农业生产者，尤其是女性群体，基本上停止了纺纱，并将更多时间投入市场导向型农业活动。

土耳其人均收入增长的另一个原因与农田的开辟、人均耕地面积的增加以及农业生产的市场导向有关。在 19 世纪，农村有大量可用于农业生产的闲置土地。随着更多市场机遇的涌现，加上农产品贸易条件的改善，生产者开始扩大耕地面积。开辟新农田促进了农业总产出以及人均产出的增长，这一点尤其体现在农业生产面向国内和国外市场的地区，例如爱琴海、南部的库库罗瓦和安纳托利亚中部。铁路、港口和其他基础设施的建设降低了运输成本，使一些偏远地区，特别是安纳托利亚中部，可以通向国内和出口的远方市场（Issawi，1980，第 183—193 页）。耕地面积的扩大（尤其是农村地区）或多或少与政府对移民家庭的安置有关，但有部分证据表明，在 19 世纪，凡是在有土地可用且邻近市场的地区，单位家庭的耕地面积都有扩大（Güran，1998，2003）。

农业结构和农业技术在 19 世纪时也发生了一些变化，但这些变化本身，以及它们对经济增长的贡献都比较有限。在一战前的几十年中，技术变革主要出现在土耳其更为商业化的沿海地带。虽然关于农业技术和农用工具变革的证据稀少，但混合作物转向经济作物，以及外来移民对新作物的引入更加常见。农业生产的日益市场化也拓宽了土耳其与市场以及外贸相关的服务业，这一点在城市地区尤为明显，但是与农业的贡献相比，后者对就业和经济增长的贡献更有限（Quataert，1992；Quataert，1994，第843—887 页）。

土耳其在 19 世纪的年均增长率为 0.5%，人均收入的增幅总体高达 60%，虽然从整体看，这是意义非凡且史无前例的成绩，但我们仍需探讨土耳其没有实现更高增长率的直接原因。增长率依然较低的第一个原因是市场导向的农业生产大多局限在沿海地区。第二个原因是，中央政府和农业部门的能力有限，因此基础设施和农业生产的投资率一直很低。土耳其在 19 世纪的增长率持续走低的第三个也是更普遍的原因是，土耳其难以在以农业为基础的模式下实现生产率和收入的增长。大多数寻求进一步加深农业专业化的国家在 19 世纪的经济增长都比较有限。因此，除了南美洲少数拥有大量闲置土地的国家，工业化国家与继续专营农业的国家之间的差距不断扩大。[1] 土耳其也未能幸免。在 19 世纪初

---

[1] Maddison（2007，第 375—386 页）；Bolt and Van Zanden（2014，第 627—651 页）。

至一战爆发，土耳其与西欧和南欧工业化国家之间的人均收入之比由1：2上升至1：3（见表6.1和图6.1）。

19世纪的经济快速增长主要通过工业化实现。全球各地的后起工业化国家，包括那些在欧洲和北美的国家，只有通过采取保护主义政策才能获得成功（Allen，2011，第114—130页）。土耳其的私人部门在19世纪十分弱小。同样重要的是，奥斯曼政府没有做好采取保护主义政策的准备。直到1908年土耳其青年革命爆发后，奥斯曼政府才采纳了以工业化实现经济增长的战略。此外，奥斯曼帝国虽然名义上独立，但其独立性实际上有限。在1838年签署自由贸易条约后，奥斯曼帝国无权单方面提高关税，并采取其他保护主义措施来支持国内工业的发展。

收入分配

在19世纪收入分配的演变过程中，制度及其变革发挥了重要作用。对收入分配影响最大的制度变革是奥斯曼政府采纳的自由贸易制度。在自由贸易的大环境下，日益融入全球经济促进了农业专业化程度的提高，也导致城市手工业因面临进口竞争而每况愈下。另一项对高收入群体尤其重要的制度变革与伊斯坦布尔政府的权力扩大以及集权化改革有关，中央政府的税收比重因此增大，而地方利益集团持有的税收比重则减少了。

我将从农村地区，以及占就业人口比重最大的农业部门入手，来研究一战前的一个世纪中收入分配的长期变化。关于土地分配、土地使用以及二者演变过程的量化证据十分有限。但我们确知安纳托利亚的农村地广人稀且有大量荒地。关于土地租赁的证据同样稀少，但是以相对比例看，劳动力和土地的主导配置是小型家庭农场，而不是大地主。中小型家庭农场的劳工要么耕作自有田地，要么在大地主手下做佃农，因此中小型家庭农场依旧是农业生产中最常见的商业模式。从高加索、克里米亚和巴尔干半岛的近100万移民家庭的到来，到整个19世纪政府对他们在农村地区的安置，都进一步巩固了中小型家庭农场的地位（Karpat，1985a，第60—77页）。主要的例外是为农业生产而新开垦的肥沃平原，比如南部的库库罗瓦，这里普遍出现了雇用劳工的大地主和大农场。

随着对外贸易的发展和运输成本的降低，在19世纪的大部分时间里，农业经济作物的相对价格不断上升，而进口制成品的相对价格则有所降低。这些价格走势往往有利于安纳托利亚西部和其他沿海地区的市场导向型生产者。相反，无法面向市场生产大量农产品的农民因为耕地面积有限，或由于距离市场较远只能错失良机。例如，在市场导向型生产更为有限的安纳托利亚东部，农业产出和农业收入的增长也比较有限。因此，在不平衡的农业商业化模式下，不同地区间的收入差距日益加剧。虽然安纳托利亚西部以及沿海地区受益良多，但铁路建设欠发达、市场化生产较为有限的安纳托利亚东部和东南部则比较落后。到了20世纪初，农业部门内部出现了严重的不平等现象，而且主要与土地所有权模式相关。农村地区最富裕的群体是西部的大地主，最贫穷的则是安纳托利亚东部等商业化程度较低的地区中仅拥有少量土地的农民以及佃农（Pamuk，1987，第82—107页）。

关于城乡人均收入差距的证据比较有限，但城市制造业活动的衰退，以及对农产品相对价格有利的长期趋势表明，城乡差距并无恶化的倾向。城市化程度的小幅提高同样表明城乡平均收入的差距仍然有限。19世纪发展最快的城市不是工业化城市，而是像伊兹密尔、萨姆松和梅尔辛这类与西欧贸易快速扩展的港口城市。此外，城市地区的工资或多或少与人均收入同比例增长，这表明城市较为有限的发展并未加剧城乡之间的不平等。[①] 简言之，在工业化尚未开始、经济增长有限的 19 世纪，城乡差距因相对价格变化更有利于农业而没有拉大。

　　了解城市中高收入群体的变化也有助于我们研究收入分配长期演变的态势。直到 19 世纪中叶前，城市高收入群体多与政府的税收体系相关。据估计，自 18 世纪到 19 世纪中叶，伊斯坦布尔有 1 000 ~ 2 000 名，各行省有 5 000 ~ 10 000 人，以及不计其数的承包商、代理人、金融家、会计师和经理人，共同掌控着政府税收的关键份额。这些人及其家族在整个帝国的收入和财富分配中高居前 1% 行列。在土耳其的首都地区，大部分为穆斯林的高层官僚与非穆斯林金融家联手，联合购买包税合同，再出售给分包商，由此积累了大笔财富。非穆斯林常被禁止持有包税合同，但希腊人、亚美尼亚人和犹太人都是金融家、经纪人及会计师精英群体中的一分子。在参与包税拍卖的个人（通常是穆斯林）背后，往往存在着包括金融家与中介的合作关系，中介一般通过将大合同化整为零、寻找分包商的方式来组织征税流程。政府要员的资产往往在他们失去公职或过世之后被国家没收。在各行省中，城市巨富出身于政治势力强大、操控并占有大部分税收份额的权贵家庭。一些权贵也会涉足长途贸易并坐拥地产，但是他们的经济来源主要靠税收。他们深居内陆地区，并不住在港口城市。[②]

　　由于 19 世纪政治与财政集权化的不断加强，各行省的穆斯林

① Boratav、Ökçün and Pamuk（1985，第 379—406 页）；Özmucur and Pamuk（2002，第 292—321 页）。

② Salzman（1993，第 393—423 页）；Keyder、Özveren and Quataert（1993，第 519—558 页）。

权贵被挤出了征税体系，绝大部分税收开始流入中央国库。税收作为个人财富的主要来源被大幅削减，但是长途贸易，特别是与欧洲各国的贸易，成为权贵们获取大量收入和财富的主要来源。大多数富商是时常与欧洲商人和商行合作的希腊人和亚美尼亚人。相反，在 19 世纪及之前的土耳其，鲜少由坐拥大额财富的工匠和大制造商。

因此，在 19 世纪到一战前的这段时间里，制度变革和经济开放政策显然对穆斯林与非穆斯林群体的收入产生了不同的影响。两个群体的平均收入都增加了，但有证据表明，非穆斯林群体的平均收入增长更胜一筹。从对欧洲贸易以及欧洲对土耳其直接投资的大幅增长中获利的大多是非穆斯林商人，他们也是港口城市与农业腹地之间日益庞大的商业网络的一分子。与穆斯林相比，乡村的非穆斯林农业生产者与市场的联系更紧密，而且从农业市场导向的趋势中获利更多。在过去几个世纪中，穆斯林权贵（或城市权贵）以及各行省中的其他穆斯林精英通过操控税收系统和持有大量税收获得了权力，但是由于改革伴随着政治与财政集权，因此他们的经济实力和政治权力被大大削弱。这两个群体的经济发展轨迹的差异，有助于解释为什么一些农业城镇和内陆农村的穆斯林憎恶并反对改革。[①]

自上而下的制度变革及其局限性

在讨论 19 世纪经济增长率较低的直接原因时，我在本章前面强调，较低的经济增长率是农业日益市场导向的结果，而这又是

---

① Keyder、Özveren and Quataert（1993，第 519—558 页）；Karpat（2001，第 89—116 页）。

由相对价格的有利变化导致的，而不是因为农业和工业技术变革带来的生产率提高。但是这一解释并不全面，因为它没有考虑经济增长的深层原因，最重要的是，没有考虑制度及制度变革。我将在本节回顾直接影响经济发展的那些制度变革的贡献及其局限性。

19 世纪对奥斯曼帝国来说是不同以往的一个时期。欧洲日益强盛的军事和经济实力、巴尔干地区日益高涨的独立运动以及来自地方权贵的挑战，共同将奥斯曼帝国置于濒临瓦解的边缘。作为应对，奥斯曼政府在欧洲榜样的启发下施行了一系列集权化方案和制度变革。在整个 19 世纪，奥斯曼政府自上而下持续推进军事、地方行政、国家财政、法律、司法、教育以及其他领域的改革。但这些新的正式制度并不能保证带来更高的经济增长和发展速率。首先，要想取得改革的成功，奥斯曼政府需要得到欧洲国家的支持以应对国内外的挑战。作为利益交换，欧洲国家和公司要求奥斯曼政府建立一个专门从事农业与贸易的市场经济，该市场经济不仅要向外部世界开放，而且要为欧洲公司提供特权。因此，制度改革和经济开放是在欧洲国家及其企业的不断施压下逐渐推进的。1838 年签署的自由贸易条约、1854 年开始的从国外借债以及 19 世纪 50 年代启动的铁路建设，都是土耳其经济开放中的重大转折点。在经济发展的每个重要分水岭上，中央政府都面临军事、政治和财政难题。在谈判过程中，奥斯曼政府更在意的是从欧洲国家获得短期的政治和财政支持，而不是长期的经济后果。因此，欧洲各国和欧洲资本对土耳其制度的形成一直有极大的影响力，尤其是在关乎经济发展方向的正式制度方面。

1838 年签订的自由贸易条约后来被证明是不可逆转的。奥斯曼政府直到一战前都无法对条约做出任何重大修改。例如，在南欧国家推行贸易保护主义和工业化之时，奥斯曼帝国却因自由贸易条约支持农业专业化而推迟了贸易保护主义和工业化，因此未能实现更高的经济增长率。此外，在开放经济模式的大背景下，欧洲国家和企业要求并实行的制度变革并不都能支持帝国的经济增长。举例来说，欧洲各国势力增强，欧洲商人及投资者也更加频繁地参与经济活动，因此"外侨权利协定"，即奥斯曼帝国政府在16世纪向欧洲商人提供的特许权中的经济和法律特权，在19世纪时明显扩增。这些特许权阻碍了奥斯曼公民在平等条件下与欧洲人竞争，从而对奥斯曼企业家的活动与发展产生了消极影响。这个问题经过了多次的激辩和磋商，但是欧洲政府始终不愿考虑对"外侨权利协定"做任何改动。[1]

奥斯曼中央政府意识到，随着经济不断向外贸开放，政府对经济的控制正在削弱，欧洲各国在帝国的势力范围进一步扩大。为了应对该问题，中央政府尝试放慢开放经济的步伐。尽管签署了自由贸易条约，而且时常勉为其难地对欧洲企业做出各种让步，但是中央政府也力图保护小生产者及其相关机构，农业部门的家庭农场尤其受重视，他们的赋税构成了奥斯曼帝国的财政基础。例如，奥斯曼法院往往不愿征用无力偿还债务的小生产者的土地。在这种情况下，与我随后在本章讨论的欧洲列强的殖民地相比（例如埃及），奥斯曼帝国对外贸和外资的经济开放速度是相对缓慢的。

此外，中央政府不能保证成功并全面地落实新的正式制度。事实上，奥斯曼帝国的改革面临重重困难。第一，许多改革的成本高昂，亟待有效的执行和实施。但国家的财政、行政和法律能力都比较有限，无法贯彻落实新的法律和政策。虽然法律可以修

---

[1] Boogert（2005）；İnalcık（1971，第1179—1189页）；Artunç（2015，第720—748页）。

改，新政策可以在一夜之间颁布，但国家的财政、行政和法律能力提升却比较缓慢。中央政府的势力很难渗透到绝大部分人口所在的农村地区，政府在落实改革、提供基础设施、医疗保健服务与教育方面的能力也较低。甚至边远省份的城市也一直与政府的改革计划无缘。

第二，改革的制定与实施仍旧是自上而下的，并没有被广大民众充分接纳。在许多情况下，权势团体，包括中央官僚机构会抵制并向政府施压，使制度的运作偏离预期目标。此外，执行这些制度产生的利益分配并不总是与社会既有的权力分配相一致。为解决该问题，权势团体和组织往往会采取不同于政府界定的但更切合自身利益的制度。

第三，新正式制度的结构不是模块化的，而是常常与其他制度相互作用。新制度未必会取代现行制度。在执行新制度的过程中，总有许多其他制度也在发挥作用。非正式制度往往在社群内部自下而上地建立，它们所植根的社会网络，对于新正式制度的运作常常十分必要。新正式制度的运作方式与程度取决于它们如何与既有的或新的非正式制度及其最新结果相互作用。政治制度、法律和司法体系往往比社会规范变化更快，但司法体系的效力以及律法的执行也取决于它们被接受的程度与正当性。抵制改革的人随时可以将一些非正式制度和其他正式制度用作战略资源。[1]

换言之，正式制度与非正式制度之间以及制度与经济结果之间的双向作用伴随着奥斯曼帝国 19 世纪的改革进程。之前的讨论表明，制度与社会结构之间的双向作用同样重要。新的正式制度既影响经济结果，又直接影响各参与者的行为和参与者之间的关系，由此影响各种社会团体。新制度也会制造新的经济与社会分

---

[1] Roland（2004，第109—131 页）；Starr（1979）；Starr and Pool（1974，第533—560 页）。

裂。有利益分歧的各种社会团体也在做出回应，试图影响制度。

在推行改革以及对外贸和外资开放的过程中伴随着经济增长，尤其是在较为商业化的区域。然而，19 世纪下半叶随着数百万移民从克里米亚、高加索和巴尔干半岛涌入，数量激增的穆斯林群体也察觉到，非穆斯林群体收入更高，自己已经落后了。大多是农民、小商贩和工匠的穆斯林因此开始齐心协力地反对世俗化改革与日益恶化的经济差距。换言之，融入全球经济一体化的同时，身份认同的分裂也在不断加剧。苏丹阿卜杜勒·哈米德二世在1880 年后持续推进许多改革的过程中非常重视伊斯兰教，这至少有部分是因为他认识到保守派穆斯林精英及其社群日益严重的不满情绪。苏丹阿卜杜勒·哈米德二世利用铁路和电报等新技术，动用宗教秩序、宗教网络以及庇护关系网来影响穆斯林群体。他还支持穆斯林群体办学，在他执政期间，穆斯林权贵由于地方行政改革以及经选举产生的地方议会的崛起而权力大增（Karpat，2001，第 89—116 页）。

在这些冲突中，穆斯林精英往往会利用包括基于身份的人脉关系网络和庇护关系等非正式制度。政治制度的执行与法治普及的程度，通常取决于不同精英群体与政府之间的关系以及即使未能达成共识也能达成谅解的程度。因此，新正式制度非但没有取代非正式制度，而是继续与之共存并相互作用。19 世纪改革遭到的抵制，以及新出现的世俗派中心地区与保守派外围地区的二元现象，有深刻的经济根源，而绝非纯粹的文化现象（Mardin，1973，第 169—190 页）。

因此，许多新制度只能缓慢普及，尤其是在各行省。例如，新法院能够管辖的地理范围仍然有限。这是因为一定程度上国家能力有限，但也有来自受众方面的阻力。一些地方精英反对新法院，并试图通过他们的社群限制新法院的作用，在安纳托利亚东部的库尔德地区，集权化改革和中央政府与日俱增的影响力尤其遭到众多库尔德部落首领的抵制。教育领域也呈现类似的模式。新学校在各行省和各农村的推广直到将近 19 世纪末才有了进展。政府财政吃紧是造成该局面的重要原因之一。在 19 世纪末，奥斯曼政府还试图鼓励地方权贵们联手合作，以此来动员当地资源，但这些努力也没有充分发挥作用。同样重要的是，那些抵触当下改革的穆斯林民众和保守派穆斯林精英并不接受新学校。

在改革之前的时代里掌控某些伊斯兰－奥斯曼制度，并从中获利的人同样抵制改革。伊斯兰慈善基金会或伊斯兰捐赠的份额常被夸大，据估计，他们在 19 世纪早期的捐地面积占农业用地的 20%。伊斯兰慈善基金会的资产包括现金资产，它们还占有城市中很大部分的生产性资源。1826 年后，政府将一些基金会的财产充公，这些基金会开始受一个新政府部门的管理。许多大型伊斯兰慈善基金会开始直接由中央政府和其他部门管理，包括虔诚基金会，它们虽然继续运行，但是受到更多控制。在 19 世纪余下的时间里，数以万计的移民家庭定居土耳其，并获得了由政府部门控制的一些大型农业基金会的所有权（Öztürk，1995，第 109—167 页）。掌管基金会用地和资产的人，以及从这些制度、家族和宗教秩序所产生的收入与服务中受益的人，还有出于社会和文化原因而利用和接纳伊斯兰慈善基金会的人，都坚持反对多项改革，并且不愿接受许多新设立的制度。

1858 年颁布的《土地法典》是一项对农业部门影响深远的重要制度变革。在此之前，绝大部分农业用地属于国有土地，并归国家所有。农户拥有对这些土地的使用权。根据新的法典，农业用地开始转向私有制。有学者研究了《土地法典》与现行制度以及权力分配模式如何相互作用，尤其是在农村地区，但对此尚没有很好的解释。不过，《土地法典》的执行程度和影响力显然因地区而异，这既取决于政府执行该法典的能力，又要视农村地区的政治和经济权力分配情况而定。在大多数情况下，新《土地法典》带来的结果与现有的权力分配一致。在土地资源更加昂贵稀缺、权贵人士持有大面积土地的地区，大型农场比较常见。在土地资源充足、政府有能力对小农场给予支持的地区，家庭自有土地更加普遍。[1]

与埃及的比较

除了国土面积和人口数量，在 19 世纪的埃及和土耳其，对外贸易和外国投资模式都显示出重要的相似性和差异性。土耳其和埃及在一战前都采取（或不得不采取）开放外贸与外资的经济政策。因此，与土耳其相同的是，埃及在 19 世纪历经了农业专业化的不断提高，而不是工业化，这一点有助于我们对两国进行比较。据估计，埃及人均 GDP 的年增长率与土耳其相当，在一战前的一个世纪中平均每年增长 0.5%[2]（见表 6.1 与图 6.1）。

两国的对外贸易和外国投资模式则存在明显差异。这些差异能帮助我们更好地理解土耳其的情况。首先，相较而言，埃及的对外贸易和外国直接投资总额在 GDP 中的比重较高，经济的对外开放程度也更高。其次，安纳托利亚出口的各类作物在出口总额中的单项比重从未超过 12%，而埃及在 19 世纪已跻身单作物种植的最强案例之列。在一战前夕，棉花在埃及出口总额中的比重超过 95%（见表 6.3）。

---

① Gerber（1987，第 84—90 页）；İslamoğlu（2004）；Aytekin（2009，第 935—951 页）。

② Pamuk（2006，第 809—828 页）；Bolt and Van Zanden（2014，第 627—651 页）。

表 6.3　1914 年土耳其、埃及和伊朗的对外贸易与外国直接投资

	人均出口额	人均 FDI	人均 GDP
土耳其	1.00	3	11.0
埃及	2.65	9	9.5
伊朗	0.40	<1	7.5

注：数据用现价英镑表示。
资料来源：Pamuk（1987，2006）；Owen（1969）；Issawi（1981）。

在解释这些差异时首先要考虑地理因素。埃及大部分农田和人口沿尼罗河流域分布，特别是在尼罗河三角洲。这片肥沃且均质的地区能相对容易地与出口港乃至全球市场连接。与此相反，安纳托利亚的可耕地分布在相当不同的区域。此外，建立一个将不同区域与出口港以及城市市场相连的交通运输网络不仅难度大且成本高昂。如此一来，土耳其农业的市场化推进更不平衡，也更加缓慢。虽然沿海地区能够快速通往市场，但安纳托利亚中部的谷物种植区在 19 世纪末修建铁路之前都与世界市场隔绝。直到一战之前，四分之一人口所在的安纳托利亚东部地区仍然很少受欧洲贸易扩张的影响。

两国在社会结构和权力分配方面也存在重大差异。两国在政治和经济制度上的不同表明了社会结构、权力分配以及地理环境的差异。埃及的土地分配十分不平等，穆罕默德·阿里帕夏的家族及其身边的精英掌握着巨大的经济和政治权力。因此，埃及大力支持发展农业与农业出口导向。穆罕默德·阿里帕夏 19 世纪初启动了鼓励农业发展的国家政策，如灌溉、种子分配和运输业投资等，之后被继续沿袭。埃及在后来几十年中投入更多资源来推进棉花的单作物种植模式，并在 19 世纪 60 年代通过从欧洲金融市场借入的资金来继续进行这些投资（Owen，1969；Owen，1981，第 122—152 页）。

英国在1882年占领埃及后，殖民政府继续关注棉花生产和出口的政策。为了支持这些政策，殖民政府运用大量本地资金以及部分来自欧洲的投资建设大规模的灌溉项目，英国在殖民期间大力发展单一出口导向型作物，使得埃及的农业生产率和收入水平在20世纪初之前不断提高。这些政策的主要受益者是当地的地主和英国的经济，由此确保埃及能够稳定地向英国供应一种有大量需求的重要原材料。换言之，19世纪埃及的社会结构、政治制度以及经济制度（包括经济政策）都在大力支持出口导向型农业的发展，并引发了一场势不可挡的转型。

相比之下，土耳其大多数小型农业生产者以及商贩势单力薄，政府不太受这些群体的影响。奥斯曼政府同样支持农业的市场导向型发展，因为这有助于提高总产出和扩大税基。但是，相比于大地主或欧洲大农场主，奥斯曼政府更乐意支持中小型农业生产者，因为向他们征税更加容易，而且不会带来政治威胁。[1] 此外，除了支持铁路建设，奥斯曼政府只能划拨小部分资源用于投资农业基础设施的建设。

土耳其与埃及在19世纪时的一个重大差异在于政治制度。虽然埃及在1882年后受殖民政府的统治，但是没有任何欧洲国家能够单独对奥斯曼帝国施加影响。欧洲主要国家彼此间的竞争给奥斯曼帝国带来一些回旋空间，至少在某些问题上，奥斯曼帝国可以诱使欧洲各国相互角逐，并在一定程度上抵挡外部压力。奥斯曼政府意识到，随着本国经济对外贸和外资不断开放，欧洲的势力开始在帝国内部出现，中央政府可能至少会在部分地区失去征税权。因此，奥斯曼政府不像埃及政府那样积极支持融入全球经

---

① Keyder and Tabak（1991，第1—16页）；Kasaba（1988，第49—85页）；Özbek（2015，第39—112页）。

济。欧洲各国及其金融家们与奥斯曼中央政府之间的斗争、讨价还价和妥协让步，是土耳其向国际贸易和外资开放进程相对缓慢的部分原因。

与埃及相比，安纳托利亚在这些条件下的市场导向型农业发展相对缓慢。小型家庭农场承担了大部分农业生产。这些小农场迟迟不愿接受能提高生产率的投资和技术变革。经过了早些年出口贸易迅速扩张的阶段后，安纳托利亚的出口增长率在 19 世纪 70 年代后开始走低。例如，在最早进行贸易出口的安纳托利亚西部，作为该地区和国内主要港口的伊兹密尔在一战前几十年中的出口总额增长十分有限。[1]

土耳其在 20 世纪初属于对外贸和外资开放的农业经济。欧洲的公司权力很大，在城市经济中尤为如此，它们掌控一部分国家财政、对外贸易，以及大部分铁路和银行系统，但是它们在农业生产和制造业生产方面并不活跃。随着对外贸易的减少和欧洲投资的撤出，这些与许多发展中国家在 19 世纪至一战爆发前大致相似的特征在战间期发生了重大变化。

19 世纪土耳其经济的其他两个特征一直延续至 20 世纪。从许多方面看，这些特征既使奥斯曼的社会和经济有别于许多发展中国家，又是奥斯曼帝国历史遗产的重要组成部分。其中一个特征是中央政府相比其他社会群体和地方集团有更大的权力。中央政府在 19 世纪时受益于改革和新技术，并巩固了其地位。而各行省的权势团体、土地所有者以及商人的政治权力仍旧有限。此外，尽管欧洲各国在 19 世纪彼此竞争，但没有哪个欧洲国家能单独对奥斯曼帝国产生影响。

中央官僚机构在对抗国内势力以及列强干预的情况下仍能保

---

[1] Pamuk（1987，第 18—40 页）；Kasaba（1988，第 87—112 页）。

持政权，这一事实体现了土耳其存续至 20 世纪的第二个特征。在土地相对丰足、劳动力相对稀缺、国家政策支持的条件下，中小型家庭农场成为农业生产中最常见的形式。小型生产者在城市经济中也很常见。为了加强财政基础，防止地方势力的壮大，中央政府虽然向小生产者征税，但也帮助他们对抗大地主。[①]

人类发展状况

除收入之外，作为土耳其 19 世纪人类发展的两个基本指标，医疗和教育的量化数据都较为有限。我们手中只有一份关于土耳其 19 世纪预期寿命的研究报告。肖特和马库拉估计，土耳其在一战爆发前的预期寿命为 32～33 岁。19 世纪的人口统计数据不足以详细估测土耳其早期基准年的预期寿命。然而，根据南欧和东欧国家预期寿命的趋势，我估测土耳其在 1820 年的预期寿命为 26～27 岁。这一估算也与发展中国家在 19 世纪时的预期寿命的现有估计值相一致（Zijdeman and de Silva，2014，第 101—116 页）。这一估计值表明，土耳其人口的预期寿命增长缓慢，在一战前的一个世纪中提升了大约 6 岁（见图 2.3 和表 6.2）。婴幼儿的高死亡率是导致预期寿命较低的一个重要原因，这一点在大约四分之三人口所在的农村地区尤为明显。事实上，据估计，在 19 世纪到 20 世纪下半叶，死于传染病的五岁以下儿童占死亡人数的一半以上。预期寿命逐渐增加的部分原因可能是婴幼儿死亡率的下降（Deaton，2013，第 59—100 页）。

之前几个世纪，瘟疫和霍乱频发是地中海东部人口增长的关

[①] Keyder（1987，第 25—48 页）；Kasaba（1988，第 49—85 页）；Özbek（2015，第 39—112 页）。

键障碍。19 世纪 30 年代后，瘟疫的消失促进了预期寿命的增长。虽然公共卫生措施（例如船舶检疫）可能在 19 世纪中叶的瘟疫消失中起到了一定的作用，但是霍乱仍旧肆虐。尽管在 19 世纪下半叶战争不再频繁，但是人们的寿命依旧较短。此外，军队规模较小，战争期间的死亡人数不算多。因此，战争频率的降低对总体死亡率的影响可能不大。

营养供给的逐步改善是死亡率下降的另一个原因。在一战前的一个世纪中，人均 GDP 增长约 60%。相比于内陆和东部地区，更市场导向的沿海地区和西部地区从这些增长中获益更多。尽管如此，随着人均农业产出缓慢增长，粮食供应状况在超过四分之三人口居住的农村地区也有所改善。饥荒在 19 世纪之前的安纳托利亚并不频繁。粮食供应和运输条件的改善（包括铁路建设）使饥荒现象在 19 世纪进一步减少。

由于数据有限，我们很难评述 19 世纪城乡死亡率的差异。在西欧的工业化国家，城市地区的死亡率高于农村地区，如果不是 19 世纪时大量农村人口迁移到城市，城市地区的人口则更加无以为继。但是对于土耳其来说，目前并不确定城市和农村的死亡率差异，也不清楚城市死亡率是否更高。土耳其对公共卫生基础设施的投资仅限于一些大型港口城市。城市受到霍乱和早前瘟疫的影响更大，城市地区的工业化进程则起步较晚，并且程度有限。19 世纪奥斯曼帝国的城市增长和人口密度无法达到西欧的水平。另一方面，农村地区的人均收入较低，粮食供给波动不定，但饥荒没有频发。关于不同群体间细分的预期寿命的信息也十分有限。但非穆斯林的预期寿命也许更高，因为他们的人均收入和受教育程度更高。[1]

---

① Akder（2010，第 210—220 页）；Courbage and Fargues（1997，第 91—129 页）。

由于 19 世纪时许多国家在医疗和人均收入方面取得了进步，因此对照这些国家评估土耳其是有益的。现有估计表明，西欧和西方旁支国家的预期寿命在 19 世纪有所提高，在一战前夕达到 45～55 岁。相比之下，有证据表明，全球发展中国家的平均预期寿命停滞不前或者提高缓慢。在一战前夕，阿根廷的预期寿命为 45 岁，日本的预期寿命为 40 岁。亚洲、非洲和南美洲其他地区的预期寿命为 25～32 岁。这些估值表明，土耳其的预期寿命与发展中国家的总体水平相近，在 19 世纪下半叶则略高于该水平（Zijdeman and de Silva，2014，第 109—112 页；见图 2.4 与图 2.5）。

教育是奥斯曼帝国 19 世纪改革中的重要内容。三级教育体系早已建立，但是向各行省推广新学校的进程直到 19 世纪末才稍有进展。随着时间推移，新学校的数量增加缓慢，但它们并没有取代古兰经学校。国家财政紧张是导致这一现象的重要原因。中央政府在 19 世纪后期还通过鼓动地方权贵联手合作来调集当地资源，但这些努力也是不够的。更重要的是，抵制改革的穆斯林民众和保守派穆斯林精英并不轻易接受这些新办学校。当地的穆斯林群体反而受到鼓动，送孩子去就读古兰经学校。因此在帝国瓦解之前，在各行省的地方和农村地区普及公立学校的难题一直未被克服（Somel，2001；Fortna，2010，第 15—26 页）。现代高等教育学府也开始为各种官僚机构和军队输送人才。这些军校和其他学校向学生们教授现代物理、医学和生物学等科目。此外，农业学校开始向多为富农家庭子女的学生传授最新的培植技术。非穆斯林社群，以及主要招收非穆斯林学生的外国传教士也在管理和运行自己的学校。

19 世纪 60 年代到 19 世纪末，奥斯曼帝国各级学生人数增长了一倍多。在今土耳其境内，19 世纪末时有近 20% 的学龄人口就读于各个学校。据估计，土耳其的全民识字率在一战前夕一直接近或略高于 10%。^① 尽管量化证据有限，但我们可以肯定地说，城乡之间、男女之间以及非穆斯林与穆斯林之间在受教育程度和识字率方面有着极大的差距。在 20 世纪初，识字的绝大多数是城市居民且多为男性。各非穆斯林社群的入学率、识字率以及新学校在各行省的推广率都高于穆斯林社群。西部城市和农村地区的识字率可能较高，但不同地区的入学率和识字率的差异程度尚不明确。当奥斯曼政府在西部和沿海地区创建了更多学校时，美国以及其他国家的传教士则在以亚美尼亚人为主的东部地区更活跃。据估计，到一战前夕，今土耳其境内的 15 岁以上成年人平均受正规教育年限的增长十分缓慢，大约只达到半年的水平；而全球的平均受教育年限已增至两年左右。这样的平均受教育水平使土耳其不仅远远落后于西欧和美国，而且落后于俄国、拉丁美洲国家和中国，只是略微领先于埃及、南亚、东南亚以及撒哈拉以南非洲国家（van Leeuwen and van Leeuwen-Li，2014，第 93—97 页）。

---

① Somel（2001）；Tekeli and İlkin（1993）；Alkan（2000）；Fortna（2011，第 20—21 页）。

第七章　从帝国到民族国家

1914—1950 年是世界经济发展的艰难时期，其间经历了两次世界大战和大萧条。随着 19 世纪的开放经济模式在这些大事件的高压下土崩瓦解，国家干预主义、贸易保护主义和高度重视民族经济成为土耳其指导经济政策制定的新原则。19 世纪的自由主义模式在一战期间开始式微。国际贸易和资本流动的中断迫使各国政府自寻出路，而且助长了自给自足的趋势。世界经济有望在一战后复苏，但潜在的弱点依旧存在。1929 年的大萧条首先导致发达国家的经济活动大幅减少，随后开始波及发展中国家。持续不断的政治紧张局势，加上世界经济中没有国家发挥领导作用，导致发达国家难以在 20 世纪 30 年代开展政策协调。[1]

大萧条对发达国家和发展中国家均造成了深远影响。由于缺乏逻辑一致的理论指导，发达国家政府尝试了各种干预主义政策来应对大萧条。其中最重要的是汇率政策、各种出口限制、扩张性货币政策以及财政政策。许多发展中国家，特别是政治上更加独立于欧洲列强的国家，也不同程度地采用了国家干预主义、贸

---

[1] Findlay and O'Rourke（2007，第 429—473 页）；Broadberry and Harrison（2005）；Eichengreen（2008，第 43—90 页）；Kindleberger（1986，第 95—229 页）；Rothermund（1996）；Berend（2006，第 42—132 页）。

易保护主义和发展工业化的新政策。此外，许多政府还投资基础设施建设，并试图压低薪资，拖欠债务。从拉丁美洲到南欧乃至亚洲，由于实行这些政策，许多发展中国家的外贸占总产出的比重有所下降，制造业活动的比重显著增加。迪亚斯·亚历杭德罗和麦迪森等人的研究表明，相比于那些沿用以农产品出口为基础的早期策略的国家，在20世纪30年代采取干预主义和内向型经济政策的国家在经济增长方面更胜一筹。[1] 但是，并非所有发展中国家在20世纪30年代都奉行干预主义。许多发展中国家特别是那些附属于欧洲列强的殖民地国家仍旧实行开放经济模式和农业专业化。

自拿破仑战争结束以后的近一个世纪里，奥斯曼帝国的经济一直保持对外开放，外贸和外资也稳步增长。经济政策在1908年土耳其青年革命后并无明显变化。即使主张世俗化而且更加倾向民族主义的联合进步委员会在1913年发动军事政变夺取政权后，这些经济政策也毫无改变，因为当时的自由贸易条约、向欧洲国家及其公民提供的特权和"外侨权利协定"，还有巨额未偿债务，都严重制约了奥斯曼政府的选择。但是自1914年开始，重大的经济变革与政治变革同时爆发。随着一战的爆发，奥斯曼经济由于外贸中断而急剧内向化。一战结束导致了奥斯曼帝国的终结和一众新国家的建立。独立战争后，土耳其作为一个新共和国于1923年诞生。由于在战间期颇为不同的政治和经济环境，这个新民族国家设法获得了极大的自治权来设立自己的政治和经济制度以及经济政策。因此，安卡拉新政府得以在大萧条时期至二战前采取保护主义和工业化的政策。

---

[1] Diaz Alejandro（1984）；Maddison（1985，第 13—44 页）；Williamson（2006，第 109—143 页）。

两次世界大战以及大萧条都给经济发展造成了重创。此外，从帝国向新国界内的新民族国家转型也产生了影响深远的经济后果。GDP 总值和人均 GDP 在这几十年中剧烈波动。表 7.1 呈现的第一个时期涵盖了一战以及 1922 年之前的独立战争。在这 10 年中，土耳其的人口减少了 20%，GDP 总值下跌超过 50%。随着和平的到来，加之新民族国家的建立，土耳其经济在 1929 年之前强劲回升，人均 GDP 恢复到了一战前的水平，但总人口与 GDP 仍未完全恢复。1929—1939 年的 10 年，大萧条伴随着贸易保护主义、国家主导的工业化以及中高水平的增长率等特点。在农业产出持续增长的支持下，制造业产出激增。1939 年，土耳其在战间期的人均 GDP 达到峰值。尽管土耳其没有参与二战，但外贸中断和军事动员仍给土耳其经济带来了严重后果，一直持续到 1945 年。当然，二战对经济的冲击不如一战严重。土耳其在战后迎来了另一段经济复苏期，但是直到 1950 年之后人均 GDP 才重新达到 1939 年的水平。

表 7.1　1913—1950 年分时段的经济趋势

时段	年均增长率（%）					每时段末的人均 GDP（1913 = 100）
	人口	GDP	农业	制造业	人均 GDP	
1913—1922	−2.3	−6.4	—	—	−4.2	68
1923—1929	2.0	8.8	11.1	6.9	6.8	105
1930—1939	2.0	5.2	4.4	7.2	3.2	158
1940—1945	1.1	−5.8	−8.4	−6.7	−6.9	99
1946—1950	2.2	8.4	12.1	8.3	6.1	141
1913—1950	0.7	1.6	—	—	0.9	141

资料来源：作者根据 Eldem（1970，第 275—309 页），Bulutay et al.（1974），Özel and Pamuk（2006，第 83—90 页）等人的资料计算所得；土耳其 1923—1950 年的数据来自土耳其统计研究所（2014）的官方国家收入序列数据。

本章首先讨论了全球政治形势和土耳其的政治走势，以及它们如何导致经济政策与制度的变革，还有变革产生的后果。下一章我将以绝对和相对两个标准来回顾土耳其在经济增长、收入分配和人类发展方面的表现，并讨论制度和制度改革在1913—1950年经济发展中的作用。

第一次世界大战

在1912—1913年巴尔干战争的军事挫败后，奥斯曼帝国的民族主义情绪（包括经济民族主义）不断高涨。1914年后的经济政策剧变主要是因为一战造成的局势。几乎完全中断的对外贸易迫使联合进步委员会的战时政府采纳了完全不同于以往的政策，以继续维持战事。一战期间的经济封闭以及向国家干预主义的转变，成为经济模式长期变革的开端。大萧条在1929年爆发后，另一场世界大战不久便初现端倪，经济民族主义情绪以及能否实现自给自足开始左右着土耳其经济政策的制定。贸易保护主义和内向型工业化模式从二战后一直持续到1980年。因此，对一战时期的详尽考究能够帮助我们了解20世纪大多时间里主导土耳其经济的基本模式是如何产生的。

一战时期的奥斯曼帝国发展落后、以农业经济为主、工业薄弱、交通运输网络欠佳、国家能力有限。相比于大多数其他参战国，奥斯曼帝国面对持久战造成的经济后果更缺乏准备。无论是国民经济还是国家本身，都无法有效应对战争带来的高压。战时政府干预经济政策的结果并不总是尽如人意。尽管自身存在许多弱点，并被迫在多条战线上作战，但奥斯曼帝国的战争行动一直坚持到1918年底，还是颇为引人注目（Erickson，2001，第51—73页）。

经济政策及制度的变革

左右两翼的城市知识分子、官僚活动家和军队官员甚至在战前的 1908 年土耳其青年革命后，就已经展开了关于经济战略的辩论。一方是西方模式的分权化和经济自由主义的捍卫者，他们坚决维护以贸易和农业发展为基础的开放经济路线。举例来说，联合进步委员会的财政部长卡维德·贝（Cavid Bey）支持自由经济政策，并强调农业在经济发展中的作用。反对他们的另一方是"李斯特式保护主义"以及"施行工业化、自力更生"战略的拥护者。同样有趣的是，双方都逐渐认识到，奥斯曼帝国必须摒弃视财政收入为重中之重的传统，转而推行有利于经济发展的政策。但奥斯曼政府已承诺履行自由贸易条约，并继续坚持在经济和法律事务方面向外国公司和公民提供特权的制度。因此，直到一战争爆发前，这些辩论对政策的影响都很小。1913 年为鼓励国内工业发展而通过的立法是明显的特例。然而，如果土耳其不提高制成品的进口关税，那么这一法律的效力可能依然非常有限（Toprak，1982，第 168—181 页）。

随着战争打响，奥斯曼的港口便被封锁，奥斯曼帝国与欧洲的贸易也陷入停滞状态。奥斯曼帝国对战争的投入不得不完全依靠国内资源。在这些情况下，与欧洲主要国家（如英国和法国）政治关系的破裂使得联合进步委员会有机会对经济政策做出重大调整。联合进步委员会首先在 1914 年底单方面废止了"外侨权利协定"，即在法律、司法、贸易和其他领域向欧洲人提供的特权，因此外国公司及外国公民同样受到奥斯曼帝国法律的约束。这一决策对经济最重要的影响便是奥斯曼公民得以与欧洲人平等竞争。此外，联合进步委员会还废除了赋予外国公司的各种特许权。在奥斯曼帝国境内经营的公司要依据奥斯曼法律注册，并受奥斯曼法律法规的约束（Toprak，1982，第69—98页；Elmacı，2005，第60—165页）。

其次，联合进步政府还在1915年采用了全新的选择性关税，税率因商品类别而异，以此取代了"一刀切"式的从价关税。政府可随意调整关税，并对具体的行业予以保护。与此同时，1913年政府还扩大了旨在支持国内工业发展的法律的覆盖范围。再次，奥斯曼政府不再偿还主要由法国和德国，其次由英国投资者持有的巨额外债，并且叫停了奥斯曼国债管理处的活动。为1923年新民族国家诞生铺平道路的洛桑和平会议重启了这三个问题，土耳其和欧洲主要政府的代表就这三个问题展开了多次谈判。

外贸与生产的中断

奥斯曼经济靠进口提供制成品和军事物资，还依赖进口向沿海城市特别是首都供给食物。外贸中断是战争带来的最早和最直接的影响，而地中海周围协约国的商业禁运使情况更加复杂。因此，奥斯曼的外贸范围很快缩减到只能从保加利亚通过铁路输入商品的地步。直到1915年底德国占领塞尔维亚后，土耳其才恢复与德国和奥地利的陆运贸易。到了1916年，奥斯曼帝国的对外贸易总量已降至战前水平的五分之一左右，而其中超过90%是与德国和奥匈帝国的贸易往来。因此，谷物和蔗糖等食品以及各种制成品很快出现了短缺（Eldem，1994，第47—82页）。

奥斯曼帝国在相关军事领域的制造仍然非常有限。在一战前夕，生铁和钢的产量很低。化学生产和石油炼制也几乎没有。奥斯曼帝国只有一家火炮和小型武器铸造厂、一家子弹与弹壳厂和一家火药厂。能源短缺是战争时期的另一难题。尽管战前的奥斯曼帝国在煤炭方面实现了自给自足，但是继俄国轰炸黑海沿岸的埃雷利煤矿并击沉运输船只后，奥斯曼帝国不得不从德国进口煤炭。因此，在一战期间的大部分时间里，安纳托利亚南部和叙利亚的铁路只能用木料当燃料。直到1915年塞尔维亚战败，奥斯曼恢复与中欧的铁路通行和其他陆路交通，都面临着战争物资和原材料的严重短缺。奥斯曼军队一直依赖进口武器和军事装备，直到战争结束。

战争对国内工业的影响起初是正面的，因为出现了一些进口替代。但是好景不长，原材料便开始出现短缺。此外，煤炭产出的下降对工业生产造成了不利影响。同样重要的是，城市地区甚至在战前就已经面临一定程度的劳动力短缺，尤其是缺乏熟练工人。对大量男性人口的军事动员导致劳动力短缺问题进一步恶化。直到战争结束，调集并雇用大量城市女工并没能解决劳动力短缺的问题。煤炭和其他矿产品的产出也大幅下降，与战前水平相比下降了50%~80%。相比于1913年的水平，棉纺织业在1918年的产出减少了50%。战争期间的工业产出总体下降了30%~50%。

战时状况也使农业生产困难重重。由于土耳其的机械化水平仍然有限，因此农业生产并不依靠进口投入和进口设备。但是在战争期间，农业生产受到军队特殊需求的严重影响。对于一个在和平年代也面临着农业和城市部门劳动力短缺的经济体来说，大规模征兵给奥斯曼经济造成了极大的困扰。此外，军队在许多地区征用的农畜数量严重超标。由于奥斯曼帝国农业生产技术相当落后，因此机械并不能轻易地取代劳动力和农畜。

尽管女性在农业生产中扛起了更多重担，但耕种面积和产出水平急剧下降。出于种种原因，土地耕种面积和农业产出自战争打响的第一年起就开始下降。到1916年，小麦总产出已经下降了近30%。大多数可出口的经济作物的产出下跌更严重。与1913—1914年的水平相比，1918年小麦的产出下降了近40%，烟草、葡萄干、榛子、橄榄油、生丝和棉花的产出减少了超过50%。但这些官方数据可能高估了产出下降的程度，因为农业生产者会故意隐瞒或刻意少报自己的产出水平，以此逃避战时税收，以及避免被军队强制征缴。[1]

还有其他原因导致农业产出下降。在安纳托利亚东部，奥斯曼政府迫使100多万名亚美尼亚人在1915年长途跋涉前往叙利亚的沙漠。他们中许多人在途中死于由平民和政府相关部队发起的武装袭击、饥荒以及疾病，而其他人则逃往周边地区。安纳托利亚东部的大片土地随后被俄国占领，由此引发亚美尼亚人的回归和穆斯林农民的逃亡。这些惨烈的事件继而导致该地区农业生产崩溃，以及更多亚美尼亚人和穆斯林丧生。

总体来说，战争带来的影响因地区而异。通常农村地区的状况更乐观，因为大多数农村人口都拥有一些的耕地，只要不是颗粒无收，他们便可以直接获得粮食。粮食出口地区和粮食进口地区的情况大为不同。城市地区中的大部分问题出现在粮食短缺的区域。某个地区的军事行动和大规模军队部署会使当地的处境更加艰难。禁止国内内部粮食贸易，加上地方指挥官没收余粮的情况都导致粮食短缺问题进一步恶化。安纳托利亚东部、叙利亚北部和黎巴嫩是粮食短缺最严重的地区。[2]

城市地区的粮食供给

战时状况使奥斯曼帝国的粮食供给陷入困境。在进口农产品和国内农业产出大幅下降的同时，帝国还要供养一支大部队，粮食需求实际上有增无减。此外，连通奥斯曼粮食过剩地区与粮食

---

[1] Eldem（1994，第33—116页）；Pamuk（2005，第121—131页）；Toprak（1982，第267—312页）。

[2] Pamuk（2005，第118—131页）；Boratav（1982，第61—75页）；Ogün（1999）。

短缺地区的交通运输网络也无法有效应对战时的高压。直到战争爆发前，帝国大部分外贸和许多国内贸易都依靠海运。协约国截断地中海的海上运输后，奥斯曼帝国的战事几乎完全依靠陆运。奥斯曼帝国当时的道路状况非常落后，大部分交通运输由农畜承担，通信手段也比较匮乏，既有的电报线路仍然十分有限。

然而，一战时期的粮食短缺与饥荒问题并不总是因为粮食供应的减少。正如阿马蒂亚·森所言，尽管粮食供应总量可能保持不变或仅略微下降，但是社会中某些群体如果失去了获得粮食的能力，即森所称的"粮食权利"，就会造成饥饿和饥荒。举例来说，战时状况可能导致某一类人口，如城市贫民无法负担得起粮食。因此，粮食短缺和饥荒不仅取决于粮食供应总量，还取决于不同群体间粮食可得性状况（Sen，1981，第39—51页）。粮食供应减少以及分配与消费不平等，都会严重影响士气并有碍战事。因此，保障城市居民与军队的粮食供给、以公平的方式分配粮食，被视为奥斯曼政府在一战时期最关键的经济议题之一。

早在战争初期，奥斯曼政府就清楚地知道，市场本身无法妥善解决粮食供给问题，政府必须采取多种形式的干预措施。政府的战时粮食供给政策覆盖了很多领域，农业生产、交通运输、粮食分配，乃至食品消费。一方面，通过在首都实行配给制，政府试图降低对供应有限的粮食的消费，并且确保粮食的公平分配。另一方面，政府试图直接干预和扩大粮食生产。奥斯曼议会于1916年9月通过了《农业义务法》，该法律规定，城市的大型企业肩负着保障必要工具和劳动力以及耕作指定面积土地的多项责任。此外，该法律要求农民的每对耕牛必须耕作最低面积的土地，并赋予政府将一切未服兵役的男女投入农业生产的权力。政府还有权要求家庭或个人到因战时调配而发生劳动力短缺的农场工作。

在极端情况下，由军队组织的女性部队会被派往安纳托利亚南部的田间地头采摘棉花。简言之，战时农业系统的立法在 1916 年底已经就位。然而，这一备受瞩目的法律以及相关措施的实际执行效果相当有限。[①]

政府还干预从安纳托利亚到伊斯坦布尔的粮食运输。尽管安纳托利亚有铁路，但 1914 年之前伊斯坦布尔十分依赖通过海运进口的粮食和面粉。随着战争的爆发，进口贸易被阻断，伊斯坦布尔只能寄希望于安纳托利亚中部的产粮平原。在正常情况下，安纳托利亚有能力为伊斯坦布尔供给粮食。但由于战时产量下跌，加上运输受阻，首都的粮食供应十分紧俏。

在一战的大部分时间里，安纳托利亚中部到伊斯坦布尔的铁路运力不足，以及从黑海抵达的船只有限，一直是伊斯坦布尔粮食供应的瓶颈所在。粮食配给问题引发了一场激烈的斗争。在伊斯坦布尔粮食供应短缺的情况下，联合进步委员会的领导层借机选出一小群与自身党派过往甚密的商人来供应城市所需的粮食。铁路货运车厢和运输许可证都被分配给了与该党派关系密切的穆斯林商人，因为一部分利益会回流到该党派人士手中。这样的操作使得联合进步委员会能够发战争财。同样重要的是联合进步委员会可以借机打造一个关系密切的新土耳其裔穆斯林商人团体。稀缺商品的进口和分销的垄断权被授予该党在首都和地方的拥护者。政府试图将这些利润转移至其他地区，将靠近安纳托利亚中部铁路的商人、伊斯坦布尔的其他商人、大地主都聚拢起来创办新公司。这些公司的创立者与 1918 年初成立的国民经济银行的投资商同出一脉。这一策略自然也符合联合进步委员会在一战时期

---

① Yalman（1934，第 119—134 页）；Toprak（1982，第 81—198 页）；Ahmad（1988，第 265—286 页）；Ökçün（1983）。

坚持的"土耳其民族主义"意识形态。[1]

战时财政与通货膨胀

奥斯曼政府在一战之前通过举借外债来填补预算赤字。战争爆发后，军费开支激增，政府绝无可能再向欧洲金融市场借贷。一个筹集军费的办法是提高税收。从消费者和企业征收的直接和间接税早在战争初期就提高了。尽管做出了百般努力，但奥斯曼帝国的税收不增反降。其中一个原因是农业和工业产出在一战爆发后大幅降低。此外，随着通货膨胀在 1915 年后卷土重来，政府无法上调许多定额名义税。第三个也可能是最关键的原因是，随着经费短缺，加之产出和收入减少，奥斯曼帝国的征税能力明显下降，城市和农村地区的偷税漏税行为愈演愈烈。

以奥斯曼里拉计算的预算收入一直低于战前水平，但不断上涨的开支导致财政赤字日益扩大。举例来说，奥斯曼政府通过削减薪资的方式来竭力控制赤字。政府能够从盟国（主要是德国）获得的贷款也很有限。面对这一不断恶化的财政状况，奥斯曼政府决定发行名为凯米的纸币。1915 年后，印刷纸币成为筹集战争经费的主要手段。随着纸币的大量流通，与金里拉的兑换率开始下跌，银币退出流通。在伊斯坦布尔，凯米与金里拉的兑换率从 1915 年底的 105 库鲁什下降到 1916 年底的 188 库鲁什，在 1917 年底变为 470 库鲁什，到战争结束时已是 500 库鲁什（见表 7.2）。

物价迅速上涨，尤其是战争的最后两年，其中的部分原因是货币扩张、城市地区的粮食短缺，以及其他物资的匮乏。奥斯曼国债管理处编制的 CPI（消费者价格指数）显示，伊斯坦布尔的物

---

[1] Toprak（1982，第 22—35 页）；Yalman（1934，第 135—143 页）；Tekeli and İlkin（2004a，第 1—44 页）。

表 7.2　一战期间的货币与物价

	1915	1916	1917	1918
流通中的货币（百万金里拉）	8	46	124	161
纸币与金里拉的兑换率（平价 = 100）	105	188	470	438
伊斯坦布尔的 CPI（1914 = 100）	130	212	1 465	2 205

注：1914 年 1.1 奥斯曼金里拉 = 1 英镑。数据分别为 1915 年、1916 年、1917 年、1918 年底的数据。

资料来源：Yalman（1934，第 144—154 页）；Eldem（1970，第 47—56 页）；Toprak（1982，第 330—334 页）。

价在四年里上涨了 20 多倍。由于首都的粮食短缺更为严峻，伊斯坦布尔的 CPI 上涨幅度可能高过其他城市。土耳其的战时通胀率远高于其他参战国，仅与 1917 年革命前的俄国相差无几（Gatrell，2005，第 270 页）。虽然物价大幅上涨，但是薪资水平远远落后。奥斯曼帝国在战争期间的工资购买力下降了 80%，主要发生在战争的最后两年。公共部门工资购买力的跌幅甚至比私人部门更大（Eldem，1994，第 55 和 133 页）。

战争的长期影响

奥斯曼帝国和土耳其在 1912—1922 年参与了一系列战争，先是 1912—1913 年的巴尔干战争，随后是一战以及 1920—1922 年的独立战争。这十年战争产生的政治、人口和经济后果影响深远。当然最重要的是，一战导致了奥斯曼帝国的灭亡与若干独立国家的建立。由安卡拉的新议会和新政府领导的独立战争结束后，土耳其作为新兴共和国于 1923 年在安纳托利亚诞生（Zürcher，2004，第 133—175 页）。

人口结构的大幅变动是这十年战争的另一重要后果。1914 年一战爆发时，土耳其的总人口约为 1 650 万。因战争损失的穆斯林人口大约为 150 万，其中大多为土耳其裔。此外，由于 1915 年被政府驱逐出境，而后在途中遭遇屠杀、饥荒、疾病，加之流落逃亡至周边地区，土耳其的亚美尼亚人从 150 万锐减至不足 20 万。1923 年后，根据土耳其和希腊签署的人口对调协议，约有 120 万东正教希腊人离开安纳托利亚，约有 50 万来自希腊和巴尔干的穆斯林抵达土耳其。这些数字还包括 1922 年希腊占领期告终时被迫离开安纳托利亚西部的希腊人（Aré，1995；Yıldırım，2006，第 87—188 页）。由于这一系列剧变，土耳其在 1924 年底的总人口约为 1 300 万，相比十年前减少了约 20%（详见第二章）。

历经十年战争后，土耳其人口在种族结构上变得更加同质化。到 1913 年，非穆斯林在今土耳其境内的总人口中占比超过 20%。到 1925 年，非穆斯林在总人口中的占比降至大约 3%。余留的大部分非穆斯林、希腊人、亚美尼亚人和犹太人现居住在伊斯坦布尔地区。其余人口则由土耳其裔穆斯林和库尔德人组成。

希腊人和亚美尼亚人的数量骤降产生了长期的经济、政治、社会以及文化后果。遍及安纳托利亚的许多商业化和出口导向的农户和工匠，以及在战前将农村地区与港口城市和欧洲贸易公司连为一体的商人和放债人都不复存在了。此时，土耳其裔穆斯林中的资产阶级领导了现代土耳其的私人部门，他们从青年土耳其政府的战时民族主义政策中获利。其中的许多人还占取了离境的希腊人和亚美尼亚人的地产和其他资产。然而，直到 20 世纪下半叶，这个主要由中小型企业组成的私人部门仍旧势单力薄（Keyder，1987，第 71—90 页）。

历经十年战争后，这个新民族国家的城市化程度更低，经济更为落后。在此期间，伊斯坦布尔的人口从 90 万人降至 70 万人，伊兹密尔的人口从 30 万人跌至 15 万人。更普遍地看，自 1914 年至 1927 年，生活在 1 万人以上的城镇的人口占总人口的比重从

23%降至17%。由于战争中男性伤亡人数较多，所以寡妇和孤儿成了人口的重要组成部分。此外，在这十年中，机械设备、农畜和工厂车间的衰败及损毁对农业、工业和采矿业产生了不利影响。由于可得的数据有限，我们很难可靠地估算人均产出和收入水平。现有证据表明，土耳其经济在1918年前急剧下降，在20世纪20年代初有所回升，当时也出现了更详细的统计数据。尽管如此，1923年的人均GDP和人均收入仍比1914年的水平低约30%（Özel and Pamuk，1998，第83—90页）。

最后，这十年战争的另一个重要持久影响是经济民族主义和政府干预主义的兴起，它们在战间期得到国际环境的大力支持。新土耳其共和国的领导层、军官、官僚和知识分子深受十年战争的影响。他们与1918年之前领导着奥斯曼帝国的青年土耳其运动有密切的经济和社会关联。随着土耳其经济逐渐内向化和自给自足化，为新战争做准备成为战间期经济政策的基本要务，1912—1922年积累的干预主义经验此时开始影响这个新民族国家的经济政策。自1929年起，这个新民族国家的经济政策日益转向贸易保护主义，外贸在经济中的比重迅速下降。大萧条袭来后，1930年由政府主导的工业化被确定为基本发展战略。这一模式的起源某种程度上可以追溯到一战时期的国家干预主义实验。

新的民族国家

反对协约国侵占和瓜分土耳其领土的独立战争从1920年一直持续到1922年。独立战争受到地方权贵、商人、地主和宗教领袖的共同支持。1920年在安卡拉召开的议会十分多元化，多方开诚布公地表达各种意见。许多保守派希望保留苏丹制（伊斯兰教君主制）和哈里发王权，而且有意在战争胜利后建立君主立宪制国家。但是穆斯塔法·凯末尔（Mustafa Kemal）和他的亲信则另有所想。在 1922 年废除苏丹制、1923 年宣布共和国成立并且在 1924 年废止哈里发王权后，穆斯塔法·凯末尔和他的幕僚推行了非常强有力的世俗化路线，并且开始肃清反对派。为应对 1925 年土耳其东部迪亚巴克尔地区的库尔德人起义，议会通过了赋予政府特别权力的《维持秩序法》。进步共和党作为反对派很快被解散，其成员在议会中也未能再次获选。

穆斯塔法·凯末尔及其幕僚领导的一党制政府推行了新共和国的激进世俗化、现代化改革和制度变革。这批新领导人在 19 世纪改革所建立的学校中接受教育，被灌输了法国大革命的启蒙观念和理性思想。他们将建设新的民族国家与通过西方化达成现代化视为两个密切相关的目标。20 世纪 20 年代的第一波改革建立在政府、法律和教育的世俗化之上，这种世俗化始于一个世纪前，并在 1913—1918 年由联合进步政府继续推进。伊斯兰法的适用范围自 19 世纪开始就被局限在家庭法上。随着 1926 年对瑞士《民法典》和意大利《刑法典》的借鉴，土耳其与伊斯兰法的联系进一步弱化。教育系统也开始由教育部统管。虽然未获强制执行，但是为女孩提供基础教育被确定为义务，联合进步政府在一战期间将高等教育向女性群体开放。安卡拉政府则将教育体系一起来（包括非穆斯林学校），并且关闭了宗教学校。神学院也被关闭，但为宣教士设立了新学校。在接下来的几年里，公立学校、市政服务的一些部门以及更多职业开始向城市里奉行新世俗主义的中产阶级女性开放。

土耳其在 1926 年采用西方时间和西方日历、在 1928 年采用西方数字、在 1931 年采用西方计重与计量单位，这些举动不仅赋予了土耳其欧式面貌，而且促进了它与欧洲各国的交流与贸易。使用拉丁字母是整个过程中最极端的举措。穆斯塔法·凯末尔总统在 1928 年 8 月首次宣布，使用拉丁字母的土耳其新文字将全面取代奥斯曼字母。政府发起了一场推广新字母的运动，总统在随后几个月造访全国以解释并教授新字母。1928 年 11 月，一部新出台的法律强制要求全国从 1929 年第一天便开始在大众传媒中使用新字母。政府随后在全国各地开展扫盲运动，向通晓阿拉伯字母的成年人以及绝大多数文盲教授新字母。但扫盲成果喜忧参半，直到二战结束，大部分进展还只限于城市地区的男性群体，而没有发生在女性群体中（Zürcher，2004，第 175—195 页；Çagaptay，2006，第 82—139 页）。

经济制度的变革

奥斯曼帝国向民族国家的转变以及新边界的划定都产生了重要的经济后果。奥斯曼帝国内部经历了几个世纪的大规模贸易发展，然而这一切被新划定的边界打乱了。对土耳其来说最要紧的是，通过供应叙利亚乃至埃及的远方市场，安纳托利亚东南部的手工业本已经繁荣兴盛，但随着新边界的划定和土耳其东南部关税壁垒的上升，对外贸易迅速衰落。色雷斯与欧洲之间的贸易，包括伊斯坦布尔在内的土耳其欧洲领土与色雷斯西部以及保加利亚之间的贸易，也出现了类似的中断。贸易和社会网络的中断给这些地区带来重创，新边界带来的冲击将延续数十年之久。划定新边界的另一重要代价与交通基础设施相关。由于边界调整，土耳其不得不重新规划铁路和公路交通网络。于是，新领导层一开始便竭力在新边界内建设国民经济。政府将修建新铁路视为新民族国家实现政治和经济统一的重要一环。

凯末尔的领导班子还敏锐地觉察到，奥斯曼帝国在财政和经济上长期依赖欧洲列强已经造成了严峻的政治问题。在 1922—

1923 年的洛桑和平会议期间，土耳其新政府不得不据理力争，以便有权决定与世界其他国家，尤其是与欧洲列强协调经济关系的新制度。经过漫长的谈判，会议对这三个基本问题都做出了重大修改，联合进步政府在一战早期就提出过这些问题。第一，土耳其废止了欧洲公民及公司的商业和法律特权。第二，废除奥斯曼帝国在 19 世纪签署的无法单方面修改的自由贸易条约。土耳其共和国获得了在 1929 年过渡期结束后决定本国关税的权利。由于战时通货膨胀，联合进步政府在 1916 年制定的名义关税大幅下降，且直到 1929 年都保持在同一水平。第三，经过持续到 1928 年的多轮谈判，奥斯曼帝国的外债被重组，并由继承国分担。根据协议，土耳其将承担奥斯曼帝国 67% 的债务，并于 1929 年开始偿还（Hershlag, 1968，第 16—27 页；Tezel, 1986，第 163—196 页）。

如前所述，1923 年 2 月在洛桑会议暂停期间召开的伊兹密尔经济大会揭示了土耳其将要奉行的经济政策。农民、商人、实业家和工人代表都出席了伊兹密尔大会。虽然大地主和商人发声更多，但所有团体都各抒己见，并要求建立一个由私人部门主导的国民经济。在特定条件下，土耳其也欢迎外资流入。由于时机微妙，许多向国内外受众传递的信息无疑是象征性的，而非实操性的。尽管如此，此次大会仍反映了 1929 年大萧条之前土耳其经济政策的基本方向（Ökçün, 1968，第 387—437 页；Kuruç, 2011，第 243—263 页）。

新政府最早的举措之一是在 1924 年取消什一税和动物税，而后开始对农村人口消费的商品（如糖和煤油）征收间接税和一些土地税。由地方税吏为政府征收的税率为 10% 的农业生产税外加动物税，是奥斯曼帝国几个世纪以来的主要收入来源。在 20 世纪初，这两项税收构成了奥斯曼帝国近一半的收入。但由于在一战和独立战争期间很难征收这些税项，所以土耳其新共和国征收的农业生产税和动物税的份额不比当年。废除什一税和动物税意味着新政府摆脱了令农业生产者承担主要税负的传统政策。自 20 世纪 30 年代起，在国家财政收入中占比日益提高的是城市经济，而不再是农业经济。

废除什一税被解读为新政府向支持独立战争的大地主做出的让步。新立法确实减轻了大地主的税收负担。但在执行这一政策时，新政府最在意的是让中小型家庭生产者有喘息之机，他们在总人口中占比极大，并且十年来几乎一直饱受战乱之苦。政府希望通过减轻税负更快更有效地恢复农业生产。实际上，尽管大萧条导致农产品价格急剧下跌，但在 1939 年之前，农业产出确实出现了大幅回升。

废除什一税对农村地区的权力关系也产生了重要影响。在 19 世纪时，以政府名义征缴的什一税和其他税收是农村高门大户收入与经济权力的重要来源。税吏往往是大地主或商人，他们在必要时会向陷入窘境的小生产者提供信贷，以此在农村地区建立依赖关系和有影响力的关系网络。随着什一税的废除，这些团体失去了掌控中小型家庭生产者的重要支柱。[1]

到了 20 世纪 20 年代，新政权设想建立一个由私人部门主导的城市经济。工业化和创建一个以土耳其裔穆斯林主导的私人部门被视为国民经济发展的关键所在。但私人部门比较弱小，主要由中小型企业组成。虽然 1929 年之前进口商品的关税较低，但经济政策的基本方略是以有限的政府干预来加强私人部门的实力。议会在 1927 年通过的《工业鼓励法》为食品加工业、纺织业、建筑材料业和其他工业企业提供了援助和各种奖励。政府还担心世界有可能再次爆发战争。为了避免再次陷入一战时那样的物资

---

[1] Keyder（1981，第 11—45 页）；Birtek and Keyder（1975，第 407—438 页）。

短缺困境，政府将建设一个自给自足的国民经济作为目标。三"白"产品，即白面粉、白砂糖和白布料，成了经济政策的重点。安卡拉政府并不反对外资流入，但此时的欧洲投资者对欧洲以外的投资机会兴味索然。恰恰相反的是，他们正准备抛售在土耳其的产业，等合适的买家一出现便离开此地（Boratav，1981，第165—190页）。

作为一家准国有企业，土耳其实业银行（Işbank）是以私人部门为主导的经济模式的典型实例之一，也是20世纪20年代经济政策的重要象征。该银行由包括穆斯塔法·凯末尔在内的政界名流于1924年创立，由后来在20世纪30年代担任共和人民党政府部长兼总理的杰拉勒·拜亚尔（Celal Bayar）掌舵。该银行的使命是支持并发展土耳其的私人部门。该银行向执政党的朋党提供特权和资源的事实很快便为公众所知。由于各种腐败案件，从银行活动中获益的各种内幕人士被称为"唯利是图者"（affairistes），其中暗含了该银行的名称。除了提供低利率信贷之外，政府在此期间建立土耳其裔穆斯林私人部门的首选方法是将既有的和刚形成的政府垄断权移交给与执政党亲近的人或公司（Kocabaíoélu，2001，第1—298页）。

新国境内的国民经济需要一个更发达的铁路运输网络。因此在战间期，铁路建设在公共投资中的占比最大。19世纪，由欧洲公司承建和运营的铁路将土地肥沃的农业区与主要的出口港相连，支撑着土耳其外贸的发展。新的经济模式试图把新枢纽安卡拉与该国欠发达的中部和东部地区连接起来，从而开拓国内市场。[1] 在欧洲公司于一战前的半个世纪里修建的4 000公里铁路的基础上，新政权在1939年之前又增修了3 000公里铁路，其中大部分资金

---

[1] Schoenberg（1977，第359—372页）；Tekeli and İlkin（2004c，第286—321页）。

来自国家预算。

使用既有技术修建铁路的成本很高。因此，在战间期用于铁路建设的资源相当可观，事实上，相比于安纳托利亚东南部水坝和灌溉项目，投入铁路建设的资金在年度预算和 GDP 中的占比更大，而该水利项目是土耳其在二战后几十年中规模最大的工程建设项目。因此，伊诺努政府的铁路政策在议会内外都备受非议。但铁路在经济、政治乃至在国家建设中都发挥着重要作用。多亏了新旧铁路运输网络，土耳其西部区域的主要城市自 20 世纪 30 年代起，特别是在二战期间，得以接收安纳托利亚中部和东部生产的小麦供给（Tekeli and İlkin，2004c，第 286—321 页）。除了修建新铁路外，政府还忙于将奥斯曼帝国时期修建的铁路国有化。由于经营土耳其的铁路并非一桩盈利的生意，而且大多数已建成的铁路都处于亏损状态，所以欧洲公司做好了移交铁路控制权的准备。因此，土耳其的铁路国有化过程没有遇到多少障碍。

20 世纪 20 年代是土耳其经济快速复苏的阶段。战争结束后，土耳其的耕地面积扩大，农业产出开始增加。随着农业收入的增长，城市经济也开始回暖。新的投资开始取代战争期间被摧毁的物质资本。随着世界市场需求的增长，土耳其的出口贸易也不断扩大。由于人口损失和劳动力普遍短缺，薪资水平仍然较高。因此，这一时期各类人群的产出和收入都有所提高（Hansen，1991，第 312—318 页）。我们用农业产出和出口序列数据所做的计算表明，土耳其的人均收入在 1929 年时恢复到了 1914 年的水平。一战期间及战后，今土耳其境内的人口减少了近 20%。因此，总人口和总产出直到 20 世纪 30 年代中期才达到战前水平（Pamuk and Özel，1998，第 83—90 页）。但在此之前，1929 年大萧条的爆发对全世界以及土耳其而言都是一个重大转折点。

大萧条

与许多发展中国家的情况一样，大萧条对土耳其的影响首先体现为农产品价格的急剧下跌。从 1928—1929 年到 1932—1933 年，小麦和其他谷物的价格降幅超过 60%，直到 20 世纪 30 年代末一直处于较低水平。烟草、葡萄干、榛子和棉花等主要出口作物的价格平均也下降了 50% 左右，不过这些作物的价格在 20 世纪 30 年代后期有所回升。由于这些产品的价格下降幅度大于制成品，农业面临的贸易条件恶化了 25% 以上，国内农业面临的贸易条件自 1928—1929 年到 1932—1933 年恶化了 30%（见图 7.1）。相比之下，实际出口量在 1929 年后不断增大，这或许反映了土耳其的产出水平在持续回升。但大多数市场导向型农业生产者的实际收入在大幅降低。农业部门和出口导向型行业的窘境引发了强烈的社会不满情绪，而且很快激发了大众对一党制政权的不满，尤其是在安纳托利亚西部、黑海东部沿海和南部的阿达纳棉花种植区等更为商业化的区域。安纳托利亚中部依靠铁路前往城市市场的小麦生产者也遭到价格下跌的冲击。那些债务缠身的人往往无力偿债。农产品价格的骤跌也导致许多商人宣告破产。随着农业部门的需求下降，城市经济也同样陷入困境，危机自此蔓延开来。[1]

1929 年已然是土耳其经济举步维艰的一年。对提升进口关税和即将开始偿还外债的预期导致外汇需求大增，引发了一场小型危机。作为应对，政府迅速采取了保护主义政策，并加大了对外贸和外汇的控制。伊斯坦布尔的主要进口商主张适度提高关税，

---

[1] Kazgan（1977，第 240—265 页；2005，第 43—92 页）；Emrence（2006）。

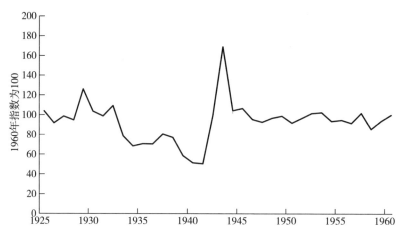

图 7.1 1925—1960 年的国内贸易条件，农产品价格/制成品价格

资料来源：基于土耳其统计研究所（2014）国民收入账户的隐含 GDP 平减指数。

但《洛桑和平条约》对土耳其商业政策的限制一终止，土耳其政府就在 1929 年 10 月推行了比原来高出很多的全新关税结构。据估计，1929 年平均进口关税从 13% 上升至 46%，并在 20 世纪 30 年代后期达到 60% 以上。同样重要的是，土耳其大幅提高了对食品和工业消费品的进口关税，但将农业机械、工业机械与原材料的关税控制在较低水平。因此，许多被政府选中的最终商品有着非常高的实际关税保护率。例如，20 世纪 30 年代进口纺织品的关税超过 80%，而蔗糖的关税超过 200%。此外，土耳其在 1931 年 11 月对一系列商品的进口实行了数量限制。随着进口替代普及到新的行业，实施进口数量限制的商品清单时常被更新，而且政府在 20 世纪 30 年代再次提高了部分商品的关税。[1]

除了强有力的保护主义措施，贸易制度也日益转向双边协定与易货贸易清算监管，也增强了内向化和限制进口的趋势。尽管

---

[1] Yücel（1996，第 74—84 页，第 105—113 页）；Tekeli and İlkin（1977，第 75—197 页）。

贸易出口量不断增加，国内产出还是在持续上升，因此这些趋势实际上意味着进口在 GDP 中的比重从 1928—1929 年的 12.8% 急剧下降到 1938—1939 年的 6.9%，出口在 GDP 中的比重从 1929—1929 年的 9.0% 下降到 1938—1939 年的 7.0%。于是，土耳其经济在大萧条期间非常迅速且剧烈地走向封闭。这种内向化趋势持续了一段时间。进口和出口在 GDP 中的比重在一战前的十年中首次超过 10%，但在二战结束直到 20 世纪 70 年代末期都一直低于10%（见图 7.2）。

全球经济危机的爆发导致许多债务国要求重组债务或完全中止偿债。发达国家作为债权人在当时的形势下无法过于强硬地提出要求。1929 年，根据《洛桑和平条约》完成第一批偿债后，土耳其同样要求对其承担的奥斯曼帝国债务进行重组。谈判的结果是，土耳其在那十年余下的时间里年度偿债额度减少了一半以上。

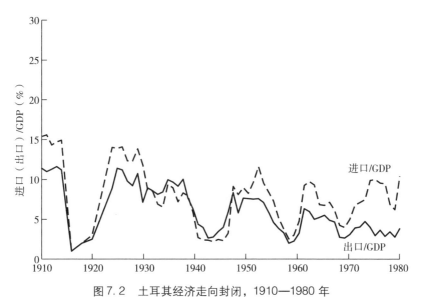

图 7.2　土耳其经济走向封闭，1910—1980 年

资料来源：奥斯曼帝国时期的数据来自 Pamuk（1987，第 148—150 页），以及 Eldem（1970，第 302—306 页）；1923 年以后的官方贸易和国民收入序列数据来自土耳其经济研究所（2014）。

土耳其政府试图为20世纪20年代其余时间里的工业项目寻求外部资金。然而，由于世界经济危机的爆发，外资流入量一直很低（Tezel，1986，第165—189页）。

为应对农产品价格下跌，土耳其政府成立了农产品办公室，并从1932年开始支持采购小麦和烟草。但政府的采购力度仍然十分有限。直到20世纪30年代末，支持购买的小麦平均占总产出的3%，占市场销售总量的15%（Özbek，2003，第219—238页）。支持性质的采购也许能阻止小麦价格进一步下降，但是农作物的价格并没有回升，而且相对价格直到1939年都对农业不利。事实上，政府还将有利于制造业的价格变动和保护主义政策视为快速发展工业化的良机（见图7.1）。

因此，制造业在国内消费中的比重不断增大。在大型工业企业缺失的情况下，国内很多地区的中小型制造企业成了直接受益者，它们中有纺织厂、面粉厂、玻璃厂、砖厂、皮革厂以及其他开始实现较高增长率的企业。通过进口替代实现工业化的进程已然拉开了帷幕（Yécel，1996，第74—113页）。[1]

国家主义

由于世界经济的恶劣局势仍在持续，土耳其政府决定宣布一项被称为"国家主义"（Etatism）的新战略，即政府主导的进口替代工业化，以此推进工业化。在1930年铁路延伸至锡瓦斯之际，土耳其总理伊斯麦特·伊诺努在讲话中称，"在经济方面，我们算是半个国家主义者。国家的需求及其思想倾向都鼓励我们朝这个

---

[1] 关于棉纺织品国内市场上国内生产份额的激增，并于1929年以后成为制造业中最重要的分支，详见第五章图5.2。

方向迈进"。因此，伊诺努试图将自己定位在当时政治光谱的中间，即介于自由主义和社会主义之间。[①] 20 世纪 30 年代，政府在经济中的角色扩张不仅出现在苏联，也被欧洲大陆用于应对大萧条。虽然安卡拉政府奉行的经济模式并不提倡社会主义，但比起其他欧洲国家，土耳其期待国有部门扮演更重要的角色。如果说土耳其采取这种强有力的国家主义的一个基本原因是中央政府不太受私人部门的影响，那么另一个相关原因便是私人部门的弱小，而且在制造业、银行业、采矿业和城市经济的其他主要行业中占主导地位的是掌握简单技术的中小企业。

国家主义使政府成为城市部门的主要生产者和投资者。在苏联顾问的协助下，土耳其在 1934 年制订了第一个五年工业计划。这份计划列出了国有企业将要投资的详细项目清单，而不是烦琐的技术意义上的规划文本。第二个五年计划于 1938 年启动，但因战争中断。那十年结束时，苏美尔银行和埃提银行等国有企业在钢铁行业、纺织业、糖业、玻璃制造业、水泥业、公用事业和采矿业等一些关键领域一跃成为重要甚至领先的生产者。国家主义还主张将国有部门的活动与控制权延展到城市经济的其他方面。土耳其将欧洲持有的所有铁路国有化，连同新建的铁路一并转为国家垄断。20 世纪 20 年代被移交给私人公司的大部分国有垄断企业被重新收回。政府将重点企业国有化，还日益加强了对运输、银行和金融的控制。[②]

得益于政府的保护主义，制造业产出和就业状况有所改善，

① Tekeli and İlkin（1977，第 124—215 页，1982）；Kuruç（2011，第 351—417 页）；Türegün（2016，第 666—690 页）。

② Tekeli and İlkin（1982，第 134—220 页）；Tezel（1986，第 197—285 页）；Boratav（1981，第 172—189 页）；Hansen（1991，第 324—333 页）。

某些城市地区出现了劳动力短缺现象。由于绝大多数人口生活在农村地区并且耕种一些田地，因此，保障工人数量对制造商来说并不容易。特别是在建有大型国有企业的中等城市，许多工人来自农村，他们在工厂上班，但并没有切断与家乡的联系，他们依然会在农忙季节返回乡村。同时，一党制政权一直严格限制劳工组织和工会活动。1925 年《维持秩序法》颁布后，工人的组织权受到限制。成立工会得不到政府批准，罢工遭到政府严令禁止。不过后来还是发生了一些数量有限的罢工事件。在实行这些举措的同时，政府也在其他领域普遍采用限制性的社会政策。尽管 20 世纪 30 年代城市部门的发展非常可观，但土耳其的实际工资直到 20 世纪 50 年代才超过一战前的水平。[1][2]

尽管国有部门在 20 世纪 30 年代有所扩张，但很难说私人部门是否受到损伤。最大的私人企业在外贸部门，而这些企业受到了外贸紧缩的不利影响。但这应更多归因于国际贸易的瓦解，而不是国家主义政策本身。在城市经济的其他行业，大多数私人企业的规模仍然很小。通过投资大型、昂贵的中间品制造项目，国有企业实际上促进了为消费者制造最终产品的私人企业的发展。20 世纪 30 年代，政府继续鼓励和补助私人投资。尽管如此，私人部门仍然担心国有部门的扩张将损害自己的利益。国有与私人部门之间仍旧关系紧张。

关于国有部门和私人部门投资率的一些较为粗糙的证据进一步揭示了它们各自的作用。这些数据一方面表明，土耳其在 1927—1929 年的总投资平均超过 GDP 的 12%。私人投资约占 GDP 的 9%，余下部分（3%）主要是国家投资铁路建设。随着大萧条

---

[1]　Yavuz（1995，第 155—196 页）；Ahmad（1995，第 75—94 页）；Makal（1999）。

[2]　关于世纪工资的长期趋势，详见第九章图 9.3。

袭来，私人投资骤降至 GDP 的 5%，并在那十年的其余时间里停留在该水平。另一方面，国家投资在该十年期结束之际略有增长，平均占 GDP 的 5%（Bulutay et al.，1974；Tezel，1986，第 362—388 页）。这些估值表明，国有部门部分弥补了私人投资在大萧条时期的下跌，但没有提高总资本形成率。我们还可以说，20 世纪 20 年代末的投资率畸高是由战后重建和经济复苏造成的。如果是这样，我们继而可以认定，尽管土耳其的总投资率在 1929 年后有所下降，但是在 20 世纪 30 年代后期已经恢复。

公共部门投资的行业明细也为理解国家主义政策提供了重要参考。公共部门在 20 世纪 30 年代的固定投资有近一半流向了铁路建设和其他形式的交通基础设施。这样不遗余力地投入反映了一党制政权的夙愿，即在新国境内建立一个在政治和经济上具有凝聚力的国家。相比之下，工业获得的资源则十分有限，只吸引了不超过四分之一的政府投资，到 20 世纪 30 年代后期在 GDP 中的比重仅略高于 1%。这个数字之低恰恰支持了我早先的论点，即国家主义在 20 世纪 30 年代对工业化进程的贡献仍比较有限。

在二战后的几十年中，国家主义无疑对土耳其社会产生了深远影响。对于二战后尝试由政府主导工业化的其他中东国家来说，土耳其的经验成了有力的榜样（Richards and Waterbury，2008，第179—210 页）。然而，从宏观经济的角度看，公共部门在二战前对土耳其工业化进程的贡献仍然有限。首先，制造业和许多其他领域的国有企业到 1933 年之后才开始运营。在这个二战前夕仅有 1 700 万人口的国家，在工业和采矿业中真正活跃的国有企业总共不足 20家。有官方数据显示，制造业、公用事业和采矿业在 1938 年的总就业人数低于 60 万，占劳动力总数的 10% 左右。国有企业仅占就业人口的 11%，约占全国总就业人数的 1%。制造业中大约 75% 的工作岗位仍由小型私人企业提供（Tezel，1986，第 233—237 页）。

20 世纪 30 年代的宏观经济政策

为应对经济大萧条和不断攀升的失业率，许多发达国家和发展中国家都采取了国家干预主义政策。其中许多国家还采取了扩张性财政与货币政策来刺激经济，基本上都积累了预算赤字并以印钞的方式为赤字融资。1936 年，约翰·梅纳德·凯恩斯出版《就业、利息和货币通论》（简称《通论》）一书，为这些实践提供了理论依据。但是在 20 世纪 30 年代初，这些举措并未基于任何理论，而更像是在黑暗中摸索前进。

虽然 1929 年后国家干预主义在土耳其得到迅速推广，但政府在宏观经济政策上表现得谨小慎微，直到那十年结束都一直回避扩张性财政与货币政策。事实上，这一时期指导宏观经济政策的基本原则是"预算平衡加强势货币"。政府的收入和支出占 GDP 的比重在 20 世纪 20 年代末到 30 年代末由 12%～15% 上升至 20%，国家预算仍保持平衡（见图 7.3）。1938 年之前，流通中的货币数量也保持稳定，但是由于 1929 年后整体物价水平骤降，实际货币供应量显著增长。此外，与许多其他国家的政策不同，土耳其政府没有利用汇率贬值来支持国内生产。事实上，当其他许多国家为了降低失业率而诉诸货币贬值时，土耳其的里拉仍维持着与黄金平价的状态。因此，到 1939 年，里拉对英镑和美元上涨了 40%。[1]

在许多国家采取扩张性政策以应对大萧条时，土耳其为何采取这种谨慎甚至略为保守的政策立场值得探究。也许最需要注意的是，土耳其在 1929 年及后续几年中采取的强有力的保护主义措

---

[1] Tezel（1986，第 144—148 页，第 368—388 页）；Coşar（1995，第 259—292 页）；Yücel（1996，第 55—73 页）；Bulutay et al.（1974）。

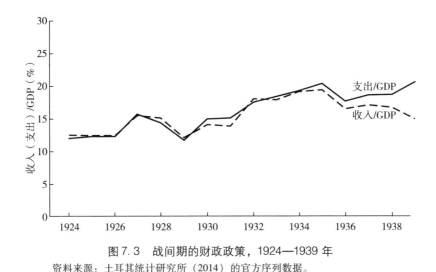

图 7.3　战间期的财政政策，1924—1939 年

资料来源：土耳其统计研究所（2014）的官方序列数据。

施发挥了主要作用，而且带来了制造业产出的显著提升。换言之，正是有了强有力的保护主义政策，土耳其才能在不诉诸后来被称为凯恩斯主义的改革措施的情况下，也实现了一定的工业化和经济增长。事实上，正如我将在下一章中讨论的那样，不仅工业，农业乃至整个经济在 20 世纪 30 年代都表现良好，而且实现了较高的增长率。此外，在 1924—1937 年担任总理的伊斯麦特·伊诺努及其政府中的许多幕僚都曾深入考察过奥斯曼帝国时期的金融和货币政策。通过外部借款为巨额预算赤字融资的举措给土耳其的经济和外交政策带来了严重问题。此外，一战期间大量印发纸币导致了创纪录的通货膨胀。土耳其政府不想重蹈覆辙，因此，政策制定者没有采取更扩张的财政与货币政策并实施货币贬值。最后，20 世纪 30 年代执政的共和人民党已经肃清了所有政治对手。党派领导和执政党没有感受到民众要求推行更激进宏观经济政策的压力。因此，共和人民党政府在 20 世纪 30 年代得以采取并保持预算平衡加强势货币的政策立场。

第二次世界大战

土耳其在二战期间奉行武装中立和全面动员的政策。虽然该政策保护了土耳其免受战争的摧残，但是国家经济未能幸免于难。土耳其在二战期间遭遇的经济困境与一战期间的状况有相似之处，但这一次土耳其没有参战，而且在其间的 25 年里大力发展基础设施，从而有效限制了战争带来的负面影响。但进口贸易的骤降，加上过百万人的军队抽走了大量资源，都给土耳其的工业和农业造成了巨大压力。食品价格迅速攀升，城市地区的粮食供给成了政府的主要难题。因此，作为首要议程的国家主义工业化也被搁置。五年工业化计划被迫中止，战时的物资匮乏和短缺，以及因经济政策失误而加剧的投机倒把现象已然成了常态。现有数据表明，1939—1945 年，土耳其的 GDP 下降了大约 35%。[1]

在 20 世纪 30 年代，土耳其经济在外贸方面的相对规模明显缩小。由于战时海运困难，加上欧洲因战争动员而造成的短缺，战争期间进口贸易衰退更甚，占 GDP 的比重不足 3%（见图 7.2）。许多关键原材料、中间产品以及制成品的供给大幅减少，这给经济中的所有部门制造了麻烦。与此同时，德国和同盟国彼此争夺土耳其能够用于出口的一切矿产品和农产品，小麦和铬在战争初期是必争之物。20 世纪 30 年代首次出现的贸易顺差此时大幅上升，黄金和货币储备持续增加，直到战争结束。

受益于战间期人口扩张的农业部门，此时受到了战时动员的重创。尽管女性们背负起更多重担，但军队招兵以及征用农畜都

---

[1] Bulutay et al.（1974）；Turkish Statistical Institute（2014）；Tekeli and İlkin（2014，第 17—207 页）。

对耕种面积和农作物产出造成了不利影响，特别是谷物的产出。官方统计数据显示，谷物产出的下降非常严重，小麦产出在1939—1945年降幅高达40%。食品价格在1940年后骤升，政府试图通过向农民征税和低于市场价征粮的方式，来保障城市地区和军队的粮食供应。各阶层的农业生产者则以瞒报收入或支出、贿赂税吏和更常见的逃税避税为策略与政府对抗。随着大城市中心地带的粮食短缺问题在1942年进一步恶化，政府被迫扭转其政策。它开始更多地利用价格机制，并允许超额生产的农民在市场上销售多余的小麦。该政策使中农和大地主受益，也让那些能够规避政令的人从激增的价格中获利。因此，政策的重负落在了那些无法从市场高价中获利、以谋生为目标的小生产者身上。急需额外收入的农村贫民前往城市地区从事临时的季节性工作。但是城市的条件对农村贫民来说更为艰苦。因为绝大多数农村人口都能耕田种地，所以在农村地区解决温饱相对容易（Pamuk，1991，第131—137页）。

进口贸易减少造成的物资短缺问题也使工业部门不堪重负。没有原材料、中间产品以及机械设备的进口，土耳其就无法维持早先的产出水平。据估计，1939—1945年，制造业产出的降幅超过35%。随着瓶颈与短缺越发严重，黑市繁荣起来，囤积居奇和牟取暴利的现象普遍存在。政府被迫放弃了先前投资制造业的新计划。财政问题是土耳其放弃国家主义的另一诱因。现有财政收入无法负担战时的巨大开支，政府开始以印钞的方式为预算赤字融资。其结果是通货膨胀的螺旋式上升，从而导致绝大多数城市人口的生活水平迅速降低。[1]

---

[1] Tekeli and İlkin（2014，第17—207页）；Tezel（1986，第156—160页）；Metinsoy（2007，第132—272页）。

作为解决财政问题的部分方案，也是为了打击战时的投机倒把行为，土耳其政府于 1942 年针对大都市中心地带的主要商人、实业家和其他企业家制定了名为一次性财富税的重大政策。虽然法律条文显得一视同仁，但在实际操作中，政府对穆斯林商人却较为宽松，征税的对象主要是伊斯坦布尔和其他主要城市的非穆斯林商人。70% 的收入来源于伊斯坦布尔，其中有 65% 来自非穆斯林商人，他们中的许多人被迫出售各自的房产和企业，以筹措现款。大约 1 400 名无力支付税款的非穆斯林纳税人被送往一个营地，继而被流放到东部的阿卡莱地区做苦工。虽然政府从这些紧急抛售中获得的收入不足以消除预算赤字，但事实证明，这些抛售本身正是二战后许多杰出土耳其裔穆斯林商人崛起的重要途径。这一使政府非常难堪的税收政策于 1944 年终止（Ökte，1951；Aktar，2000，第 135—243 页）。

产出和生活水平的骤降，以及收入不平等的恶化，导致大部分城乡人口都反对一党制政权。与此同时，许多发了战争财的商人、实业家以及农村地区的市场导向型生产者都积极找寻替代国家主义和政府干预主义的方案。因此二战时期才是导致一党制政权终结的关键期，而不是经济大萧条和国家主义时期。在土耳其过渡为多党选举制后，共和人民党在 1950 年的首次公开竞选中落败（Pamuk，1991，第 137—139 页）。

第八章 1914—1950 年的经济
发展与制度变革

经济增长

历经两次世界大战和大萧条，1914—1950 年是世界经济的艰难时期。19 世纪的开放经济模式在两次世界大战和大萧条的高压下瓦解。国家干预主义和贸易保护主义成为指导战间期经济政策的新原则。这些重大事件导致各经济体和全球经济的增长率大幅波动。由于两次世界大战产生的不同影响，加上其他原因，北美和西欧之间的人均收入差距在 1913—1950 年明显扩大。在此期间，发达国家与发展中国家整体的人均收入差距也持续扩大，延续了19 世纪的大趋势。

不同发展中国家在这一艰难时期的表现还取决于两次世界大战和大萧条的影响。相比于那些仍沿用早期的农产品出口导向战略的国家，20 世纪 30 年代采取干预主义和内向型经济政策的国家在经济增长方面的表现更佳。但是，许多发展中国家仍旧奉行开放经济模式和农业专业化政策，特别是那些附属于欧洲列强的殖民地国家。南美洲的人均收入有所增长，而非洲，特别是亚洲的人均收入却落在后面。在亚洲国家中，只有日本在两次世界大战的战间期实现了强劲的经济增长，但是受到了二战的严重冲击（见表 8.1）。

表 8.1 世界和土耳其的人均 GDP，1913—1950 年

	人均GDP		年增长率
	1913	1950	（%）
西欧	3 460	4 570	0.8
美国	5 300	9 550	1.6
发达国家	3 960	6 250	1.2
东欧（苏联除外）	1 700	2 100	0.6
意大利	2 560	3 500	0.9
西班牙	2 060	2 200	0.2
亚洲	700	720	0.1
非洲	640	890	0.9
埃及	950	1 050	0.3
伊朗	800	1 720	2.1
南美洲	1 500	2 500	1.4
发展中国家	720	850	0.5
世界	**1 500**	**2 100**	**0.9**
土耳其	**1 150**	**1 600**	**0.8**

注：人均 GDP 以 1990 年美元计并经 PPP 调整，详见第二章。

资料来源：Maddison（2007，第 375—386 页）；Bolt and Van Zanden（2014，第 627—651 页）；土耳其的数据来自 Pamuk（2006，第 809—828 页）。

　　土耳其在 1913—1950 年举步维艰。除了两次世界大战和大萧条，土耳其还必须解决从庞大帝国向民族国家转型的难题。现有数据表明，奥斯曼帝国在一战期间的人均收入降幅高达 40%，直到 1922 年独立战争结束，人均收入都持续低迷。此后，土耳其的人均收入在 20 世纪 20 年代骤增，并且赶上了一战前的水平，到 1929 年甚至略高于战前水平（见图 8.1）。直到 1939 年，土耳其的人均收入以年均 3.5% 的速度持续提升，共计增长了约 50%。但之后的人均收入骤降，在二战期间下降超过 30%。土耳其人均收入直到 20 世纪 50 年代才重新达到一战之前的水平。换言

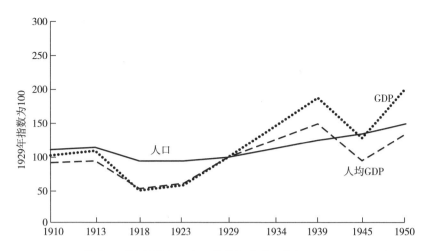

图 8.1　从帝国到民族国家，土耳其的经济基本指标，1910—1950 年

资料来源：作者根据第二章讨论的人均 GDP 和人口序列数据计算而得。

之，1939 年是 20 世纪上半叶土耳其人均收入达到峰值的一年。鉴于人均收入、人口和 GDP 剧烈波动，在计算这一时期的平均增长率时，对终止年份的不同选择会导致结果的巨大差异。

　　由于我们很难找到关于奥斯曼帝国时期的数据，所以土耳其共和国成立的那一年，也是许多序列数据以及详尽的国民收入账户生成的第一年，即 1923 年通常被用来评估土耳其在 20 世纪上半叶的经济表现。以 1923 年为基年的计算表明，到 1950 年，土耳其人均 GDP 的年均增速达到了 2.5%，人均收入的增幅超过一倍。尽管受到了多次严重的负面冲击，但这个年轻的共和国仍取得了正的经济增长率，这是一项重要成果。然而，以 1923 年为基年导致评估结果过于乐观，因为 1923 年是十年战争的终止年，当时的人均收入比 1913 年的水平低了超过 30%。人均收入在 1923 年至1929 年的迅速增长，实际上只是战后经济恢复到了一战前的水平。因此，我选定 1913 年作为基年来计算 1950 年之前的平均增长率。选定 1913 年作为基年，还使我们更容易比较土耳其和其他国家在20 世纪上半叶的经济状况，因为大多数国际序列数据都将 1913 年作为基年，包括麦迪森的序列数据。据我估计，土耳其在 1913—1950 年整个时期的人均收入共计增长近 40%，人均 GDP 的年均增长率约为 0.8%。

与其他国家、地区以及与人口相似的南欧和中东国家进行比较，有助于我们进一步了解土耳其在这一艰难时期的发展轨迹（见图 8.2 与图 8.3）。这些数字表明，各个国家和地区应对两次世界大战的方式会影响其长期经济表现。从绝对和相对标准来看，土耳其都深受一战的影响，但是经济状况在 20 世纪 20 年代有所恢复，在 30 年代表现良好，并在 1939 年人均收入达到 20 世纪上半叶的峰值。土耳其经济此后又受到二战的打击，但二战对参战国的影响比对土耳其严重得多。而与土耳其相比，意大利和西班牙在同一时期的人均 GDP 水平仍旧略高一筹。尽管经历了两次世界大战、大萧条以及西班牙内战，但是意大利和西班牙的人均 GDP 在 1913—1950 年仍持续攀升。然而，直到 1950 年，意大利和西班牙两国与西欧和美国等发达国家之间的差距仍在不断扩大，土耳其也是如此。埃及的人均 GDP 水平没有变化，与发达国家以及土耳其的差距在 1913—1950 年持续扩大。与土耳其相比，两次世界大战对埃及的影响更加有限。不过，当土耳其采取贸易保护主义并发展工业化以应对大萧条时，同样的对策在埃及实施的力度更弱。伊朗在 1913 年的人均 GDP 水平低于土耳其，但由于石油的丰厚利润，伊朗的人均 GDP 水平在 1950 年与土耳其相当。与土耳其相比，两次世界大战，特别是一战对伊朗的影响更加有限。

土耳其在 20 世纪 30 年代人均收入大幅增长的直接原因值得深究，因为当时的经济政策发生了重大变化。首先，我们很容易排除一些可能促使收入增长的因素。土耳其政府在 1929 年后奉行的宏观经济政策不同于后来被称为凯恩斯主义的标准扩张方案。土耳其当时的预算保持平衡，名义货币的供给量直到 20 世纪 30 年代

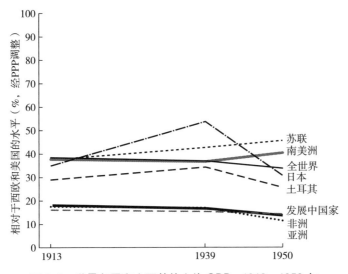

图 8.2　世界各国和土耳其的人均 GDP，1913—1950 年

资料来源：Maddison（2007，第 375—386 页）；Bolt and Van Zanden（2014，第 627—651 页）；土耳其的数据来自 Pamuk（2006）。

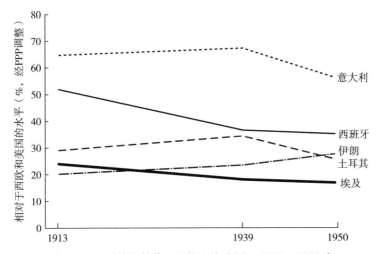

图 8.3　土耳其及其他四国的人均 GDP，1913—1950 年

资料来源：Maddison（2007，第 375—386 页）；Bolt and Van Zanden（2014，第 627—651 页）；土耳其的数据来自 Pamuk（2006）。

末才增加。政府也未将汇率政策当作应对经济衰退的手段。事实上，里拉在 20 世纪 30 年代对世界主要货币还有所升值，因为后者在贬值。其次，出口贸易并没有在收入增长方面发挥主导作用。世界市场对原材料的需求有限，再加上 20 世纪 30 年代后期土耳其 GDP 的增长，导致 1928—1929 年至 1938—1939 年的出口在 GDP 中的比重从超过 11% 下降至不足 7%。最后，事实证明土耳其不可能通过举借外债来获得额外资本，而且 20 世纪 30 年代的外国直接投资也一直低迷。

在财政、货币以及汇率政策缺失的情况下，土耳其在 1929 年后实行的贸易保护主义方针是支持城市经济复苏最重要的政策。随着制成品，特别是最终产品的进口关税提高及配额限制的加强，加上双边协定体系的影响，在 1928—1929 年至 1932—1933 年，进口在 GDP 中的比重从 13% 骤降至不足 9%，而后在 1938—1939 年跌破 7%。随着进口减少，国内制造业强势振兴。因此，进口的严重衰退在 1929 年以后给国内制造商创造了有利的条件。这些大多为中小型企业的生产商在二战前的十年实现了较高的产出增长率。制造业产出在 1929—1939 年以每年超过 8% 的速度增长，整体增幅达到一倍多。[①]

土耳其在 20 世纪 30 年代采取的内向型经济政策和进口替代工业化战略与全球形势并无冲突。事实上，土耳其政府没有试着扭转或缓和农产品价格下跌的趋势，反而选择让城市经济，特别是制造业从中获利。更低的原材料和食品价格以及更低的薪资，为制造业提供了实现更大利润与更高投资率的良机。公共部门的投资也流向了城市经济。相比之下，对居住和劳动人口超过总人口 80% 的农村地区，政府的财政投入仍然有限。这种模式契合执政党的政治偏好，因为通过贸易保护主义和国家主义，这种模式建

---

① Yucel（1996，第 89—130 页）；Tezel（1986，第 10—23 页）。

立了更加集权化和自给自足的经济结构。

农业部门的强劲发展是土耳其在 20 世纪 30 年代经济增长的另一个原因。尽管价格出现不利的波动，但农业产出在 20 世纪 30 年代仍增长了大约 60%。到了 20 世纪 30 年代末，土耳其不仅能够出口传统的经济作物，还能大量出口小麦（Hirsch and Hirsch，1963，第 372—394 页；1966，第 440—457 页）。我们可以用一些并不互斥的理由来解释价格下跌情形下农业产出反而增长的现象。其中一些解释与政府政策有关。例如，土耳其政府在 1924 年废除了什一税，这促进了中小型家庭农场的发展，并且为恢复农业生产铺平了道路。此外，国家建设的铁路将安纳托利亚中部和东部与主要的城市市场连接起来，促进了农业产出的增长（Tekeli and İlkin，2004c，第 286—321 页）。还有一个解释侧重于人口的恢复以及家庭农场对农产品价格下跌的应对。土耳其在一战和独立战争期间的总人口减少了大约 20%，外加数百万头农畜的损失，都沉重打击了农业生产。但战争结束后，土耳其人口开始以每年约 2% 的速度快速增长。到了 20 世纪 30 年代初，一战之后出生的孩童开始成为农业劳动中的生力军，耕地面积开始扩大，同一时期的农畜数量也增加了 40%。

换言之，由于人口恢复和农业经济一定程度的回升，耕地面积在 20 世纪 30 年代大幅扩增。家庭农场数量增加，加上每个农场平均耕地面积的扩大，都促进了土耳其这十年来的农业产出。由此看来，面对农产品价格下跌，中小型家庭农场通过利用更多的家庭劳动力和耕种更多田地，保障了一定的收入和消费水平（Kurué，2011，第 451—486 页；Shorter，1985，第 417—441 页）。

农业部门通过继续供应廉价的食品和原材料，促进了城市经济的增长，特别是制造业的增长。如果没有农业部门的强劲发展，城市经济在 20 世纪 30 年代的增长便无法持续。土耳其的人均收入、人均农业产出、工业产出以及投资在 GDP 中的比重均于 1939 年达到峰值（见图 8.1）。然而，土耳其在 20 世纪 30 年代取得的好成绩在二战期间被逆转。尽管土耳其并未参战，但是农业和制造业产出在战时的不利条件下都大幅降低。

土耳其在 20 世纪 30 年代的工业化和经济增长都相当强劲。但我们也需要看到它在战间期的结构变化和经济模式转型的局限性。如表 8.2 所示，土耳其在 1939 年和 1950 年的城市化率以及城市经济劳动力在总劳动力中的比重均低于 20%。此外，投资在 GDP 中的比重也很小，尚无法维持较高的经济增长水平。阿瑟·刘易斯对发展中国家早期阶段的工业化提出了重要见解，他认为，要实现工业化和经济增长的可持续发展，投资在 GDP 中的比重至少需要达到 12%（Lewis，1954，第 139—191 页）。土耳其在一战前并未达到这个阈值，1913 年的投资占 GDP 比重约为 9%。到了 20 世纪 30 年代，投资在 GDP 中的比重为 9%～11%（见表 8.2）。但是在二

表 8.2　1913—1950 年土耳其的经济与社会基本指标

	1913	1950
人口（百万）	16.5	20.9
城市化率（%）	23	18
出生时预期寿命（岁）	32～33?	44（男：42；女：46）
识字率（%）	14?	33（男：46；女：19）
15 岁以上成年人口平均受教育年限		1.5
农业劳动力比重（%）	75～80?	75～80?
农业在 GDP 中的比重（%）	50	42
出口/GDP（%）	11	8
进口/GDP（%）	14	9
投资/GDP（%）	8	11
中央政府收入/GDP（%）	13	15

资料来源：Eldem（1970）；Pamuk（1987）；Bulutay et al.（1974）；Tezel（1986）；土耳其统计研究所（2014）。

战期间及战后短时期内，这一比重降至不足 10%（Bulutay et al.，1974）。投资占 GDP 的比重直到 20 世纪 50 年代才持续高于 12%（见表 10.2）。这些基本指标表明，从帝国到民族国家的过渡，加之两次世界大战和大萧条的影响，使土耳其面临艰难的不利条件。小农经济模式基本没有改变，20 世纪 30 年代的经济转型（包括工业化）仍然比较有限。

我曾在第六章比较了 19 世纪的土耳其与埃及，在这里可以将比较时段的范围延伸至战间期。尽管埃及参与了两次世界大战，国家经济受到的影响却更加有限，但是埃及的人均 GDP 在 1913—1950 年没有增长，而同时期土耳其的人均 GDP 则增长了大约 40%（见表 8.1 和图 8.1）。因此，埃及与土耳其在此期间的人均 GDP 差距明显扩大。导致这种差异的基本原因与政治经济机制及经济制度变革（包括经济政策）有直接关系。在埃及，尽管棉花价格的暴跌已经给埃及的农业生产造成了严重后果，但是地主们的权势更大，他们自身的权势加上英国的影响，使得放弃以农业导向型发展战略转而推行政府保护主义和工业化变得更加艰难。换言之，埃及和土耳其的关税和制造业活动都有所增加。但是，当土耳其采取更强硬的贸易保护主义政策（包括非关税壁垒）时，埃及的关税提高与工业产出增长幅度仍然比较有限。在纺织业等主要行业中，进口在埃及的国内消费中仍旧占较大比重。两国在可利用土地方面的差别也非常关键。土耳其有大量可用的农业耕地，而埃及的可耕地在一战前就已经达到了上限。这样一来，土耳其的农业产出会随着人口恢复而提升，也为制造业带来了额外需求，但是埃及并非如此。[1]

---

[1] Hansen（1991，第 64—109 页）；Karakoç、Pamuk and Panza（2007，第 149—154 页）。

收入分配

两次世界大战、战后恢复以及大萧条期间的工业化发展致使土耳其的平均收入与收入分配的波动十分剧烈。政治和经济制度的大范围整改同样影响收入分配模式。即使现有数据并不详尽，但是两次世界大战期间收入分配变化的方向是明确的。由于土耳其在两次世界大战期间的平均收入减少了30%（甚至更多），因此收入分配变得愈发不平衡。由于两次世界大战期间的相对价格都有利于粮食商品，所以在市场售卖余粮的人、大地主以及囤聚粮食的城市商人是主要受益者。① 城市贫民、工薪阶层和一般城市低收入者最难得到粮食。

在两次世界大战中，土耳其政府对占人口绝大部分的中小型农业生产者提出了各种要求。中小型农业生产者应对的效果好坏取决于政府要求的限度，以及他们自身能够规避这些要求的程度。一战期间政府的要求因地区而异，政府并不总能成功征税。大批亚美尼亚人在安纳托利亚中部被强制驱逐，并在途中大量死亡，加上他们在一战期间向邻国流亡，也许都对该地区的收入水平造成了非常恶劣的影响，而且加剧了长期的区域间不平等。二战也对土耳其的经济以及收入分配产生了深远影响，但是由于土耳其并未参战，所以二战的影响不比一战。

在世界大战期间，还有其他两个与物质资产所有权相关的趋势对财富和收入分配造成了深远影响。第一个趋势是，在两次世界大战期间，特别是在一战时期，房屋建筑、工厂和机械设备等

---

① Toprak（1982，第313—344页）；Tekeli and İlkin（2004a，第1—44页）。

物质资本被摧毁以及农业耕地的减少。由于这些资产持有者是高收入人群，这些物质资本的减少和损毁往往使随后的财富和收入分配更加平等。两次战争及战后的第二个趋势是，非穆斯林资产的所有权向穆斯林转移。

许多亚美尼亚人在一战期间遭遇屠杀丧命，其余大部分则逃离了土耳其，加上土耳其和希腊政府在 1923 年将东正教希腊人与土耳其裔穆斯林对调，致使亚美尼亚人和希腊人在城市及农村的财产转移到了土耳其裔穆斯林和库尔德人的名下。二战期间的一次性财富税表面上针对的是大发战争财的人，但实际上主要向非穆斯林征收，这造成了类似但程度略轻的结果，将城市地区留下的非穆斯林的部分财产所有权转移给了穆斯林。

20 世纪 20 年代以及 40 年代后期是多年战争过后土耳其的快速恢复期。两次战争后农业收入和工资的增长模式都表明，农村和城乡的大部分群体共享了经济复苏的收益。关乎战间期收入分配的另一大事件是大萧条。国际和国内农产品价格的不利变动、政府采取的贸易保护主义政策和对工业化的支持，都更有利于城市地区的发展，也进一步拉大了既有的城乡差距。[1] 1924 年废除什一税则减轻了农业生产者的税收负担，但政府在 1929 年后没有尝试扭转农产品价格下跌的局面。这样一来，相比于那些受惠于工业化发展的城市地区，农业地区的收入明显落后。虽然 20 世纪二三十年代农业产出大幅提升，但是与 1929 年和 1913 年的水平相比，农业部门及农村地区的收入在国内总收入中的比重进一步下降。事实上，当时的国民收入核算表明，非农业部门或城市部门与农业部门的平均收入差距在 20 世纪 30 年代达到了过去两个世纪

---

[1]　Tekeli and İlkin（1977，第 78—90 页；1982）。

以来的最高水平。

将这一时期的两端，即 1913 年和 1950 年进行比较可以揭示收入分配的长期变化。据估计，1913—1950 年，今土耳其境内的平均收入增长了约 40%。可以肯定地说，绝大多数的收入增长流入了城市地区，特别是那些从事非外贸经济活动的人。相比之下，绝大部分人口赖以谋生的农业在同一时期的收入增长却比较有限。这些普遍趋势可能对更为城市化的安纳托利亚西部和更为乡村化的安纳托利亚东部都适用。在农村地区内部，更商业化的地区以及更市场导向型的生产者往往比其他人盈利更多，但他们在 20 世纪 30 年代的损失也更大。尽管共和人民党鼓吹农民才是国家的真正主人，但农村地区在 1929 年后并未从政府得到多少扶持。相比之下，城市经济因为有利的价格变动、进口严重下滑、进口替代工业化的推行以及国家主义政策而大大受益。

至于城市经济中的分配问题，使用一个简单的衡量标准，即工资与人均收入之比，便可以在缺乏详细数据的情况下提供重要线索。如前文所述，虽然土耳其 1913—1950 年的平均收入在提升，特别是在城市地区，涨幅达 40% 甚至更高，但同一时期的实际工资实则没有什么变化（或仅略有增长）。因此，这一简单的衡量标准表明，在推行贸易保护主义和早期工业化的阶段，城市经济内部的不平等与城乡之间的不平等都在不断加剧。①

最后，战间期安纳托利亚中部、东部和东南部的铁路建设大大改善了这些欠发达地区的交通基础设施及其与国内其他地区的往来。然而，由于一战期间大多数亚美尼亚人的流失，加上战间期库尔德人叛乱的影响，这两个地区在 1939 年可能比在 1913 年时更加贫困。因此，东西部之间在 1939 年和 1950 年的平均收入差距

---

① 关于实际工资的趋势值，详见第九章图 9.3，以及 Yavuz（1995，第 155—196 页）。

很可能比 1913 年时更大。

制度与制度变革的作用

1929 年，从一战的影响中恢复过来后，土耳其的人均 GDP 在 1929—1939 年以年均 3% 的速度增长，这得益于在人口恢复和农业产出增长的支持下，政府大力推行贸易保护主义和工业化。接下来，我将重点关注战间期，特别是 20 世纪 30 年代，以评估与新经济模式相关的制度和制度变革在帝国向民族国家转型期间的贡献与局限。我认为，国际环境的巨大变化加上影响深远的国内政治制度变革，导致了正式经济制度由 19 世纪的开放型向战间期的内向型转变。

战间期的土耳其在政治和经济上推行了影响深远的制度变革，这有两个主要原因。奥斯曼帝国的瓦解，加上土耳其在新政党领导下的民族国家的形成，都引发了政治制度的重大变革。此外，全球经济制度以及土耳其与世界经济相联系的制度在一战后发生了巨大变化。因此，安卡拉的新领导班子能够建立新的经济制度，推行代表经济民族主义思想的贸易保护主义和工业化政策，并将制造新的经济精英阶层，即土耳其裔穆斯林资产阶级视为重要目标。正式制度的重大改变在促进战间期人均收入增长方面发挥了重要的作用。但正式制度没有取代非正式制度，而是继续与之相互作用。事实上，在这几十年中，非正式制度继续在城乡地区的政治和经济发展中、在政府干预主义的推行过程中发挥重要作用。因此，如果要更细致地评估制度在此期间的作用，就必须了解正式和非正式制度本身、两者的相互作用、新制度的产生机制以及它们促进或阻碍长期经济发展的方式。

在 19 世纪和战间期，全球经济制度以及土耳其与世界经济相联系的制度都发生了巨大变化。奥斯曼政府受到自由贸易条约的束缚，并在 19 世纪采取了开放经济政策。直到一战前，土耳其的经济制度都受到中央政府、欧洲各国政府以及欧洲公司的共同影响。对外贸易的中断，奉行自给自足政策、贸易保护主义和工业化原则，以及一战期间向国家干预主义的转变，其实都是土耳其经济模式和正式经济制度长期变革的开端。随着 1929 年大萧条席卷全球，第二次世界大战有一触即发之势，经济民族主义情绪和对能否实现自给自足的担忧开始支配土耳其经济政策的制定。全新的世界局势是导致这些激进经济变革的一个基本原因。但奥斯曼帝国的解体以及土耳其新政权领导下的民族国家的建立，也在采取新经济模式中发挥了重要作用。

因此，与 19 世纪相比，欧洲各国及其公司对土耳其新民族国家的制度和政策的影响力在战间期明显降低。在 1923 年结束的洛桑和平谈判中，欧洲各国政府勉强同意了终止欧洲公民及其公司在土耳其享有的法律和经济特权。这个新民族国家还在 1929 年获得了单方面制定关税的权利。虽然在战间期一些欧洲公司继续在土耳其经营，但许多公司（包括银行和商行）都在大萧条期间离开了土耳其，还有另一些企业被土耳其政府买断并收归国有，其中最典型的例子是铁路公司。

奥斯曼帝国的灭亡和土耳其新民族国家的建立引发了政治制度的剧变。1920—1922 年的独立战争得到了各省权贵、商人、地主和宗教领袖的支持。然而，在 1923 年废除苏丹制度和哈里发王权并宣布共和国成立之后，穆斯塔法·凯末尔及其幕僚转而肃清异己，并且开始向更狭窄的世俗化路线迈进（Zürcher，2004，第166—195 页）。在 19 世纪时，中央政府在制定正式经济制度和政策方面的影响力远大于各种国内利益团体，包括地主和商人。欧洲各国及其公司在战间期的影响力大大减弱，与此同时，土耳其政府和新的政府精英继续发挥主要作用。新晋领导班子制定的经济政策以经济民族主义为方针、以培养土耳其裔穆斯林资产阶级为目标。然而，土耳其裔穆斯林的私人部门比较弱小，而且主要由中小型企业组成。因此，国家主导的工业化被作为应对大萧条的基本发展战略。土耳其于 20 世纪 30 年代在制造业、银行业、矿业和运输业等主要行业中建立起了少数的大型国有企业。

不过，当新政府在 20 世纪 20 年代开始制定全新的经济制度和政策时，在农村地区巩固其政权依然是第一要务。废除什一税和农业包税制是新政府早先时期重要的制度改革内容。为大多数中小型农业生产者减轻税负是政府的重要目标。当然，废除什一税削弱了税吏手中余存的权力，消除了新政权潜在对手崛起的风险。同理，禁止宗教组织和宗教关系网的活动虽未能将他们彻底消除，但也大大削弱了他们的势力，特别是在各省中。但是，保守的农民与全新的世俗化政策间的文化脱节持续存在。尽管对正式制度做出了影响深远的变革并且巩固了政权，但土耳其政府仍无法在农村地区增强自己的影响力。[1]

在由帝国向新民族国家转型的过程中，政府在经济发展中的角色，以及政府干预主义的目标与制度都发生了重大变化。19 世纪，奥斯曼帝国领导人的主要目标是在城市经济中建立强盛的私人部门。例如，政府倡导的工业化更多是为了满足国家自身的需求。相比之下，新民族国家则将经济发展和建立更强大的土耳其裔穆斯林私人部门视为主要目标。到 20 世纪 20 年代，安卡拉政府开始利用大小宗的采购、建筑项目、定向投标以及由新国有银行发放信贷等方式，从土耳其裔穆斯林团体中挑选政治盟友，以此

---

① Mardin（1973，第 169—190 页）；Adaman、Akarçay and Karaman（2015，第 166—185 页）。

作为发展私人部门的一套新方法。土耳其在 20 世纪 30 年代将政府主导的工业化作为基本经济战略无疑使局面更加复杂，而且导致私人部门沦为次要地位。尽管如此，其实私人部门并未出局，政府继续通过这些机制支持私人部门的发展。因此，一党制政权仍然建立在与自己关系密切的城市群体的狭隘基础之上。新政权没有将政治和经济制度向广泛群体开放，而是在复制现有不平等的基础上又制造出了新的不平等。换言之，这些新兴制度，即关于政府干预主义的正式和非正式制度，将在二战后的几十年中发展、变化并长期延续，因为政府继续在私人部门内部的特权分配方面和挑选最终赢家方面发挥着关键作用。[1]

银行部门的变化反映了权力关系和制度的重大变革。欧洲的银行在 19 世纪时主导着新兴的正规银行部门。由法国和英国股东拥有的奥斯曼帝国银行履行中央银行的部分职能，并在帝国中作为商业银行运营。但是有许多欧洲的银行在战间期瓦解或被出售给当地人。奥斯曼帝国银行的中央银行职能因政府法令而被撤销，随后被移交给了 1930 年新成立的中央银行。奥斯曼帝国银行则作为一家主要由法国股东持有的商业银行继续运营。因此，土耳其在战间期的银行体系主要由少数私人和公共部门银行共同组成。

作为一家致力于发展私人部门的准国有银行，土耳其实业银行是安卡拉政府在 20 世纪 20 年代采取新经济模式的典范和象征。政府创建的土耳其实业银行自早期就成为由穆斯林商人领导的私人部门的重要工具。在 20 世纪下半叶，土耳其实业银行继续在经济中发挥突出作用。共和人民党在 1950 年下台后，土耳其实业银行与政府之间的基本共生关系发生了质变。尽管如此，土耳其实

---

[1] Keyder（1987，第 71—115 页）；Boratav（1981，第 165—190 页）；Buğra（1994，第 35—95 页）。

业银行仍继续开展活动，其范围超出了金融领域，扩张至工业化与经济发展等领域，其地位不同于一般的公共银行和私人银行（Kocabaşoğlu，2001，第1—298页）。

20世纪30年代初的战略变化以及政府在工业化中的主导地位都体现在1933年成立的苏美尔银行和1935年成立的埃提银行两个新机构上。苏美尔银行既是一家银行，也是纺织业的主要制造商，而纺织业是进口替代工业化中最关键的行业。利用从苏联获取的贷款，苏美尔银行于1935年在开塞利建成了第一家大型制造厂，但是该厂在20世纪30年代对工业生产的贡献仍然比较有限。二战后，随着控制经济的大权转移到私人部门手中，苏美尔银行依然保持着主要工业企业的地位。在1980年采纳"华盛顿共识"原则后，土耳其政府决定将苏美尔银行私有化。但私有化进程不仅面临许多政治和法律挑战，还陷入了腐败丑闻，一直到2001年才终于完成。除了银行业务之外，埃提银行在20世纪30年代和二战后主要聚焦于采矿业。埃提银行在1980年后的私有化也受到腐败丑闻和一直拖延到21世纪的法律案件的影响（Tekeli and İlkin，1982，第134—220页）。

强有力的贸易保护主义和工业化导向的发展战略，加上土耳其裔穆斯林私人部门的建立，城市地区实现了较强的经济增长率。新政权的另一个要务是推广新制度，并在绝大多数人口所在的农村地区巩固政权，但是这方面的成果喜忧参半。废除什一税使家庭农场如释重负，也严重削弱了包税人余存的权力，而包税人是新政权潜在反对势力的主要源头。土耳其政府还试图遏制宗教团体和宗教关系网的活动，并且发展了将农村地区与首都一体化的全新庇护关系网（Sayaré，2014，第658—659页）。尽管正式制度发生了影响深远的变化，但是政府权力渗透至各省，特别是渗透至农村地区的能力仍然有限。虽然二战之前正式制度的变化在实现显著的经济增长方面发挥了重要作用，但是为了进行更细致的评估，我们还有必要探究正式与非正式制度之间的相互影响。

新的正式制度没有排斥非正式制度，而是与之共存，有限的国家财政、行政和司法能力不是造成这一状况的唯一原因。此外，在贯彻落实新制度的过程中还涉及许多其他制度。其中很多制度受到了价值观、信念、社会规范以及利益关系与权力关系的影响。虽然政治制度和法律能够迅速改变，但价值观、信念、社会规范和相关制度的变化是相对缓慢的。同样重要的是，推行新制度产生的利益分配并不总是与现有的权力分配相一致。权势团体会抵制并向政府施压，以确保制度的运作偏离其预期目标。在这些冲突中，保守派穆斯林精英往往会利用包括身份网络和庇护关系在内的非正式制度。乡村师范学校的建立和关闭就是权势团体反对并扭转政府政策和正式制度改革的一个典型案例。[①]

换言之，新民族国家的正式制度伴随着正式与非正式制度之间以及制度与经济成果之间的双向互动。此前的讨论表明，制度与社会结构之间的双向互动同样重要。向各省和农村地区推广教育的进程最能反映政府改革的局限性。新民族国家十分注重世俗化教育。有些改革在各级教育中都取得了成果，但在近80%人口所在的农村地区，教育普及的速度仍然十分缓慢。此外，女性的受教育水平仍然远远落后于男性。正如我将在下一小节讨论的，与人均GDP水平相近的其他发展中国家相比，土耳其在教育的基本指标方面依然比较落后。

掌控伊斯兰－奥斯曼机构并从中受益的人也反对改革和新政

---

① Roland（2004，第109—131页）；Starr（1979）；Starr and Pool（1974，第533—560页）；Mardin（1973，第169—190页）。

权。随着 19 世纪的改革深化，伊斯兰慈善基金会受到了中央政府的控制，它们在农业用地和城市资产中所占的份额减少。安卡拉新政府开始将这些资产出售给私人，并将政府控制的其余基金会的资产转移给各种公共机构（Öztürk，1995，第 109—471 页）。尽管基金会及其资产的重要性有所衰减，但那些持有基金会土地以及其他资产的人、那些从基金会收入和服务中获益的人（家庭和宗教团体），还有那些出于社会和文化因素而使用并接纳基金会的人，仍然反对多项改革。

20 世纪 30 年代以来，土耳其的绝大多数人口仍居住在农村地区，从事生产率低下的农业活动。虽然产出水平已从两次世界大战和大萧条的重击中恢复过来，但沿袭传统技术的中小型家庭农场仍然没有多少好转。随着全球市场的需求和价格下降，与一战前的几十年相比，农村地区的经济在战间期实际上更加内向化。城乡之间的不平等明显加剧。如果农村居民不从农业转向能使他们获得更先进技术和更高生产率的城市产业，就很难保障人均收入的大幅提升。

因此，随着经济分裂的显现，宗教与文化价值观成为农村地区的另一对立的轴心。为应对世俗主义精英在 19 世纪发起的集权化改革，农村地区开始奉行伊斯兰教、铺展非正式关系网络，这一对策一直持续到战间期。虽然许多地方权贵合并到了共和人民党的队伍里，但是保守派的农民与安卡拉新政权制定的世俗化政策之间依然存在着文化与经济脱节。

人类发展状况

土耳其和其他大多数发展中国家在 20 世纪上半叶的出生时预期寿命都很低，因为所有年龄组的死亡率都较高，婴儿和儿童的死亡率更是居高不下。五岁以下死于传染病的儿童达到所有死亡人数中的半数之多（甚至更多）。而在1913年到20世纪30年代，由于全国婴儿和成人死亡率降低，土耳其的出生时预期寿命从32~33岁上升至35岁以上，随后在1950年上升至44岁（男性42岁，女性46岁）（见表8.2）。

但土耳其的出生时预期寿命一直波动很大。一战期间的出生时预期寿命骤降。军队和平民在一战期间的大量伤亡导致出生时预期寿命下降至25岁以下。对大部分平民来说，直到战争结束，饥荒和疾病都是持续存在的威胁。此外，战后死亡率下降非常不平衡。城乡之间在婴儿和成人死亡率方面仍然存在明显的差异。在东部的农村地区，超过三分之一的婴儿没能活过一周岁。出生时预期寿命在二战期间也有所下降，但与一战时期的下降程度相比更为有限。尽管粮食供给和营养补给缺乏，尤其是城乡贫苦家庭的婴儿、儿童及老年人的死亡率攀升，但二战期间没有饥荒和疾病的肆虐横行，这很大程度上与土耳其未参战有关，同时也离不开经济和基础设施的发展。但是，土耳其在1950年的婴儿死亡率仍在25%左右。

新共和国意识到了医疗的重要性。政府投入医疗的资源有所增加，但划拨给居住了近80%人口的农村地区的政府开支仍然比较有限。医生、护士、助产士和其他医护人员的数量从1928年的每万人1.9人小幅上升至1939年的每万人2.5人，随后在1950年大幅增长至每万人4.4人。同样值得一提的是，知识积累、更好的医疗实践以及对各种先进方法的探索，都开始发挥重要作用。土耳其在向城市地区提供基本医疗服务方面取得了一些成果，在防治传染病方面实现了长足进步。城市地区儿童死亡率下降很大程度上归功于公共卫生措施对疾病的控制。随着医疗设施增加、结核病、疟疾和其他传染病防治、抗生素研发、收入增长以及营养补给的提高，土耳其的死亡率在20世纪30年代开始降低。[1] 但在这一时期，随着人均收入差距的增大，发达国家与发展中国家（包括土耳其）出生时预期寿命的差距进一步扩大。[2]

这个新民族国家还十分重视世俗化教育。1924年教育系统完全被世俗化，宗教学校也被关闭。1928年拉丁字母被引入后，全国各地开展了针对成年人的扫盲运动和扩张学校覆盖范围的工作。各级教育都取得了一些成果，但向近80%人口所在的农村地区推广教育仍然比较缓慢。与人均GDP水平相似的其他发展中国家相比，土耳其的教育基本指标依旧比较落后。学龄儿童的小学入学率在1930—1950年从大约30%提升至60%左右。然而，只有不到一半的村庄有小学，而且大多数学校只有一位教师教所有的学生。小学生中能坚持到毕业的人数不足一半。类似的是，在1950年，中学年龄段中也只有4%的学生最终毕业，只有不到1%的同年龄段学生获得四年制大学的学位。

国家财政资源有限是教育进步缓慢的一个重要原因。财政预算以及GDP中都只有极一小部分用于发展教育。同样，国民收入水平较低，选择的机会也比较有限。他们往往宁愿孩子务农而不是去上学。政治反对派也从中作梗。特别是在地方和农村地区，反对改革的穆斯林民众、保守派穆斯林精英以及宗教人士并不轻易接纳这些新学校。因此，在城乡地区推广公立学校以及确保女童就学仍是一大挑战。

直到1950年，城乡之间、男女之间以及东西部之间的入学率仍有巨大差别。东部库尔德地区的识字率和入学率一直在全土耳

---

[1] Akder（2010，第220—224页）；Evered and Evered（2011，第470—482页）。
[2] Zijdeman and de Silva（2014，第101—116页）；Deaton（2013，第59—100页）。

其垫底。女性的识字率在 1913—1950 年从不到 5% 上升至 19%，而同时期男性的识字率从大约 15% 上升至 46%（Turkish Statistical Institute，2014）。虽然土耳其在 1934 年就推行了女性选举权，是最早这样做的国家之一，城市中接受共和国新世俗主义的中产阶级人士的女儿确实从教育中受益，而且一些行政单位和专业领域也向她们开放，但农村地区女性受教育的进程则非常缓慢。在学校的各个年级中，男女入学率差距一直居高不下。1950 年，小学中女生人数只有男生人数的 60% 左右，而在高中和大学中，女生人数仅占男生人数的 25%。这些性别差异在城市地区和中高收入群体中较小，但在农村地区、欠发达地带、土耳其的东部和东南部以及低收入群体中则较大。[1]

土耳其政府试图将改革推广到农村，并在农业生产中普及现代技术，向农村人口灌输世俗主义和实证主义的思想。1940 年，在全国各地的农村地区建立一定数量的乡村师范学校是共和国早期的一个重要项目。这些新学校试图将各个地区的年轻村民培训成小学教师，以及向农村人口传授现代技术与农业技能的教员。乡村师范学校的运行非常成功，但随着二战后当局向政治多元化转型，乡村师范学校开始遭到农村保守派精英的强烈反对。因此，共和人民党在 1950 年之前便将乡村师范学校降级为普通的教师培训学校，民主党政府则在 1954 年将其一并废除（Karaömerlioğlu，1998）。

土耳其 15 岁以上成年人口平均受教育年限从一战前的 0.5 年缓慢提升至 1950 年的 1.5 年，而同一时期的全球平均受教育年限从 2.0 年上升至 3.2 年。这一系列对比证明，安卡拉政府的教育推广工作仍集中在城市地区，并没有覆盖到二战前大部分人口所在

---

① Arat（2008，第 391—396 页）；Turkish Statistical Institute（2014）。

的农村地区。在成年人口受教育年限方面，土耳其不仅落后于西欧和美国等发达国家，而且无法与拉丁美洲和中国的平均水平比肩，土耳其与埃及、南亚和东南亚的平均水平大致相同，仅高于撒哈拉以南非洲地区的平均水平（van Leeuwen and van Leeuwen-Li，2014，第88—97页）。

第九章　二战后的内向化发展

在布雷顿森林会议上，美国及其西方盟国对二战后国际经济秩序的策划深受战间期经验教训的影响，尤其是导致 1929 年后国际经济瓦解的战争债务、赔偿付款以及以邻为壑的政策等带来的问题。新的经济秩序在鼓励发展国际贸易的同时，却控制国际资本流动，使各国经济能更大限度地遵循各自的政策。因此，美国和西欧国家能够更大范围地发挥政府的作用，并推行凯恩斯主义的宏观经济政策。关于教育、医疗和其他社会领域的福利国家政策和开支也显著增多。东欧的中央计划经济在二战后的几十年中也实现了较高的增长率。[1]

在布雷顿森林体系的影响下，大多数发展中国家在这几十年中也采取了政府干预主义。内向型政策，更准确地说是进口替代工业化，成为经济发展中最常采用的战略，特别是在中等和较大规模的发展中国家。[2] 这些政策与布雷顿森林时代的国际货币制度、贸易制度以及发达国家奉行的凯恩斯政策并不冲突。发展中国家在二战后几十年内的经济增长率也非常高。

本章将从全球及国家政治走势入手，探讨它们如何导致经济

---

[1] Findlay and O'Rourke（2007，第 473—526 页）；Berend（2006，第 133—262 页）；Eichengreen（2008，第 91—133 页）；Rodrik（2011，第 67—88 页）。

[2] Kemp（1993，第 148—236 页）；Hirschman（1968，第 1—26 页）。

政策及制度的变革，以及这些变革产生的后果。下一章我将以绝对和相对标准来回顾土耳其在经济增长、收入分配和人类发展等方面的表现，并讨论这30年中制度以及制度变革在经济发展中的作用。

如表9.1所示，我们最好分两个时期来探讨土耳其在二战后几十年中的表现。土耳其在二战后进一步向西方靠拢，而且转向采取多党制的政治体制。土耳其向更具竞争性的政治体制转变引发了向农业导向型经济战略的转变，因为绝大多数以农业为生的人赞同这样做。20世纪30年代国家主导的工业化早在1947年就被摒弃，民主党政府在1950年当选执政后更是采取了全新的战略（Zurcher，2004，第206—240页；Ahmad，1977）。但在取得一些成绩后，由于政府对宏观经济管理不善，新经济模式陷入了困境。在1958年IMF（国际货币基金组织）主导的货币贬值，加上1960年的军事政变之后，伴随着第一个五年发展计划的启动，土耳其在1963年正式推行了支持进口替代工业化的新经济模式，而这次是以私人部门为主导。进口替代工业化此后被奉为土耳其的基本经济战略，直到1980年严峻的政治和经济危机导致政府重新实行经济自由化和市场导向型政策。

表9.1　1950—1980年分时段的经济趋势

时段	年均增长率（%）					每时段末的人均GDP（1950＝100）
	人口	GDP	农业	制造业	人均GDP	
1950—1962	2.8	5.9	4.5	7.1	3.0	142
1963—1980	2.4	5.8	1.9	9.1	3.3	248
1950—1980	2.6	5.9	2.9	8.4	3.2	248

资料来源：作者根据土耳其统计研究所（2014）的官方序列数据计算所得。

政治与经济变革

二战结束后，国内外因素共同促成了土耳其重大的政治和经济变化，当时土耳其的人口接近 2 000 万。二战后美国一跃成为世界超级大国，但正是苏联在战后提出对土耳其海峡领土的要求，致使土耳其政府加强了与美国的合作，并成为北大西洋公约组织（NATO）的成员国。出于军事和经济目的，美国于 1948 年将"马歇尔计划"扩展至土耳其，土耳其开始逐渐被吸纳进美国的势力范围。许多外国专家和官方代表团在此期间造访土耳其，表达了他们对建立一个更自由、更开放经济体系的想法。其中最具影响力的也许是美国专家委员会为世界银行编制的一份报告，该报告提出了分拆大部分国家主义的制造工厂（包括土耳其唯一的钢铁制造厂）、重点发展私人企业、鼓励外国资本、建立更自由的外汇和外贸体制，并且更加倚重农业发展等倡议。该报告指出，如果土耳其在战后想从美国的援助和私有资本的流入中获利，就必须在国内推动变革。[1]

至 1946 年，国内许多社会团体已经对一党制政府感到不满。战时税收，加上政府要求他们向城市地区供给粮食，给小农阶级中较为贫困的群体造成巨大冲击。作为政府权威的象征，宪兵和税吏重返农村地区。但政府在战后试图修复与农村地区小型生产者的关系，并通过议会颁布了《土地改革法》，该法赋予政府重新分配 50 德尼姆（即 5 公顷）以上的土地的权力。争辩愈演愈烈，法案遭到强烈批判，尤其受到与地主及其利益相关者的谴责。后来组建为民主党的团体在这次激辩中初具规模。

---

① Thornburg（1949）；Tören（2007，第 143—298 页）。

在城市地区，尽管 1942 年的财富税意在刁难非穆斯林群体，但此举却激发了穆斯林资产阶级的惶恐与猜忌。一党制推行二十多年后，虽然很多土耳其经济精英曾经从战时环境和政策中获利，但他们仍希望改变自己虽享有特权但依附性较强的身份状态。经济精英现在认为政府干预需要减少。人数较少的工人以及其他工薪工人和公职人员也遭到战时通货膨胀、物资短缺和投机牟利行为的严重冲击。[1]

因此，反对派开始要求执政党更加重视发展私人企业和农业部门，建立一个更加开放的经济。为应对该局面，伊诺努总统领导下的一党制政府决心推动政治体制内的竞争，并开始向多党选举制过渡。包括大地主和商人代表在内的反对派于 1946 年创立了民主党。这一新党派承诺推进私人部门的发展、减少政府对经济的干预，并且加倍重视农业发展。后来，民主党的领导人将政府的发展观概括成"每个社区都出一个百万富翁"的口号。

作为应对，一党制政府开始采纳反对党的一些主张。1947 年，共和人民党决定搁置第三个五年计划，开始向倚重私人资本、重视农业发展的方向迈进。一党制政府还对国家主义提出了全新的定义，国家主义政策仍适用于公共项目、采矿、重工业和军工业以及能源等领域，但其他所有企业都将转移给私人资本（Boratav，2011，第 73—81 页）。

民主党还希望外国资本能够在其经济纲领中占据重要席位。不过，尽管通过立法使利润和本金的转移变得更容易，但是 20 世纪 50 年代的外国直接投资仍然很低。在平均每年不到 1 000 万美元的外国直接投资总额中，美国公司所占比重约为 40%。美国通过"马歇尔计划"、北约援助、一些多边贷款以及其他项目提供的

---

[1] Keyder（1987，第 112—114 页）；Boratav（2011，第 63—67 页）。

双边资金越来越多，说明土耳其在冷战环境中的地缘政治重要性越发明显。这些公共资本流入平均每年超过 1 亿美元，超过 20 世纪 50 年代土耳其出口年收入的三分之一。

农业主导的经济增长

由总统杰拉勒·拜亚尔和总理阿德南·曼德列斯领导的民主党在 1950 年的选举中获胜后执政。大力发展超过四分之三选民赖以谋生的农业部门是民主党经济政策的核心。在度过大萧条期间的价格骤跌以及战争时期的困难之后，农业部门在战后逐渐恢复并开始扩张。1960 年的农业产出相比于 1948 年的水平提高了 60%，几乎是二战前水平的两倍。耕地面积的扩大是农业产出增长的一个重要原因。由于有大量的闲置土地，土耳其在 1953 年之前的总耕地面积增加了 55%（见图 9.1）。农业拓荒地的迅速扩张受到了两项政府互补政策的支持，其中一项针对小农户，另一项

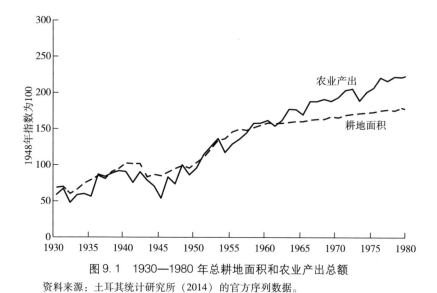

图 9.1　1930—1980 年总耕地面积和农业产出总额
资料来源：土耳其统计研究所（2014）的官方序列数据。

则针对大农户。首先，尽管1946年颁布的《土地改革法》中包含了重新分配大土地持有权的条款，但它却被用来分配国有土地，还用来给几乎没有土地的农民开设公共牧场。这一政策有助于加强安纳托利亚各地的小土地所有权，但其中不包括库尔德地主和部落首领统治的东南部区域。

其次，民主党政府利用"马歇尔计划"的援助为农业机械进口提供资金，特别是拖拉机进口，这使全国拖拉机数量从1946年的不足10 000辆跃升至20世纪50年代末的42 000辆。大部分拖拉机购买者是富农，他们通过农业银行获得优惠信贷，并以此扩大耕地面积。根据当时的经验之谈，一对公牛一年可以耕地5～10公顷；一辆拖拉机则将这个数字提高至75公顷。拖拉机还被出租给小农，他们通过交付收成的方式来支付租金（见图9.2）。

在此期间，农业生产者还从有利的气候条件、不断增长的市场需求以及出口产品贸易条件的改善中获益。到20世纪40年代末，国内物价开始越发有利于农业生产，由于美国在朝鲜战争期间实行了储备计划，因此世界市场对小麦、铬和其他出口商品的

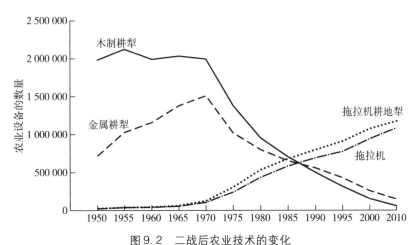

图9.2 二战后农业技术的变化

资料来源：土耳其统计研究所（2014）的官方序列数据。

需求增大，国内农业面临的出口贸易条件提高了超过40%。[1]

20世纪50年代初，由农业部门引领的繁荣意味着经济中所有部门的发展良好，收入上升。到1953年，形势一片大好，自由经济发展模式的承诺似乎也很快兑现。1947—1953年，土耳其的GNP年均增长率超过8%。工资和薪金的提升证明了城市各群体都分享到了经济增长带来的好处。当然，最重要的还是农业部门的收益，特别是市场导向型农业生产者。在这一系列有利条件下，民主党迎来了1954年的大选，并以更为压倒性的优势再次获胜。[2]

民主党还推行了野心勃勃的基础设施建设政策，尤其是建设高速公路和二级公路。在战间期，共和人民党一直大力建设铁路。连接土耳其东部与中心地带以及其他地区的铁路建设，一直是国家预算中最重要的投资项目。不过，当时没有高速公路和铺面公路能与铁路相辅而行。在"马歇尔计划"的支持下，民主党决定重点发展公路运输。一个新成立的高速公路建设机构开始利用最前沿的公路建设技术和机械，来发展高速公路及道路运输网络。兴修交通运输网络的一个重要目标是将城乡之间以及城市彼此之间互通，以实现农业导向的发展战略。政府一直垄断着铁路部门。随着国家的发展重心转向公路建设，运输部门的领导权被移交至私人部门和地方企业手中（Tekeli and İlkin，2004d，第399—429页）。另外，此举为修建大坝等大型基础设施项目打下了基础。1950年的土耳其只有不到五分之一的人口家中通了电。政府开始

---

[1] Hirsch and Hirsch（1963，第372—394页，1966，第440—457页）；Hershlag（1968，第157—168页）。

[2] Keyder（1987，第117—135页）；Hansen（1991，第338—351页）；Yenal（2003，第77—84页）。

投资电力生产，并将国家电网扩展至农村地区。道路和高速公路的开通鼓舞了民心，提高了农村人口的流动性，也促进了农村人口向城市中心的迁移。

但农业导向型发展的黄金期并未持续多久。随着朝鲜战争的结束，国际市场的需求有所放缓，出口商品的价格也开始下降。与此同时，农业部门的弱点开始暴露。安纳托利亚乡村在 20 世纪 50 年代仍旧依靠旱耕，几乎不使用化肥。政府对农业灌溉投资的重视程度不高。到了 50 年代末期，总种植面积中只有 5.5% 的田地得到灌溉。在良好的气候条件不复存在的情况下，农业产出停滞不前，甚至开始衰减。此外，由于气候条件越发恶劣，耕地面积的扩张也在 20 世纪 50 年代后期明显减缓。

农业部门原本通过扩大耕地面积便能相对容易地提高产出，但随着 20 世纪 60 年代末可用耕地面积达到上限，提高产出变得更加艰难，而且成本更加高昂（见图 9.1）。自那时起，土耳其政府便开始利用集约种植、改良作物品种、增加化肥投入以及扩大灌溉面积等方式来提高产出。向集约型农业转型得到了政府的投入补贴和低息信贷等政策的支持，但也是中小型生产者对市场力量的一种回应。大农户首先采用新的作物品种，经过一段时间，其他农业生产者也开始投入使用。即使如此，农业产出的长期增长率仍呈下降趋势，从二战后的每年 4%~5% 下降至 20 世纪六七十年代的 3% 左右。这些增长率远远低于城市经济的增长率，从 1960 年到 1980 年，农业部门在土耳其经济中的比重由 38% 降至 25%。

民粹主义

民主党政府不愿接受农业生产者因国际与国内价格下跌而收入减少的事实，于是在 1954 年决定启动一项大规模的小麦价格支持项目，以保护农业生产者免受不利价格变动的影响。因此，直到 20 世纪 80 年代，价格支持一直是影响农业收入的最重要的政府项目。政府并不直接从国家预算中划拨采购小麦的资金，而是使用由中央银行提供给农产品办公室的信贷，该机构负责购买并向城市地区分配低价小麦。这些政府补贴是导致 20 世纪 50 年代中期之后通货膨胀爆发的主因。在此期间，中央银行对农产品办公室的未偿信贷占据了大部分新增货币供应量。各家储蓄银行向私人部门（包括合作社）提供信贷是导致通货膨胀的另一祸根。[①]

尽管 1954 年后农业产出停滞不前，国际物价也不断下降，但国内的贸易条件仍然有利于农业生产，由于政府的价格支持政策，农业生产者得以在 1957 年之前保住收益。因此，农村人口成为民主党执政时期真正的受益者。与此同时，由于土耳其币值被高估，出口进一步下滑，外汇储备很快耗尽。随着进口开始减少，经济从 20 世纪 50 年代初的相对丰裕陷入严重的国际收支危机，许多基本消费项目出现短缺。从咖啡到蔗糖和奶酪，许多商品供应不足，排长队成了生活常态。此外，通胀大潮吞噬了城市人口的工资和薪金（Boratav，2011，第 90—93 页）。在此次通胀浪潮中，军事人员和公职人员的生活水平和社会地位降低，这是导致 1960 年军事政变的重要原因。

民主党的政治和经济自由主义成了这场危机的牺牲品。政府以加剧政局紧张和限制民主自由的手段来打击政治反对派，同时在大多数经济问题上被迫改变自己之前的立场，并采取更加强硬的干预主义政策。政府对进口商品的配额限制已成为常态，对外汇使用的管控也更为严格。在国内市场，政府启动了价格和利润管制，并开始通过非价格机制来分配信贷。政府再次发现，国有

---

① Hershlag（1968，143—156 页）；Hansen（1991，第 344—346 页）。

企业在解决难题、突破一些瓶颈，以及为制造业、基础设施建设与采矿业筹集资本等方面是一把好手。

20 世纪 50 年代中期爆发的国际收支危机给创建"更加开放、更加市场导向的经济"的尝试画上了句号。由进口受限造成的物资短缺和瓶颈问题出现时，国内工业开始生产几年前还大批量进口的商品。换言之，土耳其已经开始重返进口替代工业化的模式，尽管这一点在政府政策上体现得还不够明显，但实际上已是在所难免。

1956—1958 年，政府与 IMF 以及 OECD（经济合作与发展组织）就对外借款与外汇援助问题进行了谈判，但是直到 1957 年选举结束，土耳其一直拒绝对方提出的货币大幅贬值的要求。因此，国际收支危机持续了好几年。1958 年，里拉兑美元从 2.80 大幅贬值到 9.00，体现了之前里拉被高估的程度。经济稳定计划还包括后来称为 IMF 方案中的诸多内容：进口自由化、出口制度的改变、取消价格管制、提高国有企业的价格，以及外债重组和改期。在这些措施的影响下，国际收支的局面有所改善、通胀率也降低了，但是在军事政变的拖累之下，土耳其一直到 1961 年都深陷经济衰退的泥沼。[1]

与战间期的政策相比，民主党奉行的发展战略更加向外部世界开放，而且更加注重农业发展。但在取得早期的良好成果之后，政府做出了过分草率的承诺。与 20 世纪 30 年代一党制时代的严谨立场及预算平衡加强势货币政策不同，民主党在 20 世纪 50 年代中期实行的宏观经济政策代表着土耳其在 20 世纪首次尝试宏观经济民粹主义。政府瞄准一大片选民，试图通过短期扩张主义政策向

---

[1] Hansen（1991，第 344—348 页）；Boratav（2011，第 73—81 页）；Kazgan（2005，第 93—128 页）。

他们重新分配收入，并产生了可预见的长期后果。但20世纪50年代后半期日益困窘的经济则表明，单靠农业或农业导向型发展战略是难以维持经济增长的。

尽管如此，民主党时代还是给农业部门带来了巨大的流动性。国家大量引入拖拉机，耕地面积不断扩大，收入也逐步提高。高速公路和道路建设加强了全国各地的流动性。这些市场导向型民粹主义政策受到占国家大多数人口的中小型农业生产者的欢迎。这是民主党以及总理阿德南·曼德列斯（也是一位大地主）时代被人们铭记为"流金岁月"的重要原因，不仅农村人口和农业生产者对此感念至深，就连他们如今大多数定居在城市地区的子孙后代也对此难以忘怀（Sunar，1990，第745—757页）。

人口迁移与城市化

20世纪50年代也见证了土耳其农村人口向城市迁移的急剧加速。城市化率，即居住在人口超过1万的城镇的人口占总人口的比重，从1950年的大约17%上升至1980的44%，在2015年上升至大约80%。失地和失业是农村人口移居城市的主要原因。但移民也可能被高收入以及先进的教育和医疗服务吸引到城市地区，即使不为自己也要为下一代考虑。迁移人口主要来自较为贫困的农村地区，其中大部分来自东部和黑海沿岸的农业区；他们迁至西部更为发达的马尔马拉海和爱琴海沿岸的城市地区，其次是地中海沿岸的南部地区。强劲的移民潮并没能扭转城乡之间人均收入的巨大差距，但保障了东部和东南部地区的经济状况不会进一步恶化。

农村人口迅速向城市迁移，与之相对应的是劳动力从生产率低下的农业部门大量流向工业和服务业部门。1950—1980年，农业在劳动力与就业人口中的比重从超过 80% 降至 50%，而后在 2015 年跌至 20% 左右。1950—2015 年农业在 GDP 中的比重从大约 50% 降至不足 10%。随着城市化的推进，城市经济（即工业与服务业）吸纳的劳动力在总劳动力中的比重激增，从 1950 年的 20% 左右上升到 1980 年的 50%，而后在 2015 年上升至超过 80%。城市经济在 GDP 中的比重从 1950 年的超过 50% 提升至 2015 年的 90% 以上（详见第二章及图 2.9）。

正如阿瑟·刘易斯和西蒙·库兹涅茨所述，劳动力由农村向城市的转移（或劳动力结构的变化）对长期生产率和经济增长方式带来了深远的影响（Kuznets，1966，第 86—159 页；Lewis，1954，第 139—191 页）。首先，农业部门的生产率提高使劳动力从农业部门向城市经济的转移成为可能。即使农业劳动力并非绝对减少，但事实表明，只需要土耳其总人口中更小的部分就可以供养整个国家。再次，由于人口从农业部门转向城市经济后的生产率和收入普遍提高，因此他们对全国生产率和人均收入水平的提高做出了贡献。事实上，据估计，二战后土耳其快速提升的增长率中至少有三分之一可归功于劳动力从农业部门转向城市经济（Altuğ、Filiztekin and Pamuk，2008，第 393—430 页）。

农民的土地独立所有权这一主导模式严重影响了农村人口向城市迁移的模式。一般的移民仍持有村里的一些土地，通常用于出租或自家留用。多数情况下，来到城市地区的移民有足够的资源在落脚之处（一般为国有土地上）搭建一座棚屋（gecekondu，字面含义为在夜间落脚），这些地方通常已经有他们的同村或同乡的人形成的社区。由于各个政党要争取移民的选票，再加之地方政府向他们提供水、电以及道路资源，因此移民很快就获得了棚屋的所有权。起初迁入城市时，农村移民及其家人没有轻易切断与故土的联系。他们在年假期间返乡，并定期收到各种实物，以补偿他们在村里的土地权益。因此，通过搭建棚屋和形成周边制度的方式，他们将起源于奥斯曼时代的农村中小型土地所有权的模式在几代人之内陆续转移到了城市地区。[1]

但是，只有少数农村移民能在新行业中找到工作。当农村移民抵达城市时，他们面临着不同等级的工作选项。有工会组织的蓝领工作处于金字塔的顶端，因此这对新移民来说是可望而不可即的。在较低等级中，有非正规部门的各种低薪工作，比如临时工或街头摊贩。随着时间的推移，一些移民凭借个人技能和社会关系开始向着城市阶梯中更高薪和更稳定的就业形式攀升（Keyder，1987，第156—163页）。

进口替代工业化时代

农业导向型发展战略给土耳其经济带来了活力，但民粹主义经济政策导致土耳其经济走向失败。在管理国家经济方面既不善变通又缺乏远见是人们对民主党普遍的批评。因此，军事政权成立后的首要战略之一是在 1960 年建立国家规划组织。制定发展规划的战略思想得到了多方的共同支持：有国家主义传统的共和人民党、官僚机构、实业家，甚至国际机构，其中最突出的是OECD。规划的方法和目标的制定深受简·丁伯根（Jan Tinbergen）的影响，他受邀担任土耳其国家规划组织的首席顾问，负责协调第一个五年规划的筹备工作。

五年发展规划的首要目标是协调投资决策，实现进口替代，从而保护国内市场和工业化。规划中主要使用限制性贸易制度、

---

[1]　Keyder（1987，第 135—140 页）；Karpat（1976）；Tekeli and İlkin（2004d，第 390—429 页）；Yıdrmaz（2017，第 51—200 页）。

国有企业的投资和有补贴的信贷等，以此作为实现进口替代工业化目标的主要手段。这些规划基于中期模型，不太重视短期的政策问题，尤其是财政和货币政策。这些规划对公共部门有约束力，但对私人部门仅具有指导作用。在实践中，国家规划组织对私人部门的决策有重要影响。所有私人部门的投资项目都需要获得国家规划组织的批准，这些项目从有补贴的信贷、税收豁免和进口特权中获益，而且能够获取稀缺的外汇。以家族企业为主的农业部门则基本上没有被纳入规划流程。[①]

人们对这些规划的内容及其对工业化的作用观点各异。1960 年军事政变后取代了民主党的中右翼正义党最初对这些规划持反对意见。反之，军队领导层、安卡拉官僚系统的部分成员以及他们委任的学者都支持实施甚至更为严苛的规划。他们认为，这些规划不仅应该用于指导公共部门，还应该引领私人部门，并由国家规划组织而不是由市场决定在工业化过程中哪些部门应当受到重视。伊斯坦布尔的私人部门认为，公共部门不应该与私人部门竞争，国家规划组织在指引公共部门做决策的同时，也需要通过提供关税、补贴和奖励来支持私人部门。共和人民党内部对规划的内容和作用也看法不一。该规划的优先劣后最终听命于政治的操弄。然而，这个新机构赋予了安卡拉的技术官员和官僚们全新的影响力。

随着军事统治的终结和多党政权的回归，这个备受军队推崇的严苛规划的势力和影响力开始逐渐衰退。当伊诺努总理拒绝采纳为了实现更高程度的工业化而对农业部门征税的建议时，领导规划的小组成员全体辞职。正义党在 1965 年选举上台后，总理苏莱曼·德米雷尔选择保留国家规划组织，没有将它就地解散。然

---

① Milor（1990，第 1—30 页）；Hansen（1991，第 352—353 页）。

而，在德米雷尔任期内，国家规划组织不能指导私人部门，只能起到支持作用。他任命图尔古特·厄扎尔为该机构的副主席。在此之后，伊斯坦布尔私人部门的偏好开始引导国家规划和进口替代工业化的进程。

在国家规划组织成立之初，有人将它视为与东亚国家指导工业化进程的同行类似的自治机构。但不久后，国家规划组织便放弃了这一角色，摇身一变成为满足私人部门需求并受日常政治活动和政治压力影响的机构。在这种情况下，国家规划组织的关注点开始转变，从注重长远目标和重工业，转向以私人部门主导的、为国内市场生产耐用消费品的模式（Milor，1990，第1—30页；Türkcan，2010）。

当私人部门在20世纪30年代比较弱小时，国有企业主导着工业化进程，政府能够控制经济中的许多部门。但在二战后时期，大型家族控股公司，包括众多制造公司、分销公司、大型银行以及其他服务类公司在内的大型企业集团成了领头羊。其中一些公司，如20世纪20年代起家的科奇集团，在二战后就以独立或合资的方式进入工业领域。20世纪50年代，萨班哲集团开始在阿达纳的棉花种植区兴建纺织工业，使这两个部门最终形成了初步的劳动分工。国有企业得到指示，对大型中间产品生产进行投资。该产业占制造业附加值的20%以上，占制造业固定投资的一半左右。相比之下，私人企业则趁机在受严格保护且利润更大的生活消费品中获益。自20世纪50年代侧重发展食品加工和纺织工业开始，国家的重心越发向收音机、冰箱、电视机、汽车和其他耐用消费品转移。进口替代工业化行业中的外国直接投资仍然不多。大部分的这些技术是通过专利和许可协议获得的，而不是通过直接投资。

土耳其在20世纪60年代中期的总人口超过3 000万，因此不断扩张的庞大国内市场刺激了制造业生产。尽管收入分配并不平等，但包括公职人员、工人在内的大部分人口，其次是农业生产者，都被纳入国内耐用消费品的消费者行列。在不断扩张的庞大国内市场背后，政治、制度以及市场力量的变革正在发生。也许最重要的是，实际工资在20世纪六七十年代的增幅几乎达到一倍。正当工业增长刺激了对劳动力的需求时，却有数百万工人移民西欧，导致土耳其城市劳动力紧缺。此外，1961年宪法赋予的制度化权利也加大了工会的议价能力（Berik and Bilginsoy，1996年，第37—64页）。对于在出口市场上没有竞争压力的大型工业企业而言，它们自认为能够负担得起薪资的增长，且薪资增长也会扩大市场对产品的需求。但是到20世纪70年代中期，实业家们开始对高薪资和新兴劳工贵族牢骚满腹（见图9.3）。

在战间期，农业生产者的政治权力仍然有限。但随着二战后

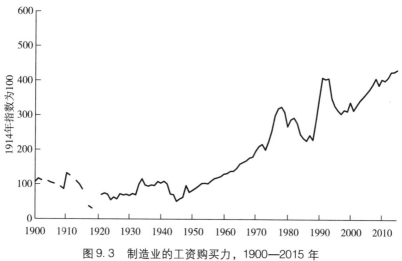

图9.3 制造业的工资购买力，1900—2015年

资料来源：Özmucur and Pamuk（2002），Bulutay（1995），以及土耳其统计研究所（2014）的官方序列数据。

国家向多党选举制转型，占选民四分之三的农业生产者获得了巨大的政治影响力和政治权力。随着数百万更为商业化的农业生产者开始根据个人利益投票，一股巨大的民粹主义倾向开始支配国家政治。政府制定了大规模、多作物的农业生产计划，以保持农产品高价格和投入品低价格。这些计划也许没有大幅提高长期的生产率，但它们加快了农村人口加入全国市场一体化的进程。移欧的土耳其家庭成员在 20 世纪 70 年代汇回的款项提高了农村地区的收入。因此，这些村庄成为纺织品和服装，以及收音机、电视机和冰箱等耐用消费品的重要市场。例如，1950—1980 年，土耳其拥有冰箱的家庭比重从不到3%上升至70%以上。许多农业生产者还用公共部门银行的信贷购买了拖拉机和其他农业机械及设备。土耳其的拖拉机数量激增，从 1960 年的 42 000 台迅速增长至 1970 年的 100 000 台，而后在 1980 年增加至 430 000 台（见图 9.3 与图 9.4）。①

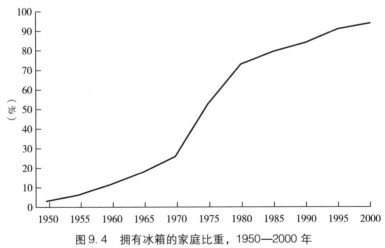

图 9.4　拥有冰箱的家庭比重，1950—2000 年

资料来源：基于土耳其统计研究所（2014）和土耳其国内制造商数据。

---

① Keyder（1987，第 165—196 页）；Hansen（1991，第 360—378 页）。

这些计划意在支持奥斯曼时代的遗产，即中小型家庭农场。使用全年雇佣劳动力的大型农场仍然很少见，但是由于部落首领将部落土地登记在自己名下，并开始驱逐租户，因此这样的农场在库尔德东南部越来越多。由于家庭农场在农村地区仍占主导地位，农业部门在20世纪70年代末依旧为土耳其50%以上的劳动力提供了就业机会。土耳其农业的劳动生产率以及土地生产率远远落后于西班牙、意大利、葡萄牙和希腊等南欧国家。①

来自旅欧工人的汇款是国内市场得以扩大的另一重要因素。从1961年至经济陷入衰退的1973年，为满足这一"流金岁月"对劳动力的强烈需求，数百万来自城乡地区的土耳其工人移民至西欧国家。在20世纪60年代，来自旅欧工人的汇款还不算突出，但在1970年货币贬值后，旅欧工人的汇款激增至GDP的5%，并且开始赶超土耳其的出口收入总额。尽管如此，汇款对国际收支平衡的影响好坏参半。虽然它们促进了国际收支平衡和短期增长，但也加剧了土耳其币值的高估，从而削弱了贸易部门的竞争力。汇款带来的总需求增加转化为中间产品的进口，最终损害了进口替代工业化进程。但在20世纪70年代后期，欧洲的移民限制政策导致土耳其工人的汇款开始减少（Paine，1974）。

虽然产业界和政府的政策一直侧重于发展一个庞大且具有吸引力的国内市场，但制成品出口几乎完全被忽略了，这显然是土耳其进口替代工业化的"阿喀琉斯之踵"。在20世纪60年代至70年代，制成品在出口总额中的比重从不到20%上涨至35%，但这一数字可能有误导性，因为在此期间，出口在GDP中的比重一直低于6%。因此，到1980年，制造业出口在GDP中的比重仍远低于2%（Turkish Statistical Institute，2014）。转为出口导向型经济能

① Pamuk（2008，第382—386页）；Imrohoroglu、Imrohoroglu and Üngör（2014）。

够从多个重要方面促进土耳其的工业发展。首先，这能够帮助土耳其提高现行工业结构的效率和竞争力，并获得扩张经济所需的外汇储备。其次，这也能为技术复杂且价格昂贵的中间产品和资本品产业建立后向关联，推动进口替代过程本身的发展。

要实现这种重大转变，就必须改变政府政策和制度环境。土耳其需要放弃对里拉币值的高估并废除对出口不利的许多其他措施。可是，在受保护的环境中获得的成功造就了延续当前模式的既得利益集团。大多数实业家以及担心出口导向可能导致工资下行的劳工团体，都支持国内市场导向的模式。此外，20 世纪 70 年代的政治局势越发动荡。土耳其被若干短视而脆弱的政治联盟统治。因此，在 1973 年第一次石油危机之后，土耳其没有尝试制定转向出口导向型的政策，甚至对宏观经济失衡也无所作为（Keyder，1987，第 165—196 页）。

因此，阿尔伯特·赫希曼将 1963—1977 年称为土耳其"进口替代工业化的从容阶段"（Hirschman，1968，第 1—26 页）。在 1963—1980 年，制造业附加值的年均增长率超过 9%。同一时期的 GDP 年均增长率为 5.8%，人均 GDP 年均增长率为 3.3%。此外，制造业和更广泛的城市部门能够为数百万迁至城市地区的移民提供就业机会，特别是在土耳其西北部地区。当最终产品和中间产品的制造业附加值均有所提高时，技术难度较高的资本品的附加值却落在后面。土耳其劳动力的受教育水平较低，加上私人企业不愿意涉足高技术领域，都导致了这一后果的产生。相比于人均 GDP 水平相似的拉丁美洲国家和东亚国家，土耳其在这几十年的教育和人力资本比较落后，因此使制造业更难向具有高技术含量、高附加值的产业和要求技能的其他产业转型（van Leeuwen and van Leeuwen-Li，2014，第 87—100 页）。

此外，政府在 1980 年之前还忽略了制造业出口，这主要是因为国内市场的规模相当可观。尽管 20 世纪 70 年代制造业在出口总额中的比重达到 35%，但出口在 GDP 中的低比重意味着制造业出口在 GDP 中的比重仍然低于 2%。刺激出口需要有新的政策和制度环境，但政府的保护行为强化了支持旧政策的既得利益集团的力量。同样值得注意的是，20 世纪 70 年代的政治局势越发动荡。因此，政府甚至在 1973 年石油危机之后也没有试着对政策做出调整。联合政府选择在不利条件下举借外债，并鼓励私人部门也这样做，此举导致 20 世纪 70 年代末爆发了重大国际收支危机（Tekin，2006，第 133—163 页；Hansen，1991，第 352—353 页）。

危机

长期延续的动荡政局是 20 世纪 70 年代土耳其爆发经济危机的主要诱因。当 1973 年石油价格上涨时，土耳其要支付的石油账单仍然很小，国际收支平衡由旅欧工人的汇款支持。但脆弱的联合政府目光短浅，选择继续推行扩张政策，而不是进行调整。在外汇储备和宽松货币政策的支持下，政府引领公共部门卷入一场投资热潮，并最终拉动了私人部门的投资。投资占 GDP 的比重从 1973 年的 18.1% 上升至 1977 年的 25.0%，同时经济增长率在 1975 年和 1976 年均达到了 8.9% 的峰值。在受保护的国内市场生产商品，让实业家们轻松获得了利润。工会工人通过谈判也获得了更高工资。据估计，1970—1978 年的实际工资提高了约 75%（见图 9.3）。在后期阶段，依靠成本高昂的外债计划，这股势头得以持续。就在 1975 年外汇储备枯竭时，渴望继续执政的苏莱曼·德米雷尔手下的保守派联合政府发起了一项计划，为私人公司能够获得的所有外部贷款提供外汇担保。在国内汇率已经因通胀而被高估的情况下，这一计划向私人部门发出了

"借入外债，消耗国库财政来支持日常业务运转"的信号。到了1977年底，政府显然无法偿还未偿的短期外债，这些债务占GDP的比重由9%上升到24%。与政府行为同样异乎寻常的是，当时石油美元横流的国际银行竟然同意与土耳其政府合作。但是当海外贷款机构在1977年初开始惶恐不安时，债务危机已然拉开了帷幕。[1]

到了20世纪70年代末，土耳其发现自己深陷战后最严峻的国际收支危机。作为让土耳其推迟偿还债务以及获得新贷款的交换，IMF要求土耳其执行一项全面的稳定计划，其中包括货币大幅贬值、大幅削减政府补贴以及取消对进出口的管控。社会民主党总理贝伦特·埃切维特领导的新联合政府不愿接受紧缩计划。与此同时，联合政府又因为严重分裂而找不到替代选择。在财政赤字和扩张性财政政策的双重影响下，70年代早期年均20%～30%的通胀率在1979年激增到90%，工资和薪酬的购买力急剧下降。政府对此采取了各种外汇和价格管控方案。投资和出口贸易也都崩塌。国际市场的第二轮油价上涨从每桶15美元提升到30美元，无异于给困境火上浇油。由于石油日益稀缺，频繁停电严重影响了工业生产和日常生活。由于进口规模缩小，加上价格管制随处可见，所以连最基本的物资都出现了短缺。经济危机和持续的政治动荡把土耳其推到了内战的边缘（Keyder，1987，第165—196页）。

从土耳其的经验中也许能吸取的基本教训是，由于既得利益集团继续受益于现行的保护和补贴制度，进口替代工业化政策是很难被推翻的。对于一个有庞大国内市场的国家，要想实现向鼓励出口的模式转型，就必须具有一个富有远见和自主权的强大政

---

[1] Celasun and Rodrik（1989，第615—808页）；Kazgan（2005，第135—194页）。

府。从20世纪70年代联合政府的羸弱和不稳定中可以看到，远见与自治正是土耳其政局缺乏的品质。因此，经济失衡加剧，调整政治与经济局面的成本越来越大。直至重大危机爆发后，土耳其经济终于在20世纪80年代转变成出口导向模式（Öniş and Şenses，2007，第263—290页）。

第十章 1950—1980 年的经济
发展与制度变革

经济增长

二战后的几十年是世界经济空前增长的繁荣时期。部分是由于布雷顿森林会议设计了全新的国际经济秩序，因此世界经济自二战结束到 1973 年石油危机期间实现了有史以来最强劲的一波增长和收入增加。发达国家在这一时期的 GDP 年增长率高于 4.5%，人均 GDP 年增长率超过 3%。日本经济的迅速恢复是另一意义深远的重要发展，它在 20 世纪 70 年代之前确立了自己作为世界经济强国的地位。苏联和东欧的社会主义经济体在 70 年代之前也经历了较高的增长率（见表 10.1）。[1]

在布雷顿森林体系的影响下，大多数发展中国家在这几十年中也纷纷采取了政府干预主义政策。内向型政策，更准确地说是进口替代工业化，成为经济发展中最频繁采用的战略，特别是在中等和较大的发展中国家。[2] 这些政策与布雷顿森林时代的国际货币和贸易制度以及发达国家奉行的凯恩斯政策并不冲突。发展中国家在二战后几十年中的经济增长率也非常突出。随着城市化和

---

[1] Crafts（1996，第429—447 页）；Eichengreen（2008，第91—133 页）。

[2] Kemp（1993，第198—236 页）；Hirschman（1968，第1—26 页）。

工业化的普及，这几十年发展中国家的 GDP 年均增长率整体提升至接近 5.5%，但是由于人口增长率较高，因此人均 GDP 每年增长近 3%，与发达国家的增长率十分接近。东欧的社会主义经济体也以每年超过 3% 的速度增长。日本和东亚其他一些国家的年增长率则超过 5%。相比之下，中国和印度的经济增长率仍然较低。在 1870—1950 年增长率高于发展中国家平均水平的南美洲国家，在这个时期却一直低于平均水平（见表 10.1 和图 10.1）。

促进了二战后经济扩张的布雷顿森林体系在 20 世纪 70 年代面临重重压力。1971 年美元与黄金脱钩后，发达国家开始逐步转向浮动利率。1973 年，石油输出国组织（OPEC）主导下的油价上涨导致原本就不堪一击的国际货币和贸易体系再次受到重创。工业化国家的政府选择收缩内需来应对该局面。通胀率上升，经济停滞不前的状况也随之蔓延。随后发生的全球经济衰退不仅给世界经济长期以来的扩张画上了句号，而且终结了发达国家的凯恩斯式宏观经济管理政策和福利国家政策，并促使政策转向更加依赖于市场。随着发达国家的固定汇率制度和凯恩斯经济政策的告终，发展中国家更加难以维持内向型工业化战略。油价上涨之后，石油出口国巨大的贸易顺差为国际市场带来了新的货币流动性和较低的利率。面对不断上涨的油价，许多发展中国家不仅没有放慢发展经济的步伐，而且试图利用新的流动资金和大量借款来延续进口替代工业化战略带来的繁荣。

二战后的几十年也是土耳其经济快速发展的阶段。尽管 20 世纪 50 年代中期和 70 年代后期有过危机，但土耳其的人均 GDP 以年均超过 3% 的速率增长，1950—1980 年的增幅达到一倍多。这样的增长率在土耳其的历史上是前所未有的。在 19 世纪和 20 世纪上半叶，土耳其人均 GDP 的长期年均增长率一直低于 1%。唯一的例外是在大萧条之后，由于政府对贸易的高度保护加上工业化的

表 10.1　世界和土耳其的人均 GDP，1950—1980 年

	人均 GDP		年增长率
	1950	1980	（%）
西欧	4 570	13 150	3.6
美国	9 550	18 600	2.2
日本	1 920	13 400	6.7
发达国家	5 550	14 900	3.4
东欧（苏联除外）	2 100	5 800	3.4
意大利	3 500	13 150	4.5
西班牙	2 200	9 200	4.9
中国	530	1 050	2.8
印度	620	940	1.4
韩国	850	4 100	5.4
亚洲（日本除外）	640	1 500	2.9
非洲	890	1 500	1.8
埃及	1 050	2 100	2.3
伊朗	1 720	4 000	2.9
南美洲	2 500	5 450	2.6
发展中国家	850	1 920	2.7
全世界	**2 100**	**4 500**	**2.6**
土耳其	**1 600**	**4 750**	**3.1**

注：人均 GDP 以 1990 年美元计并经 PPP 调整，详见第二章。

资料来源：Maddison（2007，第 375—386 页）；Bolt and Van Zanden（2014，第 627—651 页）；土耳其的数据来自 Pamuk（2006）。

启动，土耳其人均 GDP 的年均增长率一度超过 3%。土耳其在二战后实现的长期增长率大致与发达国家和发展中国家的总体平均水平相当。因此，土耳其与发达国家之间的人均 GDP 差距在这一期间变化不大。表 10.1 和图 10.1 还显示，土耳其的经济增长率远远低于南欧的意大利与西班牙以及东亚的日本、韩国和中国台湾等较为成功的经济体。

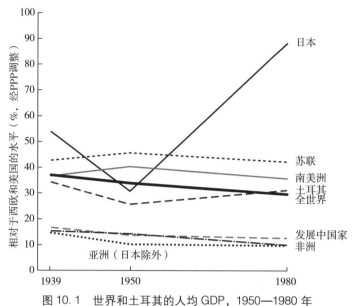

图 10.1　世界和土耳其的人均 GDP，1950—1980 年

资料来源：Maddison（2007，第 375—386 页）；Bolt and Van Zanden（2014，第 627—651 页）；土耳其的数据来自 Pamuk（2006）。

　　土耳其在二战后的几十年里采取了两种非常不同的经济战略。直到 20 世纪 60 年代初，农业一直是土耳其经济增长的主要来源。如表 9.1 总结的，土耳其在 1950—1962 年的农业增加值和人均 GDP 分别以每年 4.5% 和 3.0% 的速率增长。农业用地的扩张是农业产出提升的主要原因。经济战略转变后，制造业与城市经济成为后来 20 年经济增长的来源。制造业在 1963—1979 年的年增长率约为 9%，城市经济的年增长率超过 8%。人均 GDP 增长和税收增加使政府能够投资交通、公用事业、农业灌溉以及医疗和教育基础设施。多组序列数据显示，城乡地区的收入和生活水平在提高，其中包括城市工资水平以及耐用消费品在城乡家庭中的普及率（详见图 9.3 和图 9.4）。农业生产者也从人均 GDP 增长中获益良多，因为价格支持计划和其他政府补贴使他们能够跟上不断扩张的国内市场。但土地生产率和农业劳动生产率的增长都十分缓慢。

在这几十年中，土耳其的土地生产率，尤其是农业劳动生产率，都远远落后于南欧国家。

与人口规模相似的两个南欧和两个中东国家比较，能帮助我们更深入地了解土耳其在这一时期的发展轨迹。意大利和西班牙也实现了很高的城市化率和经济增长率，而且在二战后的几十年中明显与发达国家的水平趋同。对意大利来说，欧洲一体化大大促进了趋同的势头。与意大利和西班牙相比，土耳其的经济增长率以及与发达国家的趋同程度更低。埃及在二战后的几十年里也经历了快速的城市化和内向型工业化。但与土耳其相比，埃及的人均 GDP 增长率较低。因此，埃及与土耳其之间的人均 GDP 差距不断扩大，而且埃及无法缩小与发达国家之间的人均 GDP 差距。直到 1980 年，由于石油出口量巨大且不断扩大，伊朗的人均 GDP 增长率高于发达国家和土耳其的水平。自二战结束至 20 世纪 70 年代，伊朗的人均 GDP 一直高于或接近于土耳其的水平（见图 10.2）。

1950—1952 年至 1977—1979 年，总投资率在 GDP 中的比重从 11%上升到 22%，这是土耳其在此期间生产率和收入增长的主要直接原因（见表 10.2）。收入增加使储蓄率上升，而国内储蓄提供了投资于物质资本和教育的大部分资金。来自旅欧工人的汇款也增加了国内储蓄，特别是在 20 世纪 70 年代。相比之下，国际借贷和外国直接投资对资本形成的贡献仍然有限。大部分新技术是通过专利和许可协议获得的。

快速的城市化是二战后长期增长率大幅提升的另一要因。1950—1980 年，居住在 1 万人以上的城镇的人口占总人口的比重从不到 20%增长至 44%，与此相伴的是劳动力从平均生产率较低的农业部门转向工业部门，转向物质资本水平和生产率更高的城市经济。因为劳动力的转移，土耳其整体的人均 GDP 增长率比农业和非农业部门的人均生产率增速都更高。计算表明，1950—1980 年

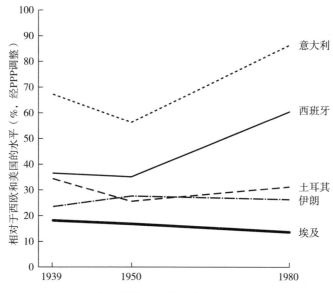

图 10.2　土耳其及其他四国的人均 GDP, 1950—1980 年

资料来源：Maddison（2007，第 375—386 页）；Bolt and Van Zanden（2014，第 627—651 页）；土耳其的数据来自 Pamuk（2006）。

表 10.2　1950—1980 年土耳其的经济与社会基本指标

	1950	1980
人口（百万）	20.9	44.7
城市化率（%）	18	44
出生时预期寿命（岁）	44（男：42；女：46）	59（男：57；女：61）
识字率（%）	33（男：46；女：19）	68（男：80；女：55）
15 岁以上成年人口平均受教育年限	1.5	4.2
农业劳动力比重（%）	75~80?	50
农业在 GDP 中的比重（%）	42	25
制造业在 GDP 中的比重（%）	13	17
出口/GDP（%）	8	4
进口/GDP（%）	9	11
投资/GDP（%）	11	22
中央政府收入/GDP（%）	15	13

资料来源：土耳其统计研究所（2014）。

的劳动生产率和人均收入总增长中，有超过三分之一可归因于劳动力从低生产率的农业部门成功转向高生产率的城市经济。农村人口向城市迁移使得后来几十年的较高增长率也更容易持续。①

对现有资源（包括劳动力和资本）的更高效利用，是农业以及城市经济生产率提高的另一个原因。换言之，土耳其提高了全要素生产率。然而，与这一时期的大多数发展中国家类似，土耳其在这几十年中的全要素生产率的年均增长率仍远低于1%。此外，这些增长主要得益于劳动力从低生产率的农业部门向高生产率的城市部门转移。换言之，除了劳动力从农业部门向城市部门的转移外，总产出和人均产出的大部分增长是通过总投入的增加实现的，而不是通过总生产率的提升。因此，与这一时期的大多数发展中国家类似，土耳其在此期间的经济增长也是粗放式的。

劳动力的教育水平和技能水平低下是总生产率低迷的一个重要原因。事实上，土耳其的总生产率落后于发达国家，也落后于同等人均收入水平的其他发展中国家，因此，土耳其更难向技术含量较高的商品生产部门以及附加值较高的技术部门转移。低水平的全要素生产率和低增长率还归咎于制度缺陷，我稍后将对此进行讨论。

收入分配

在二战后的几十年里，国际以及国家层面的制度变革在收入分配的演变过程中发挥了重要的作用。1944年布雷顿森林会议设定的全球经济规则决定了后几十年中发展中国家将面临的经济机

---

① Saygılı、Cihan and Yurtoğlu（2005）；İsmihan and Kıvılcım（2006，第74—86页）；Altuğ、Filiztekin and Pamuk（2008，第393—430页）。

遇。20 世纪 50 年代，土耳其推行农业导向型增长的相关制度变革，之后，土耳其在城市化快速发展的时代推行了进口替代工业化战略，这些因素决定了 1980 年之前的收入分配变化。政治和经济制度的变革尤其重要，农业生产者和城市工人从中获得更多发言权，从而增大了他们在国民收入中的比重。

关于土耳其在这 30 年中的收入分配及其演变过程的量化证据有限，但我们可以以某些关键指标为基础，来分析收入分配变化的大致方向。我将分三个阶段来评估土耳其国家层面的收入分配：第一，农业部门内部的收入分配状况；第二，农业部门与非农业部门（或城市经济）之间的收入不平等；第三，城市经济内部的收入分配状况。在这 30 年中，土耳其农业的比重不断下降，城市经济的比重迅速上升。在初始时期，超过 80% 的人口生活在农村地区，与从事农业生产的劳动力比重相似。到了 1980 年，农村人口在总人口中的比重已降至 56%，农业劳动力的比重降至大约 50%。1950—1980 年，农业在 GDP 中的比重也从大约 42% 下降到 25%。换言之，虽然农业部门内部的收入分配在早期主导着国家的收入分配，但是随着时间的推移，农业部门与城市经济之间的差距以及城市经济内部的收入分配变得越发重要。

至于农业部门内部的收入分配，有关这个时期土地所有权的分配和土地使用权的关键指标证据有限。现有数据表明，尽管农业部门相当市场化，并且有各种技术进步，但土地所有权的分配变化不大。不过，日益商业化和市场化生产产生的收益在分配上并不平等。在二战后的几十年里，更加市场导向的西部地区，还有大中型生产者从这些机会中获益更多。

农产品价格在大萧条影响下的演变，以及城乡收入差距的加剧，是土耳其经济在 20 世纪 30 年代的重要特征。相比之下，在二战后的几十年里，农业与城市经济之间的国内贸易条件更有利于农业部门。这不仅跟当时的全球大势有关，还反映了土耳其向多党政治体制过渡后，农业生产者的政治影响力。20 世纪 50 年代执政的民主党和 60 年代继任的正义党制定了支持农作物价格的计划，并对农业投入品予以补贴。这些计划加上有利于农业的价格变动，使得市场导向的大中型生产者获益更多，这也许加剧了农业部门内部的不平等（Keyder, 1987, 第 156—163 页）。

从较贫困的农业地区向推行工业化的城市地区的大规模人口迁移，对土耳其这几十年的收入分配模式产生了深远影响。由于来自穷困家庭的年轻人的迁移倾向更强，农村向城市的迁移缩小了农业内部的不平等以及农村地区之间的区域差距。尽管农业总产出增长赶不上城市经济的增长，但有利于农业的相对价格变动趋势，以及农村地区的移民潮都缩小了农业部门与城市经济之间的人均收入差距。[1]

关于收入分配及其在城市经济中演变过程的证据也比较有限。在没有其他证据的情况下，经济史学家就城市经济内部收入分配问题使用的一个关键指标是：城市人均 GDP 与城市工资的比率。这一比率的上升表明，劳动收入在收入中的比重降低，即城市经济中的收入不平等加剧。我的估值显示，土耳其在 1820 年至 2015 年的城市工资增长落后于城市经济中的人均 GDP 增长。在此期间，城市经济的人均 GDP 增幅超过 12 倍，而城市工资的增幅不到 6 倍。因此，在过去两个世纪中，土耳其城市人均 GDP 与城市工资之比是上升的（见图 10.3）。其中一个重要原因在于，直到 20 世纪下半叶，土耳其的人口相对较少，而人口增长往往导致工资在国民收入中的比重降低。但这样的长期趋势在二战后的几十年中被逆转了。由于法律赋予了工人更大的组织和罢工权利，土

---

[1] Derviş and Robinson（1980，第 83—122 页）；Boratav（2011，第 135—144 页）。

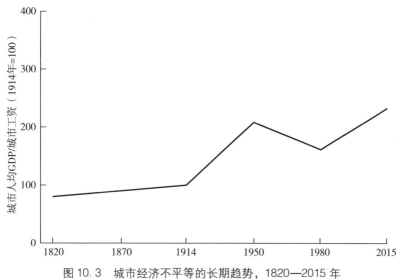

图 10.3 城市经济不平等的长期趋势，1820—2015 年

资料来源：基于 Boratav、Ökçun and Pamuk（1985）及 Özmucur and Pamuk（2002）的工资序列数据；图 9.3 以及第二章讨论的人均 GDP 序列数据。

耳其的城市工资在 1950—1980 年的增幅超过了 200%。事实上，我使用国民收入账户和城市工资序列数据所做的计算表明，城市工资的增长率高于城市经济的平均收入增长率，城市经济内部的收入分配不平等在这几十年中日趋缓和。这些趋势，加上前文分析的经济快速增长，以及农业部门的收入分配共同表明，二战后的几十年中，农业生产者和城市劳动者的收入在总收入中的比重有所上升。

要确定这一时期不同区域间的人均收入差距如何演变并不容易。但是有充分的证据表明，在农业市场一体化以及工业化普及的进程方面，土耳其的西部和南部地区比东部和北部地区的表现更优异。工业化的普及过程显示出非常明显的区域性特点。二战后几十年的工业发展大部分发生在西部地区，特别是土耳其的西北部，而北部和东部地区的工业活动几乎没有增长。在这 30 年中，土耳其最贫困的群体是拥有少量土地和无地可耕的农民，他们住在安纳托利亚东部和东南部等贫穷的农业地区，那里的市场一体化程度不如其他区域。农村人口向城市的迁移在此阶段自然呈现出极强的区域特征。人们从东部和北部的农村地区迁往西部的城市地区，其次则迁往南方。这些移民潮减缓了由市场导向型农业以及工业化差距引起的区域间人均收入差距扩大的趋势，但可能并未根本扭转这一趋势。因此，人口迁移似乎是中东部和东南部地区在二战后几十年中人均收入没有进一步落后的主要原因。

总体而言，伴随着农业商业化、农村人口向城市的迁移以及工业化进程的不断推进，土耳其实现了大约3%的人均收入年增长率。在这30年中，土耳其人均收入的增幅达到一倍多。现有证据表明，市场导向的农业生产者和城市劳动力，特别是经济增长较快的西部地区的劳动力，都分享了这些收益。二战后向多党制的转变是重大的发展，这赋予了农业生产者更多权力，确保政客和政府会重视他们的诉求。赋予工人和工会更多组织权利的宪法于1961年诞生，则是另一项重大的政治变革。但与之前和之后的历史时期相比，我们不该把二战后几十年中的收入和经济增长收益的更平等分配单单归因于国内的政治变化。我们还需要注意当时的布雷顿森林国际经济秩序，该秩序把各国经济隔离，赋予各国政府更多自主权，并且采取了能够实现以上成果的经济模式（Rodrik，2011，第67—101页；Boratav，1986，第117—139页）。

制度与制度变革的作用

二战后，土耳其的政治和经济制度以及全球的经济制度都经历了重大变革。一党制向充满竞争的多党制让步。在尝试了农业导向型的经济增长之后，土耳其在20世纪60年代初确立了以日益强盛的私人部门为主导的进口替代工业化经济发展战略。正式经济制度连同进口替代工业化战略，与国际层面的布雷顿森林体系制度相互作用。正式制度的大范围变革在实现人均收入大幅提升方面发挥了关键作用。但正式制度并未取代非正式制度，而是与后者共存并相互作用。事实上，非正式制度在这几十年中继续在城乡的政治和经济发展中发挥重要作用，而且通过国家干预主义发挥着影响。因此，为了更细致地评估制度在经济发展中的作用，我们必须考察正式制度、非正式制度、两种制度的相互作用、新制度产生的机制，以及它们促进或阻碍长期经济发展的原因。

二战后，土耳其的政治制度发生了巨变。随着土耳其向多党议会制转型，加上每四年一次的竞争性选举，大土地所有者、商人和实业家，以及众多中小型农业生产者都有了表达个人诉求的机会。由于1961年宪法提供了法律根据，工人们也开始更有效率地组织动员起来。工会在制定工资和工作条件方面掌握了更大的话语权。因此，政治制度变革带来了切实的经济结果。但我们也需要注意政治制度变革的局限性。武装部队在1960年和1971年的军事政变后对政府当局有相当大的控制权。事实上，军方成为执政联盟的主要伙伴，在许多关键问题上拥有否决权，这一地位持续了近半个世纪（Ahmad，2010，第92—116页）。20世纪70年代初，政府对言论自由和集会自由施加新的限制，社会主义运动、宗教团体和库尔德人更难组织起来，也更难派代表参加议会，虽然他们并未被完全禁止行使这些权利。司法体系长期以来的问题也反映了政治制度的局限性和社会权力关系的不平等。

伴随着政治制度变革，经济模式从国家主义演变为日益由私人部门主导的混合型经济。战间期经济政策的主要目标之一是建立一个终将统领经济的土耳其裔穆斯林经济精英群体。私人部门在战间期弱小无能，严重依赖政府，但是新的精英在二战后权势倍增。民主党时期采取的农业导向型发展战略反映了当时绝大多数人的偏好，但期待农业部门能单独实现长期经济增长的想法是

不切实际的。这个原因，加上民主党政策太注重短期发展，导致
20世纪50年代备受瞩目的农业导向型战略既不成功，又不持久。
因此，由私人部门主导的进口替代工业化政策在20世纪60年代初
成了国家的基本经济战略。政府仍大力保护庞大的国内市场免受
国际竞争。虽然公共部门在经济发展，特别是工业化进程中继续
发挥着重要作用，但对经济，特别是对城市经济的控制权，都转
到了伊斯坦布尔和马尔马拉地区的大型私人控股公司手中。经济
制度很大程度上也是在这一模式的框架内形成的。国家规划组织
和大型控股公司是这一时期的主要经济机构。

国家规划组织成立于1960年的军事政变之后，当时军方与官
僚机构共同掌管着政治大权。军方领导和安卡拉的一部分官僚认
为，国家规划组织是一个能够指导工业化进程的有凝聚力和自主
权的强大机构。早年的国家规划组织是官僚机构内部的一个精英
组织，国家规划组织能够雇用一些最有资质的年轻大学毕业生，
并为他们提供良好的训练。国家规划组织制定了一套注重生产中
间产品、具有高技术含量的长期工业化战略。这一模式包含的一
些内容与当时东亚国家采取的做法十分相似。伊斯坦布尔的私人
部门认为，公共部门和私人部门之间不该彼此竞争，国家规划组
织在指导城市公共部门的同时，也应当通过提供关税、补贴和奖
励的方式来支持私人部门。可以说，公共部门和私人部门之间彼
此都不信任，也不愿意合作。私人部门既不愿意被强有力的官方
机构领导，也不乐意与之来往共事。反过来，私人部门选择与政
客联手，以削弱国家规划组织及其自主权。

随着政治权力在过后几年被移交给议会和文官政府，早期的
模式终被废弃，国家规划组织的优先任务和目标开始越发由私人
部门，特别是大型私人控股公司决定。私人部门的侧重点不是发
展重工业和高科技行业，而是希望为国内市场生产耐用消费品和

汽车，并在必要时与跨国公司结成伙伴关系。1967 年，德米雷尔总理任命厄扎尔为国家规划组织的副主席，就很直观地反映了这一转变。国家规划组织并未提出使用高技能、高科技来生产更复杂产品并最终将其出口的工业化模式，它演变成了一个优先服务于私人部门短期目标的机构，向那些与私人部门关系密切的行业提供各种补贴、免税、外汇分配和其他特权。国家规划组织很少对提供给私人部门的资金予以监管和公开核算。于是，进口替代工业化战略从强调长线发展重工业和高科技的模式，转向私人部门主导的为国内市场生产耐用消费品的模式（Milor，1970，第 1—30 页；Türkcan，2010）。

最能体现二战后几十年主导进口替代工业化进程的组织是控股公司和企业集团。自 20 世纪 50 年代初，城市经济中的龙头企业和家族企业开始组织控股公司。主要在国内市场从事食品加工、纺织品、汽车等耐用消费品和旅游等行业的公司被合并纳入控股公司。为了满足集团内各公司的信贷需求，较大的集团通常会纳入一家银行作为子公司。同一集团内的公司能更好地合作是控股公司的优势之一，公司依法享有各种免税、优惠和补贴政策则是另一优势。所有控股公司都特别注意维系与安卡拉政府和官僚队伍的良好关系。相比其他控股公司，为军队成员设立的军队养老金集团（OYAK）享有更多特权。

20 世纪 70 年代政局越发动荡之后，临时联合政府的经济政策越发聚焦于短期目标。进口替代工业化进程同长期目标和效率、竞争及出口等长期指标渐行渐远。事实上，土耳其基本放弃了让更具竞争力的制造业部门从事出口的目标。要想在制造业部门获得成功，紧随政府的步伐并获得政府的关照变得尤其重要。将哪些行业纳入保护范围、推动哪些行业的国产化，这些都不取决于对成本和竞争力的长期计算，而是取决于控股公司的需求及其在政府中的影响力。

正式与非正式制度的相互作用

正式制度在 19 世纪和 20 世纪上半叶的扩展比较缓慢。植根于非正式社会网络的私立制度与城市，特别是农村地区的正式制度持续共存，又时常取代正式制度而发挥作用。二战后，城市化发展、经济增长以及医疗和教育的改善开始见效，国家财政、行政和法律能力也开始提升，但这些重要变革并不意味着非正式制度从此消失。相反，随着人口由农村向城市快速迁徙，许多非正式关系网络和权力关系也从农村转移到了城市。自 1950 年以来，庇护关系网、宗教关系网、地方关系网以及城市地区其他许多既有的非正式制度进一步蓬勃发展，与正式制度相互作用并衍生新的制度。这些非正式关系在保障新移民的住房、公共服务和就业方面起着关键作用。对于城市中快速扩张的私人部门来说，这些非正式关系网和非正式制度在大部分商业决策中也发挥了突出的作用（Erder，1999，第 161—172 页）。

城市地区最早的一些组织以地方主义为基础。这些新组织依靠忠诚和团结的特点反映了对同宗同源的共同认知，这些组织成为社会、政治和经济人脉关系网的基础，与基于地方主义的组织有重合之处的是由逊尼派和阿拉维派等宗教团体以及库尔德人社区组成的社会网络。二战后普及开来的另一大非正式制度是庇护关系。庇护关系在保持不平等权力关系不变的基础上满足了某些群体的诉求。庇护关系的根源可以追溯到奥斯曼帝国时期大地主及权贵与贫穷农民之间的不平等关系。随着城市化的推进和城乡之间的联系日益密切，庇护关系在农村和城市地区普及开来。多党制时代的政治庇护往往涉及政客及其地方盟友，他们利用与地方及中央政府的关系为选民寻求就业机会，解决他们在与地方政府打交道时面临的问题，确保政府向当地社区提供诸如交通、水和电力等基础设施投资以及其他公共服务，从而获取选民的政治支持。公共部门银行向小型农业生产者以及城市地区的小企业提供的低息信贷越发可观，利用这种信贷是体现庇护关系至关重要的另一领域。不只是个别政客，民主党与继任的正义党等组织也通过巧妙利用庇护关系网和农村地区权贵人士的影响力成功地获利，并将这种关系照搬到了城市地区（Sayarı，1977，第103—113页）。

因此，在一个更加开放和更具竞争性的政治体制中，广大农村及城市人口的需求导致了大量非正式与正式制度在二战后几十年中兴起。政府的价格支持计划将受支持的作物从小麦扩展到后来的烟草和许多其他作物，在选举年扩大支持计划的覆盖范围和年度预算便是其中一个例子。另一个例子是棚屋系统，即新移民在国有土地上建造私人住房并最终获得对这些土地的正式产权，以及为快速扩张的地区争取地方政府提供的基础设施和其他服务。因此，在城市中有大片闲置用地的情况下，与棚屋系统有关的一系列正式与非正式制度帮助向新移民提供了低成本的住房（Öncü，1988，第38—64页）。

不同的正式与非正式制度可能对经济增长产生不同的影响，有些是积极的，有些则是消极的。可以肯定的是，这些非正式制度的推广普及，加上二战后几十年中非正式与正式制度的相互作用，总体上促进了经济增长。由于这些非正式制度及其与正式制度的相互作用，农村和城市中的大部分人口也能够在不断扩大的经济蛋糕中分到更多。这些制度的出现意味着，城市化和工业化的推进不是通过不剥夺城市新移民强占的土地实现的，而是通过将奥斯曼帝国时期的一大特色，即小产权和小规模生产机构从农村转移到城市的方法来实现的。这些所谓的民粹主义政策和制度在一定程度上与进口替代工业化和布雷顿森林体系的模型并不矛盾，因为广大群体获得的额外收入为受保护且免受国外竞争的国内市场创造了更多的需求。[①] 但随着固定汇率制的瓦解和对国际资本流动管制的撤销，布雷顿森林秩序于20世纪70年代走向终结，土耳其政府越来越难以维系其中的一些制度安排。

制度与国家干预主义

在二战后的几十年里，国家干预主义的确促进了土耳其的经济增长。但低迷的总生产率增长率和未达到平均水平的经济增长率也表明，其间土耳其国家干预主义的成果好坏参半。此外，国家干预主义往往为小团体的利益服务，在复制现有不平等的基础上又制造出新的不平等。国家干预主义的演变及其在20世纪六七十年代产生的好坏参半的结果，使我们有必要详细考察正式与非正式制度在国家干预主义的实施过程中发挥的作用。国家干预主义的成败不仅与政策内容息息相关，而且涉及为执行这些政策而选择和设立的具体制度。两个主要行为主体，即官僚机构和私人部门的缺陷以及它们之间无法合作，是导致国家干预主义的效果好坏参半的重要原因。处理合作、组织以及解决冲突过程的制度对社会行为主体有效维护其自身利益是不可或缺的。制度能促进也能阻碍不同社会行为主体的凝聚力和实力。

一个缺乏凝聚力和稳定性的官僚结构和一个常常依赖公共部门及政客的组织涣散的私人部门，导致两者都很难发展出规范化的关系，以及协商与合作的制度。我们可以从历史的角度以及关键制度长期延续的角度，来解读公共部门的弱点、私人部门的分裂和弱点以及两者之间难以合作的原因。尽管强政府传统可以追

---

① Boratav（1986，第117—139页）；Sunar（1984，第2076—2086页）。

溯到 19 世纪甚至更早，但公共部门通常缺乏足够的凝聚力和自主权，以抗衡政客群体和私人部门，并执行基于规则的统一政策。土耳其曾在 20 世纪 60 年代采用强大、具有凝聚力和自主权的官方机构模式来指导工业化和私人部门的发展，这一模式的昙花一现是不足为奇的。由于各党派割裂政府部委并试图实现大选利益最大化，公共部门在 20 世纪 70 年代的政局动荡时期以及短暂的联合政府时期日益分化。官僚机构的高层经常发生变动。因此，经济官僚机构不再具备执行促进工业化的国家干预主义所需的凝聚力和能力。

私人部门也四分五裂，组织涣散。分裂导致不同群体间难以聚拢、谈判和协作。因此，围绕非正式关系网络组织起来的个人利益和小团体利益往往优先于更大的集体利益。政客主导着商业组织。汇集了私人部门代表的主要国家组织——商会和商品交易所联盟——于 1951 年依法设立，但受政府控制。实业家并不总是私人部门中最有权势的群体。政府十分重视大商人的诉求。在此期间，大型工业集团开始围绕控股公司和家族控制的联合企业组织起来。商业集团内部存在合作的例子，但公司和个体商人往往更愿意开展双边游说。大部分游说仍然聚焦于特定小团体的狭隘利益。[①]

1971 年土耳其成立了首个私人部门的志愿性组织，主要由巨头企业集团的所有者和经理人组成。但土耳其工商业协会没能摆脱富人俱乐部的形象。它没有能力为其成员制定并执行与公共部门互动的规则。成员及其公司继续开展双边游说活动。政客和政府精英常常认为以二虎相争的方式来恣惠和利用这些分歧才是上

---

① Öncü（1980，第 455—480 页）；Bianchi（1984）；Biddle and Milor（1997，第 277—309 页）。

计。事实上，私人部门和政客通常喜欢利用不透明的特殊双边关系，而不是界限分明、渠道透明和一目了然的规则。

从更广泛的角度看，土耳其彼此相争的精英与政府之间的关系对国家干预主义制度和政策的成功实施十分重要。政府精英、官僚机构和军队也在这一过程中发挥了关键作用，通过自身行动或与其他精英联手的方式为自己谋利。彼此竞争的精英之间、私人企业精英和政府精英之间、世俗派精英和保守派精英之间的权力格局随时间推移而变化，而分裂的状况以及弱政府能力却长期持续。当现行制度或新制度的利益分配与既有的社会权力分配不一致时，精英会通过组织动员、协商谈判、向其他人以及政府施压的方式来修订或扭转正式与非正式制度。为此，彼此相争的精英常会利用基于身份的关系网和庇护关系等非正式制度。换言之，虽然人们通常难以在利益和文化之间判断哪一个是根本原因，但许多看似由信念、规范、习俗和更普遍的文化导致的模式和后果实际上可以归因于利益和权力。

东亚经济体成功推行了国家干预主义政策，但它们的政府、精英阶层以及不同制度之间有着非常不同的力量平衡格局。政府积极地与社会互动，但在面对不同群体的短期利益时也保持了高度的自主。在东亚经济体取得的成果中，这些促进公共部门和私人部门协商与合作的正式和非正式制度发挥了关键作用。这些制度支持下的国家政策不仅改变了私人部门的行为，还使新制度得以产生，让促进工业化的新制度变得更强。因此，它们在工业化进程中构建的制度结构随着时间的推移而历久弥新，并在后期继续影响着私人部门的行为。但东亚的政府与私人部门的关系是特定历史环境下的产物，尽管其他国家采取了同样的支持出口导向型制造业的正式制度和类似战略，依然很难复制东亚经济体因推行国家干预主义政策而获得的成功。问题不仅在于政府能力不足或负责执法的正规机构缺乏能力。土耳其政府无法驾驭不同精英阶层的权力和能力，也无力应对各种集体行动问题。执行国家干预主义政策和新制度产生的利益分配与既有的社会权力分配不一致。各类精英往往选择发展不同于政府定义的正式与非正式制度，以此更好地谋取私利。

人类发展状况

作为人类发展的两个基本维度，土耳其的医疗和教育指标在二战后开始快速提升。与 19 世纪相比，死亡率，特别是婴幼儿死亡率开始下降，预期寿命在战间期开始更快速地提升，在二战后则更加迅猛地增加。平均预期寿命从 1950 年的 44 岁（女性 46 岁，男性 42 岁）上升至 1980 年的 59 岁（女性 61 岁，男性 57 岁）。换言之，在二战后的几十年中，土耳其的平均预期寿命每两年就会提升一岁（详见图 2.3 与表 10.2）。

有两大原因导致死亡率下降和预期寿命增加。首先，经济增长意味着收入水平提高和营养条件改善，尤其是对城乡地区的穷人来说。经济增长还使政府掌握了丰富的资源，增强了政府的能力。随着公共收入和支出的增加，外加城乡之间的联系越发紧密，医疗设施、医疗服务以及清洁饮用水等基础设施在全国范围普及开来，特别是在农村地区。城市化使更多人更容易获得医疗服务。这些进步有助于国家防治疟疾、结核病和其他传染病。其次，知识的增进和全新的医疗措施，如青霉素和其他抗生素的研发，以及常规的疫苗接种，都为土耳其乃至全球的疾病防治和死亡率降低带来了更有效的方案。我们很难衡量它们各自的贡献，但它们整体上大大促进了预期寿命的提升。正式与非正式制度的变革也在预期寿命的提高中发挥了重要作用。政府能力和政策的改善，以及民众（特别是农村人口）接受并越发愿意使用这些医疗服务，也都十分重要。①

　　与预期寿命提升相关的第二个重要原因是，占总死亡人数很大比重的婴儿死亡率在缓慢下降。婴儿死亡率从 1950 年的 25% 左右下降至 1980 年的 12.5%，但某些疾病，特别是腹泻、呼吸系统和其他传染病在农村儿童中仍然存在。由于农村地区女性受教育程度较低，加上区域间社会和经济的严重不平等，农村地区的婴儿死亡率仍然居高不下且下降缓慢。由此一来，在这几十年中，城乡之间以及土耳其东西部之间的婴儿死亡率仍然存在明显差距。农村地区的婴儿死亡率最高，尤其是库尔德人所在的东南部地区，那里的人均收入和教育水平，特别是农村女性的教育水平，都远落后于全国平均水平。

　　预期寿命的增加以及获得医疗服务的机会，在城乡之间、不同地区之间、男女之间以及富穷之间的分布并不均衡。城市地区以及西部和沿海地区的预期寿命提升最快，因为这些地区的收入较高，人们更容易获得医疗服务。虽然我们没有较早时期的详细估计数据，但显然女性在死亡率下降方面的贡献更大，因为在二战后的几十年中，女性和男性之间的预期寿命差距从两岁提升到四岁。

　　大多数发展中国家在二战后几十年中的预期寿命显著提升。事实上，由于发展中国家婴儿死亡率下降大于发达国家成人死亡率下降带来的预期寿命增加，因此除了撒哈拉以南非洲地区，全球所有发展中国家的预期寿命逐渐与发达国家水平趋同。将土耳其的预期寿命与其他发展中国家相比，更具体地说，与人均 GDP

---

① Hacettepe Üniversitesi Nüfus Etütleri Enstitüsü（2008，第 12—20 页）；Akder（2010，第 224—231 页）。

水平相似的发展中国家相比，可以为我们带来更多洞见。塞缪尔·普雷斯顿发现了人均 GDP 和预期寿命之间的关系，而且指出，由于知识的逐渐积累和全新技术手段的出现，这一曲线会随着时间推移呈上升趋势。就土耳其的人均 GDP 而言，它在二战后几十年的预期寿命接近并略低于其人均 GDP 上升时对应的预期水平。换言之，普雷斯顿曲线随着时间推移逐渐上移，土耳其的预期寿命处于略低于普雷斯顿曲线的位置。婴儿死亡率高、女性受教育程度低、区域间高度不平等是土耳其在这几十年中预期寿命落后于其他发展中国家的主要原因。[①]

在教育方面，随着经济快速发展、政府的大力投入以及城市化进程的加速，各级学生人数在二战后几十年中开始快速增长。识字率从 1950 年的 33%（女性 19%，男性 46%）增加到 1980 年的 68%（女性 55%，男性 80%）（见表 10.2）。小学毕业率从 1950 年的 30% 上升至 1980 年的 85%。中学毕业率也从 1950 年的 4% 提高至 1980 年的 22%，四年制大学毕业率从 1950 年的 1% 上升至 1980 年的大约 6%。但由于政府的教育投资增长缓慢、国民收入水平较低，加上一些家庭不愿让女儿接受教育，因此土耳其在某些基本教育指标方面仍落后于同等收入水平的其他发展中国家。

此外，与医疗方面的情况类似，土耳其的学生人数和人口受教育年限的增加并没有缩小不平等。教育程度的差距仍然与城乡、区域、性别和收入差距密切相关。虽然农村人口的识字率有所提高，但是城市地区的平均受教育年限增长更快。相比于东部和东南部地区，西部和沿海地区的识字率和受教育年限的提升速度更快。此外，城乡之间、发达与落后地区之间以及高低收入群体之

---

① Zijdeman and de Silva（2014，第106—112页）；Riley（2001，第1—57页）；Deaton（2013，第101—164页）。

间的教育质量差距持续存在，甚至可能有所恶化，这进一步加剧了区域间的不平等。但公共教育支出增加和学生人数上升毕竟使教育成为促进社会流动性的重要工具，特别是对于这一时期的城市人口而言。[①]

性别差距仍然突出，在这几十年中，各级教育中的性别差距只是缓慢地缩小。在小学生中，女生人数从占男生人数的60%增加到80%，在高中生和大学生中，女生人数只是略有增加，1950—1980年，女生人数从占男生人数的25%增至32%。在同一时期，所有成年女性的平均受教育年限从占男性平均受教育年限的42%增加到60%。城市地区、较发达的西部地区以及中高收入群体的性别差距较小，但农村地区、东部和东南部较落后的地区以及低收入群体的性别差距较大。

在土耳其，15岁以上成人的平均受教育年限从1950年的1.5年提升到1980年的4.2年，而同时期的世界平均受教育年限从3.2年提升至5.3年。这使土耳其的教育水平不仅远远低于发达的西欧国家和美国，而且低于东欧国家、拉丁美洲国家和中国的平均水平，但高于埃及、南亚和东南亚国家以及撒哈拉以南非洲地区的平均水平（van Leeuwen and van Leeuwen-Li, 2014，第93—98页）。换言之，在二战后的几十年中，与GDP水平相似的拉丁美洲和东亚国家相比，土耳其在教育方面的表现远远落后，导致制造业更难转向使用前沿技术、具备高附加值的商品，以及要求高技能的行业。

人口结构转型

与大多数发展中国家一样，土耳其在20世纪，尤其是第二次

---

① Tansel（2002，第455—470页）；Tansel and Gungör（1997，第541—547页）。

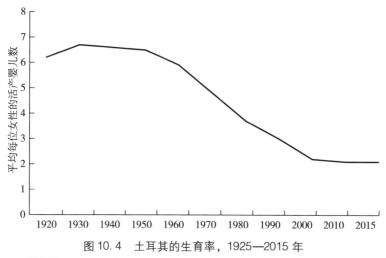

图 10.4　土耳其的生育率，1925—2015 年

资料来源：Hacettepe Üniversitesi Nüfus Etütleri Enstitüsü（2008，第 12—20 页）；土耳其统计研究所（1995）。

世界大战之后历经了人口结构的转型（即从高出生率和高死亡率向低出生率和低死亡率的转变）。尽管土耳其的人口死亡率已经开始下降，但战间期的生育率仍然很高。[①] 因此，人口结构真正的转变是在二战后才开始的，但进展非常迅速。随着死亡率降低，出生率也急剧下降。总和生育率在 1950 年到 1980 年从 6.5 下降至 3.8，而后在 2010 年降至 2.1（见图 10.4）。也就是说，死亡率下降是土耳其二战后几十年中人口增长率居高不下的主要原因。随着死亡率的下降速度开始走缓，总和生育率的骤降成为人口增长率下降的主要原因，土耳其的人口增长率从 20 世纪 60 年代的每年 2.9% 下降到 21 世纪第二个十年的每年 1.1%。

---

① 杜本和比哈尔已表明，在 19 世纪下半叶和一战之前，伊斯坦布尔的生育率相当低。然而，这一点对于我们所知甚少的其他城市和农村地区来说未必准确（Duben and Behar，1991）。事实上，土耳其在 19 世纪的整体生育率与战间期的水平可能差不多。

城市化发展大大促进了二战后的死亡率和生育率下降。城市地区医疗保健服务的普及使婴儿和成人死亡率大幅下降。随着婴儿死亡率下降，夫妻开始少生孩子。更重要的是，随着女性在城市地区接受更多的教育，并且外出工作，虽然这样的女性人数有限，但土耳其开始向少生优生、为每个孩子提供良好教育机会的家庭结构转型，这一势头后来越发强劲。城乡之间的生育率一直表现出较大差异。1950 年，农村地区的总和生育率为 6.8，伊斯坦布尔和伊兹密尔则只有 2.7，其他城市为 4.3。到了 1990 年，相应的生育率分别下降至 4.0、2.2 和 2.8。①

二战后，不同区域间，特别是土耳其东西部之间显著的生育率差异随着时间推移有所缩小，但是持续存在。西部的城市化率和女性受教育程度更高是导致这些差距的一个重要因素。

---

① Shorter and Macura（1983，第 66—101 页）；Hacottopo Üniversitesi Nüfus Etütler Enstitüsü（2008，第 12—47 页）；State Institute of Statistics（1995）。

第十一章　新自由主义政策与全球一体化

　　1973 年石油输出国组织主导油价上涨后，全球经济衰退给长期以来的经济扩张画上了句号，也终止了发达国家的凯恩斯式宏观经济管理政策和福利国家政策。随着布雷顿森林体系的瓦解，加上大西洋两岸的发达国家都在寻找应对经济停滞和通货膨胀的有效政策，自 20 世纪 70 年代起，全世界都开始向新自由主义政策转型。英国的撒切尔政府和美国的里根政府发起了一场在宏观和微观经济政策上更强调市场的运动。新的政策首先为贸易发展清除了壁垒，更重要的是，它削弱了政府对国际资本流动的控制。继一战前的第一轮全球化浪潮后，新时代的这些变化掀起了"第二轮全球化浪潮"。①

　　20 世纪 70 年代石油出口国巨大的贸易顺差给国际市场带来了新的货币流动性和更低的利率。许多发展中国家非但没有因油价上涨而减缓经济发展的速度，反而利用大量新的流动资金和借款来延续进口替代工业化战略带来的繁荣。然而，该战略无法长期持续。在许多发展中国家的债务余额迅速堆积、无法支付利息和偿债的情况下，IMF 和世界银行借机要求这些经济体推行长期的结构变革，并加强它们与世界经济的联系（Haggard and Kaufman，1992，第 3—37 页）。

---

① Rodrik（2011，第 89—206 页）；Eichengreen（2008，第 134—227 页）。

虽然一些发达国家与发展中国家清除了国际资本流动的绊脚石，但全球劳动力流动的障碍依旧存在。与此同时，法律和技术变革降低了多国工会和普遍劳工的议价能力。因此，新时代经济增长带来的收益在劳资双方之间的分配并不平等。此外，国际资本流动的大幅增长成为各国乃至全球经济不稳定的根源。20 世纪90 年代末的亚洲金融危机不仅给许多发展中国家造成困扰，而且暴露出金融全球化背后的风险。2008 年爆发的全球金融危机导致发达国家的产出骤降，而且后来的复苏缓慢。2015 年，发达国家整体的人均 GDP 水平低于 2007 年的水平。但这次全球金融危机对发展中国家的影响较为有限。

为应对 20 世纪 70 年代末严峻的经济危机，土耳其于 1980 年1 月开始奉行包括新自由主义政策和全球一体化在内的一揽子新政策。但最初的正式政策和制度变化只是故事的一部分。执行新政策和制度产生的利益分配并不总是与既有的权力分配以及不断变化的政治形势相一致。新的政策和制度与既有制度、不断变化的权力分配以及国内政治形势之间相互作用，并随着时间推移发生变化。于是，最终实现的结果非常不同于最初制定政策与制度时希望达成的结果。在新政策中，贸易自由化、重视出口，以及取消对国际资本流动的限制等内容基本原封不动。经济政策在理论层面与实践过程中的最大差别或许在于政府在经济中的不同角色。市场化经济政策本应减少政府对经济的干预，但是三十多年过去后，政府依然在经济发展中扮演强势角色。虽然公共与私人部门之间的关系发生了一些重要变化，但政府在决定新时代的经济赢家方面依然紧握着话语权与裁量权。

在本章和下一章，我将分四个阶段来考察 1980 年以来的变化（见表11.1）。本章将从国际和国家政治走势的角度入手，探讨它们如何导致土耳其经济政策与制度的变革，以及这些变革产生的结果。下一章将以绝对和相对标准来回顾土耳其在经济增长、收入分配和人类发展方面的表现，并探究 1980 年以来土耳其的制度和制度变革在经济发展中的作用。

在 1980—1987 年的第一个时期中，新的经济政策旨在取代自 20 世纪 30 年代以来盛行的国家干预主义和内向型经济模式，新政策更加强调市场，更加向国际贸易和资本流动开放。军人政权压低了薪资和农业收入水平，因此这一时期制成品的出口量显著增加。但新政策在其他领域取得的成果有限。政治与经济的严重不稳定则是第二个时期（1987—2001 年）的特点。军人政权对国内政治的压制导致政治光谱上的左翼和右翼都四分五裂。因此，20 世纪 90 年代见证了土耳其许多党派与一系列短暂联盟之间的政治斗争。政局动荡的一个重要后果是财政纪律松弛和预算赤字激增，由此导致货币扩张率与通货膨胀率极高，公共部门的新债和旧债也居高不下。1989 年全面放宽资本账户的决策加剧了宏观经济不稳定。因此，巨额财政赤字加上金融全球化共同导致了国际资本流动走走停停的循环，持续长达十多年。

随着 2001 年经济计划的启动以及正义与发展党在次年上台执政，土耳其的新自由主义政策也进入了新阶段。土耳其在严峻的经济危机后制定的新方案不同于先前奉行的"华盛顿共识"政策。新方案不仅明确承认制度的作用以及独立的管理机构的角色，而且得到一系列改革和新法案的支持。2001 年的方案还十分重视正义与发展党倡导的财政纪律和宏观经济稳定政策。不过，最好把正义与发展党执政的时代一分为二来看待。在 2007 年之前的早期阶段，得益于欧盟候选国资格、全球金融市场流动性增强和低利率等有利条件，土耳其的政治和经济制度有所改善。但是，自 2008 年以来，正义与发展党及其领导人埃尔多安开始巩固党派权力，并且越发倾向于建立一个专制主义政体。随着政治两极分化

表 11. 1　1980—2015 年分时段的经济发展趋势

时段	年均增长率（%）					每时段末的人均 GDP（1980 = 100）
	人口	GDP	农业	制造业	人均 GDP	
1980—1987	2.4	5.6	0.7	8.7	3.1	124
1988—2002	1.7	3.2	1.4	4.0	1.5	155
2003—2007	1.4	6.9	0.4	8.1	5.4	202
2008—2015	1.4	3.3	2.5	2.8	1.9	234
1980—2015	1.6	4.1	1.1	5.6	2.5	234

资料来源：作者基于土耳其统计研究所（2014）的官方国民收入序列数据计算而得。

的加剧，政治和经济制度也不断恶化。紧接着的国内与国际投资缩减明显降低了土耳其的经济增长率（Şenses，2012，第 11—31 页）。

"华盛顿共识"政策

面对 20 世纪 70 年代严重动荡的政局，土耳其联合政府选择依靠旅欧工人的汇款和以不利条件借到的短期贷款，竭力回避经济问题的根源。到了 70 年代末，严峻的经济危机导致困顿的政局进一步恶化。在进口和出口紧缩、商品短缺，以及与 IMF 和国际银行关系僵持的背景下，苏莱曼·德米雷尔领导下的少数派中右翼新政府于 1980 年 1 月宣布了全面而又出人意料的激进经济稳定和自由化政策。国家规划组织前领导人图尔古特·厄扎尔负责监管这项新政策的实施。德米雷尔政府缺乏执行新政策所需的政治支持，但同年 9 月政变后上台的军人政权却支持新政策，并任命厄扎尔为负责经济发展的副总理。因此，厄扎尔在 20 世纪 80 年代的土耳其经济中留下了浓墨重彩的一笔，他先是担任了 1980 年 1 月 24 日决策的总设计师，后来在军政统治时期担任副总理，并在

1983 年他所属的政党赢得选举后担任总理。凭借 20 世纪 70 年代在世界银行积累的经验，他对新经济政策有着切身的了解，一上台就做出开放经济的激进决策。

新政策的目标有三：改善国际收支平衡、在短期内降低通货膨胀率，并从长计议建立市场化的出口导向型经济，使土耳其经济走外向型发展路线，这明显不同于从前的内向型发展和工业化路线。新政策从里拉大幅贬值开始，随后根据通胀率调整货币贬值幅度，推行更大限度的贸易自由化和国际收支改革，取消价格管制，大幅上调国有企业的产品价格，撤销多项政府补贴，放开利率，为出口提供补贴和其他支持措施，以及促进外资流入。[1]

减少实际工资和农业生产者的收入，以改善财政平衡和在国际市场的竞争力是新政策的重要内容。德米雷尔的议会制政府在应对工会方面收效甚微，罢工和其他形式的劳工抗议（经常以暴力的形式）在 1980 年夏天变得越发普遍。政变之后，军人政权严令禁止工会活动，并大幅削减劳动收入。在军人统治期间，政府缩减了支持农产品的采购计划，农产品价格也明显降低。1980 年 1 月启动的计划从一开始就从 IMF、世界银行等国际组织以及各家国际银行的密切合作和善意支持中获益。土耳其在伊朗伊斯兰革命后日益显要的战略地位是获得这般支持的一大原因。第二个原因是厄扎尔与国际机构间颇深的渊源，以及土耳其享有的特殊地位。这些国际机构大力推崇经济稳定和结构调整计划，在那十年的大部分时间里，这些国际机构将土耳其宣传为执行这些计划并因此获益的光辉榜样。从经济层面看，国际机构的支持为土耳其推迟偿还外债并获得大量新贷款创造了更好的条件。

---

[1]　Arıcanlı and Rodrik（1990a，第 1343—1350 页；1990b）。

1983 年转向军人政权制约下的议会制度后，厄扎尔以他自己一手组建的新祖国党党魁当选为总理。他发起了新一轮贸易自由化和国际收支改革，其中包括降低关税和限制进口数量的政策。这些措施导致国内工业面临来自进口商品的巨大竞争，尤其是生活消费品。但贸易自由化清单的频繁修订、政府的任意妄为以及优待政治盟友的举动，都导致了这些变革在稳定性和持久性方面的不确定性。私人部门对进口自由化政策褒贬不一。虽然出口导向型集团大力支持这项新措施，但是进口替代工业化行业，特别是生产中包括耐用消费品和汽车的大型企业集团，则继续游说政府保护自己的行业。不过，随着新制度的巩固，加上早期的贸易保护主义政策被废除，国内工业逐渐转向出口。

金融部门自由化，以及向全球开放是更为关键的一项新政策。汇率制度经历了质的变化，许多以前由中央银行垄断的外汇交易现在都向商业银行开放。此外，政府允许所有公民在国内银行开设并持有外币账户。这项新政策成功地实现了将百姓"放在床底"的大量外币余额"存入银行"的目标。然而，从长远看，这一举措使里拉的货币地位更容易被替代（即美元化）。由于货币政策的效力降低，因此政府更难应对后来的通货膨胀问题。

金融市场的自由化改革是循序渐进的。在早期，国内存款的名义利率由中央银行决定，而且通常低于通货膨胀率。利率市场化的过程错综复杂、危机四伏。自 1985 年起，政府还实行了旨在深化金融市场发展的重要改革。财政部开始以拍卖的方式向银行和个人出售债券。政府后来开始大肆利用这一方式，因此越发偏离财政纪律。此外，凭借新汇率制度下的灵活性，私人银行能够从私人和公共国际渠道获得新信贷。对于储蓄率一直很低、很大部分靠借入外部资金进行投资的国家来说，这些创新举措在带来机遇的同时，也造成了新的风险。[1]

出口增长是新政策之下最突出的成果。出口收入从 1979 年的
23 亿美元（即占 GDP 的 2.6%）的低水平上升到 1985 年的 80 亿
美元，在 1990 年则达到 130 亿美元，占 GDP 的比例提高至 8.6%
（见图 11.1 和图 11.2）。其中主要是制成品出口的增长，制成品在
出口总额中的比重从 1979 年的 36% 上升到 1990 年的 80%。纺织
品、服装和钢铁产品在出口清单中名列前茅（Turkish Statistics
Institute，2014）。实现出口增长的主要方式是将进口替代工业化行
业的现有产能重新定向外部市场。出口商在早些年受到平稳的汇
率贬值政策、优惠利率的信贷、出口退税和外汇分配计划的支持。
外汇分配计划相当于 20%~30% 的单位价值补贴，尽管这一幅度
在十年期的后半段中逐渐下降。在早期阶段，土耳其从伊拉克和
伊朗之间的战争中获利，因为土耳其对两国都有出口。而两伊战争
结束后，对欧共体的出口水平恢复到土耳其出口总额的 50%，并且
直到 20 世纪末都保持着这一水平（详见图 11.6）。[2]

然而，除了在出口方面，新政策对实体经济的影响也有利有
弊。最重要的是，新政策未能大量调动私人投资。高利率、货币
持续贬值导致的进口资本成本上升，以及政局动荡，都是制造业
发展的主要障碍。制造业出口的大部分增长是凭借现有产能实现
的。同样的隐患也对外国直接投资造成了不利影响。由于银行和
金融自由化，一些外国资本流向了银行部门，但是和从前一样，
其他领域的外国直接投资依然比较有限。[3]

---

[1] Arıcanlı and Rodrik（1990a，第 1343—1350 页；1990b）。

[2] Barlow and Şenses（1995，第 111—133 页）；Waterbury（1991，第 127—145 页）；
Arslan and van Wijnbergen（1993，第 128—133 页）。

[3] Boratav、Türel and Yeldan（1996，第 373—393 页）；Arıcanlı and Rodrik（1990a，第
1347—1348 页）。

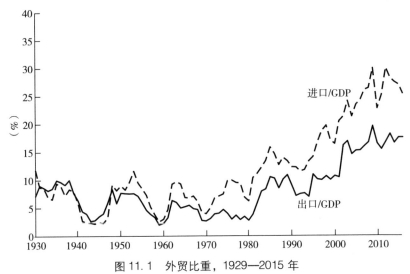

图 11.1　外贸比重，1929—2015 年
资料来源：土耳其统计研究所（2014）的官方序列数据。

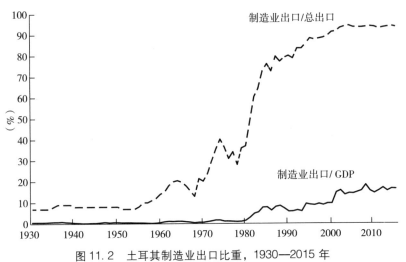

图 11.2　土耳其制造业出口比重，1930—2015 年
资料来源：土耳其统计研究所（2014）的官方序列数据。

　　新经济政策在哪个行业以何种程度实施，基本由政治决定。军人政权结束、新的多党政治制度建立后，尽管受到许多制约，但是政府仍决定推行有利于政治运作或者说代价较低的政策，回避政治上较难推行的政策和措施。举例来说，国有企业私有化是1980年方案的首要任务之一。其中许多国有企业在20世纪70年代积累了巨额亏损。政府起初决定在国有企业的资产负债表稍有改善后再实行私有化。但是，私有化过程充斥着技术、法律和政治障碍。工人以及不愿放弃这些企业的操控权的政客都反对私有化。

减少劳动收入和农业收入是1980年1月政策方案的基本内容。直到1987年，军人政权和祖国党都实行低工资和低农产品价格的政策，巧妙地利用了军人政权施加的政治和其他限制。因此，由新政策引发的重担完全压在了毫无话语权且组织松散的群体肩上。军人政权关闭工会，加上支持政府权力的新法案出台，都对工资下降产生了重要的影响。祖国党几乎完全忽视了为近一半劳动力提供了就业和收入的农业部门。因此，农业部门的产出增长率达到了战后时期的最低点，20世纪80年代的年均增长率只有1.4%，20世纪以来首次没能跟上人口增长的步伐。

因此在20世纪80年代，新政策得到了两股力量的支持：军人政权对劳动收入和农业收入的抑制，以及来自国际金融机构的大量外国资本流入。尽管政府支付的工资和农产品价格都在下降，价格支持计划的规模也缩小了，但是公共部门的赤字、货币扩张率和通胀仍然存在。1980—1983年的年通胀率从90%降至30%，但此后仍保持在40%左右（Rodrik，1990，第323—353页）。

政府大力推进的一个投资项目是最初于20世纪60年代规划的安纳托利亚东南部的大型项目。政府构想在幼发拉底河上建造若干梯级水坝，其中包括水力发电厂，以及在哈兰平原的160万公顷土地上建造灌溉设施，这会使土耳其的灌溉种植面积增大一倍。在二战结束以来的众多农村发展计划中，这个庞大且费用高昂的项目独树一帜。但是长期以来，该项目的设计和实施都没有充分理解和顾及当地居民的需求。为应对库尔德民族主义的兴起，安卡拉政府将该项目重新界定为一个旨在改善贫穷地区社会和经济结构的区域综合发展项目。此后，该项目开始考虑各种各样与发展相关的行业，其中包括对交通、城市和农村基础设施、农业以及能源的投资。但规划者和目标受益者（当地库尔德人）之间缺乏共同的愿景，严重制约了该项目的效果。[①]

随着新时期贸易和资本账户的自由化，发展旅游部门开始被各级政府视为外汇收入的重要来源和创造就业的良好机会。自20世纪80年代起，国有土地的分配和公共银行的低息长期贷款吸引了国内企业家大规模投资旅游业。随着旅游业在20世纪90年代的进一步发展，这些私人公司开始推出低成本、劳动密集型且与国际旅行社搭配的无所不包的假日旅游套餐并将其作为行业主打产品。南部和西南部海岸线的数百家不同规模的酒店和度假村都提供这些假日旅游套餐。土耳其在2014年共计接待了4 000万游客，排名世界第六。土耳其的国际旅游外汇总收入达到近300亿美元，占GDP的大约3%，并在同年的世界排名中达到第11位（World Tourism Organization，2016，第8—11页）。因此，旅游业为各种技能水平的劳动力创造了大量的全职和兼职就业机会，但是仍然容易受到全球和区域性经济下行以及国内外政治事件（包括恐怖主义）的影响。

政治与经济动荡的复发

军人政权对20世纪70年代的政客施加的限制经全民公决后解除，这些政客于1987年重返政坛。随着政治体制转向更开放的选

---

① Mutlu（1996，第59—86页）；Çarkoğlu and Eder（2005，第167—184页）。

举制度，反对派开始批评收入分配恶化以及厄扎尔和祖国党推行新政策的武断方式。1989 年，由公共部门的工人率先发动，而后由宗古尔达克矿工继续坚持的游行示威和抵抗运动表明，当年在军事政权笼罩下的压抑岁月已经过去。从长远看，政治光谱上的中左翼和中右翼之间，以及新老政治家之间的分裂都引发了强烈的政治地震。在联合政府短暂的执政期间，预算赤字飙升，公共部门负债累累。因此，土耳其在 1987—2002 年陷入了无比艰难的境地，政治和经济危机彼此交织。与其他表面上为恢复政局稳定而发动的政变一样，1980 年的军事政变实际上成为导致政治和经济长期动荡的根源。

为了有效应对 1987 年后竞争更为激烈的政治环境，祖国党政府以及在 1991 年将之取代的联合政府都采取了民粹主义政策。他们大幅提高了公共部门的工资和农产品价格，扩大政府农作物采购计划的规模。他们通过公共银行向小企业和农业生产者提供低息贷款。此外，国有企业的产品价格上涨率开始低于通胀率。这些政策迅速加剧了预算赤字。此外，国有企业开始出现巨额亏损，其中包括国有银行。1984 年在东南部与库尔德工人党爆发的战争不断升级，导致预算赤字进一步恶化（Kirişci and Winrow，1997；Aydin and Emrence，2015）。

1989 年 8 月，随着宏观经济开始失衡，厄扎尔及其祖国党决定进一步放宽汇率制度，取消对资本流动的限制，包括财政部的对外举债。声名不佳的第 38 号法令问世后，金融全球化得到了法律框架的支持。该法令的基本目标是缓和公共部门赤字的融资问题，让政府有更多的回旋余地，即使只是在短期内。法令颁布后，国内的高利率和固定汇率制度吸引了大量短期资本的流入。为了以高利率向政府放贷，私人银行争先恐后地从国外借款。国有银行则受政府指示为部分财政赤字融资。从长远看，在尚未实现宏观经济稳定，也未对金融部门建立强有力的监管基础设施的情况下，放开资本账户的决策会带来高昂的代价。随着经济越发容易受到外部冲击和资本突然外流的影响，土耳其在20世纪90年代迎来了二战后的至暗时刻。[①] 土耳其经济持续在巨额经常账户赤字和宏观经济稳定上挣扎。有人认为，资本账户完全自由化或金融全球化实际上没有与土耳其的国内制度实现良好的衔接。

与早期战略相同，发行货币是应对财政赤字大幅提升的另一手段。随着货币供应量逐渐增加，土耳其在20世纪80年代未能完全抑制的通货膨胀开始重新抬头。80年代末土耳其的通胀率上升，90年代在50%～100%之间波动（见图11.3）。土耳其在1984年允许开设外汇存款账户，作为金融自由化政策的一部分，从而使公共

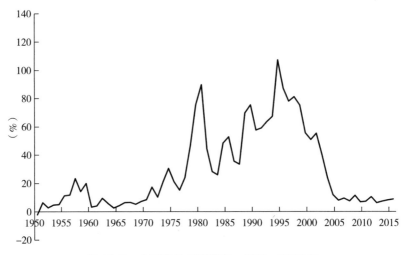

图11.3　土耳其的年通胀率，1950—2015年

资料来源：土耳其统计研究所（2014）的官方序列数据。

---

① Akyüz and Boratav （2003，第1549—1566页）；Demir（2004，第851—869页）；Gemici（2012，第33—55页）。

部门赤字与通胀更紧密相关。这一措施降低了土耳其对国内货币的需求，加剧了公共部门赤字对通胀的影响。

由于在此期间绝大部分赤字和亏损额已转移到了公共部门企业的资产负债表上，因此，要从当时的官方数据中弄清楚公共部门赤字和未偿债务的增长情况并不容易。此外，只有在 2001 年危机之后才能估算公共银行资产被掠夺给公众造成的全部损失。现在可以大致估算公共部门累积的未偿还债务在国内经济中的比重。图 11.4 显示，1990—2001 年，公共部门的国内与国外总债务占 GDP 的比重从大约 40% 激增到了 90%。

那些原本能够提高经济抵御内外部冲击能力的措施始终被搁置在一边。国有企业的私有化几乎毫无进展。工人和政客一直反对私有化改革。此外，政府在尝试出售一些大型国有企业的过程中，还发生了涉及主要领导人的丑闻事件。出售部分小规模公共部门银行给国有部门造成了巨额损失，因为这些银行的资产被有

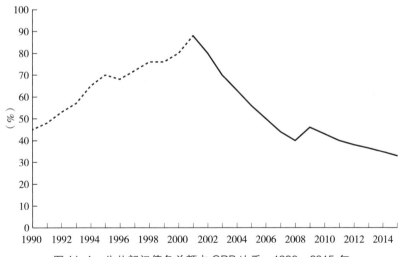

图 11.4　公共部门债务总额占 GDP 比重，1990—2015 年

资料来源：土耳其发展部（2017）的官方序列数据。

后台的买家盘剥得干干净净，而公共部门因对银行储蓄的全额担保而不得不承担银行的巨额亏损。这些巨额损失在 2001 年后都被计入未偿公共债务。[①]

公共部门的巨额赤字和债务飙升导致土耳其经济极易受到内外部的冲击。全球经济和政治的负面事件，或者"公共部门赤字不可持续"的感知都可能引发大量短期资本外流、利率上升、货币贬值，并最终导致经济衰退。资本流动走走停停的循环共重复了四次，分别发生在 1991 年、1994 年、1998 年和 2000—2001 年，最严重的是最后一次。尽管这些年的人均 GDP 在持续上升，但是其趋势增长率明显比前期和后期更低（见图 11.5）。

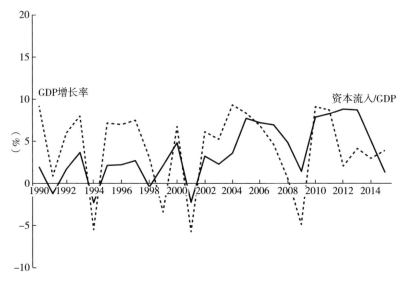

图 11.5　资本流入和 GDP 增长率，1990—2015 年
资料来源：土耳其发展部（2017）的官方序列数据。

---

① Tukel、Üçer and Rijckeghem（2006，第 276—303 页）；Akın、Aysan and Yıldıran（2009，第 73—100 页）。

高通胀率和高实际利率导致 20 世纪 90 年代的收入分配越发不平等，组织性更强的团体在一定程度上能采取一些措施保护自己。有组织的工人受益于工资集体合同，农业生产者受益于政府的农产品支持计划，小企业主则受益于低息信贷。中产阶级依靠外币银行账户，有较多现金资产的人以高利息大量给政府提供贷款。但并非社会的各个阶层都有能力应对通胀。随着东南部地区的战事不断升级，加上大批库尔德人被迫从农村向城市地区迁移，收入分配急剧失衡（Yükseker，2009，第 262—280 页）。

危机与其他方案

到了 1999 年末，土耳其显然难以维持宏观经济平衡。与 IMF 协谈后，土耳其推出了全新的经济稳定方案，并将固定汇率制度作为降低通胀的关键策略。IMF 支持下的经济稳定方案在 1990 年启动了数次，但每次都半途而废。经济稳定方案的设计和实施都存在严重问题。虽然方案的内容包括减少公共财政赤字、处理公共银行的累积亏损问题以及解决私人银行的各种难题，但政府是否会采取这些措施还要看实际行动。

尽管土耳其在减少预算赤字方面取得了一些成绩，但该方案中的许多构想都无法实现，因为埃杰维特领导的联合政府无法凝聚必要的政治意志。IMF 坚持让土耳其使用有管理的汇率制度而非浮动汇率制度的举动也助推了危机的爆发。虽然 2000 年底的小规模危机在 IMF 的帮助下得到了妥善处理，但私人和公共银行的巨额亏损终究酿成了 2001 年初的重大危机。在几天内目睹了约 200 亿美元的资金外流后，土耳其政府被迫放弃盯住汇率。里拉价值得以上下浮动，在几个月内对主要货币贬值了一半。随着利率上升和银行部门崩溃，土耳其在 2001 年的 GDP 下降了 6%，失业现象以及城市贫困状况急剧恶化。①

世界银行的高级官员凯末尔·德尔维什（Kemal Derviè）于 2001 年初应邀到土耳其制定一个新方案，并作为指导经济的部长为土耳其的项目争取国际支持。在 IMF 的鼓励下，新方案包括经济稳定措施以及长期的经济结构与经济制度改革。为实现宏观经济的长期稳定，该方案试图在未来几年积累预算盈余，以削减公共部门的巨额未偿债务。该方案旨在从法律和行政两个层面隔绝政府对公共部门企业，尤其是银行的侵扰。此外，前期结果表明，通过限制里拉贬值来应对通胀的策略代价实在太高，新方案并未采取管控汇率和限制里拉贬值的策略，而是采取了浮动汇率制度。

2001 年方案的部分内容与 1980 年之后在 IMF 支持下制定的方案也有显著差距。事实上，有观点认为，该方案体现了后"华盛顿共识"原则（Öniş and Şenses，2005，第 263—290 页）。该方案并不主张在实现宏观经济平衡后将其余的交给市场的做法；恰恰相反，该方案认为对市场的自由放任可能导致不良结果，因而需要加以监管。因此，该方案构建了一种市场与政府之间的新分工模式，将对具体市场的监督与监管授权给独立于政府的新设机构。因此，该方案需要一系列结构性改革和新法律的支持。另一些立法改革旨在防止政府利用公共部门，特别是公共银行来达到短期目标，并更普遍地加强中央银行的自主权。这些监管的有效程度，以及新设机构独立于政治当局的程度，都更多地取决于以后的法律执行情况，而非法律本身（Sönmez，2011，第 145—230 页）。

---

① Akyüz and Boratav（2003，第 1549—1566 页）；Öniş（2003，第 1—30 页）；Kazgan（2005，第 231—254 页）；Van Rijckeghem and Üçer（2005，第 7—126 页）；Özatay，2009（第 80—100 页）。

新方案还重组了 20 世纪 90 年代历经波折的银行部门，已宣告破产的私人和公共银行都被解散，公共银行的未偿债务由公共部门承担，并逐年分批偿还。与 90 年代的宽松政策不同，新方案主张对银行业进行更密切的监督。独立的银行监督管理局由此正式成立。[1] 正义与发展党在 2002 年大选后上台，并决定在 IMF 的支持下继续推行新方案。

关税同盟与欧盟候选国资格

土耳其与欧盟的交集可追溯到 1963 年的《安卡拉协定》，土耳其渴望最终成为当时被称作"共同市场"的成员。共同市场和后来的欧洲共同体是土耳其最主要的贸易伙伴，在那几十年中占土耳其出口贸易的约 50%，进口贸易的 60% 以上（见图 11.6）。然而，土耳其在争取成员国资格一事上进展甚微。在军人政权统治期间和之后，土耳其距离成员国资格的政治标准依然较远，厄扎尔总理的候选申请在 1987 年被驳回。因此，20 世纪 90 年代的联合政府希望在 1994 年签署关税同盟协定，以此能至少拉近与欧盟的经济关系。根据该协定，双方取消了土耳其与欧盟之间制成品的贸易关税，并将对第三方国家征收的进口关税调整至与欧盟执行的关税水平一致。农产品贸易不在关税同盟的范畴之内。

关税同盟协定签署后，欧盟在土耳其对外贸易中的比重并未增加，因为土耳其与欧盟之间的关税水平自 20 世纪 80 年代以来在不断下降，到 90 年代初关税水平已经相当低了。尽管如此，欧盟

---

[1] Tükel、Üçer and Rijckeghem（2006，第 276—303 页）；Akın、Aysan and Yıldıran（2009，第 73—100 页）。

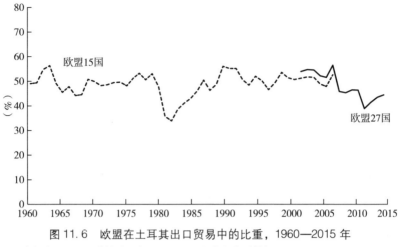

图 11.6 欧盟在土耳其出口贸易中的比重，1960—2015 年

资料来源：土耳其统计研究所（2014）的官方序列数据。

仍是土耳其最大的贸易伙伴。随着 2001 年后经济重归稳定，土耳其开始扩大包括对欧盟的对外贸易往来。土耳其对欧盟的出口激增，在土耳其开展生产的跨国公司（特别是汽车行业）开始将土耳其设为生产基地，而向欧盟和其他国家出口产品。在纺织业等劳动密集型行业，向欧盟的出口最初有所增加，但在欧盟解除对中国的贸易限制后，土耳其的纺织品出口有所减少。

关税同盟协定给土耳其经济，特别是制造业带来了丰厚的利润。在签署关税同盟协定时，土耳其政府和政治当权派一度认为土耳其将很快成为欧盟成员并参与决策制定。但是，由于土耳其后来仍未进入欧盟的决议流程，而且无力调控对第三方国家征收的进口关税（特别是东亚国家），这开始给土耳其带来成本，关税同盟协定带来的利益相应收缩。[1]

民众更多是从经济而不是政治角度看待加入欧盟为国家带来

---

① Yilmaz（2011，第 235—249 页）；Antonucci and Manzocchi（2006，第 157—169 页）。

的好处，他们希望土耳其的人均收入在加入欧盟后能迅速提升至欧盟的平均水平。20 世纪 90 年代的经济困境和 2000—2001 年的经济危机不仅提醒政府加入欧盟能带来的经济利益，而且给政客带来了施行政治改革的压力。因此，联合政府在世纪之交下定决心推行改革，其中包括对 1982 年的军人政权宪法做出重大修正。这样一来，欧盟首次提出了正式将土耳其纳为候选国的可能性。

正义与发展党的早期岁月

各个世俗派政党在 20 世纪 90 年代忙于应对日益严峻的政局动荡、不稳定的宏观经济以及城市化快速发展下的多种社会需求，而伊斯兰教的各个政党则关注提供市政服务的地方机构和当地政府。他们时常面临军事和司法障碍，但始终不屈不挠。伊斯兰政党在此过程中不断调整政策，并提高政治技能。意在与西方经济一体化的伊斯兰资产阶级的兴起也帮助重塑了伊斯兰政党的政治目标和意识形态。

2001 年的严重经济危机引起了公众的强烈反响，公众不仅反对当时的执政党，而且反对过去十年曾掌舵经济发展的任何政党。这些党派在 2002 年的大选中失去了选票，被逐出议会。这些党派为十多年来的政局动荡和经济混乱付出了惨重的代价，而从伊斯兰运动中脱离出来的部分政客组成的正义与发展党利用这一契机，最后依靠仅仅 34% 的全国选票上台执政。可以说，正是世俗派人士的软弱和伊斯兰运动的实力共同促使正义与发展党迅速爬上了权力的巅峰。

正义与发展党赢得大选时，土耳其与欧盟的关系正取得重大的进展。起初推动该党成立的政客奉行内梅特丁·埃尔巴坎领导的党派的伊斯兰主义政策，并且长年反对土耳其加入欧盟。但是在 2002 年大选之前，该党开始与埃尔巴坎的立场划清界限。正义与发展党上台后仍旧鼓励土耳其加入欧盟，并且继续推进政治改革。欧盟于 2004 年正式将土耳其纳为候选成员国。在此期间，IMF 和欧盟作为两个外部保障，巩固着土耳其的经济稳定以及制度框架的长期转型。[1]

在执政初期，正义与发展党追求民主化以及共和主义现代化的西方式目标。执政党希望在推进民主发展和加入欧盟的目标下为伊斯兰教和宗教自由争取更大的空间。正义与发展党在此纲领下建立了一个广泛的联盟。在执政的头五年中，正义与发展党还推行了比历届政府都更支持私人部门发展的政策。因此，执政党取得了伊斯坦布尔大型企业和实业家的支持，还获得了全国各地较为保守的企业和实业家的拥护。

埃尔多安领导下的正义与发展党政府还采纳了 IMF 推出的 2001 年方案。财政纪律既是该方案的关键要素，也成为正义与发展党政府在实现宏观经济稳定过程中的核心要务。汽油和消费品的间接税大幅提高。私有化政策也对降低公共部门的赤字产生了重要影响。法律和政治方面的障碍导致先前的私有化进程收效甚微，但是正义与发展党不惜以放弃长期生产率、竞争力和保护消费者利益等目标为代价，继续推行私有化政策。[2] 因此，直到 2008—2009 年的全球金融危机爆发，政府能够保持偿债前的公共部门预算的巨额盈余（平均占 GDP 的 6%）。由于这些盈余，公共部门债务占 GDP 的比重在 2002—2008 年从大约 80% 降至 40%（见图 11.4）。

---

① Öniş and Bakır（2007，第 1—29 页）；Yılmaz（2011，第 235—249 页）。

② Atiyas（2009，第 101—122 页）；Ökten（2006，第 227—251 页）。

正义与发展党政府凭借这些巨额预算盈余能够有效地控制通胀，通胀率自20世纪60年代来首次被控制在每年10%以下（见图11.3）。宏观经济恢复平衡，加上与欧盟的入盟谈判，也为土耳其外国直接投资的激增铺平了道路。在全球资金流动性提高的有利条件下，土耳其自20世纪20年代以来一直十分有限的外国直接投资从2004年之前的每年不到30亿美元快速攀升，在2005—2007年达到了每年200亿美元。但由于这些投资的很大部分以收购当地现有公司的形式出现，所以它们并未创造太多就业机会。

在宏观经济稳定、出口贸易大幅增长、资本流动性提高以及低利率的有利国际经济环境下，土耳其的人均GDP显著上升。之前15年的经济低速发展中积累的产能过剩和潜在需求，也对正义与发展党执政早年的经济表现十分有利。2003—2007年，土耳其的GDP年增长率达到6.9%，共计增长了40%。人均GDP年增长率为5.4%，共计增长了30%（见表11.1）。这两个年增长率都远高于自二战结束以来土耳其以及发展中国家整体的长期趋势增长率。公共部门债务减少、经济增长以及偿债金额减少等因素，使得政府能够更多地投资于基础设施投资、医疗保健和教育。因此，正义与发展党通过增加收入和提高这些领域的政府支出，为民众带来了巨大的物质利益。正义与发展党在后来的大选中继续受益于这些业绩。

虽然土耳其的经济逐渐恢复，收入有所提升，但是正义与发展党经济政策的演变并未超出2001年方案中的制度化监管和财政纪律。正义与发展党政府并未对工业化进程、经济发展和创造就业等议题做出自己的长远打算（Taymaz and Voyvoda，2012，第83—111页）。因此，在2008年全球金融危机爆发之前，土耳其的经济就已经开始放缓。由短期资本流入导致的里拉大幅升值以及国内生产在国际市场失去竞争力，是土耳其经济下滑的重要原因。

全球资本流动性提高和里拉升值推动了更多中间产品的进口，而不是国内生产；为降低成本，一些企业甚至将制造环节转移到国外的低成本地区。以上因素加之储蓄率下降，导致国际收支逆差不断扩大。但是，执政头五年中实现的经济复苏和经济增长仍使正义与发展党在 2007 年的大选中获得了超过 46% 的选票，并且获得了多数议会席位。[①]

2007 年后的政治与经济恶化

2008—2009 年的全球金融危机导致土耳其经济出现缓慢下滑的趋势。鉴于公众对之前的危机记忆犹新，导致此次危机的初步影响异场严重。出口、投资和消费在最初几个月里都大幅下滑。好在银行业在 2001 年危机之后更加谨慎，政府对该部门的监督和管理也较为有效。因此，银行业保持了较好的韧性，很快摆脱了危机带来的阴影。此外，此前采取的紧缩性财政政策降低了公共部门的债务率。土耳其可以将货币和财政政策放宽几年，以缓和危机带来的影响，而其他许多国家并没有这样的选择余地。截至 2010 年，除了出口，土耳其的生产和就业已经恢复到危机前的水平。但由于在土耳其出口总额中占 50% 的欧盟面临着经济难题，加上中东政治局势在之后数年进一步恶化，土耳其的出口也开始停滞不前（见图 11.1）。

更重要的是，就土耳其加入欧盟一事的正式谈判始于 2005 年。但是德国和法国的中右翼政府在大约同时期上台执政，他们不久便开始公开反对土耳其加入欧盟的诉求。这两个核心成员国立场的转变是土耳其与欧盟关系的重要转折点。加入欧盟的目标支持

---

① Akçay and Üçer（2008，第 211—238 页）；Öniş（2009，第 21—40 页）。

了土耳其在 1999 年后的重要政治改革，也为 2001 年后的经济复苏做出了重大贡献。随着欧盟的影响力开始逐渐减弱，加上成为欧盟成员国的目标越发难以预测，正义与发展党推进政治改革以及经济制度长期变革的意愿也日渐变弱。

在国内，司法系统和军队中的世俗派精英试图在 2007 年击溃当时执政的正义与发展党。宪法法院的最终票数十分接近，正义与发展党以一票之差幸免于垮台。2007 年全国大选后，肃清异己、巩固政权成为正义与发展党及其领导人埃尔多安总理的首要目标。在随后的几年中，埃尔多安总理踏上了一味追求政治权力的激进道路，为此解散了过去的许多联盟。正义与发展党利用大量捏造的证据和穆斯林神职人员法土拉·葛兰在司法部和警局内部的关系网，提起了一系列针对军方的诉讼，指控军方领导暗中图谋伤害政府，迫使他们处于守势。政府很快开始大肆控制媒体，并限制公民自由。正义与发展党从政治制度的权力制衡入手，破坏行政、立法和司法之间的三权分立模式。2010 年举行的全民公决名义上是为了获得欧盟成员资格而推行的法律改革，实际上使正义与发展党和总理埃尔多安破坏并最终摧毁了司法系统的独立性。虽然社会和政治的两极分化日益加剧，但就业率和收入水平的提高，以及正义与发展党早期在提供医疗保健、教育和其他公共服务方面的政绩，仍使它深得民心。

埃尔多安在 2014 年的普选中当选总统，其后土耳其继续滑向威权主义。当埃尔多安绞尽脑汁修订宪法，并且要将议会制改为总统制时，叙利亚内战和库尔德地区再次爆发的军事冲突导致土耳其的政治和经济进一步恶化。在外交政策方面，正义与发展党曾试图在中东地区表现得更加主动。土耳其与中东地区交好能够给自己带来经济和政治方面的好处。但"阿拉伯之春"运动使土耳其在中东地区占据领导地位的想法遭遇严重打击，而且被卷入了叙利亚极具破坏性的内战之中。其后果之一是，300万叙利亚难民在2011年之后不久抵达土耳其。另一个导致严重后果的政策逆转是土耳其处理库尔德人问题的方式。正义与发展党在执政的大部分时间里用和平方式解决库尔德冲突。然而，在库尔德工人党拒绝支持埃尔多安的总统制方针后，矛盾在2015年迅速升级。由于安全部队和库尔德工人党相互厮杀并导致许多无辜伤亡，东南部再次沦为战争地区。旅游业自20世纪80年代以来已跻身重要经济行业之列，但土耳其境内的战争冲突和相关恐怖主义事件的爆发使旅游业深受其害。

自2007年以来，操弄政治权术和巩固政治权力成为正义与发展党和埃尔多安总理的首要任务。早些年强劲发展的土耳其经济在政治斗争和威权统治之下遭受重创。随着正义与发展党政府在2007年后开始大力控制经济，在2001年方案下设立的监管机构面临重重压力，不久便丧失了自主权。中央银行在政府的不断施压下也被迫改变立场，不久便放弃了进一步降低通胀率的目标，开始推行更加宽松的货币政策。因此，在2008年全球金融危机后降至6%的年通胀率开始逐渐逼近10%。[①] 正义与发展党政府即使在2008年与IMF的"备用信贷协议"（stand-by agreement）终止后仍然保持着财政纪律，因此避免了重蹈20世纪90年代经济危机的覆辙，但财政稳定并不足以维持较高的经济增长率。

在正义与发展党巩固政权的过程中，大力支持与执政党以及政府关系紧密的商业团体成为政府在2007年后，特别是2010年后经济政策的主要目标。与正义与发展党来往频繁的商业团体在中央政府和地方政府发起的大型能源、基础设施和住房项目的招标中颇受青睐，而且在公共和私人银行以及其他领域的信贷分配过

---

① Gürkaynak and Sayek-Böke（2012，第64—69页）；Acemoglu and Üçer（2015）。

程中都备受关照。举例来说，在世界银行的支持下，旨在提高透明度和竞争性的采购法于 2002 年颁布，却根据政府和公共机构的需要被正义与发展党在执政期间修改了 150 余次。久而久之，越来越多的行业和商业活动获得了法律豁免。[①] 随着正义与发展党同伊斯兰神职人员葛兰的关系网之间的政治斗争在 2012 年后进一步升级，政治反对派的财产权越发被削弱，不禁引发人们质疑："正义与发展党在威权主义的道路上会走多远，哪些团体在未来将受到威胁？"

2010 年后不断加剧的政治紧张局势和持续恶化的制度环境导致私人投资大幅减少。欧洲市场停滞、叙利亚内战、恐怖主义扩散以及旅游业收入骤降同样导致了经济下滑。GDP 年均增长率因此从 2003—2007 年的 6.9% 下降为 2012—2015 年的 3.2%。城市失业率从 2011 年的 10.5% 上升到 2015 年底的 12.3%。

储蓄率逐步下降是土耳其面临的另一个重要的长期经济问题，储蓄在 GDP 中的比重从 1998 年的 24% 下降至 2007 年的 18%，而后在 2015 年降至 13%。经常账户赤字因此不断扩大，私人部门被迫每年从国外借入大笔资金为国内投资融资（见图 11.7）。外国直接投资（大部分来自欧盟国家）则只能为赤字提供小部分资金。在 2005—2007 年获得欧盟候选国资格期间，土耳其的外国直接投资增长到每年 200 亿美元（超过 GDP 的 3%），但在全球金融危机期间和土耳其候选资格撤销后衰减。2010—2015 年外国直接投资年均 130 亿美元（约占 GDP 的 1.5%）。由于全球金融危机后国际市场资本流动性提高，为经常账户赤字融资起初并不成问题。土耳其银行部门能够从国际银行借入大量资金，将其中大部分发放给私人部门，并将剩余资金用于支持私人消费。但美联储退

---

① Çeviker Gürakar（2016）；Buğra and Savaşkan（2014，第 76—81 页）。

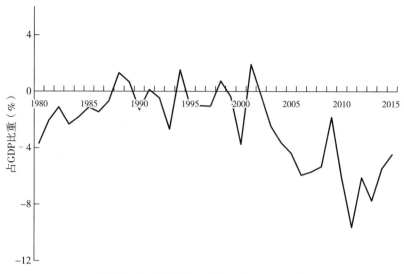

图 11.7　经常账户余额，1980—2015 年

资料来源：土耳其发展部（2017）的官方序列数据。

出量化宽松政策导致土耳其经济越发不堪一击。在艰难的 20 世纪
90 年代，公共部门的大量赤字是土耳其经济的大患。正义与发展
党时代的经济政策看似消除了公共部门赤字，但实际是将问题抛
给了私人部门。巨额的经常账户赤字以及私人部门不断升高的负
债水平，致使土耳其经济在正义与发展党执政后期越发疲软。

为有效应对低迷的经济增长和不断升高的失业率，政府努力
将利率控制在较低水平，并支持建筑行业的发展和私人消费。鉴
于土耳其城市化程度较高，而且对房地产的需求在不断增长，因
此政府在拉动内需的过程中十分重视建筑行业的发展。此外，对
政府来说，要使特定的公司和个人直接并迅速获利，改变现有的
城市规划与建筑密度通常是易于操作的有效办法。宽松货币政策
掀起了一波建设热潮。购物中心、住房和写字楼在大城市如雨后
春笋般层出不穷，成为以外部举债为支撑、由消费和建设拉动的
经济模式的象征。

新自由主义时期的农业

在二战后的进口替代工业化时期，土耳其农业受到价格支持政策、农业投入品补贴政策、商品委员会和保护主义贸易制度的调控。商品委员会和其他公共机构为食品和农产品设定质量标准，并监督生产者严格遵守这些标准。因此，农民得到了极大保障，而且不太受市场波动的影响。但在 IMF 和世界银行牵头的新自由主义经济结构调整的过程中，引入了一系列措施，旨在减少政府支持计划，更一般地减少政府对农业的干预，并实现粮食市场的自由化。虽然结构调整在 20 世纪 90 年代的动荡政局下进展缓慢，但在正义与发展党时代进展加速，一套经济改革方案的颁布为进一步实现农业自由化提供了有利条件。在这一转变过程中，2001 年危机后与 IMF 和世界银行签署的协议、欧盟候选国资格以及土耳其政府为加入世界贸易组织做出的承诺都起到了关键作用。政府基本叫停了针对许多商品的支持政策、取消了对农业投入品和信贷的补贴、将农业部门的大多数国有企业私有化，并大幅放宽了农业贸易制度。在经济结构调整过程中，农产品营销与质量管理的权限和重任从公共部门移交至私人机构。经济结构调整还提升了大型跨国公司在国内市场的势力和形象。土耳其放松规制的过程不仅覆盖面广，而且力度比许多其他发展中国家更大。[1]

此外，放宽进口管制使种子、化肥、化学品和农药等其他农资经营市场迅速商业化和国际化。在产品销售方面，大型国际零售商和食品制造企业一直在大力组建遍及土耳其的灵便的采购网络。近年来，零售和批发公司、市场代理和连锁超市发挥的作用

---

[1] Aydın（2010，第149—187页）；Keyder and Yenal（2011，第60—86页）。

越来越大，它们全都是生产者和消费者之间的中间商。这些公司有获取相关信息的最佳渠道，制定的采购和营销战略也更加灵活。

　　这些影响深远的变化给中小农业生产者带来了新的机遇和挑战。安纳托利亚内陆地区的谷物、豆类和甜菜种植者面临的选择实属有限。这些作物不属于劳动密集型，而且有沉没成本，导致种植者更难转型。这些农户的家庭人口相对稳定，并没有太多剩余劳动力从事为家庭增收的其他活动。相比之下，在沿海地区，特别是在地中海和爱琴海沿岸的农庄中，除了从事市场导向型、劳动密集型农业活动，还有其他部门的就业和收入机会。近几十年来，新鲜蔬菜和水果种植已成为这些地区最兴旺的农业活动，并且大大提升了附加值。生鲜农产品的年产出最近已超过作物总产出的四分之一。土耳其目前是西红柿、黄瓜、茄子和洋葱的世界十大生产国之一。果蔬开始在农产品出口中掀起浪潮。在过去十年中，土耳其的水果和蔬菜占农业总出口的一半还多。欧盟国家、俄罗斯和一些中东国家一直是土耳其果蔬出口的主要市场。较为商业化地区的中小型生产者除了从事劳动密集型农业活动，还从旅游业以及其他部门的季节性工作中赚取收入（Keyder and Yenal，2011，第60—86页）。

　　作为当时人口较为稀少的国家，土耳其在19世纪至20世纪60年代有大量未开垦的土地。因此，直到70年代，扩大农业生产并不困难，成本也不高。耕地增加和农业生产扩大能确保农业的产出增长率高于人口增长率，能够满足不断增长的粮食需求，而且在出口总额中占据较大比重（见图11.8）。然而，在此期间土地和劳动生产率的增长相当缓慢。[①] 自1980年以来的新时代，新自

---

① Pamuk（2008，第375—396页）；Imrohoroglu、Imrohoroglu and Murat Üngör（2014，第998—1017页）。

图 11.8　土耳其农业的人均附加值，1880—2015 年

资料来源：奥斯曼帝国时期的数据基于第二章讨论的国民收入和人口序列数据；1923 年以后的数据来自土耳其统计研究所（2014）的国民收入核算和人口序列数据。

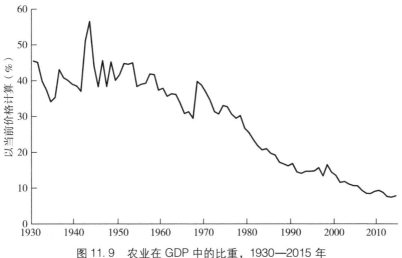

图 11.9　农业在 GDP 中的比重，1930—2015 年

资料来源：土耳其统计研究所（2014）的国民收入核算数据。

由主义政策的颁布、来自国际机构的压力，加上农业人口比例下降，共同导致土耳其政府撤销了许多农业支持项目。农业产出的增长率下降，并在 1980 年后开始低于人口增长率。但是，随着更多劳动密集型作物的引进，农业总产出在过去十年中开始再次回升（见图 11.8）。农业劳动力在总就业人数中的比重从 1980 年的 50% 下降至 2015 年的不足 20%。这些劳动力大多在 300 多万个中小型家庭农场中从事无薪劳动。农业在 GDP 中的比重从 1980 年的大约 25% 下降至 2015 年的 9%（见图 11.9）。农业的平均收入依旧远低于城市经济。

1980 年后工业化的普及与局限性

在 20 世纪 60 年代和 70 年代，土耳其制造业的就业率和附加值以每年近 9% 的增长率迅速上升（表 9.1 和图 11.1；图 11.10 和图 11.11）。然而，制造业部门存在重大缺陷。制造业仍沿袭内向型发展模式，出口额一直很低。从地理分布看，工业制造业仍集中在伊斯坦布尔地区，也就是土耳其的西北角。那个时代的工业精英依旧十分依赖政府提供的补贴和关税保护。由于担心自己无法与欧洲工业产品抗衡，所以他们也反对与欧洲经济一体化。

20 世纪 70 年代末的重大经济危机过后，政府从 1980 年起采取了更多市场和出口导向型经济政策。不过，土耳其在全球化时代下的政策效果却好坏不一。制成品出口的提升也许是新政策最突出的成果。土耳其的出口总额从 1980 年的 30 亿美元激增至 130 亿美元，在 2000 年增至 280 亿美元，而后在 2015 年达到了 1 600 亿美元。虽然美元兑其他主要货币的贬值是出口飙升的部分原因，但这也确实反映了土耳其出口的大幅增长。1980—2010 年，土耳其的商品出口在 GDP 中的比重从不到 3% 上升至 16%。这一增长几乎完全归功于制成品的出口。制成品在出口总额中的比重在此期间从 35% 激增至 95% 以上。更重要的是，土耳其在此期间的大部分出口流向了欧盟。自 1980 年以来，欧盟在土耳其出口总额中的比重一直保持在50%以上（见图11.1、图11.2和图11.5）。

伴随着制成品出口增长的是1980年后新工业中心的崛起。因此，由于毗邻伊斯坦布尔、布尔萨、科贾埃利、伊兹密尔和阿达纳等进口替代工业化时期的中心城市，泰基尔达、克尔克拉雷利、萨卡里亚、巴勒克埃西尔、埃斯基谢希尔、马尼萨和梅尔辛等省的工业化势头强劲。此外，在代尼兹利、科尼亚、开塞利、加济安泰普、卡赫拉曼马拉什以及马拉蒂亚等新工业中心，制造业附加值、就业人口和劳动生产率的增长率均高于老工业中心（Filiztekin and Tunalı，1999，第77—106页）。尽管从官方统计数据中很难判定其出口量，但是新工业中心的出口量在土耳其制造业出口总量中的比重一直在上升。不过，自1980年以来，制造业附加值的增长率一直不到6%，这一数字明显比之前更低。

新工业中心的工业企业大多是资本有限的中小型家族企业。它们起初在技术含量低、劳动密集型行业进行生产，如纺织业和服装业、食品加工业、金属工业、木制品行业、家具业和化工行业。这些家族企业在早期利用低工资的优势进军新的工业出口中心。它们雇用的工人几乎（或根本）没有社会保障和医疗保障，而地方和国家政府则对此视而不见。低技术含量、对劳动密集型产业的重视以及低工资都体现在生产率水平上。新工业中心的制造业劳动生产率不仅低于伊斯坦布尔等较为成熟的工业区，而且低于全土耳其整体的平均水平。

新工业中心的中小企业主要依靠自有资本和非正规渠道融资。它们通常不向银行借款，而是主要通过利润再投资的方式发展，这也许是中小企业面对周而复始的繁荣－萧条周期（尤其是20世纪90年代）仍能屹立不倒的原因。但久而久之，这些公司越发意识到新技术的重要性。较为成功的企业，特别是其中较大型的公司，一直努力采用更加先进的工艺，来生产技术含量更高的产品。

这些公司转型生产高附加值产品的快速程度、有效利用既掌握新技能又受过良好教育的劳动力的能力，以及劳动生产率的提高程度，仍是一个关键问题。如果不大幅提升劳动生产率，不生产技术含量和附加值更高的产品，那么过不了多久，这些公司将被迫在国际市场，甚至是国内市场，与中国和其他工资更低的发展中国家的制造商竞争。

正义与发展党政府在 2002 年之后既没有为这些制造业企业描绘新的愿景，也没有为它们制定长期的支持政策。在早些年的经济快速恢复、出口逐步增长后，总理（和后来的总统）埃尔多安领导下的正义与发展党政府把关注点转向操弄政治权术和巩固政治权力。建立一个为党派所用、与政府往来密切的商人团体成为土耳其经济政策的首要目标。为实现这些政治目标，发展大规模住房和基础设施项目似乎是最好的选择。大力发展建筑业（而非制造业）成了最热门的方略，以便让那些与政府及执政党关系密切的商业团体获利。

因此，新工业中心的局限性也值得一提。在采取新政策并推行出口导向型经济的 30 年后，新工业中心的数量仍然有限，与伊斯坦布尔和马尔马拉地区相比，它们在总产出、总就业和贸易出口额中的比重仍然很低。从销售额看，2010 年前 100 强公司中的64 家、前 1 000 强公司中的 360 家仍然位于进口替代工业化时期的老工业中心，如伊斯坦布尔、科贾埃利、布尔萨、安卡拉和伊兹密尔。相比之下，位于新工业中心的前 100 强公司只有 7 家，前1 000强公司只有 120 家。新工业中心的崛起相当缓慢，这也与土耳其近几十年来制造业表现不尽如人意有关。近几十年来，土耳其还受到丹尼·罗德里克所说的"过早去工业化"的不利影响（Rodrik，2015）。所谓"过早去工业化"是指发展中国家在人均GDP 还没有达到当今发达国家几十年前的历史水平时，其制造业

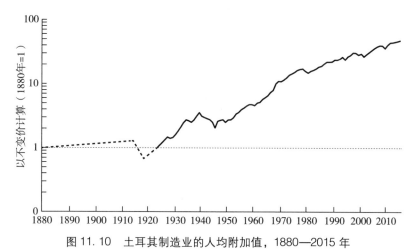

图 11.10　土耳其制造业的人均附加值，1880—2015 年

资料来源：奥斯曼帝国时期的数据基于第二章讨论的国民收入和人口序列数据；1923 年以后的数据来自土耳其统计研究所（2004）的国民收入核算和人口序列数据。

图 11.11　制造业在 GDP 中的比重，1930—2015 年

资料来源：土耳其统计研究所（2014）的国民收入核算数据。

产值和就业人数在整个经济体中的占比就开始下降的趋势（Rodrik，2015）。土耳其的制造业附加值在 GDP 中的比重在 20 世纪 80 年代首次超过 20%，但是没有进一步提高，而是持续在 22% 左右波动（见图 11.11）。因此，现在回想起来，在 90 年代频繁用

"安纳托利亚之虎"（Anatolian tigers）一词来形容新工业中心似乎言过其实。尽管如此，这些新工业中心的社会和经济影响仍值得我们持续关注。

安纳托利亚的少数城市在1980年之后几十年中的经历是工业资本主义在商业和农业主导的社会中兴起的绝佳案例。无论是在本乡还是本国，新兴的实业家都是后来者。他们渴望安身立命，从上一代商业精英手里瓜分一些权力。他们在早些年支持由内梅特丁·埃尔巴坎领导的伊斯兰政党，这些党派注重经济的内向型发展，而且没有超越伊斯兰世界去寻求加入更多的国际联盟。随着土耳其出口导向型工业化的推进，以及关税同盟协议将欧盟确立为土耳其制造品的主要市场，执政党的观念也开始转变。埃尔多安领导的一批政界人士与埃尔巴坎分道扬镳，并在2001年自立门户，新兴实业家为正义与发展党更温和的外向型政策立场提供了重要支持。伊斯坦布尔的大实业家在选举中的影响力有限。相比之下，在选举日更关键的是获得安纳托利亚不同区域的中小企业家和管理人员的支持。

截至2007年的第一个任期，正义与发展党采取了温和的经济政策，继续朝着与欧盟一体化的方向迈进。正义与发展党对大部分私人部门示好，深受他们的拥护。其出口导向政策也得到安纳托利亚各地新工业中心商业精英的大力支持。由此看来，在正义与发展党的崛起、市场导向和亲欧盟的政策中，受益于全球化的新兴中产阶级似乎发挥着重要作用。但是，自2007年以来，土耳其的政治和经济状况开始恶化。随着加入欧盟受阻，加上正义与发展党一心巩固政权，新老实业家以及其他商人在日益恶化的制度环境和不断兴起的威权主义面前都选择噤声。在出口贸易裹足不前的情况下，制造业在GDP中的比重也陷入停滞状态。新工业中心在生产高科技、高附加值产品方面也没能取得多少进展。

第十二章 1980—2015 年的经济发展与制度变革

经济增长

二战后的布雷顿森林体系时代与近年来的新自由主义政策及全球化时代之间在增长模式上存在重大差别。在布雷顿森林体系时代，大多数发达国家和发展中国家的经济增长更加稳定，波动幅度较小。相反自 1980 年以来，除中国和印度两个特例之外，发达国家与发展中国家的长期增长率明显降低，许多国家的经济波动越发剧烈。自二战结束到 20 世纪 70 年代，西欧发达国家以及美国和日本等国的人均 GDP 年增长率约为 3%。但自 1980 年以来该增长率一直低于 2%。此外，国际资本流动的不断增加与波动成为各国乃至全球经济不稳定的新来源。2008 年爆发的大危机导致发达国家产出骤降，而且后来的经济复苏缓慢。另外，尽管发达国家之间的平均收入差距一直在缩小，但是大多数发达国家内部的收入分配自 1970 年以来变得越发不平等。

1980 年之前，全球大多数发展中国家表现良好，不同地区的经济增长率差异比较有限。相反，尽管自 1980 年以来发展中国家人口加权人均 GDP 的年增长率超过 3%，但是在新时代中，全球发展中国家之间的增长率差距明显扩大。作为世界人口大国的所在区域，南亚和东亚的高增长率提升了发展中国家的平均水平。中国的人均收入年增长率超过6%，与此同时，作为人口第二大国，印度的增长率超过了4%。除日本以外，亚洲经济的平均增长率达到了4.7%。相比之下，许多中美洲和南美洲、非洲和中东国家的人均GDP年均增长率仅为1%，甚至更低（见表12.1和图12.1）。此外，20世纪90年代末的亚洲金融危机和2008年全球金融危机给许多发展中国家带来了麻烦。

土耳其在二战后30年的人均GDP长期增长率略高于发展中国家的平均水平。不过，土耳其自1980年以来的人均GDP平均增长率略低于整个发展中国家人口加权的平均水平。自1980年以来的新时代，土耳其的长期经济增长率一直高于拉丁美洲、非洲和中东国家的水平，但是远远落后于东亚、东南亚和南亚那些成绩斐然的人口大国，包括中国和印度（见表12.1和图12.1）。

表 12.1 世界和土耳其的人均 GDP，1980—2015 年

	人均 GDP		年增长率
	1980	2015	（%）
西欧	13 150	21 000	1.6
美国	18 600	30 400	1.7
日本	13 400	22 350	1.7
发达国家	14 900	24 700	1.7
东欧（俄罗斯除外）	5 800	8 600	1.3
意大利	13 150	22 700	1.6
西班牙	9 200	18 350	2.0
中国	1 050	7 500	6.7
印度	940	3 250	4.2
韩国	4 100	20 000	5.4
亚洲（日本除外）	1 500	5 900	4.7
非洲	1 500	1 950	0.8

	人均 GDP		年增长率
	1980	2015	（%）
埃及	2 100	4 450	2. 2
伊朗	4 000	6 500	1. 4
南美洲	5 450	7 150	0. 9
发展中国家	1 920	5 300	3. 4
全世界	**4 500**	**8 100**	**2. 0**
土耳其	**4 750**	**11 200**	**2. 5**

注：人均 GDP 以 1990 年美元计并经 PPP 调整，详见第二章。

资料来源：Maddison（2007，第 375—386 页）；Bolt and Van Zanden（2014，第 627—651 页）；土耳其的数据来自 Pamuk（2006，第 809—828 页）。

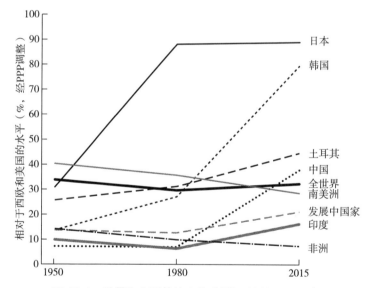

图 12.1　世界和土耳其的人均 GDP，1950—2015 年

资料来源：Maddison（2007，第 375—386 页）；Bolt and Van Zanden（2014，第 627—651 页）；土耳其的数据来自 Pamuk（2006，第 809—828 页）。

与人口数量相似的两个南欧及两个中东国家进行比较，能帮助我们更加深入地了解土耳其在这一时期的发展轨迹（见图 12.2）。

在二战后的几十年里意大利和西班牙实现了较高的经济增长率，且明显向发达国家的水平趋同。然而，意大利向西欧和美国平均水平趋同的倾向在 1980 年后便停止了。西班牙在 1980 年的人均 GDP 水平较低，但是欧洲一体化使得西班牙的经济增长率持续高于发达国家的总体水平。土耳其自 1980 年以来的人均 GDP 增长率高于意大利和西班牙的水平，并且继续缓慢地趋近于发达国家的水平，直到 2015 年。土耳其自 1980 年以来的人均 GDP 增长率也高于埃及和伊朗的水平。埃及在 1980—2015 年的人均 GDP 增长率仅略高于发达国家的平均水平。因此，埃及与发达国家的人均 GDP 差距变化不大，但是与土耳其的差距在不断扩大。伊朗在 1980—2015 年的人均 GDP 增长率也仅略高于发达国家的平均水平。在石油收入的支撑下，伊朗的人均 GDP 在二战后的几十年里高于或接近于土耳其，但是自 20 世纪 70 年代开始便落后了。

　　研究经济增长的直接原因能帮助我们更好地理解 1980 年以来土耳其经济增长的长期趋势。在二战后的几十年中，土耳其的经济增长率达到前所未有的高度，在 20 世纪 50 年代初到 70 年代末，土耳其的储蓄率和投资率从 11% 提升至 22%。尽管 1980 年后随着人均收入不断提高，储蓄率并未上升，但是投入厂房、设备以及教育的资金仍主要由国内储蓄提供。事实上，土耳其在 20 世纪 80 年代到 90 年代前期的平均储蓄率超过了 20%，但是由于公共部门赤字，加上私人部门的储蓄率在 2005—2014 年降至不足 15%，因此土耳其的平均储蓄率后来不断降低。这样一来，土耳其在 1980 年后只有通过从国外借款的方式才能维持上一阶段的投资在 GDP 中的比重。对短期外资流入的依赖加剧了土耳其的宏观经济不稳定。由于国际和国内的政治形势自 1980 年以来动荡不安，土耳其的短期资本流动存在起伏，从而导致经济的大幅波动。

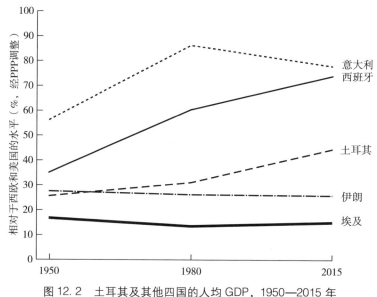

图 12.2 土耳其及其他四国的人均 GDP，1950—2015 年

资料来源：Maddison（2007，第 375—386 页）；Bolt and Van Zanden（2014，第 627—651 页）；土耳其的数据来自 Pamuk（2006，第 809—828 页）。

　　与二战后几十年的情形类似，资本深化以及劳动力向城市转移是土耳其自 1980 年以来劳动生产率提升的主要原因。城市化以及劳动力从生产率较低的农业部门向物质资本水平和生产率更高的城市经济转移，是土耳其在一战后 30 年中生产率提升、经济增长的主要原因。由于城市人口的比重在 1980—2015 年从 44% 增长到 78%，这一转变对经济发展继续起到了促进作用。据估计，土耳其自 1980 年以来三分之一的经济增长都可归因于这一转变。但近年来，农业劳动力的比重已低于 20%。由于二战后劳动力从农业部门向城市经济的转移逐渐放缓，因此未来几十年中人口迁移的重要性必然会降低。相比之下，全要素生产率的年增长率仍低于 1%。换言之，与大多数发展中国家的情况类似，土耳其总产出和人均产出的提升是通过投资和累积投入实现的，而不是通过增加单位投入的产出。[①]

土耳其近几十年来的总生产率提升程度，与劳动力的受教育程度、劳动力的技能水平以及制造业的技术含量较低都有关系。虽然土耳其自 19 世纪以来取得了一些进步，但是在受教育年限和技能水平方面依然落后于全球平均水平，也落后于人均 GDP 相似国家的平均水平（见图 2.7 和图 2.8）。教育体制的缺陷导致土耳其难以转向使用并发展先进技术的经济模式。这种模式可追溯到半个多世纪以前。20 世纪 60 年代，土耳其在国家规划组织的指导下启动了新一轮的工业化运动。迫于私人部门大型制造企业的压力，土耳其将发展高精尖技术的生产行业搁置一边。土耳其并没有推进科研工作，也没有提高自身发展前沿技术的能力，而是选择与具备高技术水平的跨国公司建立伙伴关系，而完全靠进口引进高新技术，汽车行业就是一个例子。在 1980 年转战出口市场后，制造业依然不愿意投资涉及高技术、需要高技能的行业。因此，在新时代继续主导出口贸易的仍然是使用标准技术的制造行业（Taymaz and Voyvoda，2012，第 83—111 页）。

收入分配

国际和国家层面的制度改革对 1980 年以来收入分配的演变带来了深远影响。在发达国家政府和国际机构的支持下，新自由主义经济学说在全球层面加强了资本的力量、削弱了劳动力的影响。促进资本流动并阻碍劳动力流动的制度改革也产生了同样的效果。与早期时代相比，从 20 世纪 80 年代初开始并持续到后来军人政权

---

① Atiyas and Bakış（2013）；Saygılı、Cihan and Yurtoğlu（2005）；Altuğ、Filiztekin and Pamuk（2008，第 393—430 页）。

时期的政治和经济制度的大范围变革，也严重腐蚀了普通劳动者和中小型农业生产者的力量，并且降低了他们在国民收入中的比重（Berik and Bilginsoy，1996，第37—64页）。近几十年来，东亚劳动密集型制成品的进口同样给劳动收入施加了下行压力。

我将从三个方面探究土耳其在此期间的收入分配：第一个方面，农业部门内部的收入分配状况；第二个方面，农业部门与城市经济之间的不平等；第三个方面，城市经济内部的不平等。首先需要强调的是，由于城市化，所以农业的比重持续下降，城市经济的比重在这30年中迅速上升。土耳其农业劳动力的比重在1980—2015年从50%下降至22%。在此期间，农业在GDP中的比重从25%下降至9%。换言之，虽然农业部门的内部分配在早期主导着土耳其的收入分配，但随着时间推移，农业部门与城市经济之间的差距以及城市经济内部的收入分配变得更为重要。自1980年以来的最近一个时期，农业的比重越发减小，城市经济及其内部日益加剧的不平等开始主导土耳其的收入分配。

在缺乏其他数据的情况下（特别是早期阶段的数据），土地分配是用来评估农业部门收入分配的关键指标。相对稳定在0.6左右的基尼系数表明，土耳其自20世纪60年代以来的土地分配没有显著变化。财产持有和所有权分配的不平等也没有加剧。某些中小型租户耕种大片土地，随着拖拉机和其他机械在农业生产中普及，一些小地块被整合到大农场中。近年才开展的农村家庭消费调查表明，消费分配更为平等，但我们也需要考虑这些调查的局限性。

出于政治和经济原因，自1980年以来土耳其农业部门与城市经济之间的人均收入差距大幅波动。在1980年之后的军人政权期间以及随后的厄扎尔时期，价格支持计划和政府补贴的力度大大降低，这导致农业部门和城市经济之间的人均收入差距进一步扩大。不过，在重返更具竞争性的政治体制之后，以及在2002年之前的联合政府执政期间，土耳其再次扩大了价格支持计划，农业收入有所回升。正义与发展党自 2002 年以来再次减少使用农产品价格支持计划，但是自 20 世纪 90 年代末以来，部门间贸易条件的有利变化刺激了农业部门。同样重要的是，政府对农业支持方案的紧缩导致农村人口自 90 年代中期开始向城市迁移，这防止了城乡人均收入差距的进一步加剧。然而，尽管移民流动量很大，但是城乡平均收入差距依旧比较突出。[1]

区域间严重的不平等一直是土耳其收入分配中的主要难题。直到最近几十年，私人部门主导的工业化发展仍主要集中在土耳其的西部，占国土的三分之一。市场导向型农业以及旅游业的发展也进一步推动了西部和沿海地区的进步。相比之下，占土耳其国土三分之一的东部区域除了收入较低，还缺乏由政府提供的基础设施和公共服务，而且教育和医疗资源尤其匮乏。1984 年后，土耳其东南部的库尔德人叛乱升级，导致原本已经严重的区域差距进一步恶化，给城乡之间以及东西部之间的人口迁移造成了更大压力。为躲避战争或是被迫离开村庄，许多库尔德人家庭首先迁移到了当地的城市，然后迁移到了土耳其南部和西部地区的城市。[2] 1999 年后战事的缓和有助于经济复苏，但旨在将东南地区打造成重要增长极而修建的大型能源和灌溉项目远未达到预期的效果。战争在 2015 年再度激化表明，土耳其这一地区的经济发展和区域间差距的缩小，主要取决于库尔德人问题能否得到妥善解决。

在缺乏关于 1980 年以来全时期城市经济收入分配序列数据的情况下，城市工资在城市人均 GDP 或平均收入中的比重是一个关

① Boratav（1990，第 199—229 页；2005）；Keyder and Yenal（2011，第 60—86 页）。
② Yükseker（2009，第 262—280 页）；Aydin and Emrence（2015）。

键的参考指标。现有序列数据表明，该比率在二战后的几十年里显著上升，但是自 1980 年以来不断下降，城市工资的增长一直低于城市地区平均收入的增长（见图 10.3）。虽然城市经济的实际人均 GDP 在 1980—2015 年的增幅达到近一倍，但是同期的工资购买力仅提升了不到一半。在工资收入占城市经济比重降低的大趋势下，中期波动幅度也很剧烈。在军人政权期间及日后的专制政体下，土耳其的工资购买力下降了大约 30%。在 20 世纪 80 年代末，伴随着更具竞争性的政权的建立和劳动者要求的提高，工资水平基本回升，但是由于 20 世纪 90 年代的高通胀和频发的经济危机，工资水平再次下降。自 2002 年正义与发展党执政以来，土耳其的城市工资有所提高，但是依旧远落后于城市经济中的平均收入增长。

20 世纪 90 年代有了关于土耳其收入分配的数据新来源，即作为政府机构的土耳其统计研究所开展的家庭消费调查。这些调查将其他国家的调查问卷内容应用于土耳其的家庭，并采用类似的方法处理分析调查结果。数据显示，在 21 世纪第一个 10 年，顶层 20% 群体的收入比底层 20% 群体的收入高出 8 倍。根据家庭收入的数据，土耳其统计研究所计算得出的基尼系数为 0.4，这表明土耳其近年来的家庭收入和消费分配比西欧国家更加不平等，但比墨西哥、巴西、智利等拉丁美洲国家和南非更加平等，与伊朗、葡萄牙、俄罗斯和美国大致相当。年度调查的结果还表明，在 1990 年至 20 世纪头 10 年，土耳其的收入分配不平等程度有所降低。

不过，我们在分析许多其他国家，特别是发展中国家家庭调查的结果时，需要严谨。其中一个重要原因在于，问卷调查的对象会低估总体的收入和消费支出，这一特点在高收入家庭尤其明显。最高收入家庭往往拒绝参与这类调查。事实上，越来越多的证据表明，土耳其和其他发展中国家的家庭调查并未准确统计高收入家庭的收支情况。由于近来许多研究强调，最高收入群体的比重往往是决定国家收入分配不平等程度的最关键因素，因此低估这一因素是个严重问题。现有的家庭调查结果很可能低估了土耳其的收入不平等程度。最近的研究表明，通过研究发达国家最高收入群体的年度所得税报表，可以估测这些收入在总收入中的比重。但这一方法并不适用于土耳其和许多其他发展中国家，因为高收入群体能够利用法律漏洞，而且税务报表的审计方法并不严谨。①

城市地区工资收入的比重下降，而家庭消费支出的调查结果却呈现乐观的景象，造成这一明显差异的另一种解释是政府向中低收入群体的转移支付。为解决城市地区日益加剧的贫困问题，保守派的厄扎尔总理和祖国党政府在20世纪80年代首次启动了各种转移支付计划。由于通胀率走高，宏观经济危机重复发生，加上东南部库尔德地区的武装冲突，因此土耳其的城市贫困状况在2001年经济危机期间达到了峰值。2002年以后，正义与发展党政府采取了亲市场措施以及保守的慈善方式来解决贫困问题。正义与发展党政府倾向于通过民间社会团体、地方党组织，以及由执政党控制的地方政府、宗教关系网和兄弟会等渠道向贫困家庭直接提供援助。这些援助侧重于使用非正式网络和人脉资源，而不是明确的正式计划。② 通过减少预算赤字、降低偿债和利息支出等方式，正义与发展党得以划拨出很大部分国家预算，投资于教育、医疗和基础设施建设。

---

① Palma（2011，第87—153页）；Milanovich（2016，第46—117页）；Bourguignon（2015，第47—73页）；Piketty（2014，第237—429页）。

② Buğra and Keyder（2006，第221—228页）；Buğra（2007，第33—52页）。

制度与制度变革的作用

土耳其的正式政治和经济制度乃至全球经济制度在 1980 年后发生了巨大变化。1980 年政变后的军人政权、为建立更开放包容的政治体系做出的种种努力、与欧盟的关系以及 2008 年后快速滑向威权主义，都影响了土耳其正式政治制度的形成。新时代的正式经济制度起初受到"华盛顿共识"以及市场导向型政策的影响。但 1980 年引入的新正式制度只是开端和整个图景的一部分。在后来的几年中，由于国内政治局势和权力分配格局的变化，土耳其在新时代下的正式政治和经济制度也随之变化和演进。此外，新时期正式制度的大范围变革并没有取代非正式制度，而是继续与之共存并相互影响。事实上，在这几十年中，非正式制度在城乡政治和经济发展以及国家干预主义政策中都发挥了关键作用。因此，为了更细致地评估自 1980 年以来制度在经济发展中的作用、新制度是如何出现的，以及它们如何促进或阻碍长期经济发展等问题，我们必须探究正式和非正式制度及其与国内政治和不断变化的权力分配之间的相互作用。

自 1950 年转向多党政治体制以来，土耳其的民主制度和政治体制始终面临着高压。1960 年和 1971 年的军事政变使武装部队掌握了政权，并在诸多问题上持有否决权。1980 年的政变进一步加强了军方的势力。1982 年颁布的宪法对思想自由和结社自由加以限制，给此后长达数十年的政治制度蒙上了重重阴影。军人政权禁止 20 世纪 70 年代的杰出政客重返政坛，也引起了政局的极大动荡。因此，20 世纪 90 年代的土耳其见证了一系列短暂的联合政府，中右翼和中左翼政党主要与政治光谱上同一站位的政党相争，而不是与不同政治派别的政党对抗。军人政权对主要政党的反复破坏推动了伊斯兰党派的崛起，巩固了有伊斯兰背景的正义与发展党在 2002 年的统治。尽管民间社会组织日益壮大，但各个政党的内部结构和内部运作在 1980 年后禁止和限制的大环境下仍然显示出等级制的特征。党内民主毫无进展，政党领导人凭借成文和不成文规则继续稳操大权。1999—2005 年，当土耳其被正式接受为欧盟候选国时，各政治派别赞同对 1982 年的宪法做出重大修正，这使土耳其的政治制度实现了重大进步，而且扩大了政治权利和公民权利，包括库尔德少数民族的一些基本权利。但各党派对新宪法的共识并不持久。在欧盟撤回土耳其入盟的承诺后，土耳其的政局开始不断恶化。正义与发展党的统治变得越发专权，尤其是在 2010 年击溃军队、掌控司法系统之后。

库尔德人约占土耳其总人口的 15%，大多居住在东南部，1980 年以后的军人政权对库尔德人群体尤为残暴。作为应对，武装组织库尔德工人党自 1984 年以来一直在战斗，有时要求实现自治，有时要求实现独立。库尔德民族主义的历史根源和自治诉求可以追溯到 19 世纪的奥斯曼集权运动。一战结束后，库尔德人为建立一个新的土耳其民族国家做出了重大贡献，但是他们在战间期为获得更多自治权而呼吁时，却遭到了政府的暴力镇压。库尔德人的各政党自 20 世纪 80 年代以来开始在议会中委派代表，对抗的激烈程度在不断变化，但从未完全平息。由于许多库尔德人在 20 世纪 90 年代被迫流亡，加上暴力蔓延至其他城市，所以军事冲突严重危害了土耳其东南部的城乡地区乃至全国的经济。与库尔德工人党长达 30 年的战争导致双方近 4 万人死亡，且给国家带来了沉重的财政负担（Kirişci and Winrow，1997；Aydın and Emrence，2015）。

自 1980 年以来，国际势力和国际机构在土耳其正式经济制度的形成中发挥了重要作用。采取"华盛顿共识"原则以及新的经济政策和制度出现过两股大潮。决定 1980 年第一波浪潮和 2001 年第二波浪潮时机的，不是全球发展趋势，而是土耳其国内的政治和经济危机。每一轮新政策和经济制度都是在严重的经济危机时期在 IMF 的支持下采纳的。贸易自由化、重点发展出口、新汇率政策、资本账户自由化、私有化以及其他新的政策和制度，都对长期经济增长和收入分配产生了重要影响。

但是，正式制度的初期变革只是故事的一部分。新的政策和制度如何与既有制度以及国内政治相互作用，往往是了解制度变化的方式和程度，以及了解新制度如何产生的关键所在。两股浪潮的最终效果都和起初的设想大不相同。此外，执行新制度和政策产生的利益分配并不总与既有的权力分配一致。因此，在许多情况下，包括新政府和中央官僚机构在内的权势团体会抵抗制度改革并变相施压，以确保制度的运行偏离原先设定的目标。在这种情况下，问题不仅在于政府的能力羸弱，而且与新制度与社会基本的权力平衡不一致有关。

在新政策中，贸易自由化、注重发展出口以及取消对国际资本流动的限制等内容在 1980 年后基本没有改变。经济政策在理论层面与实践中最大的差别或许在于政府在经济中的角色。市场导向型经济政策本应减少政府对经济的干预，但是三十多年过去后，政府在经济发展中的角色依然强势。虽然政府与私人部门之间的关系发生了一些重要变化，但政府在挑选新时代的经济赢家方面依然紧握着话语权与裁量权。

在进口替代工业化时代的干预主义模式中，政府在经济中发挥着核心作用，配置外汇等稀缺资源，挑选经济发展中的赢家。20 世纪 70 年代贸易保护主义和激励制度的终止，以及政府和私人部门之间"零售关系"（retail relations）的出现曾引发广泛批评，但政府在当时强调这是采取进口替代工业化模式的必然结果。

1980 年采纳"华盛顿共识"的政策后，政府宣称自己将减少对经济的干预，退出过去的干预主义角色。在新模式下，许多支持工业活动的进口替代工业化措施（包括针对行业制定的政策）确实被缩减或取消了。政府也在很大程度上取消了贸易壁垒和对国际资本流动的控制。

新政策在实际执行过程中却是另一番景象。中央和地方政府在决定补贴对象、税收减免以及公共部门合约方面的影响力实际上并没有减少。许多早期使用的非正式制度在 1980 年后继续被用来支持私人部门和照顾与政府关系密切的利益团体。此外，即便在一些最激进的决策上，厄扎尔总理也经常仓促行动，对新政策所需的法律和制度基础设施未做太多考虑。由于新的经济政策没有考虑长期规则，因此在执行过程中更常见的是个人决断和武断行为，而不是长期的有效规则。个人风格决定管理方法，政策方向反复无常。在决策过程中，短期政治需求被摆在首位。军人政权打压下的政客在 1987 年重返政坛后，厄扎尔放弃了他的改革路线和创新精神，为保住政权而采取最典型的短期措施。这一时期的武断行为和个人决断以及给予偏袒和特权的举动，都为 20 世纪90 年代的政局动荡和财政纪律崩溃埋下了伏笔（Öniş，2004，第113—134 页）。

尽管理论上政府干预主义的影响力已经减少，而且早期的一些政府支持措施已经淡出视线，但事实上，政府仍在支持私人部门，在挑选新时期的经济赢家中举足轻重。虽然贸易保护主义和对稀缺外汇的分配（即政府在前期慷慨相赠的利益）已不复存在，但公共部门银行的低息信贷、各种免税和补贴政策依然存在。私有化拍卖、从中央和地方政府拿下基础设施项目和公共采购合同，仍是新时代的主要利益机制。

2001 年经济危机后制定的新政策方案体现了土耳其新经济政

策的第二个阶段。除了财政纪律之外，该方案还构想了市场与政府之间的新分工模式，至少理论上如此。对具体市场的监督与管理权下放给了独立于政府的新设机构。[①] 在早期，当土耳其对加入欧盟跃跃欲试时，正义与发展党政府选择奉行基于规则的模式，并且避免在商业集团间的徇私偏向。经济政策和政策的实施对私人部门的所有团体都一视同仁。政府也没有干涉 2001 年方案的制度化规定（Atiyas，2012，第 57—81 页）。

但是，正义与发展党在 2007 年选举后开始巩固政权，逐渐摒弃了支持整个私人部门的经济政策，转而采取更多歧视性的政策措施。虽然财政纪律仍被视为经济政策的核心元素，但政府开始打击并摧毁在 2001 年政策方案下设立的监管机构的独立性，最终控制了它们。在威权主义越发浓厚、根据党派身份任命官员、以更多的政府合同作为奖励以及基于政治派别的其他支持形式下，紧跟执政党的重要性变得不证自明。实际上，提拔一批忠于执政党的保守派商人成为正义与发展党的头等大事。[②]

因此，在由地方和中央政府发起的投标以及公共和私人银行的信贷发放中，跟正义与发展党来往密切的保守派商业团体都开

① Öniş and Şenses（2005，第 263—290 页）；Sönmez（2011）。

② 制度的内容和质量的大致变化轨迹与各个国际组织的调查和评价相一致。旨在衡量政治和经济制度质量的国际指数指出，土耳其近几十年来的表现略低于发展中国家的平均水平。在大多数此类指数中，土耳其的得分和国际排名从 20 世纪 90 年代到 21 世纪头 10 年后期有所提高，但是自此以后，这些得分和国际排名明显下降。自由之家（2016）编制的 2016 年最新指数显示，继中非共和国之后，土耳其在过去 10 年中的基本自由权恶化程度排名第二。另见经济学人智库编制的民主指数、自由之家编制的自由指数、世界银行编制的世界治理指数、世界正义工程编制的法治指数、透明国际组织编制的腐败印象指数、世界经济论坛编制的竞争力指数。其中许多指数的组成部分提供了更多的分数和排名。

始享受特殊待遇。在此期间，政府对公共部门银行及其发放信贷的影响力有所增强。换言之，在新自由主义政策时代，土耳其的国家干预行为名义上有所减少，但实际上，政府对于何人将从经济中以何种方式获利的决定权并未削弱。事实上，中央政府和地方当局在经济发展中挑选赢家的作用与日俱增。土耳其上下对于中央和地方政府将投标指定给政治盟友的操作都心知肚明。但与历届政府相比，正义与发展党的执政时间更长，这导致政府与新的商业团体之间形成了更为广泛的关系。[1]

在解决不同社会群体间的集体行动问题、提升追求共同利益的能力方面，制度也发挥着关键作用。处理合作、组织以及解决冲突过程的制度对于社会行为主体有效维护其自身利益同样不可或缺。然而，制度既能促进也能阻碍不同社会行动主体的凝聚力和能力。尤其是二战结束以来，土耳其的私人部门在管理和捍卫集体利益方面的表现时好时坏。不同规模的团体、世俗派与保守派间的分歧，以及这些小团体谋求私利的特点都会阻碍集体行动。这些分歧往往导致不同群体难以协商与合作。因此，围绕非正式关系网组织起来的个体和小团体的利益往往优先于更大的集体利益。[2]

随着政治和社会的两极分化日益严重，私人部门内部的分歧也有所加深。私人部门内部的分裂，与政治有关的大企业和小公司之间的分裂，以及社会偏好方面的分歧，都有增无减。1971 年成立的第一个私人部门志愿性组织"土耳其工商业协会"主要由巨头企业集团的所有者和管理者组成。但土耳其工商业协会缺乏为成员制定和执行与公共部门互动规则的能力。政客和资

---

① Atiyas（2012，第57—81页）；Buğra and Savaşkan（2014，第76—176页）。

② Bianchi（1984）；Heper（1991）；Biddle and Milor（1997，第277—309页）。

源丰富的大型商业集团并不信任多元化的渠道，而是更偏好特定的庇护关系。

昔日备受青睐的大型企业中的世俗派精英被淘汰出局，和正义与发展党关系密切的新兴保守派团体则从政府的支持中获利颇丰。自20世纪90年代起，诸如土耳其工商企业家协会和后来的土耳其工商业联合会这样的新雇主协会在保守的商业团体中扮演了与之前的土耳其工商业协会相同的角色，后者自20世纪70年代以来一直是大型商业团体的保护伞。作为新的保守派商人协会，土耳其工商企业家协会因为会员获得了关于政府项目的内部照顾而日益壮大。在这样的环境下，企业蓬勃发展依靠的是特殊关系而非规则化的政府支持，便不足为奇。[1]

技术含量较高的产业在这种情况下往往发展不力。个人和公司普遍认为，利用各种资源、密切关注政府动向并寻得好处才是可取之策，而不太需要投资于教育、技能和技术，以提高自身在国内和国际市场的竞争力。此举自然带来了一定程度的经济增长，但是在这种模式下实现的经济增长也有局限性。

与早期阶段相比，工业化阶段后期需要一种不同形式的国家干预主义，以及公共和私人部门之间不同的互动模式。工业化阶段后期更加重视技能，技术含量更高，至少有一些创新的元素，而且有更高的附加值。因此这一阶段的公共和私人需要提升实力、凝聚力和组织能力，加强协调与合作，并增进两个部门间的信息共享程度。公共和私人部门之间的互动需要更有力、更妥善的制度支持。同样，政府对制造商的支持需要更加认真挑选，而且应更多地支持特定的商业活动，而不是特定的企业。受过良好教育、技能更高的劳动力也是一个重要条件。由于缺乏基于规则的干预

---

① Buğra（1998a，第521—539页）；Buğra and Savaşkan（2014，第109—149页）。

主义，加上公共和私人部门之间的互动渠道并不正规，导致投资和产出的质量不佳，全要素生产率的增长率仍然很低。换言之，虽然国家干预主义促进了土耳其的粗放式增长，但它在实现集约式增长方面的表现欠佳。

正式与非正式制度的相互作用

1980年后，随着农村人口向城市迁移的速度加快，许多非正式关系网和权力关系在城市地区继续蓬勃发展。同上一时期的情况相同，庇护关系、宗教和地区关系网以及许多其他非正式制度进一步发展，与正式制度互相作用，并在城市地区创立起新制度。这些非正式关系对保障城市新移民的住房、公共服务和就业起到了关键作用。非正式关系还在城市地区迅猛发展的私人部门商业活动中发挥了突出作用。随着新移民的政治组织增多和政治权力提升，非正式关系网的作用和权力也扩大了。举例来说，如果要从地方甚至中央政府拿下中小型项目合同，那么这些关系网的支持便是宝贵的资源（Erder，1999，第161—172页）。

随着城市化程度的提高和竞争性政治体制的延续，庇护关系网也在城市地区蔓延开来。政治庇护回应了贫困群体，特别是城市新移民群体的政治诉求，而且在短期内促进了经济发展。但庇护关系的影响力和持续性也阻碍了更有效制度的出现与发展。所有党派都试图利用恩庇政治，但有些政党的利用方式更有成效。正义与发展党尤其擅长在城市新移民中扩张非正式关系网。基金会、市政机关、民间社会组织、地方性党组织连同政府裙带下的慈善组织联合起来向选民提供实物援助，取代了1980年之前的宏观民粹主义模式。此外，正义与发展党还针对低收入群体和贫困人群制定了教育、医疗和公共住房方案（Sayarı，2014，第660—663页）。

地方主义的关系网与由宗教种族群体，如逊尼派、阿拉维派和库尔德人组成的关系网有重合之处。阶级背景混杂的关系网反映了新兴都市人的需求和不满，他们饱经各种不平等，尤其是在获得公共服务方面。当地方和中央政府在 20 世纪 80 年代开始向他们提供项目合同时，利用宗教关系网来实现经济目标的情形开始增加。宗教关系网中的成员不会将社交范围框定在同一个人脉圈中。然而，身处共同的关系网确实会萌生信任感，更加容易建立经济关系。经过一段时间后，在获得由地方和中央政府发起的投标以及信用关系方面，关系网的优势显著发挥出来。相比之下，尤其在小地方，未参与这些关系网的个人和公司更加难以生存。

然而，并非所有关系网在这场竞争中都能获得成功。阿拉维派和库尔德人的组织和关系网通常遭到排斥，或者不占上风。即使他们控制着一些地方政府，但是并没有同样的渠道接触中央政府。相比之下，逊尼派团体在与中央和地方政府开展利益来往时通常更成功。伊斯兰政党在大众中有更强的组织动员能力。非正式关系网在正义与发展党上台执政过程中发挥了至关重要的作用。许多创建正义与发展党的政客都出身于这些团体和关系网。自正义与发展党执政的第一年起，基于兄弟会和宗教群体的关系网便在经济中显得更加突出。某些宗教关系网建立了自己的控股公司，而且开始涉及大量的企业、银行、媒体公司、基金会甚至工会，因此在正义与发展党时代它们越发走向正规化。其中葛兰的关系网最为强大，在 2013 年爆发与执政党激烈的权力斗争之前，葛兰派一直是正义与发展党最强大的盟友。

经济发展、城市化和环境问题

自 20 世纪 60 年代起，随着经济增长以及快速的工业化和城市化，土耳其的环境问题开始恶化。生态系统的威胁不只来自城市化和工业部门。农业中大量使用化学品和杀虫剂、地表水和地下水源受到污染、土壤污染和侵蚀、过度用水造成的盐碱化、滥伐森林（或森林开发）、生物多样性减少、旅游部门不重视自然和环境、以化石燃料为基础的能源政策，以及飙升的温室气体排放量，都导致环境问题年年恶化。虽然使用天然气在很大程度上缓解了已经非常严峻的空气污染问题，特别是在城市地区，但这个问题在工业生产集中的地区仍然突出。[①]

部分迫于国际机构的压力，土耳其就环境问题制定了全面而详细的法律，并在20世纪70年代建立了一个庞大的全国性管理机构。但是，这些正式制度本身无法运行，而是需要与其他正式和非正式制度以及利益和权力关系相互作用。地方和中央政府对这些法律的执行基本上漠不关心。随着经济增长的回升，加上正义与发展党启动了大型基础设施和其他建设项目，城市和乡村的环境问题都变得越发严峻。由于正义与发展党在这些环境冲突中力挺经济增长和私人部门，因此环境问题进一步恶化。正义与发展党后来日益威权主义的倾向也体现在环境问题上。正义与发展党不曾尝试以谈判和让步的方式来处理环境问题，而是选择修订有碍党派利益的法律内容。为减少对私人部门的控制和清除私人部门发展的障碍、为打压反对基础设施和商业投资项目的声音，安卡拉上收各地方政府和当地机关的各种权力。在国际谈判中，面对主张开展气候变化国际合作和设定国家排放指标的《京都议定书》，土耳其政府并未给予支持，而是尽可能地避而远之。直至四年后，土耳其才作为第185位参与国于2009年签署了《京都

---

① Adaman and Arsel（2005，第1—11页，第293—298页）；Aksoy（2005）；Adaman、Akbulut and Arsel（2017）。

议定书》。①

国际指数和国际比较表明，由于政府投资基础设施，因此土耳其近年来在"环境卫生"项下取得了一些进步，如清洁水源、空气污染减少、卫生清洁、垃圾管理和废弃物处理。但国际指数还显示，土耳其在生物多样性、生态系统保护、农业部门投入和技术对环境的影响以及发展清洁和可再生能源的国际排名明显倒退。在河流上修建众多水坝、大型能源项目和旅游投资给大自然造成的破坏，以及对保护区的沼泽和沿海地区的破坏，是土耳其在国际环境排名中落后的主要原因。在耶鲁大学编制的 2016 年环境绩效指数（Environmental Performance Index）中，土耳其在 180 个国家中排名第 99 位（EPI，2016）。

另一个重要问题涉及二战结束以来，快速的城市化和经济增长带来的城市土地征用和租金问题。由于特殊的历史原因，特别是城市地区大量闲置的国有土地，导致土耳其在二战后几十年内对城市新移民的住房问题有自成一体的解决方案。新移民在国有土地上建造私人住房，并最终获得了对这些土地的正式产权，而且为快速扩张的社区向地方政府争取基础设施和其他公共服务。因此，大部分人口能够在城市土地租金和不断增长的经济蛋糕中至少获得少量份额。用于棚屋建设的闲置国有土地在 1980 年后的几十年里已经趋于枯竭，经政府允许，棚屋主人可以在他们的地块上修建更大的建筑。因此，城市租金被中小型建筑公司和当地居民共同分享。关于城市规划和建设的正式规则虽然存在，但通常未被执行，只是周期性地调整以迎合不断变化的环境。中央和地方政府对这些法律的执行基本上漠不关心。正式制度在该环境

---

① Adaman and Arsel（2005，第 1—11 页，第 293—298 页）；Adaman、Akbulut and Arsel（2017）。

下往往无法独立运行，而是与其他正式和非正式制度以及利益和权力关系相互影响。①

自 2002 年以来，正义与发展党将城市租金的组织和分配模式提升至新的高度。在 1984 年为建造低成本住房而设立的公共住房管理局是一个国家机构，而且在正义与发展党时代被立法赋予了额外的权限。公共住房管理局利用公共土地，或用公共土地置换昂贵的私人土地来开发建设住房，因此它的业务迅速扩大，也越发不透明。法律法规和分区规划经常发生变化，地方政府和地方机构的其他监管权力也被移交给了安卡拉的中央政府和相关机构。公共住房管理局与政府裙带下的大中型建筑集团合作，在 2015 年之前主要针对中高收入群体建设了 50 多万套住房。因此，城市建设成为与政府关系密切的商业团体大发其财的最热门途径。政府与建筑公司之间普遍存在庇护关系网。与政府关系欠佳的商业团体则无缘参与这些项目。②

人类发展状况

二战后出生时预期寿命和受教育年限的激增在 1980 年后仍在继续。二战后几十年中，出生时预期寿命以每两年提升一岁的速度增长，此后直到 2015 年持续以同样的速度增长，从 1980 年的 59 岁（女性 61 岁，男性 57 岁）上升到 2015 年的 76 岁（女性 79 岁，男性 73 岁）。婴儿死亡率的持续下降，特别是农村地区，在预期寿命的这一增长趋势中发挥了重要作用。土耳其全国范围内的婴儿死亡率从 1980 年的 12.5% 下降

---

① Karpat（1976）；Öncü（1988，第 38—64 页）；Buğra（1998b，第 303—317 页）。
② Keyder（1999）；Buğra and Savaşkan（2014，第 81—95 页，第 109—149 页）。

到 2015 年的 1.2%。所有年龄段的成人死亡率也在继续下降（见表 12.2）。土耳其已经从一个主要由婴幼儿死于传染病导致的高死亡率国家，逐渐走向一个大多死亡是由患心血管病和癌症等慢性病的老年人构成的社会。由于婴儿死亡率已下降至较低水平，预期寿命的提升将逐渐趋缓，未来几十年中成人死亡率的下降将成为决定预期寿命的关键（Deaton，2013，第 218—267 页）。经济增长、国家预算中用于医疗的比重增加、城市化、知识水平和医疗措施的改善，以及与这些趋势相关的政府能力的提高，共同促成了这一成果。

与此同时，百姓获得医保的机会仍然不均，各年龄段之间、城乡之间、不同区域之间以及贫富群体之间的预期寿命增长也不平衡。在二战后的几十年中，城市地区和西部较发达地区的婴儿

表 12.2 1980—2015 年土耳其的经济与社会基本指标

	1980	2015
人口（百万）	44.7	79.0
城市化率（%）	44	78
出生时预期寿命（岁）	59（男：57；女：61）	76（男：73；女：79）
识字率（%）	68（男：80；女：55）	94（男：98；女：90）
15 岁以上成年人口平均受教育年限	4.2	7.8
农业劳动力比重（%）	50	22
农业在 GDP 中的比重（%）	25	9
制造业在 GDP 中的比重（%）	17	22
出口/GDP（%）	4	15
进口/GDP（%）	11	23
投资/GDP（%）	22	20
中央政府收入/GDP（%）	13	23

资料来源：土耳其统计研究所（2014，2016）。

死亡率下降最快，预期寿命增长最迅速。自1980年以来，土耳其东部和东南部的农村地区和欠发达地区也奋力追赶。此外，农村人口向城市迁移也促进了全国平均婴儿死亡率的降低。然而，在以库尔德人口为主的东南部农村地区，婴儿和成人死亡率居高不下，那里的人均收入和教育水平，特别是农村女性的受教育水平，远远落后于全国平均水平。超过三分之一的人口，特别是农村地区的人口，其中大多数为穷人和失业者，几乎无法获得医疗服务。那些到医务人员和资源有限的公共部门医院就诊的病人往往要等待很久，而且只能得到不尽如人意的服务。正义与发展党在2003年发起的医疗保障方案覆盖了广泛的低收入人群，使他们更容易获得医疗服务。尽管新的体制没有显著改善医疗质量，但为正义与发展党赢得了民心，尤其得到了城市地区穷人和低收入群体的支持（Yılmaz，2017，第149—166页）。

自1950年以来，人多数发展中国家的出生时预期寿命均显著提升。事实上，由于发展中国家婴儿死亡率下降大于发达国家成人死亡率下降带来的预期寿命增加，因此不仅是土耳其，除了撒哈拉以南非洲地区的所有发展中国家的预期寿命都开始与发达国家的水平趋同。就人均GDP水平而言，二战后土耳其的出生时预期寿命略低于人均GDP对应的水平（Zijdeman and de Silva，2014，第106—112页）。然而，自1980年以来的几十年中，土耳其的预期寿命增长略高于其人均GDP增长对应的水平。早期较高的婴儿死亡率以及自1980年以来婴儿死亡率下降可能是造成这一状况的主要原因。

1980年后，土耳其的受教育年限和毕业率等教育基本指标继续缓慢上升。早期教育中显著的性别不平等也开始不断缓和。但是，由于投入教育的资源增长缓慢，而且许多相关制度依然在延续，所以在衡量教育投入以及阅读和数学成绩等教育成果的基本指标方面，土耳其继续落后于同等人均 GDP 水平的其他发展中国家。

1980—2015 年，土耳其的男性识字率从 80% 提升到 98%，女性识字率从 55% 提升到 90%（见表 12.2）。学龄人口和总人口的入学率以及毕业率也有所提升。截至 2015 年，土耳其相关年龄段的几乎所有人口都入读了小学，60% 的人进入高中，约 28% 的人接受了高等教育，而在 1980 年前后，相应年龄组中只有 22% 的人口高中毕业，约 6% 的人从四年制大学毕业。15 岁以上成人接受正规教育的平均年限在 1980—2015 年从大约 4.2 年提升至 7.8 年。而在同一时期，世界平均受教育年限从 5.3 年提升为 8.0 年，土耳其的平均受教育程度不仅远远落后于发达国家，而且远远落后于东欧国家、拉丁美洲国家和中国，与东南亚国家的平均水平大致相同，但高于埃及、印度和撒哈拉以南非洲国家（van Leeuwens and van Leeuwen-Li，2014，第 87—97 页）。

不幸的是，教育方面的证据大部分是关于投入量的，如受教育年限和毕业率，而不是学生实际的学习效果。因此，我们并不了解学校教学质量的变化。不过 OECD 的国际学生评估项目（PISA）测试的阅读和数学分数可以作为土耳其近年来有关教育结果的证据。这些测试表明，土耳其学生的分数不仅落后于高收入国家的学生，而且落后于收入水平相似的发展中国家的学生。换言之，虽然教育投入在不断增加，而且有更多的人在各级教育上接受了更长时间的学校教育，但土耳其的教育成果改善并不显著（OECD，2015）。

造成这种状况的一个重要原因是土耳其的教育投资率比其他国家更低。土耳其公立和私人教育投资在 GDP 中的比重从 1980 年的大约 1.5% 小幅增长到 2015 年的大约 3%，但该比例远远低于发达国家以及人均收入水平相似的其他发展中国家的水平。教育成果不佳和技能提升缓慢的另一个原因是强调数量，如教室和入学人数，但缺乏基于教学质量和结果的方略。随着伊斯兰政党的崛起以及政治和社会两极分化的加剧，教育系统被视为意识形态斗争的战场，近几十年来各级课程也时常发生变化。2010年后，正义与发展党政府进行了几次系统性的调整，推行彻底的改革，并将教育体系伊斯兰化，执政党在小学和中学阶段的科学、社会科学和人文学科中引入了更多伊斯兰教的内容。

此外，新增学校的数量分布自1980年以来也不均衡。受教育水平仍然存在城乡、区域、性别以及收入差异。虽然农村人口的平均受教育年限有所提升，但城市地区的受教育年限提高更快。土耳其西部和沿海地区受教育年限的提高速度也比东部和东南部更快。此外，城乡之间、较发达与欠发达地区之间、不同收入群体之间的教育质量差距依然存在，甚至有所加剧，这进一步恶化了区域间不平等。较年轻和受教育程度较高的人口从农村向城市地区迁移，导致农村留守居民的平均年龄上升，这进一步拉大了城乡之间的教育差距。留在农村地区的人口往往年龄偏大，受教育程度较低。相比之下，人口中受教育程度最高的群体通常集中在城市地区，特别是在大都市。[①]

量化指标还表明，早前普遍的性别不平等自1980年以来开始缩小，其他发展中国家同样呈现这一趋势。在1980—2015年间，小学女生人数从男生人数的80%增加到同等水平。更令人注目的是，高中女生人数从男生人数的32%增加到85%，大学毕业生中女生人数从男生人数的32%增加到90%以上。因此，在1980—2015年间，所有成年女性的平均受教育年限从男性平均受教育年

---

① Tansel and Güngör（1997，第541—547页）；Kırdar and Saracoglu（2008，第545—566页）；Kırdar（2009，第297—333页）。

限的60%增加到85%。换言之，青年人口教育中的性别差距已显著缩小，但在中老年人口中仍然存在。在农村地区、欠发达的东部和东南部地区以及低收入家庭，学校教育方面的性别差距也持续存在，这些差距仍然是导致较高婴儿死亡率的一个重要原因（Tansel，2002，第455—470页）。

收入差距也会导致教育机会的不平等，接受良好教育的机会仍然取决于收入水平。在二战后的几十年里，当政府的教育开支较少时，那些能够接受小学以上教育的人大多属于城市地区的中高收入群体。尽管如此，公共教育仍然为农村人口和城市中低等收入群体的社会流动性提供了有效途径。自1980年以来，投入教育的公共和私人支出不断上升，接受小学以上教育的人数也在迅速增加。但近几十年来，教育需求的增长速度比分配给公共教育的资源增长速度更快。居民家庭开始用私人开支来补充公共机构提供的教育费用，并通过私立预科学校，期望以此获得在公立大学受教育的机会。因此，各收入群体的教育支出开始迅速分化。据估计，近几十年来，收入最高20%家庭的教育开支是次高20%家庭的3倍，是底层20%家庭的13倍。公共教育支出的缓慢增长和私人教育投资的差距日益扩大，导致获得优质教育的机会日益不平等，这反过来降低了教育在弥合代际收入不平等方面的作用（Tansel，2002，第455—470页）。

联合国编制的人类发展指数为土耳其近几十年来的人类发展表现提供了更多参考。这些指数表明，土耳其在医疗和教育方面都有所改善，但仍落后于同等人均GDP水平的其他国家。1980年，在人均GDP排名中，土耳其在124个国家中排名第55位，但在187个国家的医疗卫生中排名第129位，在140个国家的教育中排名第100位。在1980年的人类发展排名中，土耳其在107个国家中位居第64位，其中综合了人均GDP、医疗和教育等指标。2010 年的计算和排名大体相当。在人均 GDP 排名中，土耳其在 187 个国家中位居第 70 位，但在 187 个国家的医疗和教育排名分别为第 80 位和第 120 位。在 2010 年人类发展指数排名的 187 个国家中，土耳其位居第 94 位（见表 2.2）。

1980—2010 年，土耳其在人类发展方面的国际排名有所提高，这主要是因为相对于土耳其人均收入水平来说过高的婴儿死亡率在迅速下降，从而提高了土耳其在医疗健康方面的排名。但土耳其在教育方面的排名并无明显改善。教育排名低的一个重要原因是性别不平等。尽管近几十年来女性在各级教育中的入学率显著提升，但成年人口受教育水平的总体性别差距仍然很大。教育的区域不平等也相当显著，库尔德人居多的东南部地区的医疗和教育以及人均收入水平低，是导致土耳其在医疗和教育方面排名低迷的另一个重要原因。联合国开发计划署最近为土耳其编制的一份国家报告显示，在 81 个省中，位于土耳其西部和西北部的最发达的 10 个省（包括伊斯坦布尔）的人类发展指数接近东欧和中欧国家的水平（如克罗地亚和斯洛伐克）。相比之下，土耳其东南部库尔德人居多的最贫穷的 10 个省的平均人类发展指数接近同年摩洛哥和印度的水平（UNDP, 2004）。

性别不平等

土耳其的性别不平等体现在政治、社会以及经济的各个层面。例如，除了医疗和教育方面的不平等，联合国编制的性别平等指数还注重中央和地方议会以及其他公职人员中男女不平等指数的问题。在 2010 年联合国性别不平等指数的排名中，土耳其在 146 个国家中排名第 77 位。与人类发展指数一样，这表明土耳其落后于同一收入群组中其他国家的平均水平（UNDP, 2011）。

性别不平等如同其他不平等问题一样年深月久。我在本书中早就指出，教育方面的性别不平等可以追溯到很久以前。女性，特别是穆斯林女性的识字率和受教育率一直很低，19世纪时仍不足5%。截至1950年，当男性识字率上升至47%时，女性识字率仅为19%。女性识字率在20世纪下半叶上升，并在2015年达到90%。但各级教育中严重的性别不平等仍延续至今。1950年时，小学毕业生女生人数占男生人数的60%，同一比例在高中和大学毕业生中只有25%。到1980年，小学毕业中女生人数达到男生人数的80%以上，但这一比例在高中和大学毕业生中仍处于30%左右。毫无疑问，学校教育性别差距大多出现在农村地区和城市的低收入家庭。然而近几十年来，小学生的性别比例接近均等，如今高中毕业的女生人数占男生人数的80%以上，大学毕业的女生人数达到男生人数的90%以上（Tansel，2001；2002，第455—470页）。

在19世纪前，女性很少在外求职。随着19世纪市场化生产开始普及，城市地区中更多女性开始在外工作。她们被视为廉价劳动力，主要从事季节性工作，而且工资也远低于男性（Quataert，1993b，第255—270页）。直到20世纪下半叶，男女劳动参与率的差异都比较有限，因为大多数女性投身于农业工作。随着二战后农村人口快速向城市迁移，女性的劳动参与率开始下降。大多数搬到城市地区的女性都深居简出，只有一小部分女性外出工作。因此，近几十年来，女性在城市经济中较低的劳动参与率已成为土耳其性别不平等最显著的表现之一。到1990年，城市中仅有不到20%的女性外出工作。到2010年，城市中男性的劳动参与率为70%，而女性的劳动参与率仅为30%（见图12.3）。

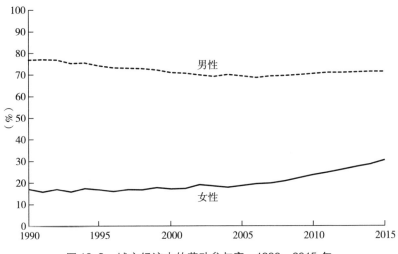

图 12.3　城市经济中的劳动参与率，1990—2015 年

资料来源：土耳其统计研究所（2014）的官方序列数据。

　　土耳其女性的劳动参与率不仅低于欧洲国家，甚至不及穆斯林人口居多的中东国家。女性劳动参与率低不应只被解读为个人选择。来自家庭的一些障碍以及其他因素导致女性没能更多地外出工作。还有一些家庭以外的因素，包括土耳其就业形势实际上并不乐观，近几十年来的城市失业率一直高于10%，而且中央和地方各级政府在支持女性就业方面的努力不足。此外，这些障碍的分布和就业机会的分布并不均衡。接受高等教育的女性明显有更高的劳动参与率。随着受教育水平下降，劳动参与率也随之下降（White，1994）。

　　制度还严重影响了性别不平等与其他不平等的迁延不愈。此外，昔日的不平等强化了正在造成并复制既有不平等的制度，而既有的不平等为未来的不平等铺平了道路。制度是重要的，但正式制度只是其中的一部分。正式制度通常不会单独运行，而是与其他正式和非正式制度相互作用。此外，一些正式制度的变化非常迅速，而另一些制度的变化则比较缓慢。改革如何与其他制度相互影响并彼此磨合，往往决定着最终结果。受过良好教育的城市女性一直在组织和争取女性权利，自 1908 年土耳其青年革命以来，土耳其政府一直在采取法律手段来解决性别不平等问题。1913 年，土耳其将女性的基础教育设为义务教育。更多的公立学校、一些公务员领域以及专业领域开始向城市中产阶级女性开放。1930 年，土耳其世俗化的领导人授予女性参加市政选举的权利。女性在 1934 年获得了国民议会的选举权和被选举权。在战间期和二战后，受过教育的城市女性从事职业活动的参与率显著提高（Arat，2008，第 388—418 页）。然而，正式的政治权利和其他权利向农村地区的传播速度缓慢。男女在识字率、受教育率以及就业机会方面仍存在很大差距，特别是在农村地区。随着二战后农村人口快速涌向城市，这些性别不平等导致城市地区既有的不平等进一步加剧。

性别不平等不仅造成了如今的不平等局面，而且妨碍了很大部分人口发展个人技能，从而阻碍了经济发展。土耳其的很大部分人口对经济的贡献因此被局限在家庭活动的范围内。随着女性的受教育程度上升，特别是就业岗位迅速增加，城市女性有望大量外出工作。事实上，现有数据表明，这种尚显微弱的趋势已经出现。尽管如此，男女劳动参与率的差异目前依旧非常大（见图 12.3）。

第十三章 结语

世界大部分国家在过去两个世纪实现了人均收入的巨幅增长和人类发展的巨大进步。在此期间，土耳其在经济增长和人类发展方面的整体表现仅略高于发展中国家以及全球平均水平。本书首次在全球比较的框架下分析土耳其的成就。我尝试通过研究直接原因和深层原因，来探究土耳其在经济增长和人类发展方面的表现未能显著高于全球平均水平的缘由。其中有些答案也许与土耳其的特殊境况有关，还有一些原因可能与许多其他发展中国家类似。

1820 年以来的经济发展概览

数千年来，全世界的人均产出和人均收入水平一直很低。即便一个社会能够提升人均收入水平，也无法长期维持这种进步。随着 18 世纪下半叶的工业革命，全球局势发生了巨变。自那时起，经济增长成为决定各国贫富水平的核心要素。本书运用全球比较的框架研究了土耳其过去两个世纪的经济增长和人类发展。我以绝对和相对标准检验了土耳其在经济增长和人类发展方面的表现，并尝试探究其中的原因。

如我所述，在过去两个世纪里，土耳其在本书界定的四个阶段中的经济增长率均与世界整体平均水平相近。自 1820 年以来，今土耳其境内的人均 GDP 增长了大约 15 倍。1950 年之前和之后的经济增长率有很大差异。直到1950年，土耳其人均收入的长期增长率一直低于1%。虽然这一成绩略高于发展中国家整体的平均水平，但与发达国家的差距在明显扩大。导致这种状况的最根本原因在于，当西欧和北美地区快速发展工业化时，土耳其与大部分发展中国家仍处于农耕状态。土耳其在20世纪30年代经历了迅猛的工业化和快速的经济增长，但这些成果在二战期间及战后被逆转。

与大多数发展中国家的情况类似，土耳其自二战结束以来的长期增长率显著提高。随着城市化和工业化的不断推进，土耳其在1950—2015年的人均收入年增长率超过了3%，人均收入增幅超过6倍。因此，土耳其与发达国家的差距在1950—2015年从1∶4缩小到1∶2。自1950年以来，土耳其的长期增长率一直高于南美洲和非洲国家的平均水平。然而自1980年以来，中国和印度这两个发展中大国，乃至整个东亚以及东南亚和南亚在近几十年中的经济增长率已明显高于土耳其。在过去两个世纪的四个阶段中的任何一个时期，土耳其的成就虽然不是名列前茅，但也不是最糟糕的。

土耳其自1820年以来的医疗与教育进步与人均GDP的提升相关但并不完全一致。土耳其在19世纪时的医疗和教育改善相对缓慢，但在一战后，尤其是二战后加快了步伐。直到1950年，今土耳其境内的预期寿命增长缓慢，而后则迅速攀升。因此，土耳其与发达国家在1950年之前有所扩大的预期寿命差距在之后显著缩小，这种状况与发展中国家的整体平均水平相近。土耳其在教育方面也呈现19世纪缓慢发展，但20世纪，尤其是二战后快速提升的类似模式。教育基本指标表明，土耳其过去两个世纪以来的教育状况不仅落后于全球平均水平，而且落后于同等人均GDP的其他发展中国家。长期以来的严重性别不平等是土耳其教育水平欠佳的主要原因之一。土耳其在医疗与教育方面的低排名还归因于严重的区域不平等，大多数库尔德人所在的东南部地区，医疗、教育和人均收入水平都较低。

采纳工业革命的新技术的速率不同，是西欧与世界其他国家在19世纪人均收入出现较大差距的最重要直接原因。土耳其在一战前的人均GDP缓慢增长，其中很大部分是通过扩展农产品的国内市场和出口市场实现的。农户更专业化地开展农业生产，通过增加劳动时间和扩大耕地面积为市场生产更多经济作物。但农业技术的变革一直比较迟缓。农业机械化一直局限在小范围的出口主导型生产中。政府支出有所上涨但水平仍较低，新技术普及缓慢，也阻碍了19世纪医疗和教育水平的提高。

1912年起长达十年的战争使奥斯曼帝国走向灭亡，导致今土耳其境内近20%的人口减损和大量物质资产被损毁，并且造成了长期的经济和政治后果。大萧条使农产品价格暴跌后，土耳其的经济战略发生了重要转折。土耳其将工业化视为带动经济增长的新动力，故此贸易保护主义成为关键的经济政策。国家在20世纪30年代主要投资于制造业和城市经济，资金则几乎全部来源于国内储蓄，平均占GDP的10%。国家财政收支在GDP中的比重以及政府能力的提升仍然缓慢。占总人口近80%的农业部门变得内向化，直到二战结束一直处于封闭状态。

二战后长期经济增长率提升的一个直接原因是快速的城市化，以及劳动力从生产率较低的农业部门向物质资本水平和生产率更高的城市经济转移。自1950年以来，在土耳其的劳动生产率和人均收入增长总额中，有超过三分之一要归因于劳动力从低生产率的农业部门向高生产率的城市经济转移。在1950—2015年间，农业劳动力在总就业人数中的比重从75%~80%下降至22%。同一时期，农业在GDP中的比重也从42%下降到9%。在二战后的几十年里，制造业在总就业人数和GDP中的比重都有所增加。但制造业的比重自1990年便停滞不前，与此同时，服务业在总就业人数和 GDP 中的比重则持续增加。物质资本投资率的提升是 1950 年后增长率提高的另一个原因，该比率从 1950 年的大约 10% 上升至70 年代的超过 20%。大部分投资资金来自国内储蓄。不过在 1980年以来的一段时期，总储蓄率不再上升，而且在世纪之交大幅下降。因此，由中短期外国资本流入提供的投资的比重逐渐上升，成为宏观经济不稳定的一个重要根源。

对现有资源更有效的利用，也就是全要素生产率的提高，是农业和城市经济生产率提高的另一个根本原因。然而与同时期大多数发展中国家类似，土耳其自二战爆发以来的全要素生产率提高仍然有限，约为每年 1%。换言之，自 1950 年以来，生产率提高的很大一部分原因是土耳其有了更多的累积投入，特别是物质资本，其次是人力资本。土耳其自二战爆发以来的物质资本形成率已接近同等人均收入水平的其他国家的平均值，人力资本形成率却比较落后。与其他人均收入水平相近的非石油输出国相比，土耳其在出口和生产方面的技术水平和技术含量也较低。

制度的作用

人们在近几十年来逐渐认识到，投资率和生产率并不是外生的，而是由社会、政治和经济环境以及历史因素共同决定的。虽然对制度或规则及其执行的研究尚处在早期阶段，但是相比于物质资本和人力资本的积累率和研发活动本身来说，制度越发被视为影响经济发展，以及国与国之间长期人均 GDP 差异的更基本要素。人们逐渐达成的一个共识是：只有当一个社会的制度鼓励并支持提高生产率的经济活动时，带来生产率提高的更复杂更先进的组织形式和创新才会出现。

总体来看，这些新文献试图阐明"制度环境作为媒介如何影响经济行为与后果"。制度与经济变革、技术、政治、社会结构、权力分配、信念、意识形态以及社会预期是相互作用的。制度影响这些因素，也反过来受这些因素的影响。制度影响各类行为主体的行为和相互关系，也反过来受这些行为主体的影响。在强调制度的作用时，也不应否认普遍的政治和社会力量的作用，例如会影响结果的阶级、团体或个体行为主体的作用。因此，制度影响经济行为，但并不是导致经济结果的唯一因素。这样一来，要剥离制度对经济发展带来的影响并不容易。由于制度是内生的，并且受经济变化和其他因素的影响，因此对制度作用的分析将变得更加复杂，将经济增长单单归因于制度也不够有说服力。但承认制度受其他变量的影响并不意味着制度无足轻重，或者制度对经济表现的影响有限。

　　一个常见的解释侧重于将伊斯兰教视为中东社会的关键和中东地区经济停滞的主要原因。作为这一传统的延续，近期有观点认为，尽管伊斯兰法最初为中东社会提供了促进贸易和经济发展的有效法律制度，但伊斯兰法的性质妨碍了后来几个世纪中更精妙复杂、更加非人格化的组织形式的产生。确实有许多例子表明，伊斯兰教和伊斯兰法在中东制度的形成过程中发挥了重要作用。但伊斯兰法在奥斯曼帝国中并非一个固定不变、独立运行的领域。社会和政府在法律形成的过程中起到了重要的作用。大量证据表明，当社会出现需求和需要且权力关系允许时，伊斯兰社会往往会规避或改写那些可能阻碍改革（包括经济变革）的宗教规则。此外，另一些人认为，政治和经济的不良后果不该完全归咎于伊斯兰教的性质。事实上，伊斯兰教往往受政治的支配和利用。为获得政治支持，伊斯兰国家的统治者竭力对伊斯兰教的许多内容断章取义并加以操纵。当统治者为获得政治支持而竭力利用伊斯兰教时，他们更倾向于采取妨碍变革的政策。

本书并不否认文化的作用，但是更加侧重于从利益层面出发进行解读。我认为，要了解制度在土耳其经济发展中的作用，就必须了解正式制度和非正式制度如何相互作用，如何向促进或阻碍经济发展的制度结构施压。这种互动并不是单方面的：正式制度会给非正式制度造成因果式的压力，自下而上建立起来的非正式制度往往也影响着正式制度的走向。此外，正式制度和非正式制度还与经济发展和社会结构相互作用。

虽然制度变革得到民众的支持和精英群体的响应，但是土耳其在过去两个世纪中经历的正式制度变革，尤其是早期的政治变革，都是自上而下发生的。被称为坦齐马特的改革计划是由奥斯曼中央政府启动的，并不是由平民和经济精英发起的。这些制度变革始终是有选择的，并且首先反映政府以及政府精英的利益和关切。一战结束后，奥斯曼帝国土崩瓦解，土耳其以新民族国家的面貌崛起，继续推行自上而下的制度变革。在一个世纪之前发起的行政、司法、教育世俗化进程的基础上，新共和国推行了激进的现代化改革。随着二战后迅猛的城市化，政治精英在国家向多党制转型的过程中也面临着更多的合作与竞争。但后来几十年中发生的一系列军事政变使军队和平民政治精英牢牢控制着政治体系，坚决捍卫世俗主义，并且严格限制了包括库尔德少数民族权利在内的政治自由。近期以来，一个由伊斯兰精英领导的新政党击溃了军队，但是该政权非但没有将政治体系向其他社会群体（包括经济精英）开放，反而逐渐滑向威权主义和个人统治（personal rule）。

在过去两个世纪里，土耳其的正式经济制度和经济政策也发生了巨大的变化。历届政府采取的正式经济制度和经济政策受到国际政治形势以及自由贸易、布雷顿森林体系和"华盛顿共识"原则等国际或全球规则的影响。毗邻欧洲不仅意味着奥斯曼帝国与欧洲国家保持着密切的经济联系，而且很早便开始遭遇工业革命的冲击。当奥斯曼帝国领导人决定对欧洲的军事和经济发展做出回应时，他们采纳了承袭欧洲路线的制度变革。为获得欧洲各国对改革的支持，奥斯曼政府同意实行自由放任政策，并保持经济对外贸和外资开放。这一时期的经济制度基本上是在中央政府与欧洲国家的谈判之下形成的。

国际政治形势和国际经济制度在20世纪持续影响着土耳其的经济制度和经济政策。一战后的世界局势使这个新民族国家的新领导层竭力在新边界内创建自己的国民经济。随着工业化进程开始日益由土耳其裔穆斯林的私人部门主导，二战后的土耳其继续推行贸易保护主义和内向型经济政策。1980年后，土耳其摒弃了内向型工业化时代的经济政策和制度，转而支持"华盛顿共识"原则。最重要的是，政府开始重视市场、推行对外贸易和金融自由化，以及私有化。土耳其与欧洲的关系在二战后仍旧比较紧密。土耳其政府从20世纪80年代开始，以完成一系列政治和经济改革的方式表达加入欧盟的愿望。1994年签署的关税同盟协定进一步促进了土耳其与欧盟的经济一体化。有关成员国身份的谈判始于2005年，但遭到法国和德国政府的一致反对后，土耳其失去了成员国的候选资格。

过去两个世纪，在实现人均收入的显著增长以及医疗和教育的重大改进方面，正式政治和经济制度的大范围变革发挥了关键作用。然而，正式制度变革只是故事的一部分。要了解制度的作用，必须洞悉正式制度和非正式制度如何相互影响、新的正式制度与非正式制度如何相互作用，以及产生了哪些新的制度。此外，还必须研究制度与经济变化、社会结构、权力分配和社会预期是如何相互作用的，以此来判定新出现的制度结构会促进还是抑制经济增长。

在19世纪和20世纪上半叶，非正式制度与新正式制度继续并存，并时常取代后者发挥作用。二战后，随着更迅猛的城市化和经济增长的加速，土耳其的财政、行政和法律能力也有所提高。但这些进步并不意味着非正式制度已经不复存在。相反，地方势力、庇护关系和宗教关系网以及许多其他非正式制度自 1950 年以来在城市地区进一步发展壮大。本书提供了各个领域的例子，从农村地区的教育普及、为城市新移民保障住房和提供地方政府服务的种种努力、私人部门的组建、私人部门与政府之间的关系，再到国家干预主义在经济发展中的运作过程，都清晰地表明了非正式制度在经济发展中持续发挥着重要作用。这些例子既阐释了正式和非正式制度并存的原因，也体现了二者相互作用的长期后果。这些实例不仅体现了非正式制度在经济发展中的作用举足轻重，而且证明了新正式制度在与非正式制度、社会结构以及权力分配相互影响的过程中发挥着不同的作用。

有大量证据表明，非正式制度对土耳其的经济增长和人类发展做出了重要贡献。然而，许多非正式制度通常植根于有明确界限的社会关系网中。在经济发展的后期阶段，当土耳其需要更精妙复杂的组织来实现附加值和人均收入提升时，这些旨在为小团体（往往还是小团体中的精英）利益服务的非正式制度成了土耳其经济发展路上的绊脚石，因为它们阻碍了不同群体之间的进一步融合，难以整合不同背景的人的资源和技能。有些非正式制度非但没有带来不同群体之间的合作与团结，反而加剧了他们之间的分裂，导致政局越发动荡。因此，提高人均附加值和全要素生产率变得更加困难，尤其是在经济发展的更高阶段。

分裂

正式和非正式制度变革带来了可观的经济增长与经济发展。但正式和非正式制度本身无法解释过去两个世纪以来经济增长和发展的总体模式。这是因为制度与经济增长之间，以及制度与社会结构之间是双向互动的。正式和非正式制度在影响经济结果的同时，也反过来受经济结果的影响。社会结构与制度之间的相互影响也至关重要。制度间接影响经济结果、直接影响各类行为主体的行为以及这些主体间关系的方式，塑造了社会结构。由利益相左、相互之间既有合作又有冲突的许多群体组成的社会结构，也反过来影响制度的形成。当这些分歧未得到妥善处理时，随之而来的通常是政治和经济局势的动荡，这会对经济发展产生重大影响。

土耳其自 19 世纪以来的阶级分裂一直是个问题，其严峻程度随时间推移而变化。不同社会群体及其精英之间的身份认同分裂更是不容小觑。久而久之，具体的社会结构也在发生变化，然而自 19 世纪坦齐马特改革起，穆斯林与非穆斯林之间、世俗派精英和保守派精英之间、土耳其人和库尔德人之间的联合和分裂延续至今。在每个时期，各类精英阶层的利益、联合与分裂都受到全球制度和全球经济体系下的经济模式与经济政策的影响。我在书中研究了这些联合与分裂如何受到正式制度的影响，以及它们如何反过来塑造了正式制度、非正式制度以及经济增长和经济发展模式。

身份认同方面的分裂使不同精英之间更难形成结盟和联合关系。分裂还对政府实力以及执行正式制度的能力产生了负面影响。精英群体之间（包括政府精英）达成共识、驾驭并遏制不同精英团体的权力和能力、处理各种集体行动问题，成为政府在宏观和微观层面上能否成功实施新制度的关键。如果现行制度或者新制度的利益分配与社会既有的权力分配不一致，那么精英群体有可能通过组织动员、协商谈判、向其他人和政府施压，来恢复以往的正式与非正式制度。在这些纷争中，竞争激烈的精英群体通常会利用非正式制度，其中包括基于身份的关系网与庇护关系。

尽管各个精英群体之间的具体结构及其与政府精英的关系随时间推移而变化，但自奥斯曼帝国时代以来，经济精英一直存在软肋，而且始终延续着对政府精英的依赖。19世纪的集权式改革起初主要由政府精英策划并发起。一些地方精英大力支持改革，但也有许多人强烈反对改革。这些改革还得到了欧洲国家的支持，它们要求土耳其开放经济，推行农业专业化，并授予欧洲公司特权。这些变革的主要受益者是政府精英、欧洲各国及其公司，以及居住在港口城市的非穆斯林商人。相比之下，在过去数个世纪中占有大部分征税权的地方权贵和其他精英则经受了财富流失和政治权力的削弱。因此，在农业生产日益商业化、私人所有权越发普遍的情况下，控制着内陆农业城镇的穆斯林对改革深恶痛绝。他们团结一致，利用宗教关系网和其他非正式制度，以应对不断恶化的经济差距。安纳托利亚东部的库尔德部落首领也抵制集权式改革和中央政府与日俱增的影响力。换言之，集权式改革与经济向全球开放的过程伴随着身份认同分裂的恶化。19世纪时对改革的抵制，以及新出现的世俗派中心与保守派外围的二元现象有着深刻的经济根源，绝非纯粹的文化现象。

　　一战后，奥斯曼帝国瓦解，民族国家在新阶层领导下建立起来，带来了政治和经济制度的巨变，但是精英阶层之间的分裂依然存在。1920—1922年的独立战争得到了地方权贵、商人、土地所有者和宗教领袖的共同支持。但在废除苏丹制度与哈里发王权并宣布共和国成立后，穆斯塔法·凯末尔及其幕僚开始肃清异己，采取较为狭隘的世俗化路线。政府对宗教团体和关系网活动的禁令抑制了它们在各省的活动，但并没有将其完全灭除。库尔德人在土耳其东南部的起义也以失败告终。新共和国的政府精英采取了贸易保护主义和政府主导工业化的战略，来应对大萧条和农产品价格下跌。新精英所在的城市地区与乡村之间的不平等日益加剧，导致反对派更多地利用宗教与文化价值观。为应对世俗主义精英在 19 世纪到战间期的集权化改革，反对势力求助于伊斯兰教和发展非正式关系网。虽然一些权贵人士被纳入了共和人民党的行列，但保守派农民与安卡拉新政权制定的世俗化政策在文化和经济上仍然是脱节的。

随着土耳其在二战后向多党议会制和竞争性选举制转型，大地主、商人和实业家以及诸多中小型农业生产者都能够表达各自的诉求。随着农村人口向城市迅速迁移，庇护关系、地方关系和宗教关系网，以及城市地区既有的许多其他非正式制度进一步发展且繁荣起来，它们与正式制度相互作用，并产生新制度。民主党及继任的正义党等党派通过巧妙利用庇护关系从中获益，而且成功地将这些人脉关系和既有的文化与经济分歧带入城市地区，并激发保守的农村人口和城市新移民抵制世俗化精英与官僚机构。少数派的阿拉维派和库尔德人也开始动员组织起来，但多数派的逊尼派宗教关系网在这几十年中的表现更加卓有成效。基于逊尼派宗教团体的非正式关系网在以伊斯兰教为立命之本的新政党的崛起中起到了重要作用。

虽然这些分裂和不同精英团体的相互竞争都削弱了政府的实力，但政府精英、军方和官僚机构自身仍在独立或与其他精英联手追求自身利益，并且在这一过程中依然扮演着关键的角色。1960 年、1971 年和 1980 年的军事政变将权力归还给世俗化军事精英和官僚机构，使他们成为统治联盟中对诸多关键议题持有否决权的核心成员。军事统治时期也提醒我们，世俗化城市精英和保守派农村精英之间的分裂一直存在。世俗化商业精英是国家干预主义的主要受益者，因为私人部门开始在贸易保护主义和国内市场导向的工业化战略下引领经济发展。

1980 年后，土耳其的正式政治和经济制度乃至全球经济制度都经历了巨变。1980 年的政变，以及新修宪法对基本自由权利施加的大量限制，都进一步巩固了军队的权力。通过阻止早期杰出政要重返政坛，军人政权制造了政党体系的分裂，并导致政局越发动荡。库尔德民族主义的兴起和 1984 年后与东南部地区库尔德人持续不断的军事冲突也导致了政治分裂。随着军事政变后伊斯兰政治的崛起，在私人部门内部，与政治联系密切的大企业和小企业之间的分裂，以及社会偏好方面的分歧，都有增无减。经过了一场严峻的经济危机后，一个扎根于伊斯兰主义的新政党上台执政，并承诺弥合世俗派者与保守派之间、土耳其人与库尔德人之间的分歧。宗教关系网和其他非正式制度在正义与发展党的崛起过程中扮演着重要角色。

政客总是利用伊斯兰教来获取选民的支持，但是在 1980 年之后的阶段，特别是在 2002 年开始掌权之后，伊斯兰政客将这个手段使出了新花样。随着政治和社会的两极分化日益严重，私人部门内部的分裂也有所恶化。昔日备受青睐的世俗派商业精英出局了，和正义与发展党关系密切的新兴保守派团体则从政府的支持中大获其利。在得到多数选票的支持下，正义与发展党后来开始对抗军队和司法部门，并修改政治制度，以建立强大的行政部门。正义与发展党，特别是党派领袖，在此过程中利用并夸大身份认同的分裂，来巩固并紧紧控制着政权。

频繁政变与近来的威权主义倾向都表明，土耳其自 1950 年以来实行的政治制度和多党政治体制未能妥善处理这些分裂。长此以往的分裂与循环往复的政局动荡反过来阻碍了短期和长期经济发展。在各个精英群体（包括政府精英）彼此缺乏理解，进而无法达成共识的情况下，政府的权力和能力依然脆弱。问题不仅在于政府能力和执法部门能力不足。政治秩序，即社会不同群体对基本权利、冲突解决机制，以及政府对规则及规则执行的举措，达成谅解或共识，是实现政治和经济发展的必要条件。如果没有达成这种共识，精英之间的竞争及其与政府之间的关系就有可能威胁政治秩序。政治不确定性和不稳定性加剧会改变国民的预期和信念，导致政治和经济活动的参与者采取非常不同的行动。

国家干预主义

从国家干预主义，更具体地说，从国家干预主义支持土耳其工业化进程的成功和局限性中，可以看到制度的作用，以及正式和非正式制度相互影响的重要作用。国家干预主义无疑促进了土耳其在 20 世纪，尤其是自 1929 年以来的经济增长。但全要素生产率的停滞不前，以及低于平均水平的长期经济增长率都表明，土耳其国家干预主义的成效喜忧参半。在促进或阻碍不同社会群体解决集体行动问题和追求共同利益的能力方面，正式与非正式制度发挥着关键作用。制度既能促进也能阻碍不同社会群体的凝聚力和能力。合作、组织以及解决冲突的制度不仅对政府来说是必需的，而且对社会行为主体有效维护自身利益也是不可或缺的。

尽管强政府传统可以追溯到 19 世纪甚至更早时期，但土耳其的公共部门通常缺乏凝聚力和自主权来抗衡政客群体和私人部门，并执行基于规则的统一政策。随着国家主义的推行，土耳其在战间期创设了全新的制度来支持土耳其裔穆斯林的私人部门。随着私人部门在二战后开始主导经济，国家干预主义制度的范围也在扩大。一个缺乏内聚力和稳定性的官僚层级结构，一个常常依赖公共部门和政客的组织欠佳的私人部门，导致两者之间很难发展出规范化的关系和制度，以进行协商与合作。在缺乏协商与合作的情况下，公共和私人部门之间的联系采取了临时性和个人化的模式，而不是通过制度化的渠道。非正式关系网和制度以及双边合作关系一直存在。由于缺乏基于规则的干预主义，加上公共和私人部门之间的互动渠道并不正规，导致投资与产出水平以及全要素生产率的增长率一直很低。

更一般地说，国家干预主义的成功与否取决于土耳其相互竞争的各精英群体与政府之间的关系。相互竞争的私人精英群体和政府精英群体之间的权力架构随时间推移而变化，但分裂的存在与政府能力不足一直是个问题。不过，政府和执法部门的能力不足只是问题的一部分。精英群体之间（包括政府精英）达成共识，驾驭并遏制不同精英群体的权力和能力，处理各种集体行动问题，才是政府在宏观和微观层面上能否成功实施新政策的关键。如果既有制度或是新制度的利益分配与社会当下的权力分配不一致，精英群体就有可能通过组织动员、协商谈判、向其他人和政府施压，来恢复以往的正式与非正式制度。精英群体往往选择制定不同于国家定义的、更符合自身利益的正式和非正式制度，其中包括基于身份的关系网和庇护关系。

与大多数发展中国家类似，自二战结束以来，土耳其的全要素生产率的年增长率持续低于1%。此外，全要素生产率的提高基本上可归因于劳动力从低生产率的农业部门向高生产率的城市经济转移。换言之，总产出的提高和人均产出的增长多半是通过注入新投资和积累投入的方式实现的，而不是靠提升单位投入的产出。分析制度的作用有助于我们理解为什么土耳其长期经济增长一直为正，但又没有显著高于世界平均水平。由于精英群体间的分裂长期存在、政局动荡的反复出现、服务于小团体（特别是其中的精英）利益的非正式制度的广泛使用，加上国家干预主义带来的多重后果，所以整合不同背景的人的资源和技能并利用先进技术发展更复杂的组织形式变得越发艰难。此外，虽然自19世纪以来土耳其在教育方面取得了一些进步，但是在受教育年限与各层级教育习得技能的成果上，仍然落后于世界平均水平，也低于人均 GDP 相似的其他国家的平均水平。教育体制的弊端也导致土耳其更难向高技术含量的商品生产以及高附加值技术产业迈进。许多个人和公司不愿意投资教育、技能发展和科技创新，不愿意追求长期附加值和生产率提高，而是选择通过资源与政府交好、获取政府支持的权宜之计。

土耳其与其他发展中国家

本书从全球比较的视角研究了土耳其过去两个世纪的经济发展状况。我构建了关于长期人均 GDP 和其他方面的序列数据，并首次从相对与绝对标准来论证土耳其在经济增长和人类发展方面的表现。土耳其是较大的发展中国家之一。它与其他发展中国家有许多共同点，过去两个世纪的经济发展轨迹也相似。早在 19 世纪，当工业革命在欧洲西北部如火如荼时，土耳其和欧洲西北部的人均收入水平就已经存在明显差距。土耳其直到 20 世纪 30 年代才开始真正推行工业化。在本书阐述的四个历史阶段中，土耳其政府奉行的经济政策均与当时全球普遍采取的经济发展战略相一致。与其他发展中国家相同，土耳其的制度和经济也受到了外部影响。此外，土耳其在过去两个世纪的长期经济发展接近全球和发展中国家的平均水平。因此，与那些成绩斐然且为人熟知的发展中国家相比，土耳其的案例更具代表性，而且可以为我们理解其他发展中国家的发展历程提供更多参考。

土耳其在过去两个世纪的境况与其他发展中国家有许多共性，也具有一些重要的本国特色。土耳其的矿产资源和石油资源并不丰富。除了部分地区在一战后被短暂侵占之外，土耳其没有遭受过殖民统治。在一战结束前，土耳其是一个幅员辽阔的多民族帝国的一部分。因此，土耳其的制度和经济没有受到外部势力造成的制度巨变的影响。正式制度变革是内生的，主要由政府和精英发起。土耳其在过去两个世纪的制度是在新制度与既有制度的相互作用下形成的，其中包括早期的伊斯兰奥斯曼时代的制度。

我还尽力分析了土耳其经济发展表现的深层原因。土耳其的案例表明，主要由经济变量构成的直接原因是了解长期经济发展的必要条件，但不足以说明全部问题。如果不考虑社会环境、政治环境及历史因素，就无法全面理解土耳其的长期经济发展。我们对制度如何运作以及它们如何支持或阻碍经济发展的认知还在不断演进，但我试着阐明"土耳其的经济结果如何受到制度（包括国际制度）的影响"。与许多其他发展中国家类似，由精英群体，或者由世界强国和国际机构制定的正式制度只是故事的一部分。要了解制度对经济发展做出的贡献，我们还必须研究它们与既有的正式与非正式制度如何互相作用，以及产生了哪些新制度。

土耳其的案例显示了制度的重要性，但制度并非唯一的关键因素。除了新制度与既有制度的相互作用，还有制度同经济变革、技术、政治、社会结构、利益、权力分配、意识形态、信念和社会预期之间的相互作用。制度影响其他因素，也反过来受它们的影响。制度塑造了各行为主体的行为和关系，又反过来被它们塑造。正式与非正式制度也受社会结构和政治因素的影响，其中包括各个群体及其精英之间的分裂。换言之，制度确实影响了经济结果，但并非导致结果的唯一原因。正式和非正式制度的影响力，以及社会结构和政治的影响力都有助于解释土耳其经济增长和发展与发展中国家平均水平相近的原因。因此，土耳其的情况也为了解其他发展中国家在过去两个世纪的表现提供了重要参考。

参考文献

Abramowitz, Moses. 1986. "Catching Up, Forging Ahead and Falling Behind." *Journal of Economic History* 46(2): 385–406.

Acemoglu, Daron. 2003. "Why Not a Political Coase Theorem? Social Conflict, Commitment and Politics." *Journal of Comparative Economics* 31(4): 620–52.

Acemoglu, Daron, and James Robinson. 2012. *Why Nations Fail: The Origins of Power, Prosperity and Poverty*. New York: Crown.

Acemoglu, Daron, Simon Johnson, and James Robinson. 2001. "The Colonial Origins of Comparative Development: An Empirical Investigation." *American Economic Review* 91(6): 1369–1401.

——— 2005a. "Institutions as the Fundamental Cause of Long-Run Growth." In *Handbook of Economic Growth*, ed. Philippe Aghion and Steve Durlauf, 385–471. Amsterdam: Elsevier.

——— 2005b. "The Rise of Europe: Atlantic Trade, Institutional Change and Economic Growth." *American Economic Review* 95(3): 546–79.

Acemoglu, Daron, and Murat Üçer. 2015. "The Ups and Downs of Turkish Growth, 2002–2015: Political Dynamics, The European Union and the Institutional Slide." *NBER Working Papers*, No. 21608. Cambridge, MA: National Bureau of Economic Research.

Adaman, Fikret, Ayça Akarçay Gürbüz, and Kıvanç Karaman. 2015. "Yeni kurumsal iktisadın penceresinden toplumsal düzenin tesisi: Geç Osmanlı–Türkiye Cumhuriyeti tarihine alternatif bir yaklaşım." *Toplum ve Bilim* 133: 166–85.

Adaman, Fikret, Bengi Akbulut, and Murat Arsel. 2017. *Neoliberal Turkey and Its Discontents, Economic Policy and the Environment Under Erdoğan*. London and New York: I.B. Tauris.

Adaman, Fikret, and Murat Arsel. 2005. "Introduction" and "Conclusion." In *Environmentalism in Turkey: Between Democracy and Development*, ed. Fikret Adaman and Murat Arsel, 1–11 and 293–98. London: Routledge.

Agir, Seven. 2013. "The Evolution of Grain Policy, the Ottoman Experience." *Journal of Interdisciplinary History* 43(4): 571–98.

——— 2018. "The Rise and Demise of Gedik Markets in Istanbul, 1750–1860." *Economic History Review* 71(1): 133–56.

Agoston, Gabor. 2003. "A Flexible Empire: Authority and Its Limits on the Ottoman Frontiers." *International Journal of Turkish Studies* 9(1–2): 15–31.

Ahmad, Feroz. 1977. *The Turkish Experiment in Democracy, 1950–1975*. London: C. Hurst for the Royal Institute of International Affairs.

——— 1988. "War and Society under the Young Turks, 1908–1918." *Review (Fernard Braudel Center)* 11(2): 265–86.

Ahmad, Feroz. 1995. "The Development of Class Consciousness in Republican Turkey, 1923–45." In *Workers and the Working Class in the Ottoman Empire and the Turkish Republic, 1839–1950*, ed. Donald Quataert and Erik Jan Zürcher, 75–94. London and New York: I.B. Tauris.

——— 2010. "Military and Politics in Turkey." In *Turkey's Engagement with Modernity, Conflict and Change in the Twentieth Century*, ed. Celia Karslake, Kerem Öktem, and Philip Robins, 92–116. Houndmills, Basingstoke: Palgrave Macmillan.

Akarlı, Engin. 1976. "The Problem of External Pressures, Power Struggles and Budgetary Deficit under Abdulhamid II, 1876–1909: Origins and Solutions." PhD dissertation, Princeton University.

Akçay, Cevdet, and Murat Üçer. 2008. "A Narrative on the Turkish Current Account." *Journal of International Trade and Diplomacy* 2(2): 211–38.

Akder, Halis. 2010. "Forgottten Campaigns: A History of Disease in Turkey." *Turkey's Engagement with Modernity, Conflict and Change in the Twentieth Century*, ed. Celia Karslake, Kerem Öktem, and Philip Robins, 210–35. Houndmills, Basingstoke: Palgrave Macmillan.

Akgüngör, Sedef, Ceyhan Aldemir, Yeşim Kuştepeli, Yaprak Gülcan, and Vahap Tecim. 2012. *Türkiye'de Demiryolları ve Karayollarının Ekonomik ve Sosyal Etkileri: 1856–2008 Dönemi için Bir İnceleme*. İzmir: Dokuz Eylül Üniversitesi Yayınları.

Akın, G. Gülsün, Ahmet Faruk Aysan, and Levent Yıldıran. 2009. "Transformation of the Turkish Financial Sector in the Aftermath of the 2001 Crisis." In *Turkey and the Global Economy: Neo-Liberal Restructuring and Integration in the Post-crisis Era*, ed. Ziya Öniş and Fikret Şenses, 73–100. London: Routledge.

Aksoy, Zühre. 2005. "Biodiversity and Biotechnology in the Agricultural Sector." In *Environmentalism in Turkey, between Democracy and Development?*, ed. Fikret Adaman and Murat Arsel, 235–48. Aldershot: Ashgate.

Aktar, Ayhan. 2000. *Varlık Vergisi ve "Türkleştirme" Politikaları*. Istanbul: İletişim Yayınları.

Akyıldız, Ali. 1996. *Osmanlı Finans Sisteminde Dönüm Noktası: Kâğıt Para ve Sosyo-Ekonomik Etkileri*. Istanbul: Eren Yayıncılık.

Akyüz, Yılmaz, and Korkut Boratav. 2003. "The Making of the Turkish Financial Crisis." *World Development* 31(9): 1549–66.

Al, Hüseyin. 2007. *Uluslararası Sermaye ve Osmanlı Maliyesi, 1820–1875*. Istanbul: Osmanlı Bankası Arşiv ve Araştırma Merkezi.

Alesina, Alberto, and Paola Giuliano. 2015. "Culture and Institutions." *Journal of Economic Literature* 53(4): 898–944.

Alkan, Mehmet Ö. 2000. *Education Statistics from the Tanzimat to the Republic, 1839–1924*. Ankara: State Institute of Statistics.

Allen, Robert C. 2001. "The Great Divergence in Wages and Prices from the Middle Ages to the First World War." *Explorations in Economic History* 38(4): 411–47.

——— 2011. *Global Economic History. A Very Short Introduction*. Oxford and New York: Oxford University Press.

Altuğ, Sumru, Alpay Filiztekin, and Şevket Pamuk. 2008. "Sources of Long-Term Economic Growth for Turkey, 1880–2005." *European Review of Economic History* 12(3): 393–430.

Amsden, Alice H. 1989. *Asia's Next Giant, South Korea and Late Industrialization*. Oxford and New York: Oxford University Press.

Antonucci, Daniele, and Stefano Manzocchi. 2006. "Does Turkey Have a Special Trade Relation with the EU?: A Gravity Model Approach." *Economic Systems* 30(2): 157–69.

Arat, Yeşim. 2008. "Contestation and Collaboration, Women's Struggles for Empowerment in Turkey." In *Turkey in the Modern World, Volume 4, The Cambridge History of Turkey*, ed. Reşat Kasaba, 388–418. Cambridge and New York: Cambridge University Press.

Arı, Kemal. 1995. *Büyük Mübadele / Türkiye'ye Zorunlu Göç (1923–1925)*. Istanbul: Tarih Vakfı Yurt Yayınları.

Arıcanlı, Tosun, and Dani Rodrik. 1990a. "An Overview of Turkey's Experience with Economic Liberalization and Structural Adjustment." *World Development* 18(10): 1343–50.

——— 1990b. *The Political Economy of Turkey: Debt, Adjustment and Sustainability*. New York: St. Martin's Press.

Arslan, İsmail, and Sweder van Wijnbergen. 1993. "Export Incentives, Exchange Rate Policy and Export Growth in Turkey." *Review of Economics and Statistics* 75(1): 128–33.

Artunç, Cihan. 2015. "The Price of Legal Institutions: The *Beratli* Merchants in the Eighteenth-Century Ottoman Empire." *Journal of Economic History* 75(3): 720–48.

Atiyas, İzak. 2009. "Recent Privatization Experience of Turkey: a Reappraisal." *Turkey and the Global Economy: Neo-Liberal Restructuring and Integration in the Post-crisis Era*, ed. Ziya Öniş and Fikret Şenses, 101–22. London: Routledge.

——— 2012. "Economic Institutions and Institutional Change in Turkey during the Neoliberal Era." *New Perspectives on Turkey* 47, 57–81.

Atiyas, İzak, and Ozan Bakış. 2013. "Aggregate and Sectoral TFP Growth in Turkey: A Growth Accounting Exercise." *TÜSİAD—Sabancı University Competitiveness Forum Working Paper* No. 2013-1.

Aydın, Ayşegül, and Cem Emrence. 2015. *Zones of Rebellion, Kurdish Insurgents and the Turkish State*. Ithaca, NY: Cornell University Press.

Aydın, Zülküf. 2010. "Neo-liberal Transformation of Turkish Agriculture." *Journal of Agrarian Change* 10(2): 149–87.

Aytekin, Atila. 2009. "Agrarian Relations, Property and Law: An Analysis of the 1858 Land Code in the Ottoman Empire." *Middle Eastern Studies*: 45(6): 935–51.

Bailey, F. E. 1940. "The Economics of British Foreign Policy, 1825–50." *Journal of Modern History* 12(4): 449–84.

Balla, Eliana, and Noel D. Johnson. 2009. "Fiscal Crisis and Institutional Change in the Ottoman Empire and France." *Journal of Economic History* 69(3): 809–45.

Banerjee, Abhijit, and Lakshimi Iyer. 2005. "History, Institutions and Economic Performance: the Legacy of Colonial Land Systems in India." *American Economic Review* 95(4): 1190–1213.

Barkan, Ömer Lütfi. 1953–54. "H. 933–934 (M. 1527–1528) Mali Yilina Ait Bir Bütçe Örnegi." *Istanbul Üniversitesi Iktisat Fakültesi Mecmuasi* 14(3): 251–329.

Barkey, Karen. 1994. *Bandits and Bureaucrats: The Ottoman Route to State Centralization*. Ithaca, NY: Cornell University Press.

Barlow, Robin, and Fikret Şenses. 1995. "The Turkish Export Boom: Just Reward or Just Lucky?" *Journal of Development Economics* 48(1): 111–33.

Baskıcı, Mehmet Murat. 2005. *1800–1914 Yıllarında Anadolu'da İktisadi Değişim*. Ankara: Turhan Kitabevi.

Baten, Joerg, and Matthias Blum. 2014. "Chapter 7: Human Heights since 1820." In *How Was Life? Global Well Being Since 1820*, ed. Van Zanden, Baten et al., 117–37. Paris: OECD Publishing and International Institute of Social History.

Behar, Cem. 1996. *Osmanlı İmparatorluğu'nun ve Türkiye'nin Nüfusu, 1500–1927*. Ankara: Tarihi İstatistikler Dizisi, Devlet İstatistik Enstitüsü.

——— 2006. "Demographic Developments and Complementarities: Ageing, Labor and Migration." *Turkish Studies* 7(1): 17–31.

Berend, Ivan. 2006. *An Economic History of Twentieth-Century Europe, Economic regimes from Laissez–Faire to Globalization*. Cambridge and New York: Cambridge University Press.

——— 2013. *An Economic History of Nineteenth-Century Europe, Diversity and Industrialization*. Cambridge and New York: Cambridge University Press.

Berik, Günseli, and Cihan Bilginsoy. 1996. "The Labor Movement in Turkey: Labor Pains, Maturity, Metamorphosis." In *The Social History of Labor in the Middle East*, ed. Ellis Jay Goldberg, 37–64. Boulder, CO: Westview.

Berkes, Niyazi. 1964. *The Development of Secularism in Turkey*. Montreal: McGill University Press.

Besley, Tim, and Torsten Persson. 2010. "State Capacity, Conflict and Development." *Econometrica* 78(1): 1–34.

——— 2011. *Pillars of Prosperity: The Political Economics of Development Clusters*. Princeton, NJ: Princeton University Press.

Bianchi, Robert. 1984. *Interest Groups and Political Development in Turkey*. Princeton, NJ: Princeton University Press.

Biddle, Jesse, and Vedat Milor. 1997. "Economic Governance in Turkey: Bureaucratic Capacity, Policy Networks and Business Associations." In *Business and the State in Developing Countries*, ed. Sylvia Maxfield and Ben Ross Schneider, 277–309. Ithaca, NY: Cornell University Press.

Birdal, Murat. 2010. *The Political Economy of Ottoman Public Debt*. London and New York: I.B. Tauris.

Birtek, Faruk. 1985. "The Rise and Fall of Etatism in Turkey, 1932–1950." *Review (Fernand Braudel Center)* 8(3): 407–38.

Birtek, Faruk, and Çağlar Keyder. 1975. "Türkiye'de Devlet-Tarım İlişkileri, 1923–1950." *Birikim* 22: 31–40.

Blaisdell, Donald C. 1929. *European Financial Control in the Ottoman Empire: A Study of the Establishment, Activities, and Significance of the Administration of the Ottoman Public Debt*. New York: Columbia University Press.

Bolt, Jutta, Robert Inklaar, Herman de Jong, and Jan Luiten van Zanden. 2018. "Rebasing 'Maddison': New Income Comparisons and the Shape of Long-Run Economic Development." GGDC Research Memorandum, 174, University of Groningen, Groningen Growth and Development Center.

Bolt, Jutta, and Jan Luiten Van Zanden. 2014. "The Maddison Project. Collaborative Research on Historical National Accounts." *Economic History Review* 67(3): 627–51.

Boogert, Maurits H. van den. 2005. *The Capitulations and the Ottoman Legal System: Qadis, Consuls and Beratlis in the 18th Century*. Leiden: Brill.

Boratav, Korkut. 1981. "Kemalist Economic Policies and Etatism." In *Atatürk: Founder of a Modern State*, ed. Ali Kazancıgil and Ergun Özbudun, 165–90. London: C. Hurst.

—— 1982. "Anadolu Köyünde Savaş ve Yıkım." *Toplum ve Bilim* 15–16: 61–75.

—— 1986. "Import Substitution and Income Distribution Under a Populist Regime: The Case of Turkey." *Development Policy Review* 4(1): 117–39.

—— 1990. "Inter-class and Intra-class Relations of Distribution Under Structural Adjustment: Turkey During the 1980s." In *The Political Economy of Turkey: Debt, Adjustment and Sustainability*, ed. Tosun Arıcanlı and Dani Rodrik, 199–229. London: Macmillan.

—— 2005. *1980'li Yıllarda Türkiye'de Sosyal Sınıflar ve Bölüşüm*. Ankara: İmge Kitabevi.

—— 2009. *Bir Krizin Kısa Hikâyesi*. Ankara: Arkadaş Yayınevi.

—— 2011. *Türkiye İktisat Tarihi, 1908–2009*. Istanbul: İmge Kitabevi Yayınları.

Boratav, Korkut, Gündüz A. Ökçün, and Şevket Pamuk. 1985. "Ottoman Wages and the World Economy, 1839–1913." *Review (Fernand Braudel Center)* 8(3): 379–406.

Boratav, Korkut, Oktar Türel, and Erinç Yeldan. 1996. "Dilemmas of Structural Adjustment and Environmental Policies under Instability: Post-1980 Turkey." *World Development* 24(2): 373–93.

Boratav, K., A. E. Yeldan, and A. H. Köse. 2000. *Globalization, Distribution and Social Policy: Turkey, 1980–1998*. CEPA Working Paper Series, No. 20.

Bourguignon, François. 2015. *The Globalization of Inequality*. Princeton, NJ: Princeton University Press.

Bourguignon, François, and C. Morrisson. 2002. "The Size Distribution of Income among World Citizens." *American Economic Review* 92(4): 727–44.

Bozarslan, Hamit. 2008. "Kurds and the Turkish State." In *Turkey in the Modern World, Volume 4, The Cambridge History of Turkey*, ed. Reşat Kasaba, 333–54. Cambridge and New York: Cambridge University Press.

Braudel, Fernand. 1979. *Civilization and Capitalism, 15th–18th Century, vol. III, The Perspective of the World*. New York: Harper & Row.

Broadberry, Stephen, Bruce Campbell, Alexander Klein, Mark Overton, and Bas Van Leeuwen. 2015. *British Economic Growth, 1270–1870*. Cambridge and New York: Cambridge University Press.

Broadberry, Stephen, and Mark Harrison. 2005. *The Economics of World War I*. Cambridge and New York: Cambridge University Press.

Broadberry, Stephen, and Kevin H. O'Rourke, eds. 2010. *The Cambridge Economic History of Modern Europe, Volume 1:1700–1870 and Volume 2: 1870 to the Present*. Cambridge and New York: Cambridge University Press.

Buğra, Ayşe. 1994. *State and Business in Modern Turkey: A Comparative Study*. Albany: State University of New York Press.

—— 1998a. "Class, Culture and State. An Analysis of Interest Representations by Two Turkish Business Associations." *International Journal of Middle East Studies* 30(4): 521–39.

—— 1998b. "The Immoral Economy of Housing in Turkey." *International Journal of Urban and Regional Research* (22): 303–17.

—— 2007. "Poverty and Citizenship: An Overview of the Social Policy Environment in Republican Turkey." *International Journal of Middle East Studies* 39(1): 33–52.

Buğra, Ayşe, and Çağlar Keyder. 2006. "The Turkish Welfare Regime in Transformation." *Journal of European Social Policy* 16(3): 211–28.

Buğra, Ayşe, and Osman Savaşkan. 2014. *New Capitalism in Turkey: The Relationship Between Politics, Religion and Business.* Cheltenham: Edward Elgar.

Bulutay, Tuncer. 1995. *Employment, Unemployment and Wages in Turkey.* Ankara: International Labour Office.

Bulutay, Tuncer, Yahya S. Tezel, and Nuri Yıldırım. 1974. *Türkiye Milli Geliri (1923–1948).* Ankara: Ankara Üniversitesi Siyasal Bilgiler Fakültesi Yayınları.

Çağaptay, Soner. 2006. *Islam, Secularism and Nationalism in Modern Turkey. Who Is a Turk?* London and New York: Routledge.

Çarkoğlu, Ali, and Mine Eder. 2005. "Development alla Turca: The Southeastern Anatolia Development Project (GAP)." In *Environmentalism in Turkey, between Democracy and Development?*, ed. Fikret Adaman and Murat Arsel, 167–84. Aldershot: Ashgate.

Celasun, Merih, and Dani Rodrik. 1989. "Debt, Adjustment, and Growth: Turkey." In *Developing Country Debt and Economic Performance. Vol. III: Country Studies—Indonesia, Korea, Philippines, Turkey*, ed. J. D. Sachs and S. M. Collins, 615–808. Chicago: University of Chicago Press.

Çeviker Gürakar, Esra. 2016. *Politics of Favoritism in Public Procurement in Turkey, Reconfigurations of Dependency Networks in the AKP Era.* New York: Palgrave Macmillan.

Cezar, Yavuz. 1986. *Osmanlı Maliyesinde Bunalım ve Değişim Dönemi: XVIII. Yüzyıldan Tanzimat'a Mali Tarih.* Istanbul: Alan Yayıncılık.

Chang, H. J. 2002. *Kicking Away the Ladder: Development Strategy in Historical Perspective.* London: Anthem Press.

Çizakça, Murat. 1995. "Cash Waqfs of Bursa, 1555–1823." *Journal of the Economic and Social History of the Orient* 38(3): 313–54.

———— 1996. *A Comparative Evolution of Business Partnerships: The Islamic World and Europe.* Leiden: Brill.

Clark, E. C. 1974. "Ottoman Industrial Revolution." *International Journal of Middle East Studies* 5(1): 65–76.

Clay, Christopher. 1994. "The Origins of Modern Banking in the Levant: The Development of a Branch Network by the Imperial Ottoman Bank, 1890–1914." *International Journal of Middle East Studies* 26(4): 589–614.

———— 1998. "Labour Migration and Economic Conditions in Nineteenth-Century Anatolia." *Middle Eastern Studies* 34(4): 1–32.

———— 2000. *Gold for the Sultan: Western Bankers and Ottoman Finance, 1856–1881.* London and New York: I.B. Tauris.

Coşar, Nevin. 1995. "Denk Bütçe–Sağlam Para Para Politikası ve Devletçilik (1924–1938)." In *Türkiye'de Devletçilik*, ed. Nevin Coşar, 259–92. Bağlam Yayınları.

Coşgel, Metin M. 2011. "The Political Economy of Law and Economic Development in Islamic History." In *Law and Long-Term Economic Change*, ed. Jan Luiten van Zanden and Debin Ma, 158–77. Stanford, CA: Stanford University Press.

———— 2015. "The Fiscal Regime of an Expanding State: Political Economy of Ottoman Taxation." In *Fiscal Regimes and the Political Economy of Premodern States*, ed. Andrew Monson and Walter Scheidel, 404–28. Cambridge and New York: Cambridge University Press.

Coşgel, Metin M., and Bogaç Ergene. 2016. *The Economics of Ottoman Justice, Settlement and Trial in the Sharia Courts*. Cambridge and New York: Cambridge University Press.

Coşgel, Metin, Thomas J. Miceli, and Jared Rubin. 2012. "The Political Economy of Mass Printing: Legitimacy and Technological Change in the Ottoman Empire." *Journal of Comparative Economics* 40 (August): 357–71.

Courbage, Youssef, and Philippe Fargues.1997. *Christians and Jews under Islam*. London and New York: I.B. Tauris.

Crafts, Nick. 1996. "The Golden Age of Economic Growth in Europe, 1950–1973." *Economic History Review* 48(3): 429–47.

———— 1997. "The Human Development Index and Changes in Standards of Living: Some Historical Comparisons." *European Review of Economic History* 1(3): 299–322.

———— 2002. "The Human Development Index, 1870–1999: Some Revised Estimates." *European Review of Economic History* 6(3): 395–405.

Davison, Roderic. 1963. *Reform in the Ottoman Empire, 1856–1876*. Princeton, NJ: Princeton University Press.

Deaton, Angus. 2013. *The Great Escape: Health, Wealth and the Origins of Inequality*. Princeton, NJ: Princeton University Press.

Deaton, Angus, and Alan Heston. 2010. "Understanding PPPs and PPP-national Accounts." *American Economic Journal: Macroeconomics* 2(4): 1–35.

Dell, Melisa. 2010. "The Persistent Effects of Peru's Mining *Mita*." *Econometrica* 78(6): 1863–1903.

Demir, F. 2004. "A Failure Story: Politics and Financial Liberalization in Turkey. Revisiting the Revolving Door Hypothesis." *World Development* 32(5): 851–69.

Derviş, Kemal, and Sherman Robinson. 1980. "The Structure of Income Inequality in Turkey in Turkey, 1950–1973." In *The Political Economy of Income Distribution in Turkey*, ed. Ergun Özbudun and Aydın Ulusan, 83–122. New York: Holmes and Meier.

Diaz Alejandro, Carlos. 1984. "Latin America in the 1930s." In *Latin America in the 1930s. The Role of the Periphery in the World Crisis*, ed. Rosemary Thorp, 17–49. London: Macmillan.

Di Maggio, Paul. 1992. "Culture and Economy." In *The Handbook of Economic Sociology*, ed. Neil J. Smelser and Richard Swedberg, 27–57. Princeton, NJ: Princeton University Press.

Duben, Alan, and Cem Behar. 1991. *Istanbul Households: Marriage, Family and Fertility, 1880–1940*. Cambridge and New York: Cambridge University Press.

Eichengreen, Barry. 2008. *Globalizing Capital: A History of the International Monetary System, Second Edition*. Princeton, NJ: Princeton University Press.

Eldem, Edhem. 1999. *A History of the Ottoman Bank*. Istanbul: Ottoman Bank Historical Research Center and History Foundation.

Eldem, Vedat. 1970. *Osmanlı İmparatorluğu'nun İktisadi Şartları Hakkında Bir Tetkik*. Istanbul: İş Bankası Yayınları.

———— 1994. *Harp ve Mütareke Yıllarında Osmanlı İmparatorluğu'nun Ekonomisi*. Ankara: Türk Tarih Kurumu.

Elmacı, Mehmet Emin. 2005. *İttihat-Terakki ve Kapitülasyonlar*. Istanbul: Homer Kitabevi.

Emrence, Cem. 2006. *99 Günlük Muhalefet, Serbest Cumhuriyet Fırkası*. Istanbul: İletişim Yayınları.

Engerman, Stanley L., and Kenneth L. Sokoloff. 2005. "Institutional and Non-Institutional

Explanations of Economic Differences." In *Handbook of New Institutional Economics*, ed. Claude Menard and Mary M. Shirley, 639–66. Dordrecht, Netherlands: Springer.

Environmental Performance Index. 2016. Yale University, https://epi.envirocenter.yale.edu.

Epstein, S. R. 2000. *Freedom and Growth, The Rise of States and Markets in Europe, 1300–1750*. London: Routledge.

Erder, Sema. 1999. "Where Do You Hail From? Localism and Networks in Istanbul." In *Istanbul, Between the Global and the Local*, ed. Çağlar Keyder, 161–72. Lanham, MD: Rowman & Littlefield.

Erdilek, Asım. 1982. *Direct Foreign Investment in Turkish Manufacturing*. Tübingen: Mohr.

Erickson, E. J. 2001. *Ordered to Die: A History of the Ottoman Empire in the First World War*. Westport, CT: Praeger.

Evans, Peter. 1995. *Embedded Autonomy: States and Industrial Transformation*. Princeton, NJ: Princeton University Press.

Evered, Kyle T., and Emine O. Evered. 2011. "Governing Population, Public Health and Malaria in the Early Turkish Republic." *Journal of Historical Geography* 37(1): 470–82.

Faroqhi, Suraiya. 1984. *Towns and Townsmen of Ottoman Anatolia: Trade, Crafts and Food Production in an Urban Setting*. Cambridge and New York: Cambridge University Press.

——— 2009. *Artisans of Empire: Crafts and Craftspeople Under the Ottomans*. London and New York: I.B. Tauris.

Filiztekin, Alpay, and İnsan Tunalı. 1999. "Anatolian Tigers: Are They for Real?." *New Perspectives on Turkey* 20: 77–106.

Findlay, Ronald, and Kevin O'Rourke. 2007. *Power and Plenty, Trade, War and the World Economy in the Second Millennium*. Princeton, NJ: Princeton University Press.

Findley, Carter. 1980. *Bureaucratic Reform in the Ottoman Empire: the Sublime Porte 1989–1922*. Princeton, NJ: Princeton University Press.

Fogel, Robert W. 2004. *Escape from Hunger and Premature Death, 1700 to 2010: Europe, America and the Third World*. Cambridge and New York: Cambridge University Press.

Fortna, Benjamin C. 2010. "The Ottoman Educational Legacy." In *Turkey's Engagement with Modernity, Conflict and Change in the Twentieth Century*, ed. Celia Karslake, Kerem Öktem, and Philip Robins, 15–26. Houndmills, Basingstoke: Palgrave Macmillan.

——— 2011. *Learning to Read in the Late Ottoman Empire and the Early Turkish Republic*. Houndmills, Basingstoke: Palgrave Macmillan.

Freedom House. 2016. *Freedom in the World 2016*; https://freedomhouse.org/report/freedom-world/freedom-world-2016.

Gatrell, Peter. 2005. "Poor Russia, Poor Show: Mobilising a Backward Economy for War, 1914–1917." In *The Economics of World War I*, ed. Stephen Broadberry and Mark Harrison, 235–75. Cambridge and New York: Cambridge University Press.

Gedikli, Fethi. 1998. *Osmanlı Şirket Kültürü: XVI.–XVIII. Yüzyıllarda Mudarabe Uygulaması*. İstanbul: İz Yayıncılık.

Gemici, Kurtuluş. 2012. "Rushing toward Currency Convertibility." *New Perspectives on Turkey* 47: 33–55.

Genç, Mehmet. 1989. "Osmanlı İktisadi Dünya Görüşünün İlkeleri." *İstanbul Üniversitesi Edebiyat Fakültesi Sosyoloji Dergisi*, 175–85. Istanbul: Istanbul University.

——— 1995. "Esham." *İslam Ansiklopedisi*, 11, 376–380. Ankara: Türk Diyanet Vakfı.

———— 2000. *Osmanlı İmparatorluğunda Devlet ve Ekonomi.* Istanbul: Ötüken Yayınları.

Gerber, Haim. 1987. *The Social Origins of the Modern Middle East.* Boulder, CO: Lynne Rienner.

———— 1994. *State, Society and Law in Islam: Ottoman Law in Comparative Perspective.* New York: State University of New York Press.

Gerschenkron, Alexander. 1962. *Economic Backwardness in Historical Perspective.* Cambridge, MA: Belknap Press.

Gilbar, Gad. 2003. "The Muslim Big Merchants–Entrepreneurs of the Middle East, 1860–1914." *Die Welt des Islams* 43(1): 1–36.

Gordon, Robert J. 2016. *The Rise and Fall of American Growth, The U.S. Standard of Living since the Civil War.* Princeton, NJ: Princeton University Press.

Granovetter, Mark. 1985. "Economic Action and Social Structure: The Problem of Embeddedness." *American Journal of Sociology* 91(3): 481–510.

Grant, Jonathan. 1999. "Rethinking the Ottoman 'Decline': Military Technology Diffusion in the Ottoman Empire, Fifteenth to Eighteenth Centuries." *Journal of World History* 10(1): 179–201.

Greenwood, Antony. 1988. "Istanbul's Meat Provisioning: A Study of the Celepkesan System." Ph.D. dissertation, University of Chicago.

Greif, Avner. 1994. "Cultural Beliefs and the Organization of Society: A Historical and Theoretical Reflection on Collectivist and İndividualist Societies." *Journal of Political Economy* 102(5): 912–50.

———— 2006. *Institutions and the Path to the Modern World Economy: Lessons from Medieval Trade.* Cambridge and New York: Cambridge University Press.

Guiso, Luigi, Paola Sapienza, and Luigi Zingales. 2006. "Does Culture Affect Economic Outcomes?" NBER Working Paper 11999. Cambridge, MA: National Bureau of Economic Research.

Güran, Tevfik. 1997. *Agricultural Statistics of Turkey during the Ottoman Period, 1909–1914.* Ankara: State Institute of Statistics.

———— 1998. *19. Yüzyıl Osmanlı Tarımı.* Istanbul: Eren Yayınları.

———— 2003. *Ottoman Financial Statistics, Budgets, 1841–1918.* Ankara: Devlet İstatistik Enstitüsü.

Gürkaynak, Refet, and Selin Sayek–Böke. 2012. "AKP döneminde Türkiye Ekonomisi." *Birikim* 296(1): 64–69.

Hacettepe Üniversitesi Nüfus Etütleri Enstitüsü. 2008. *Türkiye'nin Demografik Dönüşümü, 1968–2008.* Ankara: Hacettepe Üniversitesi Nüfus Etütleri Enstitüsü.

Haggard, Stephan, and Tobert R. Kaufman. 1992. *The Politics of Adjustment: International Constraints, Distributive Conflicts and the State.* Princeton, NJ: Princeton University Press.

Hall, Peter A., and David Soskice. 2001. *Varieties of Capitalism: The Institutional Foundations of Comparative Advantage.* Oxford and New York: Oxford University Press.

Hall, Robert E., and Charles I. Jones. 1999. "Why Do Some Countries Produce So Much More Output Per Worker Than Others?" *Quarterly Journal of Economics* 114(1): 83–116.

Hansen, Bent. 1991. *Egypt and Turkey: The Political Economy of Poverty, Equity and Growth.* Oxford and New York: Oxford University Press for the World Bank.

Helpman, Elhanan. 2004. *The Mystery of Economic Growth*. Cambridge, MA: Harvard University Press.

Heper, Metin. 1991. *Strong State and Economic Interest Groups. The Post-1980 Turkish Experience*. Berlin and New York: Walter de Gruyter.

Hershlag, Z. Y. 1968. *Turkey: The Challenge of Growth*. Leiden: Brill.

Hillman, Henning. 2013. "Economic Institutions and the State: Insights from Economic History." *Annual Review of Sociology* 39: 251–73.

Hirsch, Eva, and Abraham Hirsch. 1963. "Changes in Agricultural Output Per Capita of Rural Population in Turkey, 1927–1960." *Economic Development and Cultural Change* 11 (4): 372–94.

———— 1966. "Changes in Terms of Trade of Farmers and Their Effect on Real Farm Income Per Capita of Rural Population in Turkey, 1927–1960." *Economic Development and Cultural Change* 14(4): 440–57.

Hirschman, Albert O. 1968. "The Political Economy of Import-Substituting Industrialization in Latin America." *Quarterly Journal of Economics* 82(1): 1–26.

Hobsbawm, Eric. 1968. *Industry and Empire: From 1750 to the Present Day. The Pelican Economic History of Britain*. Hammondsworth, Middlesex: Penguin Books.

Hourani, Albert. 1966. "Ottoman Reform and the Politics of Notables." In *The Modern Middle East*, ed. Albert Hourani, Philip S. Khoury, and M. C. Wilson, 83–110. London and New York: I.B. Tauris.

Imber, Colin. 2002. *The Ottoman Empire, 1300–1650. The Structure of Power*. Houndmills, Basingstoke: Palgrave Macmillan.

Imrohoroglu, Ayşe, Selahattin Imrohoroglu, and Murat Üngör. 2014. "Agricultural Productivity and Growth in Turkey." *Macroeconomic Dynamics* 18(5): 998–1017.

İnalcık, Halil. 1969. "Capital Accumulation in the Ottoman Empire." *Journal of Economic History* 29(1): 97–140.

———— 1970. "The Ottoman Economic Mind and Aspects of the Ottoman Economy." In *Studies in the Economic History of the Middle East*, ed. M. A. Cook, 207–18. Oxford and New York: Oxford University Press.

———— 1971. "İmtiyazat: the Ottoman Empire." *Encyclopedia of Islam*, second edition. Leiden: Brill, Vol. 3, pp. 1179–89.

———— 1973. "Applications of the Tanzimat and Its Social Effects." *Archivum Ottomanicum* 97–128.

———— 1980. "Military and Fiscal Transformation in the Ottoman Empire, 1600–1700." *Archivum Ottomanicum* 6, 283–337.

———— 1992. "The Ottoman Market in Cotton Fabrics, India and England: The Role of the Cost of Labor in Commercial Rivalry." In *The Middle East and the Balkans Under the Ottoman Empire, Essays on Economy and Society*, ed. H. Inalcik, 254–306. Bloomington: Indiana University Press.

———— 1994. "The Ottoman State: Economy and Society, 1300–1600." In *An Economic and Social History of the Ottoman Empire, 1300–1914*, ed. Halil İnalcık and Donald Quataert, Part I, 11–409. Cambridge and New York: Cambridge University Press.

İnalcık, Halil, and Mehmet Seyitdanlıoğlu. 2006. *Tanzimat: Değişim Sürecinde Osmanlı İmparatorluğu*. Ankara: Phoenix Yayınevi.

İslamoğlu, Huri. 2004. *Constituting Modernity: Private Property in the East and West*. London and New York: I.B. Tauris.

İsmihan, Mustafa, and Metin Özcan Kıvılcım. 2006. "Türkiye Ekonomisinde Büyümenin Kaynakları, 1960–2004." *İktisat, İşletme ve Finans* 21(241): 74–86.

Issawi, Charles. 1980. *The Economic History of Turkey, 1800–1914*. Chicago: University of Chicago Press.

———— 1981. "Egypt, Iran and Turkey, 1800–1970: Patterns of Growth and Development." In *Disparities in Economic Development Since the Industrial Revolution*, ed. Paul Bairoch ve Maurice Levy-Leboyer, 65–77. New York: St. Martin's Press.

———— 1982. *An Economic History of the Middle East*. New York: Columbia University Press.

Jennings, Ronald C. 1973. "Loans and Credit in Early 17th Century Ottoman Judicial Records." *Journal of the Economic and Social History of the Orient* 16(2/3): 168–216.

Johnson, Noel D., and Mark Koyama. 2017. "States and Economic Growth: Capacity and Constraints." *Explorations in Economic History* 64: 1–20.

Karakışla, Yavuz Selim. 1995. "The Emergence of the Ottoman Industrial Working Class." In *Workers and the Working Class in the Ottoman Empire and the Turkish Republic, 1839–1950*, ed. Donald Quataert and Erik Jan Zürcher, 19–34. London and New York: I.B. Tauris.

Karakoç, Ulaş, Şevket Pamuk, and Laura Panza. 2017. "Industrialization in Egypt and Turkey, 1870–2010." In *The Spread of Modern Industry to the Periphery since 1871*, ed. Kevin Hjortshoj O'Rourke and Jeffrey Gale Williamson, 142–65. Oxford and New York: Oxford University Press.

Karaman, Kıvanç, and Şevket Pamuk. 2010. "Ottoman State Finances in Comparative European Perspective, 1500–1914." *Journal of Economic History* 70(3): 593–627.

Karaömerlioğlu, Asım. 1998. "The Village Institutes Experience in Turkey." *British Journal of Middle Eastern Studies* 25(1): 47–73.

———— 2006. *Orada Bir Köy Var Uzakta / Erken Cumhuriyet Döneminde Köycü Söylem*. Istanbul: İletişim Yayınları.

Karpat, Kemal. 1976. *The Gecekondu, Rural Migration and Urbanization*. Cambridge and New York: Cambridge University Press.

———— 1985a. *Ottoman Population: 1830–1914, Demographic and Social Characteristics*. Madison: University of Wisconsin Press.

———— 1985b. "The Ottoman Emigration to America." *International Journal of Middle East Studies* 17(2): 175–209.

———— 2001. *The Politicization of Islam. Reconstructing Identity State, Faith and Community in Late Ottoman State*. Oxford and New York: Oxford University Press.

Kasaba, Reşat. 1988. *The Ottoman Empire and the World Economy: The Nineteenth Century*. Albany: State University of New York Press.

———— 2008. *Turkey in the Modern World, Volume 4, Cambridge History of Modern Turkey*. Cambridge and New York: Cambridge University Press.

———— 2009. *A Movable Empire: Ottoman Nomads, Migrants and Refugees*. Seattle and London: University of Washington Press.

Kazgan, Gülten. 1977. "Türk Ekonomisinde 1927–35 Depresyonu, Kapital Birikimi ve Örgütleşmeler." İktisadi ve Ticari İlimler Akademisi Derneği Istanbul Şubesi. *Atatürk Döneminin Ekonomik ve Toplumsal Sorunları*, 231–74. Istanbul: Murat Matbaacilik.

Kazgan, Gülten. 2005. *Türkiye Ekonomisinde Krizler (1929–2001)*. Istanbul: İstanbul Bilgi Üniversitesi Yayınları.

Kazgan, Haydar. 1980. "İkinci Sultan Mahmut Devrinde Enflasyon ve Darphane Amiri Kazaz Artin." *Toplum ve Bilim* 11: 115–30.

———— 1995. *Osmanlıda Avrupa Finans Kapitali*. Istanbul: Yapı Kredi Yayınları.

Kemp, Tom. 1983. *Industrialization in the Non-Western World*. London and New York: Longman.

———— 1993. *Historical Patterns of Industrialization*. London and New York: Longman.

Keyder, Çağlar. 1979. "Osmanlı Ekonomisi ve Osmanlı Maliyesi, 1881–1914." *Toplum ve Bilim* 8, pp. 37–48.

———— 1981. *The Definition of a Peripheral Economy: Turkey, 1923–1929*. Cambridge and New York: Cambridge University Press.

———— 1987. *State and Class in Turkey. A Study in Capitalist Development*. London and New York: Verso.

———— ed. 1999. *Istanbul, Between the Global and the Local*. Lanham, MD: Rowman & Littlefield.

Keyder, Çağlar, Eyüp Özveren, and Donald Quataert. 1993. "Port Cities in the Ottoman Empire." *Review (Fernand Braudel Center)*, 10: 519–58.

Keyder, Çağlar, and Faruk Tabak. 1991. *Landholding and Commercial Agriculture in the Middle East*. Albany: State University of New York Press.

Keyder, Çağlar, and Zafer Yenal. 2011. "Agrarian Change Under Globalization: Markets and Insecurity in Turkish Agriculture." *Journal of Agrarian Change* 11(1): 60–86.

Kindleberger, Charles. 1986. *The World in Depression, 1929–1939*. Berkeley and Los Angeles: University of California Press.

Kingston, Christopher, and Gonzalo Caballero. 2009. "Comparing Theories of Institutional Change." *Journal of Institutional Economics* 5(2): 151–80.

Kıray, Emine Z. 1988. "Foreign Debt and Structural Change in 'The Sick Man of Europe'— The Ottoman Empire, 1850–1875." PhD dissertation, Massachusetts Institute of Technology.

Kırdar, Murat. 2009. "Explaining Ethnic Disparities in School Enrollment in Turkey." *Economic Development and Cultural Change* 57(2): 297–333.

Kırdar, Murat, and Şirin Saraçoglu. 2008. "Migration and Regional Convergence: An Empirical Investigation for Turkey." *Papers in Regional Science* 87(4): 545–66.

Kirişci, Kemal. 2008. "Migration and Turkey: The Dynamics of State, Society and Politics." In *Turkey in the Modern World, Volume 4, The Cambridge History of Turkey*, ed. Reşat Kasaba, 175–98. Cambridge and New York: Cambridge University Press.

Kirişci, Kemal, and Gareth Winrow. 1997. *The Kurdish Question and Turkey. An Example of a Trans-State Ethnic Conflict*. London and Portland, OR: Frank Cass.

Knight, Jack. 1992. *Institutions and Social Conflict*. Cambridge and New York: Cambridge University Press.

Kocabaşoğlu, Uygur. 2001. *Türkiye İş Bankası Tarihi*. Istanbul: İş Bankası Kültür Yayınları.

Kuran, Timur. 2011. *The Long Divergence: How Islamic Law Held Back the Middle East*. Princeton, NJ: Princeton University Press.

Kurmuş, Orhan. 1974. *The Role of British Capital in the Economic Development of Western Anatolia 1850–1913*. PhD thesis, University of London.

———— 1983. "The 1838 Treaty of Commerce Re-examined." In *Economie et Société dans l'Empire Ottoman*, ed. J.-L. B. Grammont and Paul Dumont, 411–17. Paris: CNRS.

———— 1987. "The Cotton Famine and Its Effects on the Ottoman Empire." In *The Ottoman Empire and the World Economy*, ed. Huricihan Islamoglu-Inan, 160–69. Cambridge and New York: Cambridge University Press.

Kurt, Mustafa, Kemalettin Kuzucu, Baki Çakır, and Kemal Demir. 2016. "19. Yüzyılda Osmanlı Sanayileşmesi Sürecinde Kurulan Devlet Fabrikaları, Bir Envanter Çalışması." *OTAM, Ankara Üniversitesi Osmanlı Tarihi Araştırma Merkezi Dergisi* 40: 245–77.

Kuruç, Bilsay. 2011. *Mustafa Kemal Döneminde Ekonomi, Büyük Devletler ve Türkiye*. Istanbul: Istanbul Bilgi Üniversitesi Yayınları.

Kuznets, Simon. 1955. "Economic Growth and Income Inequality." *American Economic Review* 45(1): 1–28.

———— 1966. *Modern Economic Growth*. New Haven, CT: Yale University Press.

Leonard, Carol, and Jonas Ljungberg. 2010. "Population and Living Standards, 1870–1914." In *The Cambridge Economic History of Modern Europe, Volume 2: 1870 to the Present*, ed. Stephen Broadberry and Kevin H. O'Rourke, 232–63. Cambridge and New York: Cambridge University Press.

Lewis, W. A. 1954. "Economic Development with Unlimited Supplies of Labour." *Manchester School* 22(2): 139–91.

Lindert, Peter H. 2004. *Growing Public: Social Spending and Economic Growth since the Eighteenth Century*, 2 volumes. Cambridge and New York: Cambridge University Press.

Livi-Bacci, Massimo. 2017. *A Concise History of World Population*, Sixth Edition. Oxford: Wiley Blackwell.

Maddison, Angus. 1985. *Two Crises, Latin America and Asia: 1929–38 and 1973–83*. Paris: OECD Development Studies Center.

———— 2003. *The World Economy: Historical Statistics*. Paris: OECD Development Studies Center.

———— 2007. *Historical Statistics for the World Economy, 1–2005*. Paris: OECD Development Studies Center.

Makal, Ahmet. 1999. *Türkiye'de Tek Partili Dönemde Çalışma İlişkileri, 1923–1946*. Ankara: İmge Yayınevi.

———— 2002. *Türkiye'de Çok Partili Dönemde Çalışma İlişkileri, 1946–1963*. Ankara: İmge Yayınevi.

Mandaville, J. E. 1979. "Usurious Piety: The Cash Waqf Controversy in the Ottoman Empire." *International Journal of Middle East Studies* 10(3): 289–308.

Mardin, Şerif. 1973. "Center-Periphery Relations: A Key to Turkish Politics?" *Deadalus* 102(1): 169–90.

McCarthy, Justin. 1983. *Muslims and Minorities: The Population of Ottoman Anatolia and the End of the Empire*. New York: New York University Press.

———— 2002. *Population History of the Middle East and the Balkans*. Istanbul: Isis Press.

Metinsoy, Murat. 2007. *İkinci Dünya Savaşında Türkiye: Savaş ve Gündelik Yaşam*. Istanbul: Homer Kitabevi.

Milanovich, Branko. 2005. *Worlds Apart: Measuring International and Global Inequality*. Princeton, NJ: Princeton University Press.

Milanovich, Branko. 2016. *Global Inequality: A New Approach for the Age of Globalization.* Cambridge, MA: Belknap Press of Harvard University Press.

Milor, Vedat. 1990. "The Genesis of Planning in Turkey." *New Perspectives on Turkey* 4: 1–30.

Mokyr, Joel. 2009. *The Enlightened Economy: An Economic History of Britain, 1700–1850.* New Haven, CT: Yale University Press.

——— 2017. *A Culture of Growth: The Origins of the Modern Economy.* Princeton, NJ, and Oxford: Princeton University Press.

Mutlu, Servet. 1996. "The Southeastern Anatolia Project (GAP) in Turkey." *Orient* 37: 59–86.

Nordhaus, William D. 1997. "Do Real-Output and Real-Wage Measures Capture Reality? The History of Lighting Suggests Not." In *The Economics of New Goods*, Studies in Income and Wealth, Vol. 58, ed. Timothy F. Breneshan and Robert J. Gordon, 29–70. Chicago: University of Chicago Press for NBER.

North, Douglass C. 1981. *Structure and Change in Economic History.* New York and London: Norton.

——— 1990. *Institutions, Institutional Change, and Economic Performance.* Cambridge and New York: Cambridge University Press.

North, Douglass C., John Josep Wallis, and Barry R. Weingast. 2009. *Violence and Social Orders: A Conceptual Framework for Interpreting Recorded Human History.* Cambridge and New York: Cambridge University Press.

Nunn, Nathan. 2009. "The Importance of History for Economic Development." *Annual Review of Economics* 1: 65–92.

O'Brien, Patrick. 2011. "The Nature and Historical Evolution of an Exceptional Fiscal State and Its Possible Significance for the Industrialization of the British Economy." *Economic History Review* 64(2): 408–46.

OECD. 2015. PISA 2015 Key Findings for Turkey; http://www.oecd.org/turkey/pisa-2015-turkey.htm.

Ogilvie, Sheilagh. 2011. *Institutions and European Trade: Merchant Guilds, 1000–1800.* Cambridge and New York: Cambridge University Press.

Ogün, Tuncay. 1999. *Kafkas Cephesinin I. Dünya Savaşı'ndaki Lojistik Desteği.* Ankara: Atatürk Araştırma Merkezi.

Ökçün, Gündüz A. 1968. *Türkiye İktisat Kongresi, 1923–İzmir, Haberler, Belgeler, Yorumlar.* Ankara: Ankara Üniversitesi Siyasal Bilgiler Fakültesi Yayınları.

——— 1970. *Osmanlı Sanayii, 1913–1915 Yılları Sanayi İstatistiki.* Ankara: Tarihi İstatistikler Dizisi, Devlet İstatistik Enstitüsü.

——— 1982. *Tatil-i Eşgal Kanunu, 1909, Belgeler-Yorumlar.* Ankara: Ankara Üniversitesi Siyasal Bilgiler Fakültesi Yayınları.

——— 1983. *Tarımda Çalışma ve Ekme Yükümlülüğü, 1914–1922.* Ankara: Ankara Üniversitesi Yayınları.

Ökte, Faik. 1951. *Varlık Vergisi Faciası.* Istanbul: Nebioğlu Yayınevi.

Ökten, Çiğdem. 2006. "Privatization in Turkey: What Has Been Achieved?" In *The Turkish Economy: The Real Economy, Corporate Governance and Reform*, ed. Sumru Altuğ and Alpay Filiztekin, 227–51. London: Routledge.

Okyar, Osman. 1987. "A New Look at the Problem of Economic Growth in the Ottoman Empire, 1800–1914." *Journal of European Economic History* 16(1): 7–49.

Olson, Mancur. 1965. *The Logic of Collective Action, Public Goods and the Theory of Groups*. Cambridge, MA: Harvard University Press.

Öncü, Ayşe. 1980. "Chambers of Industry in Turkey, An Inquiry into State-Industry Relations as a Distributive Domain." In *The Political Economy of Income Distribution in Turkey*, ed. Ergun Özbudun and Aydin Ulusan, 455–80. New York: Holmes and Meier.

───── 1988. "The Politics of the Urban Land Market in Turkey: 1950–1980." *International Journal of Urban and Regional Research* 12(1): 38–64.

Öniş, Ziya. 1991. "The Logic of the Developmental State." *Comparative Politics* 24 (1): 109–26.

───── 2003. "Domestic Politics Versus Global Dynamics: Towards a Political Economy of the 2000 and 2001 Financial Crises in Turkey." *Turkish Studies* 4(2): 1–30.

───── 2004. "Turgut Özal and His Economic Legacy: Turkish Neo-Liberalism in Critical Perspective." *Middle Eastern Studies* 40(4): 113–34.

───── 2009. "Conservative Globalism at the Crossroads: The Justice and Development Party and the Thorny Road to Democratic Consolidation." *Mediterranean Politics* 14(1): 21–40.

Öniş, Ziya, and Canan Bakır. 2007. "Turkey's Political Economy in the Age of Financial Globalization: The Significance of the EU Anchor." *South European Society and Politics* 12(2): 1–29.

Öniş, Ziya, and Fikret Şenses. 2005. "Rethinking the Emerging Post–Washington Consensus." *Development and Change* 36(2): 263–90.

───── 2007. "Global Dynamics, Domestic Coalitions and a Reactive State: Major Policy Shifts in Post–War Turkish Economic Development." *METU Studies in Development* 34: 251–86.

───── 2009. *Turkey and the Global Economy: Neoliberal Restructuring and Integration in the Post-crisis Era*. London: Routledge.

Ortaylı, İlber. 1983. *İmparatorluğun En Uzun Yüzyılı*. Istanbul: Hil Yayınları.

Osterhammel, Jürgen. 2014. *The Transformation of the World: A Global History of the Nineteenth Century*. Princeton, NJ: Princeton University Press.

Owen, Roger. 1969. *Cotton and the Egyptian Economy, 1820–1914*. Oxford and New York: Oxford University Press.

───── 1981. *The Middle East in the World Economy 1800–1914*. London and New York: Methuen.

Özatay, Fatih. 2009. *Finansal Krizler ve Türkiye*. Istanbul: Doğan Kitap.

Özbek, Nadir. 2003. "Kemalist Rejim ve Popülizmin Sınırları. Büyük Buhran ve Buğday Alım Politikaları, 1931–1937." *Toplum ve Bilim* 96: 219–38.

───── 2012. "The Politics of Taxation and the 'Armenian Question' during the Late Ottoman Empire, 1876–1908." *Comparative Studies in Society and History* 54(4): 770–97.

───── 2015. *İmparatorluğun Bedeli, Osmanlı'da Vergi, Siyaset ve Toplumsal Adalet (1839–1908)*. Istanbul: Boğaziçi Üniversitesi Yayınları.

Özbudun, Ergun. 1996. "The Continuing Ottoman Legacy and State Tradition in the Middle East." In *Imperial Legacy: The Ottoman Imprint on the Balkans and the Middle East*, ed. L. Carl Brown, 133–57. New York: Columbia University Press.

Özel, Işık, and Şevket Pamuk. 1998. "Osmanlı'dan Cumhuriyet'e Kişi Başına Üretim ve Milli Gelir, 1907–1950." In *75 Yılda Para'nın Serüveni*, ed. Mustafa Sönmez, 83–90. Istanbul: Tarih Vakfı Yayınları.

Özmucur, Süleyman, and Şevket Pamuk. 2002. "Real Wages and Standards of Living in the Ottoman Empire, 1489–1914." *Journal of Economic History* 62(2): 292–321.

Öztürk, Nazif. 1995. *Türk Yenileşme Tarihi Çerçevesinde Vakıf Müessesesi*. Ankara: Türkiye Diyanet Vakfı Yayınları.

Özvar, Erol. 2003. *Osmanlı Maliyesinde Malikâne Uygulaması*. Istanbul: Kitabevi Yayınları.

Özyüksel, Murat. 2011. "Rail and Rule, Railway Building and Railway Politics in the Ottoman Empire." In *Comparing Empires: Encounters and Transfers in the Long Nineteenth Century*, ed. J. Leonhard and U. von Hirschhausen, 109–36. Göttingen: Vandenhoeck & Ruprecht.

——— 2016. *The Berlin Baghdad Railway and the Ottoman Empire: Industrialization, Imperial Germany and the Middle East*. London and New York: I.B. Tauris.

Paine, Suzanne. 1974. *Exporting Workers: The Turkish Case*. Cambridge and New York: Cambridge University Press.

Palma, Jose Gabriel. 2011. "Homogeneous Middles vs. Heterogeneous Tails, and the End of the Inverted-U: It Is All About the Share of the Rich." *Development and Change* 42(1): 87–153.

Pamuk, Şevket. 1987. *The Ottoman Empire and European Capitalism, 1820–1913: Trade, Investment and Production*. Cambridge and New York: Cambridge University Press.

——— 1991. "War, State Economic Policies and Resistance by Agricultural Producers in Turkey, 1939–1945." In *Peasant Politics in the Modern Middle East*, ed. John Waterbury and Farhad Kazemi, 125–42. Gainesville: University Press of Florida.

——— 2000. *A Monetary History of the Ottoman Empire*. Cambridge and New York: Cambridge University Press.

——— 2004. "Institutional Change and the Longevity of the Ottoman Empire, 1500–1800." *Journal of Interdisciplinary History* 35(2): 225–47.

——— 2005. "The Ottoman Economy in World War I." In *The Economics of World War I*, ed. Stephen Broadberry and Mark Harrison, 112–36. Cambridge and New York: Cambridge University Press.

——— 2006. "Estimating Economic Growth in the Middle East since 1820." *Journal of Economic History* 66(3): 809–28.

——— 2008. "Agricultural Output and Productivity Growth in Turkey since 1880." In *Agriculture and Economic Development in Europe since 1870*, ed. P. Lains and V. Pinilla, 375–96. London and New York: Routledge.

——— 2009. "Estimating GDP per Capita for the Ottoman Empire in a European Comparative Framework, 1500–1800." Paper presented at the 15th World Economic History Congress, August, Utrecht.

——— 2012. "The Evolution of Fiscal Institutions in the Ottoman Empire, 1500–1914." In *The Rise of Fiscal States. A Global History*, ed. Bartolome Yun-Casalilla, Patrick O'Brien, and Francisco Comin Comin, 304–31. Cambridge and New York: Cambridge University Press.

Pamuk, Şevket, and Jeffrey G. Williamson. 2011. "Ottoman De-Industrialization 1800–1913: Assessing the Magnitude, Impact and Response." *Economic History Review* 64(1): 159–84.

Panza, Laura. 2014. "De-industrialization and Re-industrialization in the Middle East: Reflections on the Cotton Industry in Egypt and in the Izmir Region." *Economic History Review* 67(1): 146–69.

Panza, Laura, and Jeffrey G. Williamson. 2015. "Did Muhammad Ali Foster Industrialisation in 19th Century Egypt?" *Economic History Review* 68(1): 79–100.

Panzac, Daniel. 1985. *La peste dans L'empire Ottoman, 1700–1850*. Leuven: Editions Peeters.

Parvus, Efendi. 1977. *Türkiye'nin Mali Tutsaklığı*. Istanbul: May Yayınları.

Piketty, Thomas. 2014. *Capital in the Twenty-First Century*. Cambridge, MA: Belknap Press.

Platteau, Jean–Philippe. 1994. "Behind the Market Stage Where Real Societies Exist—Part I: The Role of Public and Private Order Institutions." *Journal of Development Studies* 30(3): 533–77.

———— 2000. *Institutions, Social Norms and Economic Development*. Amsterdam: Harwood Academic.

———— 2011. "Political Instrumentalization of Islam and the Risk of Obscurantist Deadlock." *World Development* 39(2): 243–60.

———— 2017. *Islam Instrumentalized: Religion and Politics in Historical Perspective*. Cambridge and New York: Cambridge University Press.

Prest, Alan Richmond. 1948. *War Economics of Primary Producing Countries*. Cambridge and New York: Cambridge University Press.

Preston, Samuel. 1975. "The Changing Relationship Between Mortality and the Level of Economic Development." *Population Studies* 29(2): 231–48.

Prichett, Lant. 1997. "Divergence, Big Time." *Journal of Economic Perspectives* 11(3): 3–17.

Przeworski, Adam. 2004. "The Last Instance: Are Institutions the Primary Cause of Economic Development?" *European Journal of Sociology* 45(2): 165–88.

Puryear, Vernon J. 1969. *International Economics and Diplomacy in the Near East*. Stanford, CA: Archon Books.

Quataert, Donald. 1975. "Dilemma of Development: The Agricultural Bank and Agricultural Reform in Ottoman Turkey, 1888–1908." *International Journal of Middle East Studies* 6(2): 210–27.

———— 1977. "Limited Revolution: The Impact of the Anatolian Railway on Turkish Transportation and the Provisioning of Istanbul, 1890–1908." *Business History Review* 51(2): 139–59.

———— 1983. *Social Disintegration and Popular Resistance in the Ottoman Empire, 1881–1908: Reactions to European Economic Penetration*. New York: New York University Press.

———— 1992. *Manufacturing and Technology Transfer in the Ottoman Empire, 1800–1914*. Istanbul: Isis Press.

———— 1993a. *Ottoman Manufacturing in the Age of Industrial Revolution*. Cambridge and New York: Cambridge University Press.

———— 1993b. "Women, Households and Textile Manufacturing, 1800–1914." In *The Modern Middle East*, ed. Albert Hourani, Philip S. Khoury, and Mary C. Wilson, 255–70. London and New York: I.B. Tauris.

———— 1994. "The Age of Reforms." In *An Economic and Social History of the Ottoman Empire, 1600–1914*, ed. Halil İnalcık and Donald Quataert, 761–933. Cambridge and New York: Cambridge University Press.

Quataert, Donald, and Erik Jan Zürcher. 1995. *Workers and the Working Class in the Ottoman Empire and the Turkish Republic, 1839–1950*. London and New York: I.B. Tauris.

Reinhart, Carmen M., and Kenneth Rogoff. 2009. *This Time Is Different: Eight Centuries of Financial Folly*. Princeton, NJ: Princeton University Press.

Richards, Alan, and John Waterbury. 2008. *A Political Economy of the Middle East*. Third Edition. Boulder, CO: Westview Press.

Riley, James C. 2001. *Rising Life Expectancy: A Global History*. Cambridge and New York: Cambridge University Press.

Rodrik, Dani. 1990. "Premature Liberalization, Incomplete Stabilization. The Özal Decade in Turkey." In *Lessons of Economic Stabilization and Its Aftermath*, ed. Michael Bruno, Stanley Fischer, and Elhanan Helpman, 323–53. Cambridge, MA: MIT Press.

———. 2011. *The Globalization Paradox*. New York: Norton.

——— 2015. "Premature Deindustrialization." NBER Working Paper 20935. Cambridge, MA: National Bureau of Economic Research.

Rodrik, Dani, Arvind Subramanian, and Francesco Trebbi. 2004. "Institutions Rule: The Primacy of Institutions over Geography and Integration in Economic Development." *Journal of Economic Growth* 9(2): 131–65.

Roland, Gerard. 2004. "Understanding Institutional Change: Fast-Moving and Slow-Moving Institutions." *Studies in Comparative International Development* 38(4): 109–31.

Rothermund, Dietmar. 1996. *The Global Impact of the Great Depression, 1929–1939*. London: Routledge.

Rubin, Jared. 2011. "Institutions and the Rise of Commerce and the Persistence of Laws: Interest Restrictions in Islam and Christianity." *Economic Journal* 121 (557): 1310–39.

——— 2017. *Rulers, Religion and Riches: Why the West Got Rich and the Middle East Did Not*. Cambridge and New York: Cambridge University Press.

Salzman, Ariel. 1993. "An Ancien Regime Revisited: Privatization and Political Economy in the Eighteenth-Century Ottoman Empire." *Politics and Society* 21(4): 393–423.

Sayarı, Sabri. 1977. "Political Patronage in Turkey." In *Patrons and Clients in Mediterranean Societies*, ed. Ernest Gellner and John Waterbury, 103–13. London: Duckworth.

——— 2014. "Interdisciplinary Approaches to Political Clientelism and Patronage in Turkey." *Turkish Studies* 15(4): 655–70.

Saygılı, Şeref, Cengiz Cihan, and Hasan Yurtoğlu. 2005. *Türkiye Ekonomisinde Sermaye Birikimi, Büyüme ve Verimlilik, 1972–2003*. Ankara: Devlet Planlama Teşkilatı.

Schoenberg, Philip Ernest. 1977. "The Evolution of Transport in Turkey under Ottoman Rule, 1856–1918." *Middle Eastern Studies* 13(3): 359–72.

Sen, Amartya. 1981. *Poverty and Famines*. Oxford and New York: Oxford University Press.

——— 2001. *Development as Freedom*. Oxford and New York: Oxford University Press.

Şenses, Fikret. 2012. "Turkey's Experience with Neoliberal Policies since 1980 in Retrospect and Prospect." *New Perspectives on Turkey* 47: 11–31.

Shaw, Stanford J. 1962. *The Financial and Administrative Development of Ottoman Egypt, 1517–1798*. Princeton, NJ: Princeton University Press.

——— 1971. *Between the Old and the New: The Ottoman Empire under Selim III, 1789–1807*. Cambridge, MA: Harvard University Press.

——— 1975. "The Nineteenth Century Ottoman Tax Reforms and Revenue System." *International Journal of Middle East Studies* 6(4): 421–59.

——— 1978. "The Ottoman Census System and Population, 1831–1914." *International Journal of Middle East Studies* 9(3): 325–38.

Shorter, Frederic C. 1985. "The Population of Turkey after the War of Independence." *International Journal of Middle East Studies* 17(4): 417–41.

Shorter, Frederic C., and Miroslav Macura. 1983. *Türkiye'de Nüfus Artışı (1935–1975), Doğurganlık ve Ölümlülük Eğilimleri*. Ankara: Yurt Yayınları.

Sokoloff, Kenneth L., and Stanley L. Engerman. 2000. "History Lessons: Institutions, Factors Endowments and Paths of Development in the New World." *Journal of Economic Perspectives* 14(3): 217–32.

Somel, Selçuk Akşin. 2001. *The Modernization of Public Education in the Ottoman Empire, Islamization, Autocracy and Discipline, 1839–1908*. Leiden: Brill.

Sönmez, Ümit. 2011. *Piyasanın İdaresi, Neoliberalizm ve Bağımsız Düzenleyici Kurumların Anatomisi*. Istanbul: İletişim Yayınları.

Srinivasan, T. N. 1994. "Human Development: A New Paradigm or Reinvention of the Wheel." *American Economic Review* 84(2): 238–43.

Starr, June. 1979. *Law and Social Transformation in Aegean Turkey*. New Delhi: Skinnycats.

Starr, June, and Jonathan Pool. 1974. "The Impact of a Legal Revolution in Rural Turkey." *Law and Society Review* 8(4): 533–60.

Stiglitz, Joseph, Amartya Sen, and Jean-Paul Fitoussi. 2010. *Mismeasuring Our Lives: Why GNP Doesn't Add Up*. New York: New Press.

Stiglitz, Joseph, and Justin Yifu Lin, eds. 2013. *The Industrial Policy Revolution: The Role of Government Beyond Ideology*. New York: Palgrave Macmillan.

Sunar, İlkay. 1990. "Populism and Patronage: The Democrat Party and Its Legacy in Turkey." *Il Politico* 55 (4): 745–57.

Tabellini, Guido. 2010. "Culture and Institutions: Economic Development in the Regions of Europe." *Journal of the European Economic Association* 8(4): 677–716.

Tansel, Ayşe. 2001. "Economic Development and Female Labor Force Participation in Turkey: Time Series Evidence and Cross-Province Estimates." *Economic Research Forum*, Cairo, Working Paper, No. 124.

Tansel, Aysıt. 2002. "Determinants of School Attainment of Boys and Girls in Turkey, Individual, Household and Community Factors." *Economics of Education Review* 21 pp. 455–70.

Tansel, Aysıt, and Nil Demet Güngör. 1997. "The Educational Attainment of Turkey's Labor Force: A Comparison Across Provinces and Over Time." *METU Studies in Development* 24(4): 531–47.

Taymaz, Erol, and Ebru Voyvoda. 2012. "Marching to the Beat of a Late Drummer: Turkey's Experience of Neoliberal Industrialization since 1980." *New Perspectives on Turkey* 47: 83–111.

Tekeli, İlhan, and Selim İlkin. 1977. *1929 Dünya Buhranında Türkiye'nin İktisadi Politika Arayışları*. Ankara: Orta Doğu Teknik Üniversitesi.

——— 1982. *Uygulamaya Geçerken Türkiye'de Devletçiliğin Oluşumu*. Ankara: Orta Doğu Teknik Üniversitesi.

——— 1993. *Osmanli İmparatorluğunda Eğitim ve Bilgi Üretim Sisteminin Oluşumu ve Dönüşümü*. Ankara: Türk Tarih Kurumu Basımevi.

——— 2004a. "Osmanlı İmparatorluğu'nun Birinci Dünya Savaşı'ndaki Ekonomik Düzenlemeleri içinde İaşe Nezareti ve Kara Kemal Bey'in Yeri." *Cumhuriyetin Harcı, c. II: Köktenci Modernitenin Ekonomik Politikasının Gelişimi*, ed. İlhan Tekeli and Selim İlkin, 1–44. Istanbul: İstanbul Bilgi Üniversitesi Yayınları.

Tekeli, İlhan, and Selim İlkin. 2004b. "Savaşmayan Ülkenin Savaş Ekonomisi: Üretimden Tüketime Pamuklu Dokuma." *Cumhuriyetin Harcı, c. II: Köktenci Modernitenin Ekonomik Politikasının Gelişimi*, ed. İlhan Tekeli and Selim İlkin, 409–64. Istanbul: İstanbul Bilgi Üniversitesi Yayınları.

———— 2004c. "Cumhuriyetin Demiryolu Politikalarının Oluşumu ve Uygulanması." *Cumhuriyetin Harcı, vol. III: Modernitenin Altyapısı Oluşurken*, ed. İlhan Tekeli and Selim İlkin, 271–324. Istanbul: İstanbul Bilgi Üniversitesi Yayınları.

———— 2004d. "Türkiye'de Demiryolu Öncelikli Ulaşım Politikasından Karayolları Öncelikli Ulaşım Politikasına Geçiş (1923–1957)." *Cumhuriyetin Harcı, vol. III: Köktenci Modernitenin Ekonomik Politikasının Gelişimi*, ed. İlhan Tekeli and Selim İlkin, 369–432. Istanbul: İstanbul Bilgi Üniversitesi Yayınları.

———— 2014. *İktisat Politikaları ve Uygulamalarıyla İkinci Dünya Savaşı Türkiyesi*. Istanbul: İletişim Yayinlari.

Tekin, Ali. 2006. "Turkey's Aborted Attempt at Export-Led Strategy: Anatomy of the 1970 Economic Reform." *Middle Eastern Studies* 42(1): 133–63.

Temin, Peter. 1996. *Lessons from the Great Depression*. Cambridge, MA: MIT Press.

Tezcan, Baki. 2010. *The Second Ottoman Empire: Political and Social Transformation in the Early Modern World*. Cambridge and New York: Cambridge University Press.

Tezel, Yahya S. 1986. *Cumhuriyet Döneminin İktisadi Tarihi (1923–1950)*. Ankara: Yurt Yayınları.

Thobie, Jacques. 1977. *Interests et imperialisme dans l'empire ottoman (1895–1914)*. Paris: Publications de la Sorbonne.

Thornburg, Max Weston. 1949. *Turkey: An Economic Appraisal*. New York: Twentieth Century Fund.

Toksöz, Meltem. 2010. *Nomads, Migrants and Cotton in the Eastern Mediterranean: The Making of the Adana-Mersin Region*. Leiden and Boston: Brill.

Toniolo, Gianni. 2013. *The Oxford Handbook of the Italian Economy Since Unification*. Oxford and New York: Oxford University Press.

Toprak, Zafer. 1982. *Türkiye'de Milli İktisat (1908–1918)*. Ankara: Yurt Yayınları.

———— 2016. *Türkiye'de İşçi Sınıfı*. Istanbul: Tarih Vakfı Yurt Yayınları.

Tören, Tolga. 2007. *Yeniden Yapılanan Dünya Ekonomisinde Marshall Planı ve Türkiye Uygulaması*. İstanbul: Sosyal Araştırmalar Vakfı.

Tükel, Ali, Murat Üçer, and Caroline Van Rijckeghem. 2006. "The Banking Sector. From Crisis to Maturation." In *The Turkish Economy: The Real Economy, Corporate Governance and Reform*, ed. Sumru Altuğ and Alpay, 276–303. London: Routledge.

Tunçer, Ali Coşkun. 2015. *Sovereign Debt and International Financial Control: the Middle East and the Balkans*. Houndmills, Basingstoke: Palgrave Macmillan.

Türegün, Adnan. 2016. "Policy Response to the Great Depression of the 1930s: Turkish Neomercantilism in the Balkan Context." *Turkish Studies* 17(4): 666–90.

Türkcan, Ergun. 2010. *Atilla Sönmez'e Armağan: Türkiye'de Planlamanın Yükselişi ve Çöküşü*. Istanbul: Istanbul Bilgi Üniversitesi Yayınları.

Turkey, Devlet İstatistik Enstitüsü (State Institute of Statistics). 1995. *Türkiye Nüfusu, Demografi Yapısı ve Gelişimi, 1923–1994*. Ankara: Devlet İstatistik Enstitüsü.

Turkey, Kalkınma Bakanlığı (Ministry of Development). 2017. *Ekonomik ve Sosyal Göstergeler*. http://www.kalkinma.gov.tr/Pages/EkonomikSosyalGostergeler.aspx.

Turkey, Türkiye İstatistik Kurumu (Turkish Statistical Institute). 2014. *İstatistik Göstergeler-Statistical Indicators, 1923–2013*. Ankara: Turkish Statistical Institute.

Turkey, Türkiye İstatistik Kurumu (Turkish Statistical Institute). 2015. *Turkey's Statistical Yearbook, 2015*.

Udovitch, Abraham L. 1970. *Partnership and Profit*. Princeton, NJ: Princeton University Press.

———— 1988. "Merchants and *Amirs*: Government and Trade in Eleventh-Century Egypt." *Asian and African Studies* 22(1–3): 53–72.

United Nations Development Programme. 2004. *Turkey 2004, Human Development Report*, UNDP, Ankara.

———— 2011. *Human Development Report, 2011*. New York.

Uzun, Ahmet. 2002. *Tanzimat ve Sosyal Direnişler*. Istanbul: Eren Yayınları.

Van Leeuwen, Bas, and Jieli van Leeuwen-Li. 2014. "Chapter 5: Education since 1820." In *How Was Life? Global Well Being Since 1820*, ed. Van Zanden, Jan Luiten, Joerg Baten et al., 87–100. Paris: OECD Publishing, International Institute of Social History.

Van Rijckeghem, Caroline, and Murat Üçer 2005. *Chronicle of the Turkish Financial Crisis of 2000–2001*. Istanbul: Boğaziçi University Press.

Van Zanden, Jan Luiten, Joerg Baten, Peter Foldvari, and Bas van Leeuwen, eds. 2014a. *How Was Life?, Global Well Being Since 1820*. Paris: OECD Publishing, International Institute of Social History.

———— 2014b. "The Changing Shape of Global Inequality 1820–2000: Exploring a New Dataset." *Review of Income and Wealth* series. 60 (2): 279–97.

Wade, Robert. 1990. *Governing the Market: Economic Theory and the Role of Government in East Asian Industrialization*. Princeton, NJ: Princeton University Press.

Waterbury, John. 1991. "Export-Led Growth and the Center-Right Coalition in Turkey." *Comparative Politics* 24(2): 127–45.

Weber, Max. 1978. *Economy and Society. An Outline of Interpretative Sociology*, ed. Guenther Roth and Clasu Wittich. Berkeley and Los Angeles: University of California Press.

White, Jenny B. 1994. *Money Makes Us Relatives: Women's Labor in Urban Turkey*. Austin: University of Texas Press.

Williamson, Jeffrey G. 2006. *Globalization and the Poor Periphery before 1950*. Cambridge, MA: MIT Press.

———— 2011. *Trade and Poverty: When the Third World Fell Behind*. Cambridge, MA: MIT Press.

World Tourism Organization. 2016. *World Tourism Highlights 2016 Edition*; http://www.e-unwto.org/doi/pdf/10.18111/9789284418145.

Yalman, Ahmet Emin. 1934. *Turkey in the World War*. New Haven, CT: Yale University Press.

Yavuz, Erdal. 1995. "Conditions of the Labor Force in Industry, 1923–1940." In *Workers and the Working Class in the Ottoman Empire and the Turkish Republic, 1839–1950*, ed. Donald Quataert and Erik Jan Zürcher, 95–125. London and New York: I.B. Tauris.

Yaycioglu, Ali. 2016. *Partners of the Empire: The Crisis of the Ottoman Order in the Age of Revolutions*. Stanford, CA: Stanford University Press.

Yenal, Oktay. 2003. *Cumhuriyet'in İktisat Tarihi*. Istanbul: Homer Kitabevi.

Yıldırım, Onur. 2006. *Diplomacy and Displacement: Reconsidering the Turco-Greek Exchange of Populations*. New York: Routledge.

Yıldırmaz, Sinan. 2017. *Politics and the Peasantry in Post-War Turkey: Social History, Culture and Modernization*. London and New York: I.B. Tauris.

Yılmaz, Kâmil. 2011. "The EU–Turkey Customs Union Fifteen Years Later: Better, Yet Not the Best Alternative." *South European Society and Politics* 16(2): 235–49.

Yılmaz, Volkan. 2017. *The Politics of Healthcare Reform in Turkey*. London and New York: Palgrave Macmillan.

Yücel, Yelda. 1996. *Macroeconomic Policies in Turkey during the Great Depression, 1929–1940*. Unpublished MA thesis: Istanbul: Boğaziçi University.

Yükseker, Deniz. 2009. "Neoliberal Restructuring and Social Exclusion in Turkey." In *Turkey and the Global Economy: Neo-liberal Restructuring and Integration in the Post-crisis Era*, ed. Ziya Öniş and Fikret Şenses, 262–80. London: Routledge.

Zijdeman, Richard L., and Filipa Ribeiro de Silva. 2014. "Chapter 6: Life Expectancy since 1820." In *How Was Life? Global Well Being Since 1820*, ed. Van Zanden, Jan Luiten, Joerg Baten et al., 101–16. Paris: OECD Publishing and International Institute of Social History.

Zürcher, Erik J. 2004. *Turkey: A Modern History, Third Edition*. London and New York: I.B. Tauris.

译后记

对许多中国读者而言，土耳其是个时有所闻却又颇为陌生的国度。历史上的奥斯曼帝国盛极一时，跨越亚非欧三大洲，包容多元的民族文化，留下辉煌的文治武功。但在工业革命爆发后，与欧洲列强比邻的奥斯曼首当其冲，各方势力角逐，内忧外患纷起。同近现代中国类似，从彼时的奥斯曼到今日之土耳其，本书探讨的两百年历程也充满了困境、挑战和屈辱，以及斗争、改革与希望。

土耳其人原为安纳托利亚半岛的一个突厥语部族。公元1299年，罗姆苏丹国分裂，土耳其人在部落领袖奥斯曼一世的领导下宣布独立，奥斯曼帝国亦因此得名。帝国很快走上了军事扩张的道路，先后占领西色雷斯、马其顿、萨洛尼卡、希腊、埃及、塞尔维亚、保加利亚、匈牙利等地，并于1453年攻克君士坦丁堡，灭亡了延续千年的东罗马帝国。在16世纪初的巅峰期，奥斯曼的疆域自红海跨越到黑海，从波斯湾沿岸延伸至维也纳城下，总面积接近550万平方公里，人口远超当时欧洲任何国家。政教合一的奥斯曼帝国执伊斯兰世界之牛耳，也容纳众多文化和宗教，吸收各民族优秀人才参与国家治理。

然而盛极必衰，由于征服领土跨度过大，各民族之间矛盾不断激化，国家凝聚力受到严重削弱。更关键的是，随着欧洲列强在工业革命之后的扩张，奥斯曼帝国节节败退。一方面，俄国从北方通过多次战争夺走大片领土。另一方面，英法自海上用武力瓜分帝国的众多殖民地，以不平等条约获取贸易投资特权，进而掌控国家的经济金融命脉。民族独立运动亦来势汹汹，希腊和埃及等地纷纷自立门户。加入第一次世界大战并战败成为压垮帝国的最后一根稻草，二十多个国家陆续从巴尔干、中东和非洲领土上分裂出去，奥斯曼帝国就此覆灭。接下来，国父凯末尔领导起义，废除哈里发王权和苏丹制度，土耳其共和国浴火重生，进入相对平稳但仍充满曲折的现代化时期：民主制度建立，却危机屡现，多次因为军事政变而中断；语言、历法、生活习惯向西方接轨，但传统社群宗教势力依旧强大；经济发展震荡频繁，一度看到加入欧盟的希望，之后又严重受挫。

本书以后来的土耳其为主要考察对象，在做对比研究时，多次出现"土耳其当前疆域"的限定说法，以区别于庞大多元的奥斯曼帝国。当然，土耳其今天的经济社会发展、利益格局和国家定位，乃至大量的制度与文化基因仍与它的复杂历史息息相关。

本书作者谢夫凯特·帕慕克是奥斯曼帝国、土耳其和中东经济等研究领域的领军者。他生于土耳其，本科毕业于耶鲁大学，获得加州大学伯克利分校经济学博士学位，此后任教于多所美国顶尖大学，担任伦敦政治经济学院当代土耳其研究所主任，之后在土耳其海峡大学教授经济学与经济史。作者的弟弟奥尔罕·帕慕克则是享誉世界的土耳其作家，于 2006 年荣获诺贝尔文学奖，代表作有《我的名字叫红》。

关于奥斯曼帝国和土耳其早期经济发展史的数据非常稀有。数十年来，谢夫凯特·帕慕克致力于此类资料的采集与分析，并与哈佛大学历史学家罗杰·奥芬（Roger Owen）共同探索中东国家的经济发展轨迹，对原本空白的土耳其经济发展史做出了重大贡献。除经济领域外，作者对土耳其的政治体制与时局发展亦有深入研究。他于 2019 年出版的专著《民主与专制之间的土耳其》在国际上名噪一时。

当下的土耳其与中国在许多方面相去甚远。然而在近代史上，作为分踞亚洲大陆东西两端的古代帝国，奥斯曼王朝与清王朝同样迎来了千年未有之大变局，不仅领土和主权遭到侵蚀，而且经济社会发展被卷入资本主义全球化扩张浪潮，国家治理的模式与制度也因之开启根本变革。20 世纪后，中国与土耳其先后终结帝国体制，进入共和时期。在后续的发展中，两国均面临关键的道路选择，同样怀抱"复兴"梦想，现代化进程都不乏借鉴、试错与创新。作者特别指出，长期以来，土耳其在经济增长和人类发展两方面的整体表现都略高于发展中国家的平均水平，并接近全球平均水平，因此在世界范围内具有一定的代表性。另外从本书对土耳其两个世纪经济社会发展历程的解读中，中国读者们或许也能看到诸多似曾相识的场景：这正是说的阁下的事情。

例如，土耳其现代化进程中的经济社会发展极不平衡，各个群体苦乐不均。在 19 世纪被迫打开国门后，农业生产日益商业化，农民花更多时间从事面向市场的活动，作物构成由粮食向经济作物转型。不同地区和群体间的差距由此拉大，沿海地区受益良多，远离市场的东部和东南部落到后面。偏远农村的佃户们陷入贫困，城市手工业者也因为进口竞争而每况愈下。20 世纪 80 年代后，土耳其受新自由主义的影响而扩大开放，金融、旅游、出口等产业蓬勃增长，但城市工资水平增长一直低于平均收入，教育和医疗等反映人类发展水平的关键指标在不同地区、族裔、性别之间也差距显著。与许多国家一样，土耳其似乎既苦于资本主义的发展，又苦于资本主义的不发展，这些矛盾和失衡长期困扰着经济增长与国家治理。

制度与经济发展的关系是本书关注的焦点之一。作者强调，制度影响经济行为，但不是导致经济后果的唯一因素。制度与各种社会环境、政治环境及历史因素之间存在双向互动，制度影响着现实生活中各种主体的行为和关系，也反过来受到行为主体的影响。理论研究中要剥离制度对经济发展的影响殊为不易，制度是内生的，并受经济变化和其他因素的影响，使分析变得更加复杂。本书关于土耳其经济发展史的介绍和评论，正是对这一复杂作用分析的细致而大胆的尝试。

　　本书指出，土耳其从未彻底屈服于外国殖民统治，制度变革基本是内部推动，由政府和社会精英发起，自上而下实施。不同精英群体之间达成妥协、形成驾驭和遏制的权力和能力，是国家建设、政策制定、制度变革的关键要素。然而自 19 世纪以来，国内不同经济阶级与社会群体及其精英之间的分裂始终难以弥合，难以形成稳定的联盟和共识。当现存制度或新制度的利益分配与当下的社会权力分配模式不一致时，精英们便会通过各种方式去扭曲正式制度与非正式制度，使政策和改革的效果大打折扣。特别是，穆斯林与非穆斯林、世俗化穆斯林与保守派穆斯林、逊尼派和其他派别的穆斯林、库尔德人与土耳其人之间的身份分裂比阶级分裂更加引人注目。身份分裂常基于文化背景，打着族裔、宗教或意识形态的旗号，但归根到底还是不同群体的经济利益。

　　作者同时看到，尽管土耳其始终在独立探索前进道路，它在各个历史阶段采纳的经济制度和政策依然带有同时代全球潮流的鲜明特征。19 世纪的坦齐马特改革力图重塑国家政治和军事制度，推行对外经济开放，加强财产和人身权利保护；两次世界大战前后的艰难时期，从帝国体系转向民族国家和内向型经济；二战后的几十年，追求进口替代工业化；20 世纪 80 年代之后，再度扩大对国际贸易和投资开放。读者们自然会联想到，在近年来出现的逆全球化浪潮中，土耳其的走向同样引人瞩目。这种世界范围的同步性，在中国近代以来的经济社会发展中亦不罕见。它背后有哪些原因，能带来何种启示，与本书涉及的众多话题一起有待读者们去共同探索。

译者 安晶璐

校译 余江

2023 年 3 月